Berner Studien zur Politikwissenschaft **Band 6**

Herausgegeben vom Institut für Politikwissenschaft
der Universität Bern

Frédéric Varone

Le choix des instruments des politiques publiques

Une analyse comparée des politiques d'efficience énergétique du Canada, du Danemark, des Etats-Unis, de la Suède et de la Suisse

Verlag Paul Haupt
Bern · Stuttgart · Wien

Frédéric Varone, maturité scientifique à Sion; licence en science économique à l'Université de Berne (lic. rer. pol.); diplôme postgrade en science administrative à l'Institut de hautes études en administration publique (MPA); doctorat en science politique à l'Université de Berne (Dr. rer. pol.); depuis 1998, premier assistant à l'Institut de hautes études en administration publique.

Die Deutsche Bibliothek – CIP-Einheitsaufnahme

Varone, Frédéric:
Le choix des instruments des politiques publiques:
une analyse comparée des politiques d'efficience énergétique du Canada, du Danemark, des Etats-Unis, de la Suède et de la Suisse /
Frédéric Varone. –
Bern ; Stuttgart ; Wien : Haupt, 1998
(Berner Studien zur Politikwissenschaft ; Bd. 6)
Zugl.: Bern, Univ., Diss. 1998
ISBN 3-258-05942-X

Dieses Papier ist umweltverträglich, weil chlorfrei hergestellt;
es stammt aus Schweizer Produktion mit entsprechend kurzen Transportwegen
Printed in Switzerland

Avant-propos

Ce livre est une version abrégée de ma thèse de doctorat, acceptée en mars 1998 par la Faculté de droit et de science économique de l'Université de Berne. J'aimerais exprimer ici ma gratitude aux personnes qui, tout au long de ce travail, m'ont prodigué conseils et encouragements. Je remercie en premier lieu les professeurs Wolf Linder et Jürg Steiner, codirecteurs de thèse. Je leur suis très reconnaissant de la confiance et de la liberté accordées lors de ma recherche. Leurs mises en garde avisées, mais aussi leur soutien amical, m'ont permis d'éviter plusieurs embûches.

Une bourse de relève pour jeunes chercheurs, octroyée par le Fonds national de la recherche scientifique, m'a permis d'élargir mon horizon académique et personnel lors d'un séjour prolongé à l'Université Laval (Québec, Canada). Je remercie les professeurs Réjean Landry et Louis Imbeau d'avoir facilité mon intégration au sein du Groupe de recherche sur les interventions gouvernementales. J'aimerais aussi dire ma reconnaissance aux collègues qui ont critiqué de manière constructive des versions préliminaires de ma thèse. Sans les nommer tous expressément, je remercie en particulier Bernard Aebischer (EPF Zürich) et Stefan Rieder (Interface, Lucerne), ainsi que Martin Benninghoff, Christophe Clivaz, Thierry Durand et David Giauque (IDHEAP, Lausanne).

Une thèse qui compare les politiques énergétiques de cinq pays ne peut être réalisée sans la coopération de plusieurs administrations publiques, bibliothèques et chercheurs scientifiques étrangers. La disponibilité et les compétences de nombreuses personnes au Canada, au Danemark, aux Etats-Unis, en Suède et en Suisse, mais aussi auprès de L'Agence internationale de l'énergie à Paris, ont rendu possible ma recherche empirique. Selon la formule consacrée, toutes les personnes citées ici ne sont nullement liées aux conclusions de ma thèse, et les éventuelles erreurs ou imprécisions qui y demeurent relèvent de ma seule responsabilité.

Finalement, j'aimerais dire ma plus grande reconnaissance à Carolinsky, à ma famille et à mes amis qui, en Suisse et au Québec, m'ont entouré durant ces mois de travail sans jamais douter (ouvertement) du résultat.

Lausanne, août 1998

Table des matières

1 Introduction

Dans son discours prononcé le 21 avril 1994 pour célébrer le Jour de la Terre, le Président B. Clinton déclarait solennellement: « *The White House is becoming a showcase for energy efficiency and environmental responsibility. Hillary and Chelsea and I have (...) a new refrigerator, built in my own State, that uses 50 percent less electricity than the most refrigerators and doesn't use gases that deplete the ozone layer* ». Le fait que le Président des Etats-Unis nous entretienne très officiellement de son réfrigérateur peut surprendre le béotien en matière de politique énergétique. L'analyste averti notera par contre la forte portée symbolique de cette déclaration. Celle-ci vise en effet à démontrer aux consommateurs américains les bénéfices écologiques liés aux normes de rendement énergétique que l'administration fédérale a prescrites pour promouvoir des réfrigérateurs qui consomment le moins d'énergie possible. Même bien informé sur l'état de la réglementation énergétique, le chercheur curieux se posera néanmoins les questions suivantes: pourquoi le Département fédéral de l'énergie a-t-il prescrit des normes contraignantes aux producteurs de réfrigérateurs? N'y avait-il pas d'autres choix possibles, comme par exemple l'introduction d'un simple étiquetage énergétique ou le subventionnement étatique des consommateurs privés qui achètent les modèles les plus efficients du marché? Quelles stratégies d'intervention ont été retenues par d'autres pays? Si ceux-ci n'édictent pas de normes de consommation, mais appliquent un instrument alternatif, alors à quoi cela est-il dû? etc.

De telles questions constituent le point de départ de notre recherche. En élargissant la perspective, nous traitons ici des instruments d'intervention appliqués par le Canada, le Danemark, les Etats-Unis, la Suède et la Suisse pour promouvoir l'efficience énergétique des appareils électroménagers et des équipements bureautiques. L'éventail des instruments théoriquement applicables comprend, entre autres, l'étiquetage énergétique, les normes de rendement minimal, les achats publics des modèles les plus efficients, l'acquisition coopérative de technologies innovatrices ou le prélèvement de taxes incitatives sur les modèles les moins efficients. Notre question d'analyse générale s'énonce ainsi: quels sont les instruments retenus par différents pays pour résoudre un problème politique déterminé et quelles sont les raisons de ces choix? Cette interrogation s'avère fondamentale pour l'analyse du « policy design » qui vise à décrire, à comprendre et à expliquer la phase de conception et de formulation des politiques publiques. Afin d'y répondre et, au-delà, de participer au développement cumulatif de connaissances scientifiques sur le choix des instruments, notre travail s'articule en cinq étapes.

Premièrement, nous discutons les innovations scientifiques que l'approche dite du « policy design » apporte à l'analyse comparée des politiques publiques. En relevant les ambitions de ce courant de recherche récent, nous démontrons la pertinence de retenir la question du choix des instruments comme interrogation de départ. Notre revue de la littérature sur ce sujet souligne également les limites actuelles de la recherche. Celles-ci concernent avant tout l'opérationnalisation des instruments comme variable dépendante, la formulation encore ad hoc d'hypothèses de travail sur les variables explicatives du choix des instruments et l'absence d'un cadre théorique cohérent. Pour combler ces lacunes, nous formalisons, à l'aide de postulats, le « noyau dur » d'un modèle théorique du choix des instruments. Nous formulons ensuite quatre hypothèses de travail qui assurent un lien entre ces postulats et l'empirie. Celles-ci supposent que le choix des instruments dépend (1) de leur degré de contrainte, (2) des coûts administratifs induits, (3) de leur risque inhérent d'échec ou d'effets pervers, ainsi que (4) de leur définition des groupes-cibles visés. Ces quatre attributs, applicables à tout instrument, permettent en effet de cerner les différentes facettes qui rendent compte de son « économie politique ». Le choix des instruments peut ainsi être expliqué en fonction de ces facteurs que les participants au design des politiques publiques évaluent et pondèrent de manière discriminatoire (chapitre 2).

Deuxièmement, nous définissons le problème politique commun à l'ensemble des économies industrialisées que nous étudions ici. Il s'agit de celui de l'inefficience énergétique des appareils et des équipements produits pour les secteurs domestique et commercial. Plusieurs analyses technico-économiques de la consommation des appareils électroménagers (par ex. réfrigérateurs, lave-linge, lave-vaisselle) et des équipements bureautiques (par ex. ordinateurs, photocopieurs, télécopieurs) démontrent en effet que les producteurs privés pourraient commercialiser des modèles qui consomment sensiblement moins d'électricité, tout en assurant le même service et en n'induisant aucun coût non-rentable auprès des producteurs et des consommateurs. Malgré cette faisabilité technique et économique, des modèles plus efficients ne sont pas ou peu disponibles sur le marché. Il en découle une situation d'inefficience économique (non-optimisation des coûts d'investissement et de fonctionnement des appareils), énergétique (utilisation non-rationnelle de l'énergie) et écologique (pollution liée à la production d'énergie) qui, en définitive, se traduit par une allocation sous-optimale des ressources. Force est donc de constater un échec du marché qui, dans la mesure où un pays souhaite effectivement résoudre ce problème collectif qualifié de « energy efficiency gap », implique une intervention étatique. La question se pose dès lors de savoir quels types d'instruments (par ex. étiquetage, normes, achats publics, acquisition de technologies, taxes incitatives) sont discutés, adoptés et mis en oeuvre par différents pays pour pallier aux déficiences du marché (chapitre 3).

Troisièmement, nous délimitons le champ empirique de notre recherche en sélectionnant les pays dont les stratégies d'intervention sont à observer. Nous optons ici pour une application de la méthode comparée centrée sur des cas similaires. Cette méthode analyse un nombre limité de cas. Elle vise à comprendre la singularité historique de chacun des cas, puis à les comparer systématiquement afin d'identifier les facteurs explicatifs du choix des instruments. Pour définir les cas de notre champ empirique, nous tenons compte des variables dites de contrôle (non explicatives), de la représentativité des différents pays par rapport au marché mondial des appareils électroménagers et des équipements bureautiques, ainsi que de la diversité des instruments déjà expérimentés par différents gouvernements. Ainsi, il s'avère méthodologiquement pertinent d'analyser le design des instruments au Canada, au Danemark, aux Etats-Unis, en Suède et en Suisse. Concrètement, nos travaux empiriques procèdent à une analyse diachronique du processus et des résultats du « policy design » pour la période 1973-1997 (chapitre 4).

Quatrièmement, nous procédons au test empirique de nos hypothèses de travail. Cette analyse comparée des cinq cas se penche successivement sur les relations postulées entre (1) l'idéologie partisane de la majorité politique et le degré de contrainte d'un instrument, (2) les structures administratives préexistantes et les coûts de mise en oeuvre d'un instrument, (3) le transfert entre pays des expériences déjà accumulées avec un instrument et la diminution des risques d'échec et d'effets pervers de celui-ci, ainsi qu'entre (4) le pouvoir politique des groupes d'intérêts et la désignation des groupes-cibles visés par un instrument. L'analyse du processus de design des dix-huit instruments effectivement adoptés et mis en oeuvre entre 1973 et 1996 dans les cinq pays retenus permet de tester systématiquement la validité de nos hypothèses. Nous tirons deux conclusions principales de cette démarche. D'une part, chacune de nos hypothèses est confirmée pour environ les deux tiers des observations empiriques. Ce constat implique, comme postulé dans notre cadre théorique, qu'il est nécessaire de considérer simultanément les quatre attributs d'un instrument pour en expliquer le choix. D'autre part, nos travaux empiriques démontrent que les participants au processus de design sont dans l'impossibilité de choisir un instrument qui peut cumulativement afficher un degré de contrainte compatible avec l'idéologie partisane de la majorité politique, minimiser les coûts administratifs de mise en oeuvre, supprimer tout risque d'échec et viser parfaitement les groupes-cibles qui causent le problème collectif à résoudre. Le design d'un instrument s'avère par conséquent discriminatoire vis-à-vis de l'une ou l'autre de ces quatre dimensions. En définitive, ces deux enseignements confirment le « noyau dur » de notre cadre théorique (chapitre 5).

Finalement, nous mettons ces résultats en perspective et tirons les conclusions théoriques et méthodologiques de notre recherche. Afin de développer un modèle théorique du choix des instruments, nous soutenons qu'il est impératif, d'une part, d'intégrer les propositions du néo-institutionnalisme dans l'approche du « policy design » et, d'autre part, d'appliquer la méthode comparée pour analyser empiriquement le choix des instruments dans le temps, dans différents secteurs d'intervention et dans différents pays (chapitre 6).

2 Question d'analyse et cadre théorique: le choix des instruments des politiques publiques

L'analyse comparée de politiques publiques est guidée par une question de recherche fondamentale, formulée de manière synthétique comme suit: *« How, why, and to what effect different governments pursue particular courses of action or inaction »* (HEIDENHEIMER et al., 1990:3). Notre travail s'intègre dans ce champ disciplinaire en se focalisant sur la question des choix qu'opèrent différents gouvernements quant aux moyens d'action de leurs politiques[1]. Il vise à cerner quels instruments sont sélectionnés par différents acteurs politico-administratifs dans un domaine d'intervention spécifique (how?) et à dégager des premiers enseignements sur les raisons de ces choix (why?). Les politiques de promotion de l'efficience énergétique menées de 1973 à 1996 par le Canada, le Danemark, les Etats-Unis, la Suède et la Suisse constituent notre champ empirique.

L'interrogation à la base de ce travail est plus restrictive que celle traditionnellement formulée par l'analyse comparée de politiques publiques. Ni la question de la mise en oeuvre des instruments, ni celle des effets qu'ils induisent (what effect?) n'y sont abordées. Cette limitation découle directement du cadre théorique retenu ici. Notre intérêt premier se porte en effet sur les mécanismes et les enjeux propres à la formulation d'une politique publique. Cette option de recherche est motivée par le fait que les multiples dimensions du « policy design » et, plus particulièrement encore, la question du choix des instruments n'ont pas encore suscité l'attention systématique des chercheurs. L'objectif final de notre démarche est donc de contribuer à la discussion théorique de ce volet de l'analyse des politi-

---

1 Les termes „politiques publiques" et „politiques" sont utilisés ici comme synonymes. Notons cependant que certains auteurs les différencient explicitement: „Pour les acteurs gouvernementaux, les *politiques* réfèrent à des actions spécifiques qui ont un caractère officiel. Pour les enseignants et les chercheurs, les *politiques publiques* renvoient à des ensembles d'actions dont la plupart ne sont pas considérés comme des politiques par les acteurs gouvernementaux." (LEMIEUX, 1995:1-2). En soulignant cette distinction, LEMIEUX met également en évidence les deux préoccupations de l'étude des interventions étatiques: d'une part, la *recherche* sur les politiques publiques qui fait avancer les connaissances scientifiques („knowledge of") et, d'autre part, l'*analyse* des politiques qui vise principalement à améliorer les modalités de l'action étatique („knowledge for").

ques. Les chapitres suivants définissent le cadre théorique de notre travail. Ils traitent du programme de recherche de l'approche dite du « policy design », des innovations apportées par la question du choix des instruments à l'analyse des politiques, de l'état actuel des connaissances théoriques et empiriques, ainsi que des ambitions de notre recherche.

2.1 le design d'une politique publique

La conception des stratégies d'intervention de l'Etat demeure un domaine peu exploré scientifiquement. Les chercheurs ont accordé une large priorité aux questions de mise en oeuvre et aux effets des politiques plutôt qu'aux modalités de leur élaboration. Il en résulte des déficits théoriques et des implications normatives pour l'analyse des politiques publiques. Partageant ce constat, plusieurs auteurs proposent une nouvelle approche dite du « policy design ». Ils suggèrent de traiter analytiquement le processus et les résultats de l'étape de formulation des politiques. Les paragraphes suivants résument les fondements et les premiers développement de cette perspective de recherche.

2.11 le modèle séquentiel: les étapes du cycle d'une politique publique

Un des modèles dominants de l'analyse des politiques publiques découpe le processus d'une intervention étatique en plusieurs étapes. Selon les multiples variantes de ce modèle, les principales articulations d'une politique publique sont: l'identification d'un problème collectif, la thématisation de celui-ci dans l'agenda politique, l'élaboration et la discussion de solutions alternatives, l'adoption d'une stratégie d'intervention, la mise en oeuvre d'un programme d'action, l'évaluation des effets induits, les adaptations incrémentalistes ou la terminaison de la politique. Ce processus ne se conçoit pas comme le déroulement strictement chronologique et linéaire de diverses étapes, mais bien plus comme un cycle politique ouvert à de multiples rétroactions[2].

---

[2] Le modèle de base du "policy cycle" est repris avec quelques adaptations mineures par plusieurs auteurs. Voir par exemple MENY/THOENIG (1989:153ss) pour une présentation du modèle de référence de JONES (1970), BELLAVANCE (1985) ou SCHUBERT (1991: 69ss.) pour une introduction aux différentes versions du "stages

Cette grille d'analyse est largement appliquée, compte tenu notamment de sa valeur heuristique. En décomposant une politique en séquences d'activités - et implicitement en arènes d'acteurs - formellement distinctes, elle permet de concentrer les efforts de recherche sur des objets d'analyse bien circonscrits. Une attention toute particulière a ainsi été accordée aux questions de mise en oeuvre et d'évaluation des politiques publiques[3]. Ces deux domaines d'investigation s'affirment aujourd'hui comme des champs disciplinaires (quasi)autonomes, animés par leurs débats internes[4]. Plusieurs propositions théoriques récentes visent cependant à infléchir ce développement[5]. Il est suggéré de réorienter la recherche en élaborant un modèle d'analyse des politiques qui soit véritablement de nature causale[6],

---

heuristic", HOGWOOD/GUN (1984: 24ss.) pour une discussion de ses avantages et finalement, SABATIER/JENKINS-SMITH (1993: 1ss.) pour une thématisation de ses limites.

3 Cette tendance est également perceptible en Suisse, notamment en ce qui concerne l'orientation de divers Programmes Nationaux de Recherche. Voir en particulier le PNR Nr.6 ("Processus de décision dans la démocratie suisse") qui traite principalement de la mise en oeuvre des politiques publiques et le PNR Nr.27 ("Les effets des mesures étatiques") qui illustre les possibilités et les limites de la recherche évaluative.

4 Le développement de la "implementation research" s'est articulé autour du débat entre les visions "top down" et "bottom up" du processus de mise en oeuvre des politiques publiques. Voir SABATIER (1986) et O'TOOLE (1986) pour une synthèse des enseignements théoriques de ce débat académique.

5 Une évaluation critique de l'état de la recherche dans la "policy analysis" et une discussion des réorientations souhaitables de celle-ci sont conduites par divers auteurs dans l'ouvrage publié par HERITIER (1993). Sur ce sujet, voir également DeLEON (1994).

6 Le modèle causal le plus développé au niveau théorique et ayant déjà été soumis à plusieurs tests empiriques est certainement celui du "Advocacy Coalition Framework" qui est proposé par SABATIER (1987/1991) et SABATIER/JENKINS-SMITH (1993). De nouvelles approches théoriques sont également avancées par d'autres chercheurs pour formaliser certaines étapes du "policy cycle". Pour une discussion d'un modèle explicatif de la mise en oeuvre interorganisationnelle des politiques publiques, voir par exemple GOGGIN et al. (1990). O'TOOLE (1995) définit quant à lui l'apport des théories du „rational choice" à l'étude des politiques publiques.

en adoptant des procédures participatives lors de l'étude des interventions étatiques[7] ou en mettant l'accent sur la conception des politiques. Cette dernière perspective est dite du « policy design ». Elle traite de la genèse, de la sélection et de l'adoption, par les acteurs politico-administratifs et sociaux, de stratégies d'action alternatives.

2.12 l'approche du « policy design »

DRYZEK (1983), un des premiers avocats de l'approche du « policy design », définit le concept de design d'une politique comme *« the process of inventing, developing and fine-tuning a course of action with the amelioration of some problem or the achievement of some target in mind » (p.346)*. Cet auteur constate la complexité croissante de l'environnement des arènes décisionnelles, l'incertitude relative aux conséquences des actions étatiques et à leur adéquation avec les préférences individuelles et collectives, de même que l'absence de rétroactions systématiques entre les différentes étapes d'une politique publique. Vu la complexité et l'incertitude du contexte de toute activité gouvernementale, DRYZEK soutient qu'une réflexion approfondie est requise de la part des décideurs afin d'assurer la cohérence du design d'une politique et l'efficacité de celle-ci dans la résolution de problèmes sociaux. Ceci implique que les acteurs politico-administratifs s'engagent simultanément dans trois démarches: l'élaboration de scénarios sur l'évolution de l'environnement socio-politique, l'évaluation d'un large éventail de stratégies d'action alternatives et la définition d'un modèle théorique d'intervention[8]. Mener à terme et avec succès un tel exercice s'avère des plus ambitieux[9]. Même

---

7 DeLEON (1990) et DURNING (1993) proposent une approche dite "participatory policy analysis". Soulignons qu'une telle option est également défendue par les tenants de l'évaluation pluraliste („stakeholder based evaluation") des politiques publiques dont GUBA/LINCOLN (1989) et MONNIER (1992).

8 L'influence du contexte socio-politique et des jugements de valeur des décideurs politiques lors du design d'une politique publique est plus explicite dans la définition suivante de BOBROW/DRYZEK (1987:19) citée par DeLEON (1988:302-303): *„policy design, like any design, involves the pursuit of valued outcomes through activities sensitive to the context of time and place."*

9 Sur les ambitions réelles de l'approche dite du "policy design", sur les critiques formulées à l'intention des propositions de DRYZEK (1983, 1987) et autres, ainsi

imparfait dans sa réalisation, un design de politique élaboré de la sorte demeure néanmoins préférable à une sélection (quasi)naturelle ou automatique d'une politique, telle que suggérée implicitement par les modèles de l'adaptation incrémentaliste des politiques (LINDBLOM, 1959) et de la « poubelle » (COHEN et al., 1972). Selon DRYZEK, l'approche du « policy design » opte ainsi pour une vision diamétralement opposée à ces deux derniers courants de recherche et au cynisme qui en découle[10].

Des descriptions complémentaires et alternatives du design d'une politique sont élaborées par d'autres chercheurs, notamment par LINDER et PETERS (1984): *« In the context of policy problems, (policy) design involves both a systematic process for generating basic strategies and a framework for comparing them » (p.253).* Cherchant également à élaborer une théorie du design des politiques, ces auteurs proposent d'analyser conjointement trois éléments: les caractéristiques des problèmes sociaux traités par les politiques, la nature des objectifs des programmes étatiques et les attributs des instruments d'action à la disposition de l'Etat. Ils définissent pour chacune de ces catégories de variables diverses dimensions analytiques. Leur application à des cas empiriques doit permettre de structurer l'étude du design d'une politique particulière et de comparer systématiquement les designs de différentes politiques. LINDER et PETERS soutiennent que l'élaboration d'une théorie du « policy design » à un niveau méso est indispensable à notre compréhension (de la phase de formulation) des politiques publiques. En effet, les macro-théories économiques, sociologiques ou philosophiques ne peuvent en rendre compte adéquatement.

Participant à cette discussion sur les éléments constitutifs d'une théorie du design des politiques, SCHNEIDER et INGRAM (1990a) concluent que trois étapes sont nécessaires pour analyser l'élaboration des interventions étatiques. Premièrement, il s'agit de développer un modèle de la « logique structurale » des politiques publiques. Les deux chercheuses proposent ainsi une formalisation des liens fondamentaux existant entre les objectifs,

---

que sur les réponses que ces derniers y apportent, voir par exemple DRYZEK/RIPLEY (1988).

[10] Le cynisme évoqué par DRYZEK fait référence à la métaphore du „jeu de pile ou face" („Coin tossing") avancée par LINDBLOM/COHEN (1979).

les acteurs administratifs de mise en oeuvre, les règles procédurales, les instruments d'action et les groupes-cibles d'une politique. Dans ce contexte, elles mettent un accent particulier sur la question du choix des groupes visés par l'action étatique[11]. Deuxièmement, des hypothèses sur le comportement des décideurs politico-administratifs, dont les choix individuels influencent le contenu de la politique, doivent être formulées et testées. Finalement, le contexte au sein duquel une intervention est conçue fait partie intégrante de l'analyse du processus de design d'une politique. Leur dessin de recherche empirique trouve de fait les mêmes champs d'application que ceux proposés par LINDER et PETERS.

Sans discuter ici plus avant d'autres définitions du concept de « policy design », soulignons que celui-ci est appréhendé dans la littérature soit comme le processus d'élaboration et de sélection des modalités de l'action étatique (« *design as process* »), soit comme le résultat substantiel d'une telle étape (« *design as output* »), soit finalement comme une combinaison dynamique de ces deux aspects (SCHNEIDER et INGRAM, 1988:62). Au-delà de ce foisonnement d'interprétations, au demeurant plus complémentaires que rivales, force est de constater que les auteurs s'accordent tous pour promouvoir une approche analytique du processus de design d'une politique. De même, un consensus émerge sur la nécessité de considérer le contexte dans lequel une politique s'élabore, la logique interne de celle-ci ainsi que le comportement des acteurs participant au choix d'une stratégie d'intervention.

Se pencher sur la phase de formulation d'une politique publique plutôt que sur les modalités de son implémentation et sur les effets qui en découlent est également une stratégie de recherche suggérée dans des contextes théoriques autres que celui de l'approche du « policy design ». KINGDON (1984)[12] aborde par exemple diverses questions analytiques

---

[11] Voir en particulier INGRAM/SCHNEIDER (1991).

[12] Outre l'ouvrage majeur de KINGDON (1984), voir également les contributions de DERY (1984) et WEISS (1989). Notons finalement que SIMON (1981) avait lui aussi déjà souligné la nécessité d'analyser l'élaboration des stratégies d'action alternatives de l'Etat: *"We need to understand not only how people reason about alternatives, but where alternatives come from in the first place. The theory of generation of alternatives deserves, and requires, a treatment that is just as definitive and*

liées à la conception des politiques publiques. Doutant de l'applicabilité et de la capacité explicative des modèles institutionnels et de la décision rationnelle, il s'inspire du modèle de la <<poubelle>> et élabore sa théorie des trois courants - c'est-à-dire des problèmes, des solutions et des priorités politiques -, des fenêtres d'opportunité et du rôle des entrepreneurs politiques pour rendre compte de l'émergence et de la formulation des politiques. A notre avis, ce n'est cependant que depuis les articles de ALEXANDER (1979, 1982), DRYZEK (1983), LINDER et PETER (1984) et MILLER (1984) qu'il est affirmé avec constance la nécessité d'analyser l'élaboration des politiques publiques. Retenu comme point de départ d'une réflexion théorique, le concept de design des politiques suggère dès lors de nouvelles pistes de recherche: *« An emphasis on policy design will raise new questions, directed towards a new set of concerns: the match between problems and solution, the consideration of possible policy options, and the extent to which more rigorous consideration of the components of design can realistically be incorporates into existing policy processes » (INGRAHM, 1987: 611).* Les avocats de l'approche du « policy design » exposent plusieurs arguments pour légitimer la réorientation de l'analyse des politiques publiques. Nous les regroupons ci-dessous selon leurs dimensions analytique, normative ou pratique.

2.121 un double déficit analytique

Premièrement, l'analyse du design vise à élargir le cadre d'étude des politiques publiques appliqué jusqu'ici. En référence au modèle séquentiel, elle propose de traiter systématiquement toutes les étapes du cycle d'une politique et des (inter)relations entre celles-ci. La recherche sur la mise en oeuvre nous a permis de réviser significativement nos hypothèses sur les possibilités et les limites des interventions étatiques. Ainsi, il est aujourd'hui chose acquise que l'exécution d'une politique n'est pas une opération mécanique et linéaire, mais bien plus un processus social au cours duquel nombre d'acteurs font valoir leurs intérêts divergents et leurs possibilités d'influence. Les résultats effectifs de l'implémentation demeurent souvent peu prévisibles, les acteurs administratifs et les groupes-cibles mobilisant leurs ressources pour éluder les prescriptions, pour développer

---

as thorough as the treatment we give to the theory of the choice among prespecified alternatives" (1981: 121).

des stratégies de substitution ou pour instrumentaliser l'action publique en poursuivant un objectif différent de la volonté du législateur[13]. De même, l'évaluation ex post des programmes d'action nous a livré des enseignements sur l'effectivité, l'efficacité et l'efficience des politiques et sur les effets pervers induits par certaines de celles-ci[14]. La phase de formulation des politiques publiques n'a par contre ni fait l'objet de propositions théoriques formalisées, ni suscité d'études empiriques comparables. Il s'agit de combler ce premier déficit analytique, afin d'assurer un équilibre entre les connaissances relatives aux différentes séquences d'une politique. L'analyse du design des interventions étatiques offre ainsi un nouveau potentiel de facteurs explicatifs du fonctionnement effectif des politiques.

Outre cet intérêt de recherche porté à l'étape de conception d'une politique en soi, l'analyse du design s'avère également pertinente pour les études sur l'implémentation et sur les effets des politiques elles-mêmes. Dans la mesure où la phase de formulation des actions étatiques est logiquement antérieure (ou concomitante) à celle de la mise en oeuvre, les modalités d'exécution et la nature des résultats d'une intervention étatique sont directement liées à la qualité du design de celle-ci. Il importe donc de saisir la globalité du processus afin de pouvoir cerner les rapports causaux entre les différentes variables caractéristiques de chaque étape du cycle d'une politique publique. Ne tenir compte ni des enjeux liés à la définition du problème traité par une politique, ni du processus de design de celle-ci constitue un handicap certain lors de la conduite d'études sur son exécution, son efficacité et son efficience. Là réside un second déficit analytique, comme le note entre autre DeLEON (1994): *« Yet we know that the problem definition stage frames and generates virtually everything that follows in the policy process, so our failures to examine problem definition sentences us to operate through a glass darky » (p.89).*

---

[13] Voir en particulier LINDER (1987: 187ss.) pour une synthèse des enseignements tirés des études sur la mise en oeuvre des politiques publiques au sein du système politico-administratif suisse.

[14] Voir en particulier, notre contribution dans BUSSMANN et al. (1997) sur les résultats des évaluations récemment réalisées en Suisse sur les effets des mesures étatiques.

2.122 des implications normatives

Deuxièmement, les défenseurs de l'approche du « policy design » adressent une critique fondamentale aux experts de l'exécution et de l'évaluation des politiques. Ils mettent en exergue qu'il n'est pas pertinent de tirer des conclusions sur la réussite (ou l'échec) d'une politique en fonction uniquement de l'(in)adéquation des structures et des processus de sa mise en oeuvre, du comportement déviant des acteurs administratifs ou encore, de la résistance des groupes-cibles visés.

D'une part, cette approche est insatisfaisante d'un point de vue théorique. INGRAM et MANN (1980) ont étudié les multiples raisons de l'échec d'une politique et ont démontré que les problèmes de mise en oeuvre ne constituent qu'un facteur explicatif, parmi d'autres, de la faible contribution d'une politique publique à la résolution d'un problème collectif. En étudiant empiriquement la distribution entre différents groupes des bénéfices des politiques de l'emploi aux Etats-Unis, ROBERTSON (1984) a également souligné que le phénomène de « creaming » - c'est-à-dire la concentration des bénéfices sur les groupes les plus avantagés -, interprété comme un effet pervers de l'intervention étatique, est plus le résultat d'un design inadéquat que d'une mise en oeuvre déficiente. ROBERTSON tire comme enseignement de son analyse qu'il faut analyser conjointement trois aspects de toute politique publique: sa formulation, sa légitimation et sa mise en oeuvre[15]. Finalement, HOGWOOD et PETERS (1985) concluent, lors de leur recensement des différentes pathologies qui affectent les politiques, que certains programmes d'action sont voués à l'échec par suite d'une ambition excessive des décideurs politiques ou d'une mauvaise analyse du problème collectif à traiter. De telles interventions sont de fait « mort-nées », la qualité médiocre de leur design étant la cause directe d'un échec prévisible.

---

[15] Reprenant à son compte les trois processus (design, légitimation, implémentation) d'une politique publique tels que proposés par RIPLEY/FRANKLIN (1982), ROBERTSON conclut: *„To locate the origin of a program symptom, one must determine when these processes occur relative to each other; who takes part in them, and what product results from each process."* (1984: 393).

D'autre part, une focalisation unilatérale de la recherche sur l'étape de mise en oeuvre des politiques publiques a des implications normatives discutables. LINDER et PETERS (1987) procèdent à une lecture critique des différents modèles avancés par les théoriciens de l'exécution des politiques[16] et en dégagent les dimensions normatives. Celles-ci sont étroitement liées aux critères retenus dans chaque modèle pour évaluer le degré d'implémentation, d'efficacité et d'efficience d'une politique ainsi qu'aux recommandations politiques découlant de telles évaluations. Ils arrivent à la conclusion générale suivante: *« The logic of implementation has been extended to say that policy formulation should be oriented around implementation; we should do what we know to implement well. In adopting this stance, the literature conflates empirical with normative statements, and implicitly, if not explicitly argues that ease of implementation is the best criterion for judging « good policy ». We believe that such a stance constitutes a serious misdirection of the policy science » (p.459).*

Les auteurs démontrent de manière exemplaire que les modèles « bottom-up » et « backward mapping » interprètent les objectifs d'une politique comme des dérivés des activités des acteurs de la mise en oeuvre. Par là, de tels modèles s'apparentent à celui de la « poubelle », déjà vivement critiqué par DRYZEK (1983). Quant à l'interprétation dite « évolutionnaire » de l'exécution des politiques, LINDER et PETERS (1987) soulignent avec pertinence sa nature tautologique: la mise en oeuvre d'une politique est un succès, car ce qui est mis en oeuvre devient la politique. Le processus en soi devient le produit. Tout critère externe applicable pour évaluer le succès (ou l'échec) d'une politique est évacué. Déduire des prescriptions normatives de tels modèles implique une vision très limitative du design d'une politique: *« By saying we should do what we can do with minimal disruption, and that we should do what those already in public organizations prefer to do, appears to place a mortmain over the actions of government. Reliance on ease of implementation as a guide for action is as potentially undesirable when applied to means as to ends » (p.64).* Dans la mesure où les enseignements de la recherche

---

16 Il s'agit prinicipalement des visions „top-down" (DUNSIRE, 1978), „bottom-up" (LIPSKY, 1980), „evolution and backward mapping" (MAJONE/WILDAVSKY, 1978; ELMORE, 1980) et „bottom down" (MAZMANIAN/SABATIER, 1983) de la mise en oeuvre.

sur la mise en oeuvre constituent un frein (plutôt qu'une incitation) à la conception de structures de mise en oeuvre innovatrices, l'analyse des politiques publiques fait donc preuve d'un conservatisme certain. Cette attitude a déjà été critiquée par le passé[17] et s'avère indéfendable dans l'optique des tenants du « policy design ».

Afin d'évaluer dans quelle mesure et pour quelles raisons une politique publique contribue à la résolution d'un problème social, il faut donc prendre en compte les facteurs influençant non seulement sa mise en oeuvre, mais aussi la qualité intrinsèque de son design et le contexte dans lequel ce dernier est élaboré. L'ensemble des éléments constitutifs d'une politique publique et, plus encore, la cohérence de leur combinaison lors du design de celle-ci sont à analyser: *« A theory of design must predict or explain how differences in the design elements produce differences in the outcomes. All of the variables preceding outcomes are potential explanations of the outcomes, including the choice of the targets populations, the behavior of targets and indirects targets, the agencies included in the chain, the actions of the agencies, the tools and the rules, and the implementation pattern itself » (SCHNEIDER et INGRAM, 1990:83).* Cette perspective élargie permet, d'une part, de recenser un large éventail de variables explicatives des effets induits par une politique publique et, d'autre part, d'éviter les écueils normatifs d'une approche centrée uniquement sur l'application des programmes d'action étatiques.

2.123 une application politique

Troisièmement, et alors que les problèmes sociaux traités par les politiques sont d'une complexité toujours croissante, les méthodes de design concrètement appliquées par les décideurs politico-administratifs s'avèrent très largement ad hoc. MAY (1980), SCHNEIDER et INGRAM (1988: 63-68; 1990a: 91-93) de même que LINDER et PETERS (1990c:304-306) recensent les limites propres aux stratégies décisionnelles des concepteurs d'une politique publique. Ils notent ainsi les biais qui en découlent lors du design d'une intervention étatique. Sans prétendre à l'exhaustivité, évoquons quelques sources de ces biais: la (re)définition ex

---

[17] Cette critique fut notamment émise par AARON (1978:17). Pour une réactualisation de la discussion, voir par exemple DeLEON (1994).

post du problème social à traiter de sorte que celui-ci soit compatible avec une solution définie a priori; une confiance démesurée dans la capacité soit d'un instrument d'action, soit d'un acteur de mise en oeuvre, de résoudre le problème; l'application de règles de décision de nature heuristique lors de la pondération de différentes alternatives. Il est aisé de dénoncer ces imperfections. Il s'avère par contre beaucoup plus difficile d'y remédier. La littérature demeure peu explicite sur ce sujet, se contentant de décrire la phase du design d'une politique comme un art (WILDAVSKY, 1979: 15-16).

L'analyse de politiques publiques affiche, en tant que science appliquée, l'ambition de formuler des recommandations sur la manière de concevoir adéquatement et de gérer avec efficacité et efficience les stratégies d'intervention étatiques[18]. Les études sur la mise en oeuvre et la recherche évaluative formulent à l'attention des acteurs politico-administratifs quelques propositions pour améliorer les structures et les processus d'implémentation et, par là, les effets de leurs politiques[19]. Elles ont également livré de premiers enseignements sur certains aspects du design des programmes d'action. Quelques recommandations ont ainsi été formulées pour assurer l'adéquation entre un instrument d'action particulier et le contexte d'une intervention étatique (BUSSMANN, 1993). Dans l'optique de l'approche du « policy design », il est cependant envisageable de mener une réflexion plus large sur les possibilités d'améliorer la conception des politiques, sans pour autant tomber dans une vision rationaliste des interventions étatiques. RIST (1993) et WEIMER (1992, 1993) plaident ainsi en faveur d'une analyse systématique du design d'une politi-

---

[18] Les fondateurs de l'analyse des politiques publiques ont eux-mêmes mis en évidence la double ambition, descriptive/explicative et prescriptive, de leur approche (LASSWELL, 1971:1ss). Voir également la remarque liminaire de la note de bas de page Nr.1.

[19] ELMORE porte un jugement critique sur la contribution effective de la recherche sur la mise en oeuvre: *„Implementation research is long on description and short on prescription. Most implementation research is case studies. This fact, by itself, is neither good nor bad. But it does present special problems when it comes to translating research into useful guidance for policymakers. (...) This when we look to the most influential implementation studies for guidance about how to anticipate implementation problems, we find advice that is desultory and strategically vague.“ (1980: 601)* Sur ce sujet, voir également O'TOOLE (1986).

que et de la valorisation de ses résultats en fonction des attentes de la pratique. Même dans cette perspective instrumentale de l'approche du « policy design », il demeure impératif d'obtenir des évidences empiriques sur les mécanismes propres à la conception des politiques publiques. En effet, la pertinence de futures recommandations pratiques dépend dans une large mesure de la qualité de leur fondement scientifique[20].

2.13 une vision intégrative du processus d'une politique publique

En résumé, les avocats de l'approche du « policy design » argumentent que, d'un point de vue positif et normatif, théorique et empirique, l'analyse des politiques publiques doit se pencher systématiquement sur la phase de conception des politiques. L'ambition de leurs recherches est de cerner les facteurs explicatifs du processus de création et de sélection des stratégies d'intervention de l'Etat. Les (inter)relations entre les éléments constitutifs d'une politique - c'est-à-dire le problème social traité, les objectifs des décideurs politiques, les instruments d'action retenus, les acteurs de mise en oeuvre compétents, les groupes-cibles visés et les bénéficiaires d'une action étatique - et celles entre ces derniers et le contexte dans lequel l'action étatique s'insère - c'est-à-dire les variables situationnelles et conjoncturelles - forment dès lors les objets d'analyse. Comme le

[20] Cet argument est récurrent dans l'analyse des politiques publiques. Une mise en évidence de la priorité à accorder à la recherche théorique (niveau positif) avant d'aborder le volet pratique (niveau normatif) se trouve par exemple chez SIMEON: *„Randall Ripley distinguishes between policy analysis - <<advice on the choosing of alternatives>> - and policy theory - <<the explanation of why certain alternatives are chosen and other not>>. If we are to understand politics generally, our study of policy must be firmly rooted in the later view." (1976: 550).* Certains auteurs, dont McDONNELL et ELMORE, soutiennent que les ambitions théoriques et pratiques de l'analyse des politiques publiques ne sont pas dichotomiques mais constituent les deux extrêmes d'un même continuum: *„At one end lies a set of theoretical constructs; at the other, more instrumental concepts. But they are linked. The politician does consider what kinds of assumption or conditions are necessary for different policies to operate effectively, and the analyst typically incorporates some elements of institutional context into his model. Because our analysis of alternative policy instruments is designed both to advance theory and produce useful information for policy makers, we have attempted to draw on the strengths of both approaches and to negotiate the boundary between what formal constructs tell us can be done and what policymaker actually do" (1987:5-6)*

souligne à juste titre DeLEON (1988), l'approche du « policy design » propose certes un nouveau label. Elle se base néanmoins sur les concepts théoriques et les évidences empiriques des études antérieures. Sa contribution spécifique consiste à souligner l'influence de l'environnement sur le design d'une politique publique et à proposer une vision transversale et intégrative des différentes étapes de celle-ci[21].

Quelques études de nature exploratoire se sont penchées sur la phase de formulation d'une politique publique. Diverses grilles d'analyse pour aborder cette problématique y sont discutées. La littérature sur le « policy design » offre ainsi des contributions partielles, mais pas encore de théorie scientifique unifiée. Il n'existe, à notre connaissance, ni un modèle d'analyse cohérent qui formalise les enjeux, les mécanismes et les résultats du design d'une politique, ni une démarche méthodologique concrète qui s'avère directement applicable pour en cerner les variables explicatives. Il apparaît cependant qu'un accent thématique particulier est mis sur la question du choix des instruments d'une politique. Cet aspect spécifique du design d'une politique constitue de fait le cadre théorique étroit de notre recherche.

2.2 le choix des instruments d'une politique publique

Le design des politiques publiques peut être abordé en analysant le choix des instruments d'action. Plusieurs auteurs soutiennent en effet que ce choix représente l'enjeu majeur de l'élaboration d'une intervention étatique: *« The central problem of policy design is deciding which instrument to choose, assuming that a variety of means are available to meet the same end » (PAL, 1992:138).* Comme souligné plus haut, cette perspective de recherche suggère de nouvelles questions d'analyse, et notamment celle des raisons techniques, économiques et politiques du choix de tel instrument plutôt que de tel autre pour résoudre un problème social déterminé. Les paragraphes suivants discutent le contexte théorique dans lequel cette interrogation a été formulée ainsi que trois de ses implications

---

[21] HOPPE et al. (1987) soulignent également qu'il est impératif de considérer les différentes étapes d'une politique publique dans une perspective intégrative plutôt que séquentielle lorsque ces auteurs analysent la question: „What can policy design learn from implementation research?".

majeures pour l'analyse comparée de politiques publiques: la définition d'une nouvelle unité d'analyse, le renversement de la variable dépendante et les voies méthodologiques ouvertes par la définition d'une nouvelle unité d'observation.

2.21 l'émergence de la question d'analyse

Diverses contributions, considérées comme majeures pour l'approche du « policy design », traitent de l'éventail des instruments à la disposition de l'Etat. Dans sa définition la plus large, le concept d'un instrument d'action représente *« the generic term provided to emcompass the myriad techniques at disposal of governments to implement their public policy. Sometimes referred to as « governing instruments » or « tools of government », these techniques range in complexity and age, although most are well known to students and practionners of public administration » (HOWLETT, 1991:2).* Nous concevons ici un instrument comme le moyen par lequel l'Etat conduit des acteurs individuels et collectifs à prendre des décisions et à mener des actions qui s'avèrent compatibles avec les objectifs de la politique publique[22]. PAL (1992:138ss) note deux aspects fondamentaux des instruments. D'une part, ils constituent le lien logique entre le problème social traité et les objectifs visés par une politique publique. D'autre part, ils demeurent, pour les administrés et les citoyens, la manifestation la plus concrète et la plus visible de l'action étatique. Les instruments ne sont donc pas une composante résiduelle des politiques mais un de ses éléments constitutifs. Toute intervention étatique ne peut en effet être dissociée des moyens d'action qu'elle engage.

LINDER et PETERS (1989, 1990a), INGRAM et SCHNEIDER (1990b) et ELMORE (1987) se penchent sur les caractéristiques des multiples instruments d'intervention, discutent leur regroupement en catégories

---

[22] A titre d'exemple citons ici la description d'un instrument et de ses effets proposée par SCHNEIDER et INGRAM (1990b:527): *„Policy tools are techniques the government uses to achieve policy goals. For policy goals to be realized, targets populations may need to comply with policy directives, utilize policy opportunities when these are offered, or engage in other forms of coproduction to promote socially desired results. These citizen actions are form of policy participation that take place every day, by every individual, and that have profound impact on the allocation of values for society."*

distinctes et suggèrent quelques premières raisons hypothétiques de leur sélection par les acteurs politico-administratifs. Ils proposent à plusieurs reprises de retenir la question du choix des instruments comme point de départ pour l'élaboration d'une théorie du design des politiques. Ce programme de recherche a déjà été articulé dans d'autres contextes théoriques[23]. Il n'a cependant pas reçu - à l'exception de l'école canadienne[24] (DOERN et WILSON, 1974) - une attention soutenue de la part des chercheurs: *« This is not the first time that attention has been called to the importance of examining the tools of government action. Almost 30 years ago Dahl and Lindblom (1953) observed that the proliferation of new techniques of social action has displaced the competition of ideologies in the Western world and represented « perhaps the greatest political revolution of our times ». If so, however, it has also been the least well examined such revolution. For, despite the impressive endorsment, the systematic study of the techniques of government action has hardly gotten off the ground »* (SALAMON, 1981:262). Au sein même de l'analyse des politiques publiques, SIMEON (1976) a également évoqué la nécessité d'identifier les instruments dont le gouvernement dispose pour atteindre ses objectifs, l'étendue de son action et la répartition des coûts et bénéfices qui découle de ses interventions.

Une véritable discussion théorique sur les instruments des politiques publiques ne s'instaure, à notre avis, que suite à la publication rapprochée des ouvrages de PHIDD et DOERN (1978, 1983), SALAMON (1981), TREBILCOCK et al. (1982), HOOD (1983) et de ATKINSON et CHANDLER (1983). Une analyse des interventions étatiques qui retient comme point de départ les instruments d'action implique dès lors une vi-

[23] Outre les différents courants de recherche cités ci-après, SCHNEIDER et INGRAM (1990b: 511-513) recensent plusieurs autres écoles, dont celle des choix rationnels, qui ont abordé la question du choix des instruments des politiques. Les travaux fondateurs de LOWI (1966, 1972) thématisent également les enjeux théoriques d'une analyse des moyens de l'action étatique. HAHN (1990a et 1990b) et HOWLETT (1993: 4ss) présentent quant à eux le débat entre les économistes néo-classiques et ceux du bien-être sur la question des instruments.

[24] Comme le remarque WOODSIDE (1986), l'étude des instruments des politiques publiques constitue peut-être même l'orientation la plus distinctive de la recherche sur les interventions étatiques telle que pratiquée au Canada.

sion du *« government as a tool-kit »* ou du *« government as a tool-using-animal »* selon les expressions de HOOD (1983)[25]. En se penchant sur la question du choix des instruments d'une politique, l'approche du « policy design » introduit trois innovations pour l'étude comparée des politiques publiques.

2.22 une nouvelle unité d'analyse

La première innovation réside dans le fait que le concept d'instrument d'une politique est défini comme nouvelle unité d'analyse. Cette dernière est nettement plus circonscrite que le concept de politique publique[26] ou que celui de programmes d'action, généralement retenus par les études sur la mise en oeuvre et par la recherche évaluative. Une analogie avec les catégories de la biologie peut être dressée pour classifier les niveaux hiérarchiques des activités étatiques et illustrer les liens organiques entre les différents concepts de l'analyse des politiques publiques. Si les instruments constituent les particules élémentaires de toute intervention étatique, leur combinaison en programmes d'action en seraient les atomes, que les politiques publiques assembleraient en molécules[27]. Un instrument est donc un des éléments constitutifs de toute action étatique, un « technological core of policy » selon les termes de McDONNELL et ELMORE (1987).

---

25 Soulignons que, plus récemment, des auteurs ne s'inscrivant pas forcément dans le courant du „policy design" soulignent eux aussi la pertinence théorique de la question du choix des instruments. BRYSON et RING (1990) discutent la contribution potentielle de la théorie des coûts de transactions pour l'analyse des instruments, alors que BENNETT et HOWLETT (1992), MAY (1992) et HOWLETT et RAMESH (1993, 1995) suggèrent de réinterpréter les théories sur l'apprentissage dans les politiques sous l'angle du choix des instruments.

26 Voir par exemple HOGWOOD/GUN (1984:19ss.) pour une définition traditionnelle du concept de "public policy" et LEMIEUX (1995:1-7) pour une discussion systémique des multiples dimensions (activités, acteurs, problèmes, solutions) abordées par les définitions de différents auteurs.

27 Une délimitation plus formelle des concepts de "policy tool", "action programme" et "public policy" est proposée par exemple par SALAMON (1989:29ss.).

L'analyse systématique d'un instrument implique cependant que les liens existant entre celui-ci et les autres éléments constitutifs d'une politique soient aussi pris en considération. En effet, tout instrument est logiquement lié aux objectifs des décideurs politiques, aux ressources à la disposition des acteurs de mise en oeuvre, aux caractéristiques des groupes-cibles visés et des bénéficiaires finaux de la politique publique. Ces quatre liens fondamentaux peuvent être discutés sommairement, indépendamment du problème politique à résoudre ou du type d'instrument retenu. A titre illustratif de la logique structurale d'une intervention étatique, ils sont décrits ci-dessous en fonction des variables traditionnellement définies pour cerner les maillons successifs de la chaîne causale d'une politique publique (« policy problem -> statute/regulations -> outputs -> impacts -> outcomes »)[28].

Premièrement, tout instrument doit être légitimé par les décideurs politiques. Selon le principe de la légalité propre à un Etat de droit, toute intervention étatique présuppose en effet l'existence d'une base légale valide. La formulation de ces normes juridiques est le résultat matériel du processus décisionnel (« statute/regulation »). En fonction des structures institutionnelles d'un régime démocratique spécifique (ex: majoritaire versus consensuel) et du niveau hiérarchique qui y est requis pour une base légale particulière (ex: constitution, loi, règlement d'application) des procédures de légitimation alternatives sont certes à appliquer. Il n'en demeure pas moins que les instruments d'une politique doivent systématiquement faire l'objet d'une décision politique et, par là, d'une légitimation démocratique. Un lien indissociable existe donc entre les instruments et les objectifs des décideurs politiques qui légitiment leur choix.

Deuxièmement, tout instrument, une fois ancré juridiquement, doit être mis en oeuvre par les acteurs administratifs et/ou para-étatiques. Dans le respect de la répartition des compétences et des procédures fixées, diverses décisions administratives sont dès lors prises pour concrétiser les nor-

---

[28] Pour une discussion de cette "outcome line", voir par exemple MOHR (1992:10-24). Soulignons ici, que SHARANSKY (1970) est l'un des premiers auteurs à différencier de manière explicite les produits administratifs (outputs), des effets induits auprès des groupes-cibles visés (impacts) et auprès des bénéficiaires d'une politique publique (outcomes).

mes établies (« outputs »). Selon la nature des programmes juridiques (ex: conditionnels versus finalisés) et les structures de mise en oeuvre (ex: centralisme versus fédéralisme d'exécution), la marge d'appréciation et de manoeuvre laissée aux acteurs compétents peut varier. Indépendamment de la diversité de ces modalités d'exécution, le choix d'un instrument particulier implique toujours la conception ex ante d'une stratégie d'implémentation, la désignation des responsables de sa mise en oeuvre et l'octroi de ressources spécifiques aux acteurs administratifs. Il y a donc ici aussi un lien fondamental entre le type d'instrument retenu et les acteurs administratifs chargés de leur application.

Troisièmement, la mise en oeuvre conforme d'un instrument doit induire chez les groupes-cibles visés un changement de comportement (« impacts »). En effet, un des postulats de l'analyse des politiques publiques est que celles-ci sont conçues pour résoudre des problèmes collectifs. Pour y parvenir, les instruments visent à influencer les acteurs sociaux dont les activités (ou la passivité) sont interprétées comme une des causes (in)directes du problème social traité. Tout instrument s'adresse donc à un groupe-cible particulier qui, en adaptant son comportement, doit contribuer à la réalisation des objectifs d'une politique. Souligner qu'il y a une relation directe entre les instruments et les groupes-cibles d'une politique s'avère pertinent dans le cas où une politique publique est interprétée de manière instrumentale comme ci-dessus. Ceci l'est également dans les situations où la motivation de l'intervention étatique est tout autre. Dans la mesure où un instrument est mis en oeuvre, il génère forcément de nouvelles conditions-cadres pour les activités des acteurs sociaux visés: *« Policies reflect several agendas in addition to the instrumental, goal-oriented one (...) These others agendas include the seeking of personal, political, or partisan advantage as well as the poursuit of organizational or administrative goals. Policies have effects on target populations, however, regardless of why they were adopted » (SCHNEIDER/INGRAM, 1990: 513).*

Quatrièmement, le changement de comportement des groupes-cibles visés doit se traduire en effets concrets (« outcomes »), visibles au niveau des bénéficiaires de la politique. Dans la mesure où un instrument s'avère efficace, son application contribue à la résolution du problème collectif traité. Il en résulte une amélioration de la situation des bénéficiaires finaux. Le choix des instruments concerne donc directement les destinataires d'une politique, car ceux-ci ont leur propre vision du problème qui les affecte et des solutions alternatives à y apporter, et notamment des instruments à mettre en oeuvre. Les effets induits par un instrument particulier ayant des conséquences directes pour lesdits bénéficiaires, il existe donc un lien fondamental entre ceux-ci et les instruments discutés et retenus.

Cette courte discussion montre que la question du choix d'un instrument a des implications conjointes pour tous les acteurs de l'arène interne d'une politique. En ce sens chaque instrument a sa propre « économie politique »[29]. Retenir le concept d'instrument comme nouvelle unité d'analyse n'induit donc pas une limitation du champ d'analyse mais suggère une nouvelle grille d'interprétation. Un tel changement permet à l'approche du « policy design » de se démarquer significativement des études de mise en oeuvre et de la recherche évaluative. Il a été suggéré notamment par SALAMON (1981): *« (The) major shortcoming of current implementation research is that it focuses on the wrong unit of analysis, and that the most important theoretical breakthrough would be to identify a more fruitful unit on which to focus analysis and research. In particular, rather than focusing on individual programs, as is now done, or even collections of programs grouped according to major « purpose », as is frequently proposed, the suggestion here is that we should concentrate instead on the generic tools of government action, on the « techniques » of social intervention that come to be used, in varying combinations, in particular public programs » (p.256).* Cette redéfinition de l'unité d'analyse permet de bien cerner la variable dépendante du modèle d'analyse. Elle répond donc à la critique formulée de manière récurrente à l'analyse de politiques publiques sur son incapacité à identifier clairement le phénomène social qu'elle souhaite expliquer.

---

[29] Voir SALAMON: *„(Each) instrument has its own distinctive procedures, its own network of organizational relationships, its own skill requirements - in short, its own <<political economy>>. (...) In other words, each distinctive form of government action is really a complex system of action with its own personality, actors, and dynamics." (1989:8).*

2.23 un renversement de la variable dépendante

A titre de deuxième innovation, la question du choix des instruments implique un renversement de la variable dépendante. Les modèles de mise en oeuvre et d'évaluation des politiques formalisent les instruments d'une intervention étatique comme une variable indépendante. Ils étudient dès lors comment les caractéristiques des instruments, en interaction avec les structures, les acteurs et les processus de mise en oeuvre, influencent les variables dépendantes, à savoir le degré d'implémentation (outputs), les changements de comportement des groupes-cibles visés (impacts) et les effets induits auprès des destinataires (outcomes) d'une politique.

A contrario, l'approche du « policy design » définit les instruments d'une politique comme la variable dépendante. Elle cherche ensuite quelles variables indépendantes expliquent le choix de tel ou tel instrument par les acteurs politico-administratifs. En opérant un tel renversement lors de la définition des variables dépendantes et indépendantes, l'approche retenue ici favorise une interprétation transversale plutôt que séquentielle des différentes étapes du cycle d'une politique. En effet, les différentes variables explicatives du choix des instruments ne sont pas à rechercher uniquement en amont de la phase de formulation de la politique (par ex: le degré d'urgence du problème social traité, les objectifs des décideurs politiques) mais également en aval de celui-ci (par ex: les ressources des agents de mise en oeuvre, le degré d'organisation des groupes-cibles visés). Définir les instruments comme la variable dépendante du modèle d'analyse favorise donc une vision globale du cycle d'une politique, ce qui répond aux ambitions analytiques de l'approche du « policy design ».

2.24 une unité d'observation plus fine pour l'analyse comparée de politiques publiques

La troisième innovation est de nature méthodologique. La définition d'une unité d'observation plus fine - c'est-à-dire un instrument plutôt qu'un programme d'action ou qu'une politique - facilite le développement d'un dessin de recherche de nature comparative (HOOD, 1983:115ss.). Les processus et les résultats du design des instruments peuvent être observés empiriquement de manière diachronique et synchronique. HOWLETT et RAMESH (1993) soutiennent que le choix de tel ou tel instrument peut être comparé systématiquement avec celui déjà opéré à une période antérieure, dans un autre domaine politique ou dans un autre pays. Les multiples combinaisons possibles des ces dimensions temporelle, sectorielle et nationale, offrent plusieurs champs empiriques. Ces derniers permettent à leur tour de tester les hypothèses traditionnelles sur les styles politiques nationaux versus sectoriels (RICHARDSON, 1982 versus FREEMAN, 1985; WILKS et WRIGHT, 1987; HOWLETT, 1991), sur la convergence des politiques publiques (HOBERG, 1986 et BENNETT, 1991) ou sur leur adaptation incrémentaliste versus leur changement paradigmatique résultant d'un processus d'apprentissage (HOWLETT et RAMESH, 1993). Ces tests empiriques d'une théorie du choix des instruments s'inscrivent dans le programme de recherche comparative suggéré initialement par ANDERSON (1971) et dont BENNETT (1988) propose une première application.

Les trois innovations évoquées - nouvelle unité d'analyse, renversement de la variable dépendante, unité d'observation plus fine - impliquent des changements théoriques et méthodologiques par rapport à l'analyse traditionnelle des politiques publiques. La question se pose dès lors de savoir dans quelle mesure les travaux antérieurs ont déjà concrétisé ce programme de recherche. Les paragraphes suivants traitent de l'état actuel de la recherche afin de répondre à cette interrogation.

2.3 l'état actuel de la recherche théorique et empirique

Un foisonnement d'apports partiels caractérise la littérature sur les instruments des politiques publiques. Afin de structurer la présentation des multiples arguments qui y sont avancés, trois dimensions de la question du choix des instruments sont discutées ici: les définitions analytiques du concept d'instrument et les tentatives d'opérationnalisation de la variable dépendante qui en sont dérivées; les principales hypothèses de travail formulées de manière concurrente sur les facteurs explicatifs du choix des instruments; les résultats des premiers travaux empiriques. Ces trois étapes nous permettent d'identifier les déficiences actuelles de la recherche et de définir les ambitions de notre projet.

2.31 la variable dépendante: les typologies et les attributs des instruments

Comme souligné plus haut, un instrument est défini de manière générique comme le moyen d'action par lequel l'Etat conduit des acteurs individuels et collectifs à prendre des décisions et à mener des actions qui sont compatibles avec les objectifs de sa politique publique. Nombre d'auteurs constatent, le plus souvent dans une perspective diachronique, la diversité des instruments effectivement retenus pour mettre en oeuvre des politiques particulières. Ils cherchent dès lors à définir les caractéristiques des différents instruments, afin de pouvoir les classer et les comparer. Deux démarches alternatives guident leurs réflexions. Alors que certains élaborent des typologies des instruments en définissant des catégories nominales, d'autres cernent les attributs fondamentaux applicables à tout instrument. Les paragraphes suivants présentent les résultats des ces deux tentatives d'opérationnalisation des instruments, définis ici comme la variable dépendante.

2.311 l'élaboration de typologies

La première approche s'attache à distinguer, en fonction d'un (ou de plusieurs) critère(s), des classifications (ou des typologies) des instruments d'action de l'Etat. L'application par divers chercheurs de critères alternatifs conduit inévitablement à la construction de typologies divergentes. Le tableau 1 illustre la diversité des classifications proposées par la littérature.

Tableau 1: Divergences entre les typologies des instruments

auteur(s)	**HOOD (1983)**	**DOERN et PHIDD (1983)**	**McDONNELL et ELMORE (1987)**	**INGRAM et SCHNEIDER (1990b)**
critère(s) de classification	-ressources engagées lors de la mise en oeuvre des instruments	- degré de contrainte légitime des instruments	- effets attendus des instruments	aptitudes comportementales des groupes visés par les instruments
catégories d'instruments ***(Les termes originaux des auteurs sont cités en italique)***	1. information *(Nodality)* 2. règle prescriptive *(Authority)* 3. incitation financière *(Treasure)* 4. capacité organsationnelle *(Organization)* *NB. HOOD différencie pour chaque catégorie les instruments d'information (detectors) de ceux d'action (effectors).*	1. autoréglementation *(Private Behavior)* 2. information, recommandation *(Exhortation)* 3. transfert, prêt, subvention *(Expenditure)* 4. règle prescriptive, tarif, taxe *(Regulation)* 5. (semi)étatisation des entreprises *(Public Ownership)*	1. règle prescriptive *(Mandates)* 2. transfert financier conditionnel, lié à une action *(Inducement)* 3. transfert financier conditionnel, lié à une infrastructurel *(Capacity-building)* 4. réorganisation, transfert de compétences, changement du système de production des biens et services *(System-changing)*	1. autoréglementation, règle prescriptive *(Authority)* 2. subvention, prêt, taxe, manipulation des rentes *(Incentive)* 3. information, formation, manipulation des critères individuels de décision *(Capacity)* 4. information, manipulation des symboles *(Symbolic and Hortatory)* 5. évaluation, auditions publiques, arrangements institutionnels *(Learning)*

HOWLETT (1991) souligne que deux méthodes principales sont retenues par les différentes écoles pour typologiser les instruments. D'une part, les instruments peuvent être classés selon le type de ressource engagée dans l'intervention étatique. La taxinomie de HOOD (1983) illustre le résultat d'une telle démarche. L'auteur différencie quatre types d'instruments reposant respectivement sur les ressources informationnelle, légale, financière et organisationnelle de l'Etat. D'autre part, les instruments peuvent être classés selon les modalités de mise en oeuvre que l'Etat choisit. Le continuum de DOERN et PHIDD (1983) est un exemple issu de cette approche. Il se base sur le degré de contrainte légitime propre aux différentes interventions étatiques. Cinq catégories, allant de l'instrument le moins au plus contraignant, sont ainsi définies[30]. Il faut noter que la première démarche, axée sur les ressources, tend à mettre en évidence les différences existant entre les instruments des politiques publiques. Elle suggère implicitement que les instruments ne sont pas substituables et que pour un problème défini un instrument particulier est à retenir. Les aspects contextuels du choix des instruments sont au centre de l'intérêt. A contrario, aborder les différents instruments sous l'angle d'un continuum focalise l'attention sur les similitudes et sur la substituabilité technique de ceux-ci. Dans cette seconde perspective, le choix d'un instrument est influencé avant tout par des facteurs de nature politique (HOWLETT, 1991:3-4).

Il n'y a pas lieu ici de citer et de discuter toutes les typologies d'instruments proposées par la littérature sur les politiques publiques[31]. Compte tenu des dimensions multiples de tout instrument et de l'importance relative accordée à l'une ou l'autre de celles-ci selon des intérêts de recherche particuliers (DOERN et PHIDD, 1992:110), aucune classification n'apparaît aujourd'hui comme unanimement acceptée, ni même

---

[30] Plusieurs autres continuum qui retiennent des critères de classification alternatifs, comme par exemple le degré de visibilité publique d'un instrument, sont proposés par DAHL et LINDBLOM (1953), TREBILCOCK et al. (1982), HOWARD et STANBURY (1984) ou encore BAXTER-MOORE (1987).

[31] A la suite de KAUFMANN/ROSEWITZ (1983), KÖNIG/DOSE (1993) recensent de manière (quasi)exhaustive les multiples typologies proposées non seulement par la science politique, mais également par les sciences juridique, économique et administrative. Contrairement aux classifications de la littérature anglo-saxonne discutées ici, ils se focalisent avant tout sur la littérature allemande et sur les typologies traditionnelles de SCHARPF, MAYNTZ et WINDHOFF-HERITIER. Pour un aperçu comparatif et une discussion critique des typologies élaborées plus spécifiquement par les tenants de l'approche du "policy design", voir par exemple SALAMON (1989:30ss.), HOWLETT (1991) et HOWLETT et RAMESH (1995:80ss.).

comme dominante. Quelques recoupements entre ces différentes classifications sont certes possibles. PAL (1992:142-144) propose ainsi une taxinomie des instruments qui combine la typologie de DOERN et al. avec celle de HOOD. Une véritable convergence entre les classifications ne peut cependant être envisagée. A notre avis, les typologies proposées par la littérature ne répondent pas adéquatement à la question de l'opérationnalisation du concept d'instrument. En effet, selon cette approche, il faudrait expliquer pourquoi au moment T_i on a retenu dans la politique publique P_i l'instrument I_i, classé dans la catégorie C_x, plutôt que l'instrument I_j, classé dans la catégorie C_y. Comme il n'y a cependant d'accord ni sur les critères de classification, ni sur la répartition des instruments dans les multiples catégories, la variance de la variable dépendante serait différente selon chaque typologie - respectivement selon chaque auteur. Les conclusions d'études empiriques se basant sur des typologies alternatives ne seraient donc pas comparables et ne favoriseraient pas un développement cumulatif des connaissances, développement indispensable à l'élaboration d'un modèle causal du choix des instruments de l'action publique.

Conscients de cette limitation, plusieurs auteurs ont adressé de vives critiques à une telle démarche. LINDER et PETERS (1989:107-108) recensent trois problèmes majeurs des multiples typologies élaborées jusqu'ici. Premièrement, les catégories définies sont si larges qu'il n'est pas toujours assuré qu'elles soient mutuellement exclusives et que la variance entre les catégories soit plus importante qu'au sein d'une et même catégorie. Deuxièmement, définir des catégories d'instruments semble, pour certains auteurs du moins, s'affirmer comme une fin en soi. En effet, à plusieurs reprises, aucune proposition n'est formulée par l'auteur d'une typologie particulière pour valoriser celle-ci dans le cadre théorique de l'analyse de politiques publiques. Finalement, LINDER et PETERS soutiennent qu'il faut abandonner une approche de classification jugée trop abstraite. Il s'agit bien plus d'étudier comment les acteurs politico-administratifs eux-mêmes perçoivent et classifient les moyens d'action à leur disposition[32].

---

[32] LINDER et PETERS optent pour une orientation phénoménologique de la recherche sur les instruments. Selon celle-ci, différentes catégories d'instruments n'existent que dans la mesure où les décideurs politiques les perçoivent comme telles. Cette approche est retenue pour l'élaboration d'une taxinomie des instruments et d'une théorie de leur choix: *„It is the policymaker's criteria - not the investigator's - that*

2.312 la définition d'attributs

La thématisation des limites de la démarche classificatrice a suscité le développement d'une seconde approche pour opérationnaliser le concept d'instrument. Ne visant plus la définition de catégories exclusives, plusieurs auteurs se penchent dès lors sur les caractéristiques fondamentales ou attributs des instruments des politiques publiques. Cette seconde tentative d'opérationnaliser la variable dépendante a été suggérée notamment par SALAMON (1981): *« Even more important than a descriptive framework, however, is the formulation of cross-cutting set of analytical categories in terms of which the various tools can be measured and assessed, and on the basis of which reasonable hypotheses (...) can be generated and tested » (p.266)*.

Définir les attributs d'un instrument permet, d'une part, de rendre compte des multiples dimensions de celui-ci et, d'autre part, de comparer systématiquement - c'est-à-dire en fonction des attributs - plusieurs instruments. Cette piste de recherche s'avère a priori plus fructueuse que l'élaboration de typologies, dont la tendance est de ne mettre en évidence que les similitudes (ou les dissemblances) relatives à une et une seule dimension des instruments. Sans prétendre à l'exhaustivité, le tableau 2 illustre la convergence des attributs proposés par la littérature pour rendre compte de l'économie politique de tout instrument[33]. Il faut souligner ici

---

structure judgments about instruments and serve as the basis for any working taxonomy. It is the policymaker's judgements - not the investigator's - that determine whether a given instrument has succeeded or failed. Finally, it is the policymaker's biases - not the investigator's - that shape the relative influence of the context and of the perceived attributes of instruments on design choices. (...) Consistent with this argument, the best way to build typologies of policy instruments is to ground them in policymakers'own views of what makes instruments operationally and symbolically comparable or unique." (1989: 54-55)

[33] Quelques auteurs, dont l'approche ne se penche pas principalement sur le choix des instruments, aborde également cette question en fonction d'attributs qui s'apparentent à ceux recensés ci-dessous. Voir par exemple KINGDON (1984): *„The generation of policy proposal (...) resembles a process of biological natural selection. Many ideas are possible in principle, and float around in a <<policy primeval soup>> (...) But the proposal that survive to the status of serious consideration meet several criteria, including their technical feasability, their fit with do-*

que les auteurs recensés sont d'orientations théoriques sensiblement différentes.

Tableau 2: Convergence sur les attributs des instruments

auteur(s)	**SABATIER et PELKEY (1987)**	**SALAMON (1989)**	**LINDER et PETERS (1989)**	**TREBILCOCK (1994)**
théorie	„advocacy coalition"	management public	„policy design"	„public choice"
attributs des instruments ***(Les termes originaux des auteurs sont cités en italique)***	1. intensité des ressources investies et coûts économiques *(Economic Cost)* 2. risque et coûts politiques induits *(Political Cost)* 3. efficacité, degré de réalisation des objectifs de la coalition politique *(Efficacy)*	1. faisabilité et coûts administratifs *(Administrative Feasability)* 2. efficacité *(Supply/Targeting Effectiveness)* 3. efficience des ressources investies *(Efficiency)* 4. effets redistributifs entre les groupes *(Equity)* 5. coûts politiques *(Political Support)*	1. intensité des ressources et des coûts administratifs *(Resource Intensiveness)* 2. qualité du ciblage selon sélectivité et flexibilité *(Targeting)* 3. risque politique selon visibilité et échec potentiel *(Political Risk)* 4. degré de contrainte, connotation idéologique *(Constraint)*	1. efficience des ressources investies *(Technical or Efficiency Considerations)* 2. effets redistributifs entre les groupes *(Distributive Considerations)* 3. implications pour le soutien partisan *(Political Constraints)*

Lors de l'élaboration du modèle théorique dit „Advocacy Coalition Framework", SABATIER et PELKEY (1987) traitent la question du choix des instruments opéré par la coalition d'acteurs dominante au sein d'une politique. Ils supposent que ce choix est rationnel et qu'il se base sur l'évaluation simultanée de quatre attributs propres à tout instrument. Premièrement, il s'agit pour les partenaires d'une coalition d'estimer les coûts liés à l'acceptation politique de l'instrument. Ces coûts politiques et

minant values and the current national mood, their budgetary workability, and the political support or opposition they might experience." (p.31)

économiques sont fonction notamment des points de veto accordés par les règles formelles du processus de décision aux acteurs externes à la coalition. Deuxièmement, l'intensité des ressources requises par la mise en oeuvre de l'instrument est évaluée par rapport aux capacités financières et organisationnelles de la coalition. L'efficacité de l'instrument, comprise comme la contribution de celui-ci à l'atteinte des objectifs de la coalition, est le troisième attribut considéré de manière explicite par les deux auteurs. Finalement, pour qu'un instrument soit discuté puis retenu par une coalition d'acteurs, il faut que cette dernière soit insatisfaite de la situation présente, autrement dit, des résultats produits jusqu'ici par l'application d'un autre instrument.

De telles considérations sur les coûts économiques et politiques d'un instrument ou sur l'efficacité de celui-ci sont également présentes dans l'argumentation d'autres chercheurs. Notons toutefois que ces contributions théoriques redéfinissent, précisent ou élargissent ce premier éventail des attributs d'un instrument. Ainsi, traitant des ressources engagées lors de l'application d'un instrument, SALAMON (1989:39ss.) discute de manière plus explicite certains aspects comme les coûts administratifs induits ou l'efficience (c'est-à-dire le rapport entre les coûts et les effets d'un instrument). Reprenant également à son compte la notion d'efficacité (c'est-à-dire le rapport entre les objectifs et les effets d'un instrument), il différencie les objectifs des acteurs administratifs (« supply effectiveness ») de ceux des groupes-cibles et des bénéficiaires de l'intervention étatique (« targeting effectiveness »). L'auteur soutient finalement que les effets redistributifs d'un instrument constituent un des attributs fondamentaux de celui-ci.

LINDER et PETERS (1989:45ss , 1990a:112ss) offrent, à notre avis, l'aperçu le plus systématique des différents attributs évoqués par la littérature. Dans leur effort de synthèse des travaux antérieurs, ils concluent que l'analyse des quatre attributs suivants permet de cerner l'économie politique d'un instrument: (1) la connotation idéologique, définie en fonction du degré de contrainte légitime de l'instrument et du rôle respectif qu'il accorde au marché et à l'Etat; (2) l'intensité des ressources, définie en fonction des coûts administratifs induits par la mise en oeuvre de l'instrument; (3) le risque politique encouru, défini en fonction du degré de visibilité publique des éventuels effets pervers; et finalement, (4) la qualité du ciblage, définie en fonction du degré de sélectivité et de flexibilité qui est applicable lors de la délimitation des groupes-cibles visés et des bénéficiaires de l'instrument. LINDER et PETERS (1990a) soutiennent que ces quatre attributs rendent compte des enjeux aussi bien technique, politique qu'idéologique liés aux choix des instruments d'une politique publique: *« Resource intensiveness and political risk can be viewed as correlates of political feasability - as it might apply to individual instruments; ressource intensiveness addresses intragovernmental concerns while political risk deals with external ones. Targeting relates more to the technical feasability and the practical assessment of instrument quality. Finally, constraint ties instrument to more fundamental beliefs about what is ideologically acceptable, over and above considerations of quality and cost » (p.115).* Retenir ces quatre attributs pour définir de manière analytique un instrument d'action particulier s'affirme comme une étape décisive de la stratégie de recherche. Cette suggestion semble faire l'objet d'un consensus dans la littérature et tend à être reprise avec quelques adaptations marginales par différents chercheurs[34].

Cette seconde approche, qui définit les instruments non plus de manière nominale mais en fonction de leurs attributs, offre une piste pour opérationnaliser la variable dépendante. Tout instrument peut être décrit par rapport aux quatre attributs (1) intensité des ressources, (2) qualité du ciblage, (3) risque politique et (4) connotation idéologique. Cette démarche de définition permet ensuite de structurer la conduite de premières études empiriques sur la nature des instruments retenus dans une politique particulière et sur les raisons de ces choix. Il est ainsi suggéré de définir et de comparer les instruments I_i et I_j d'une politique publique P_i en fonction de leurs attributs $A_{i\text{-}l}$ et d'expliquer le choix de l'instrument I_i plutôt que de l'instrument I_j en fonction de l'attention accordée par les acteurs d'une politique à ces quatre attributs.

[34] Plusieurs auteurs suggèrent d'appliquer ainsi les quatre attributs proposés par LINDER et PETERS (1990a) pour structurer l'étude empirique de la question du choix des instruments d'une politique publique. Sur ce sujet, voir par exemple RIST (1993) ou LANDRY/PESANT (1996).

Les auteurs qui proposent d'identifier les attributs des instruments pour en étudier l'économie politique soulignent également qu'il faut analyser la nature des rapports existants entre les attributs. Suite aux premiers travaux de DAHL et LINDBLOM (1953), notamment RIPLEY (1966), SALAMON (1981) et HOOD (1983) ont formulé quelques hypothèses sur les rapports exclusifs („trade-off") entre les attributs d'un instrument. Nombre d'hypothèses de travail sont communes à ces divers chercheurs. Les enseignements de la discussion théorique menée jusqu'ici peuvent être résumés comme suit: *« Im sum, three basic relationships frame the central trade-offs: (1) the higher the precision of the instrument, the less intrusive it is likely to be; (2) the less intrusive the instrument, the less likely it is to arouse public opposition; but (3) the higher its precision, the more complex and costly the instrument is to administer. One's choice of instrument would seem to depend on the relative value one places on each of these four general attributes » (LINDER et PETERS, 1990a:114).* Cette synthèse propose une première formalisation des liens entre les différents attributs des instruments, l'évaluation respective qu'en font les décideurs politico-administratifs lors du design d'une politique et le choix définitif des instruments d'une intervention étatique.

2.32 les variables indépendantes et les hypothèses

Les instruments des politiques, conçus comme la variable dépendante de notre question d'analyse, font l'objet de multiples définitions et opérationnalisations. De même, force est de constater la diversité des variables indépendantes et des hypothèses de travail qui sont avancées dans la littérature pour expliquer le choix d'un instrument ou d'une combinaison d'instruments. La discussion suivante se focalise sur ces facteurs explicatifs. Elle n'a pas pour but de présenter l'argumentation de chaque auteur dans ses moindres détails, mais vise plutôt à en dégager la spécificité et l'aspect innovateur. Plus encore, notre intérêt se porte sur la nature causale des liens existant entre les facteurs proposés à titre de variables indépendantes et les instruments des politiques publiques.

2.321 le degré de contrainte et l'évolution (quasi)naturelle des instruments

Les premiers chercheurs à s'être penchés sur la question du choix des instruments l'ont abordée dans une perspective diachronique. De fait, ils supposent qu'une évolution (quasi)naturelle caractérise le choix des moyens des interventions étatiques. Deux exemples illustrent la portée de telles hypothèses qui sont restées longtemps dominantes au sein de la recherche sur les instruments des politiques publiques.

Premièrement, DOERN et WILSON (1974) élaborent un continuum des différents instruments en fonction de leur degré de contrainte respectif. Ils retiennent ce critère de classification, car l'Etat est le seul acteur à pouvoir disposer de la contrainte légitime. S'inspirant de la pratique politico-administrative canadienne, ils formulent ensuite l'hypothèse suivante: *« Politicians (especially the collective cabinet) have a strong tendency to respond to policy issues (any issue) by moving successively from the least coercive governing instruments to the most coercive » (p.339).* Pour expliquer ce choix graduel, de l'instrument le moins contraignant vers l'instrument le plus contraignant, DOERN et WILSON évoquent l'influence de l'idéologie libérale du gouvernement canadien et le pouvoir politique des groupes sociaux dont l'Etat régule le comportement. Il faut souligner ici que la nature causale de ces liens n'est pas discutée de manière explicite par les auteurs. Ceux-ci le reconnaissent dans leurs travaux postérieurs, tout comme ils se confrontent aux difficultés d'opérationnaliser et de tester empiriquement leur hypothèse. DOERN et PHIDD (1992: 108-111) proposent plus tard un éventail élargi des facteurs explicatifs du choix des instruments. Ce dernier englobe non seulement l'idéologie du gouvernement, mais également les contraintes légales, la nature et la provenance des demandes sociales et les structures administratives propres à une politique publique.

Deuxièmement, HOOD (1983: 126 ss.) suggère aussi une évolution (quasi)naturelle du type d'instruments retenus pour gérer les politiques. Il se focalise sur des catégories d'instruments définies en fonction des ressources engagées par l'Etat. Il suppose ensuite l'existence d'un phénomène qualifié de *« re-tooling »* qui caractérise les choix successifs d'instruments appartenant à l'une ou l'autre des différentes catégories.

Appliqué à l'ensemble des domaines d'intervention de l'Etat, ce phénomène est supposé comprendre un double mouvement: *« A shift from information-based instruments to those based on other resources, and a shift from reliance on coercion alone to the use of financial and organizational resources » (HOWLETT, 1991:10).* L'auteur dégage plusieurs facteurs qui influencent le moment et le degré de telles mutations. La combinaison des instruments d'une politique dépend de leurs coûts administratifs, des pressions politiques, des contraintes légales de même que des enseignements tirés d'expériences antérieures avec d'autres instruments. Aucune hypothèse ne formalise cependant la nature causale des rapports existants entre les différentes variables suggérées par HOOD et les instruments finalement retenus dans des politiques particulières.

2.322 les calculs électoraux des partis politiques

Un deuxième courant de recherche s'inscrit dans la perspective théorique des choix rationnels („public choice"). Il interprète le choix des instruments comme le résultat de calculs électoraux dans une situation de compétition entre les partis politiques. TREBILCOCK et al. (1982) livrent une des contributions majeures de cette approche. Les auteurs y discutent la thèse, exposée par certains économistes, selon laquelle l'efficacité technique est le critère pertinent pour évaluer les différents instruments. Le processus décisionnel est défini comme une étape rationnelle, les décideurs politiques optant pour l'instrument qui permet de minimiser les coûts sociaux engendrés par une intervention étatique. Ces coûts sociaux englobent aussi bien les coûts administratifs d'application et de contrôle à la charge de l'Etat, que les coûts de soumission ou de co-production de la politique supportés par les acteurs privés. Plusieurs critiques sont émises par TREBILCOCK et al. (1982: 21-27) à l'encontre de cette proposition. Se référant aux enseignements des travaux de LINDBLOM (1959) et SIMON (1976) sur les processus décisionnels, ils soulignent premièrement que les économistes supposent une dichotomie entre les objectifs et les instruments d'une politique qui n'existe pas dans la majorité des cas réels. Afin de résoudre le problème de régression infinie lié à la définition des fins et des moyens de l'action politique, les auteurs proposent de retenir la (ré)élection des décideurs politiques comme l'objectif final de leur action. Deuxièmement, ils réfutent l'argument implicite à la thèse de la prédominance de l'efficacité technique selon lequel, dès que les objectifs d'une politique publique sont fixés, la sélection des moyens permettant de les atteindre est une démarche neutre. Au contraire, le choix des instruments doit être interprété comme la résultante d'un processus de résolution de conflit, d'un jeu stratégique complexe entre plusieurs acteurs dont les intérêts, les ressources, les appartenances organisationnelles et les critères d'évaluation divergent[35].

Par opposition à la thèse de l'efficacité technique, TREBILCOCK et al. (1982) interprètent le choix des instruments d'une politique comme le produit d'une rationalité politique. Celle-ci stipule, dans la tradition de l'économie des choix publics, que la stratégie guidant les décideurs politiques est celle de la maximisation des votes. Dès lors, plusieurs hypothèses sont dérivées pour expliquer le choix des instruments d'intervention de l'Etat. Les auteurs soutiennent ainsi que les instruments proposés sont ceux qui accordent des bénéfices aux électeurs marginaux et imposent des coûts aux électeurs inframarginaux. Plus loin, ils supposent que les bénéfices sont distribués de manière concentrée, de sorte qu'ils soient visibles, alors que les coûts sont distribués de manière diffuse, de sorte qu'ils soient dissimulés. Ces deux axiomes sont complétés par des considérations sur le cadre légal de l'action étatique (c'est-à-dire la constitution nationale et les accords internationaux) et sur l'information imparfaite à la disposition des décideurs et des électeurs qui, selon le modèle de SIMON (1957), demeurent dans une situation d'incertitude: *« In short, a strategy that seeks to magnify the gain and depreciate the pain will be influential in instrument choice. In addition, recognition of the imperfection of the information available may lead political parties to the selection of ins-*

---

[35] TREBILCOCK et al. (1982) différencient quatre groupes d'acteurs qui interagissent lors du choix des instruments d'une politique publique: „*(The) choice of policy instrument is not simply an efficiency issue but rather an inherent aspect of the resolution of conflicting interest, some understanding of the process and of the principal actors in that process is essential. (...) The process of government desision making, which, as we have said, is essentially a process of conflict resolution, can best be understood when viewed as the interaction or interplay of four distinct, serious, perpetual <<games>>. (...) It cannot be emphasized too strongly that the word <<game>> is used in its technical sense to denote a strategic behaviour under uncertainty. (...) The following games can be usefully differentiated: the special interest group game, the political game, the bureaucratic game, and the media game*“ *(p.5-6)*

truments that maximize reversibility and flexibility by providing opportunities for continuous marginal adjustments in policy « objectives » (the balancing of conflicting political interests) » (1982: 102).

Adoptant également l'approche du « public choice », HOWARD et STANBURY (1984) se penchent sur la croissance des interventions de l'Etat canadien dans l'économie privée. Les auteurs analysent de manière diachronique les différents instruments retenus par le gouvernement qu'ils qualifient de Leviathan, vu son emprise grandissante sur la société civile. Ils concluent que ce dernier fait usage d'instruments dont l'application et les effets sont de moins en moins visibles pour les acteurs économiques. Ils avancent un argument similaire à celui de TREBILCOCK pour expliquer cette évolution dans le choix des instruments: *« Considerations of technical substituability do not appear to have been the main reason for the shift to less obvious instruments. Rather, there was a need to intervene in ways less visible to the public. (...) In politics perception is reality. The less obvious instruments permit governments to apply more easily the canons of marginal voter politics with the use of targetted, selective, subsidized information to increase the probability of re-election » (p. 96).*

STANBURY (1986:125ss) élabore par la suite un cadre théorique plus large pour rendre compte de la phase de design des politiques. Il reconnaît ainsi que les institutions politiques, les valeurs idéologiques, les personnalités de certaines élites politico-administratives ou encore les structures et les processus d'une politique définis par la constitution nationale ont une influence sur le type d'instruments retenus. Réaffirmant la capacité explicative de l'approche des décisions rationnelles, l'auteur soutient néanmoins que ces variables ne sont liées qu'indirectement à la question du choix des instruments. Elles ne constituent que le cadre au sein duquel les décideurs politiques visent à maximiser leur chance de (ré)élection en concentrant de manière visible les bénéfices des instruments sur les électeurs marginaux (p.144).

2.323 le pouvoir économique des groupes-cibles

BAXTER-MOORE (1987) adopte une troisième approche, d'inspiration néo-marxiste, pour analyser la question du choix des instruments. Par opposition aux postulats du „public choice", il suppose que l'Etat n'est pas neutre lors du design de ses interventions et du choix de ses moyens d'action. Au contraire, ce dernier tend à favoriser certains groupes sociaux prédéterminés. La fonction première des politiques publiques est donc de créer ou de maintenir les conditions favorables à l'accumulation du capital et à la légitimation de l'harmonie sociale. L'auteur oppose cette perspective néo-marxiste aux modèles antérieurs du choix des instruments. En effet, les propositions de DOERN et al. (1974, 1984), TREBILCOCK et al. (1982) ou HOWARD et STANBURY (1984, 1986) sont dérivées des cadres théoriques soit pluraliste, soit des choix publics. Ceux-ci occultent les biais structurels de l'action étatique, visibles lors de la distribution entre les classes sociales des bénéfices et des coûts d'une politique publique. Reprenant une suggestion de recherche formulée par SIMEON (1976), BAXTER-MOORE (1987) s'attache donc à mettre l'accent sur les effets redistributifs des instruments. Le pouvoir économique et politique des groupes-cibles visés par une intervention étatique explique dès lors le choix des instruments. L'hypothèse de travail découlant d'une telle position est la suivante: *« (We) would hypothetize that both the intrusiveness of instruments and the coerciveness of supporting sanctions will vary inversely with the power of the target group - i.e., that governments will select more intrusive instruments and/or more coercive sanctions when seeking compliance from less powerful or less influential groups (e.g. labour), and less intrusive instruments and/or less coercive sanctions when dealing with large corporations and other powerful actors » (p.352).* C'est donc l'appartenance ou non à une classe sociale qui est le critère décisionnel appliqué pour déterminer le degré de coercition de l'instrument retenu et des sanctions encourues en cas de leur non-respect.

Cette proposition est également soutenue par WOODSIDE (1986) qui critique le fait de retenir les calculs électoraux des décideurs politiques comme variable explicative du choix des instruments. Selon cet auteur, de telles hypothèses suggèrent une relation trop bienveillante entre l'Etat et les différents groupes sociaux. WOODSIDE conteste donc l'image, implicite aux propositions théoriques du « public choice », d'un Etat pluraliste qui demeure attentif aux attentes de tous les acteurs sociaux et qui y répond de manière uniforme: *« For instance, governments generally are much more careful and respectful in their dealing with big business than they are when pressed to respond to the needs or demands of less powerful groups. Thus, one might hypothesize that governments will be quicker to use coercive policy instruments in their dealings with those who are relatively powerless than they will be with the more powerful » (p.786).*

2.324 la construction sociale des groupes-cibles

SCHNEIDER et INGRAM (1993) présument, elles aussi, que le choix des instruments d'une politique publique dépend du pouvoir économique et politique dont disposent les groupes-cibles visés. Au-delà, elles soutiennent qu'il faut également prendre en compte la construction sociale[36] qui caractérise ces groupes. En combinant les deux dimensions « pouvoir politique » (fort versus faible) et « construction sociale » (positive versus négative) elles élaborent une matrice qui différencie quatre types de groupes-cibles: les avantagés (pouvoir fort / image positive), les dépendants (pouvoir faible / image positive), les rivaux (pouvoir fort / image négative) et les déviants (pouvoir faible / image négative). Les auteurs postulent ensuite que les instruments retenus pour inciter un groupe-cible à adopter un comportement compatible avec les objectifs d'une politique publique diffèrent significativement selon le type de groupe visé: *« (For) the powerful, positively viewed groups, the policy tools will emphasize capacity building, inducements, and techniques that enable the target population to learn about results of its behavior and take appropriate action on a voluntary basis. (...) The dominant tools for deviants (the target populations whose constructions place them in the powerless, negatively viewed part of the matrix) are expected to be more coercive and often involve sanctions, force, and even death » (1993:339).* L'hypothèse avancée par SCHNEIDER et INGRAM pour expliquer cette variance des instruments

---

36 Se référant au concept sociologique de construction sociale, SCHNEIDER et INGRAM (1993) en font ici la description suivante: *„The social construction of a target population refers to (1) the recognition of the shared characteristics that distinguish a target population as socially meaning-ful, and (2) the attribution of specific, valence-oriented values, symbols, and images to the characteristics. Social constructions are stereotypes about particular groups of people that have been created by politics, culture, socialization, history, the media, literature, religion, and the like. Positive constructions include images such as deserving, intelligent , honest, public-spirited, and so forth. Negative constructions include images such as undeserving, stupid, dishonest, and selfish." (p.335)*

est que les décideurs politiques proposent des interventions étatiques qui assurent leur (ré)élection (« reelection calculus ») et qui contribuent à la résolution effective d'un problème social perçu comme prioritaire (« policy effectiveness calculus »). La construction sociale des groupes sociaux influence ces deux motivations et, par là, le choix des instruments.

D'une part, les implications électorales du choix d'un instrument sont anticipées par les décideurs politiques en fonction de deux critères. Ils prennent en compte la réaction politique du groupe-cible directement visé par l'instrument. Ils restent également attentifs à celle des autres groupes qui, en se référant à leur propre construction sociale du groupe-cible visé, jugent de l'opportunité des bénéfices (coûts) que les décideurs politiques accordent (imposent) à celui-ci. Afin de maximiser leur chance de (ré)élection, les décideurs politiques doivent donc assurer une adéquation entre la distribution des bénéfices et des coûts d'un instrument telle qu'elle est perçue par leur électorat et la vision a priori de ce que celle-ci devrait être, toujours selon ce même électorat. Cette vision normative est quant à elle (pré)déterminée par les constructions sociales des différents groupes sociaux.

D'autre part, la résolution effective du problème collectif traité par une politique implique que les instruments retenus visent les groupes-cibles dont le comportement est lié (in)directement à la cause du problème. Supposition faite que ces groupes soient identifiés correctement[37], les décideurs politiques ont ensuite la possibilité de choisir des instruments alternatifs pour les conduire à adapter leur comportement aux objectifs de la politique. L'Etat peut par exemple imposer un changement de comportement par la contrainte, l'induire par des incitations financières ou encore le suggérer par la manipulation d'informations. SCHNEIDER et INGRAM (1990b) soulignent que l'efficacité de chaque instrument repose

[37] Le choix des groupes-cibles reflète, tout comme celui des instruments d'une intervention étatique, l'exercice du pouvoir politique. INGRAM et SCHNEIDER (1991) soutiennent ainsi que les calculs électoraux et différents facteurs institutionnels conduisent à une désignation des groupes-cibles qui s'avère le plus souvent inappropiée pour résoudre le problème traité par la politique publique. Les acteurs de mise en oeuvre, confrontés à ce problème, mais manoeuvrant dans un cadre institutionnel autre que celui des décideurs politiques, soit corrigent cette désignation inadéquate, soit en amplifient les travers.

sur la pertinence pratique de l'hypothèse béhavioriste qui sous-tend celui-ci. Ainsi, une incitation financière (par ex. une subvention ou un dégrèvement fiscal) n'est efficace que si les groupes-cibles auxquels elle s'adresse se comportent comme des acteurs rationnels, maximisant leur fonction d'utilité. Vu la redistribution des coûts et bénéfices induite par l'incitation financière, ces derniers adaptent effectivement leur comportement en conséquence. Comme supposé plus haut, les décideurs politiques visent à retenir des instruments d'action efficaces. Ils évaluent donc comment les groupes-cibles visés vont réagir à un instrument particulier et quelle est leur capacité respective à participer à la résolution du problème, à la co-production de la politique publique. Cette évaluation se fait quant à elle en référence directe à la construction sociale véhiculée eu égard aux différents groupes sociaux.

Soulignons finalement que plusieurs auteurs mettent également en exergue l'influence d'attributs des groupes-cibles autres que celui de leur pouvoir politique ou de leur construction sociale. HOOD (1983) traite ainsi de la taille des groupes-cibles visés par une intervention étatique. Il reprend de facto une proposition théorique de MAYNTZ (1981) qui s'inspire elle-même de la théorie de la contingence des structures organisationnelles. L'hypothèse dérivée de cette perspective est la suivante: *« (The) larger this population is, the more government is likely to want to switch the balance of emphasis from active to passive instruments, from particular to general ones » (1983:138)*. En se référant à la typologie des instruments développée par HOOD, il est donc postulé que plus la taille des groupes-cibles visés s'accroît, plus les instruments d'intervention seront basés sur des ressources informationnelles. La nature causale de ce rapport n'est pas formalisée par l'auteur de manière explicite. Il suggère cependant l'influence des restrictions liées à l'investissement des ressources administratives lors de la mise en oeuvre des instruments.

2.325 les processus d'apprentissage collectif

Une cinquième approche de la question du choix des instruments est proposée par les théories sur les processus d'apprentissage collectif dans lesquels s'engagent les différents acteurs d'une politique. De fait, les politiques évoluent dans le temps, ce qui se traduit notamment par des changements de leurs objectifs, de leurs instruments ou de leurs modalités organisationnelles de mise en oeuvre (« policy change »). Alors que certaines se modifient de manière incrémentaliste, d'autres se caractérisent par un haut degré d'innovation. Les modèles traditionnels d'analyse des politiques publiques, qu'ils soient d'orientation (néo-)pluraliste, corporatiste ou marxiste, interprètent une telle évolution des politiques comme une réaction à de nouveaux conflits sociaux, comme la résultante de nouvelles pressions des groupes d'intérêts organisés. Plusieurs auteurs critiquent cette vision, somme toute passive, du rôle des acteurs politico-administratifs. Ils supposent que les changements observables dans le design et l'exécution d'une politique résultent de processus d'apprentissage collectif (« policy learning ») qui sont amorcés au sein même de l'arène des acteurs internes de la politique.

BENNETT et HOWLETT (1992) comparent les principaux concepts théoriques proposés par la littérature pour cerner le déroulement et la portée des processus d'apprentissage postulés[38]. Leur démarche vise à dégager, pour chaque concept, qui est le sujet de l'apprentissage, quel en est l'objet et quels en sont les effets observables. L'application de cette grille d'analyse les conduit à identifier trois types idéaux, qualifiés d'apprentissages gouvernemental (« government learning »), par un modèle (« lesson-drawing ») et social (« social learning »). Le premier terme traite des changements organisationnels au sein d'une politique publique, le dernier d'un renversement paradigmatique de celle-ci. Le concept de « lesson-drawing » se focalise quant à lui sur les instruments des politiques. Il suppose que le réseau d'acteurs d'une politique (c'est-à-dire le sujet) évalue et tire des enseignements sur l'efficacité des instruments qu'il a appliqués jusqu'ici (c'est-à-dire l'objet), ce qui, en cas d'insatisfaction, l'incite à adopter de nouveaux programmes d'action et instruments (c'est-à-dire les effets observables). Dans sa définition originale, le concept de « lesson-drawing » rend compte du transfert volontaire d'un programme d'action développé par un système politico-administratif dans un autre contexte. Il décrit le processus dans lequel s'engagent des décideurs poli-

[38] Les cinq approches théoriques retenues par BENNETT et HOWLETT (1992) sont les concepts de „political-learning“ proposé par HECLO (1974), „policy-oriented learning“ développé par SABATIER (1987), „lesson-drawing“ analysé par ROSE (1991), „social-learning“ avancé par HALL (1988), et „government learning“ identifié par ETHEREDGE (1981).

tiques qui, insatisfaits de leur propre stratégie d'action, recherchent dans le temps et dans l'espace des instruments alternatifs, déjà expérimentés avec succès dans d'autres secteurs ou d'autres pays. Les décideurs politiques évaluent ensuite si ces programmes d'action sont techniquement et politiquement transposables à leur situation. Le cas échéant, et après quelques modifications, ils les adoptent pour résoudre le problème social dont traite leur politique publique (ROSE, 1991 et 1993). Ce phénomène d'émulation[39] entre différents systèmes politico-administratifs constitue donc un des facteurs explicatifs du choix des instruments. Il est également avancé comme tel par les avocats de la thèse de la convergence des politiques dans différents pays: *« The central caracteristics of emulation is the utilization of evidence about a programme or programmes from overseas and a drawing of lessons from that experience. This process of lesson-drawing (...) might explain a convergence of policy goals, of policy content or of policy instruments » (BENNETT, 1991:221)*[40].

Procédant à une méta-analyse des théories qui postulent un lien causal entre l'évolution des politiques et les processus d'apprentissage collectif, HOWLETT et RAMESH (1993) soutiennent que cette approche contribue à l'élaboration d'une théorie du choix des instruments et à l'explication de leur développement diachronique: *« (The) works of Sabatier (1988), Hall (1988) and Rose (1991) (...) can help re-conceptualize policy instrument choice. (...) Each of these authors explicitly acknowledges the significance of policy instruments in the process of policy learning as each has suggested that, for the most part, in normal times policy learning is in effect learning about instruments. It would seem*

39 Le terme „émulation" ne décrit qu'une seule des voies possibles de „tirer une leçon" d'un ou de plusieurs programmes d'action appliqués dans d'autres systèmes politico-administratifs. ROSE (1991) recensent les stratégies complémentaires suivantes: „copying, hybridization, synthesis and inspiration"

40 Dans un article fameux, HOBERG (1986) passe en revue plusieurs études comparatives des politiques environnementales ou de la santé appliquées en Europe et aux Etats-Unis. Il conclut que le choix des instruments constitue l'une des variables dépendantes de la thèse de la convergence des politiques (pp.361-362) et que le phénomène d'émulation entre différents pays constitue une variable explicative de cette convergence, variable qui n'a cependant pas été retenue par les études antérieures (pp. 372-373).

appropriate, then, to suggest that theories of instrument choice should be expanded to include the insights of theories of policy learning » (1993: 14-15). Selon ces auteurs, l'approche de l'apprentissage dans les politiques offre trois pistes pour la formulation d'hypothèses sur le choix des instruments. Premièrement, elle focalise l'attention sur les caractéristiques des acteurs politico-administratifs qui décident des instruments. Deuxièmement, elle insiste sur le processus du choix et notamment sur les dimensions intertemporelle, intersectorielle et internationale des transferts de connaissances. Troisièmement, elle offre un large champ d'application et permet d'interpréter les changements aussi bien incrémentalistes que paradigmatiques[41] des instruments.

Finalement, plusieurs avocats de l'approche du « policy design » s'inscrivent dans une perspective théorique similaire. Citons à titre d'exemple les concepts de « instrumental policy learning »[42] avancé par MAY (1992) ou de « (design) borrowing » cité par SCHNEIDER et INGRAM (1988) et WEIMER (1993). Ceux-ci désignent le fait que les acteurs d'une politique publique évaluent leurs expériences antérieures, de même que celles d'autres arènes politico-administratives et, en raisonnant par analogie, tirent des leçons sur la viabilité des différents instruments déjà appliqués.

Les trois courants de recherche cités (« policy learning », « policy convergence » et « policy design ») interprètent le choix des instruments comme le résultat d'un transfert dans le temps et dans l'espace de connaissances relatives à l'efficacité de tel ou tel instrument. Cette hypothèse de travail jouit donc d'une large base théorique. Ceci ne doit cependant pas occulter les difficultés liées à son test empirique. La confirmation de l'hypothèse requiert en effet plusieurs conditions. D'une part, il faut clairement identi-

---

[41] La vague de déréglementation et de privatisation qui caractérise, dès le début des années 1980, les politiques publiques de plusieurs pays industrialisés est interprétée par HOWLETT/RAMESH (1993) comme un changement paradigmatique dans le choix des instruments.

[42] MAY (1992) discerne à son tour trois types de processsus d'apprentissage. Outre le terme de „instrumental policy learning" déjà évoqué, ceux de „social policy learning" et de „political learning" concernent respectivement la construction sociale d'un problème et la faisabilité politique d'une intervention étatique.

fier le contenu, les acteurs[43] et les modalités de transfert volontaire des connaissances pertinentes pour le design de la politique. D'autre part, une difficulté majeure réside dans la nécessité d'isoler l'influence de ce processus d'apprentissage de celle des autres facteurs explicatifs du choix des instruments. Une telle démonstration implique finalement des coûts élevés lors de la collecte des données. En effet, les décideurs politiques émettent généralement de la réticence à concéder l'influence d'acteurs externes sur leur propre stratégie d'action et à révéler leurs sources d'inspiration (BENNETT, 1991:223).

2.326 les interdépendances et l'harmonisation des politiques nationales

La globalisation et l'interdépendance des problèmes, la mondialisation et la libéralisation des marchés, de même que l'intégration politico-économique au niveau régional suggèrent un élargissement du cadre d'analyse. Vu l'évolution de ce contexte, les acteurs (infra)nationaux d'une politique disposent en effet d'une marge de manoeuvre éventuellement restreinte lors du design des instruments de leurs politiques. Une sixième approche interprète dès lors les institutions supra- et internationales comme des facteurs explicatifs du choix des instruments. Trois mécanismes d'influence sur les arènes politico-administratives nationales sont discutés par la littérature.

Premièrement, BENNETT (1991:225-227) suggère que, lors du design de ses politiques publiques, un pays tient compte, du moins implicitement, des efforts de coordination et d'harmonisation des régimes internationaux

---

[43] Il s'agit de déterminer dans quel cadre se déroule le transfert de connaissances d'un système politico-administratif à un autre. Plusieurs concepts ont été proposés pour qualifier les modalités de coordination entre les acteurs politiques, administratifs et scientifiques d'une politique publique. HOBERG (1991) différencie par exemple deux mécanismes d'émulation: le premier est déclenché par les élites politico-administratives („elite driven"), le second par les activistes et groupes d'intérêts („activiste driven"). Des propositions théoriques alternatives se focalisent cependant sur d'autres types d'acteurs. Citons à titre d'exemple la notion de „epistemic community" avancée par HAAS (1992) pour souligner le rôle primordial joué par les experts scientifiques dans le design de certaines politiques publiques.

existants[44]. Plusieurs conditions sont requises pour confirmer cette hypothèse: la reconnaissance par les différents pays de l'interdépendance de leurs situations respectives, l'existence formelle d'un régime international et une démarche coopérative lors de l'élaboration d'une stratégie d'action. L'auteur relève de plus que l'interprétation alternative du concept de régime international soit comme variable indépendante, soit comme variable intervenante pose un problème théorique important. Outre ce premier processus d'harmonisation concertée des politiques nationales, deux autres mécanismes, de nature plus contraignante, influencent également le choix des instruments.

HOBERG (1991:108-109) suppose ainsi que les (inter)dépendances économiques de différents pays constituent une source potentielle de convergence des instruments de leurs politiques. Il note que la stratégie d'action d'un pays peut induire des externalités chez un pays voisin. Celles-ci sont soit directes, dans le cas d'effets physiques transfrontaliers (ex: pollution de l'air), soit indirectes, dans le cas d'une dépendance économique du marché (ex: économies d'échelles, mobilité des facteurs de production). Ces externalités impliquent des coûts qui incitent le pays les supportant à adopter, de manière réactive, des instruments similaires à ceux déjà appliqués par son voisin. L'auteur souligne que ce phénomène d'adaptation caractérise primordialement le comportement de « petits » pays (par ex. dépendance du Canada vis-à-vis des Etats-Unis).

Finalement, le terme de „pénétration" qualifie un troisième mécanisme d'influence externe du choix des instruments. Il désigne la participation active d'un acteur étranger au design d'une politique publique: *« Originally proposed by James Rosenau (1969:46) penetration is a condition in which « members of one polity serve as participants in the political process of another ». (...) Penetration is more coercive than the harmonization process » (BENNETT, 1988b:420).* L'auteur suppose que ce processus d'uniformisation des politiques est initié avant tout par les entreprises multinationales. Ces dernières exercent des pressions sur les

[44] BENNETT reprend ici la définition de KRASNER (1983:2) qui conceptualise les régimes internationaux comme des *„sets of implicit or explicit principles, norms, rules and decision-making procedures around which actors'expectations converge in a given area of international relations"*.

arènes politico-administratives nationales afin qu'elles harmc instruments de leurs politiques respectives. Par là, les multinat sent à s'assurer l'uniformité des cadres juridiques qui réglei commercialisation de leurs produits (BENNETT, 1991:228).

2.327 le style politique national versus la pression du problème

Une analyse de la littérature sur le choix des instruments démontre que les hypothèses développées divergent sensiblement selon le pays d'origine des auteurs qui les formulent. HOWLETT (1991) différencie trois écoles de pensée, à savoir celles du Canada (DOERN et al.), des Etats-Unis (SALAMON, LINDER et PETERS) et de la Grande-Bretagne (HOOD). Il souligne que chaque école met en évidence des facteurs explicatifs qui sont directement liés à la situation empirique de son propre système politico-administratif. Fort de ce constat, l'auteur propose dès lors d'expliquer le choix des instruments en fonction d'un style politique national préexistant: « *(As) all of the analysts have pointed out, instrument choice is context bound. As such, it can never exist as a separate theory of political life, but must exist as a part of a more general theory of national public policymaking. One promising direction for such a general theory concerns the notion of national policy styles* » *(1991:15).*

Suite aux recherches sur le (néo)corporatisme, plusieurs auteurs postulent l'existence d'un style politique national spécifique lors du design des politiques[45]. Celui-ci est interprété comme le résultat du processus historique d'industrialisation des économies occidentales. Il est opérationnalisé en fonction du type de relations entre l'Etat et les groupes d'intérêt (par ex. informel/formel, consensuel/conflictuel) et du mode de résolution des problèmes collectifs dont traitent les politiques publiques (par ex. actif/réactif, rationnel/incrémentaliste). Selon ce programme de recherche, le style politique de chaque pays est identifié, puis comparé à celui d'autres

---

[45] Il faut noter que les (inter)relations entre l'Etat et l'économie privée constituent un terrain fécond pour l'analyse comparée de politiques publiques et, plus spécialement encore, pour l'analyse des styles politiques nationaux ou sectoriels. Pour une illustration des contributions théoriques de cette approche, voir par exemple ROTHWELL /ZEGVELD (1981), KATZENSTEIN (1985), WILKS/WRIGHT (1987) ou CHICK (1990).

systèmes politiques nationaux. Il en résulte diverses classifications, comme le suggèrent par exemple les travaux de RICHARDSON (1982), FEICK et JANN (1988) ou WAARDEN (1993). L'hypothèse de travail formulée dans ce contexte théorique stipule que différents styles politiques nationaux conduisent à différents contenus et instruments des politiques. Cette perspective théorique souligne donc l'influence des structures institutionnelles de l'Etat lors du choix des instruments.

La relation causale postulée entre un style politique national préexistant et le contenu des politiques a généré une hypothèse concurrente[46]. Plutôt que d'aborder la question du choix des instruments au niveau national, plusieurs analystes concentrent leur attention sur le problème social à résoudre, sur le secteur d'intervention de l'Etat. Dans cette deuxième perspective, la nature et la pression du problème traité par une politique, le sous-système politico-administratif et les programmes d'actions antérieurs constituent les variables indépendantes qui déterminent le contenu et les instruments de celle-ci. FREEMAN (1985) ou WILKS et WRIGHT (1987) postulent ainsi que les instruments retenus par les acteurs politico-administratifs divergent significativement non plus entre différents pays, mais entre différents secteurs d'intervention d'un même pays. FREEMAN (1985:488) relève toutefois que les instruments sont relativement moins soumis à des changements que les objectifs et les résultats d'une politique particulière. L'auteur suppose donc une convergence moins prononcée entre les instruments des politiques de différents pays que entre leurs objectifs et leurs outcomes.

Finalement, HOLWETT et RAMESH (1995:102-103) reprennent ces deux hypothèses concurrentes et définissent deux facteurs pour expliquer le choix des instruments: la capacité de l'Etat à planifier son action et à influencer le comportement des groupes-cibles et la complexité du sous-système politique dans lequel l'Etat intervient. Ces deux variables explicatives s'apparentent, à notre avis, aux concepts de „style politique natio-

---

[46] Les hypothèses concurrentes discutées ici constituent une adaptation concrète au choix des instruments d'un discussion théorique initiée par les travaux de LOWI (1966, 1972). Dans cette optique, les deux hypothèses peuvent être formulée de manière synthétique comme suit: *„polity and politics determine policy tools"* versus *„policy problem determines policy tools"*.

nal" et de „problème social à résoudre". En combinant les facteurs „capacité" (élevée ou limitée) et „complexité" (haute ou faible), les auteurs élaborent une matrice qui prédit le choix de quatre types d'instruments: les instruments économiques (capacité élevée / haute complexité), les instruments volontaires (capacité limitée / haute complexité), les instruments réglementaires (capacité élevée / faible complexité) et les instruments mixtes (capacité limitée / faible complexité). Ils notent cependant que leur modèle, qui se veut une synthèse des travaux antérieurs, ne peut prédire le choix d'instruments concrets au sein même de chacune des quatre catégories génériques définies.

2.328 le contexte institutionnel des décideurs politiques

ATKINSON et NIGOL (1989) notent que le modèle des choix rationnels a longtemps dominé la recherche sur les instruments - au sein de l'école canadienne du moins. Dans sa version idéal-type, la théorie du « public choice » postule que les institutions ne déterminent ni les préférences individuelles des acteurs politico-administratifs, ni le choix collectif des instruments. Les auteurs soulignent les limites d'un tel postulat en le confrontant à la perspective théorique du néo-institutionnalisme (KRASNER, 1978; NORDLINGER, 1981; MARCH et OLSEN, 1984; SKOCPOL, 1985). Ils soutiennent dès lors que les institutions influencent doublement le comportement des acteurs lors du design des politiques publiques.

D'une part, les participants n'évaluent pas les attributs des instruments de manière abstraite et générale, mais toujours par rapport au contexte concret et particulier dans lequel ils seront appliqués. A titre d'exemple, l'attribut „intensité des ressources" ne prend pas la même valeur et ne répartit pas de manière identique les coûts entre les groupes selon que les structures et les processus institutionnels de mise en oeuvre sont décentralisés versus centralisés, consensuels versus conflictuels, etc. Le choix d'un instrument dépend donc toujours des institutions par rapport auxquelles les acteurs évaluent son économie politique. MAJONE (1976) avait déjà relevé ce lien afin, lui aussi, de se démarquer du modèle des choix publics: *« Policy instruments are not selected on the basis of their formal properties, for these allow a number of different, even conflicting, institutional realizations. Actual policies are determined in the arena of institutional choice, not by a single, well-defined decision maker, but by a multiplicity of players who constantly attempt to modify the rules of the game » (p.603).* D'autre part, le paradigme néo-institutionnaliste postule que les institutions influencent directement les préférences et le comportement des acteurs. Appliqué à la question du choix des instruments, ce postulat suggère que les participants au choix pondèrent les attributs des instruments et résolvent les « trade-off » entre ceux-ci en fonction des valeurs promues par l'institution à laquelle ils appartiennent.

Selon ATKINSON et NIGOL (1989:115-116) la prise en considération de variables institutionnelles dans l'analyse du design des politiques a une triple implication pour l'explication du choix des instruments. Premièrement, le design d'un instrument ne constitue jamais un choix discret, mais s'inscrit toujours dans un processus historique. Il s'avère dès lors nécessaire de l'interpréter dans une perspective temporelle large. ROSE et DAVIES (1994) soutiennent eux aussi qu'il n'est pas réaliste de supposer que le design d'une politique, et en particulier le choix des instruments, s'effectue ex nihilo. Les acteurs politico-administratifs sont des « emprunteurs » avant d'être des « choisisseurs » (p.1). L'héritage institutionnel de programmes adoptés au temps t-1 (« policy inheritance ») influence directement le choix des instruments au temps t. Les auteurs réfutent cependant tout déterminisme historique: il existe ainsi toujours une marge de manoeuvre qui peut (ou peut ne pas) être exploitée par les décideurs. Dans leur démarche de re-design, ces derniers peuvent ainsi soit garder les mêmes instruments (« maintain routine »), soit les changer (« instrumental adaptation ») (p.39-43). Dans cette perspective néo-institutionnaliste, expliquer le choix des instruments consiste donc à expliquer pourquoi le statu quo perdure ou pourquoi un re-design est opéré. Deuxièmement, ATKINSON et NIGOL définissent les valeurs et les préférences des acteurs politico-administratifs comme des variables endogènes. Comprendre leur influence sur le choix des instruments requiert une analyse du discours et du langage politiques. Finalement, les caractéristiques organisationnelles des institutions déterminent leur capacité respective à innover lors du choix des instruments. Il s'agit donc de se pencher sur les objectifs, les ressources et les procédures internes des organisations.

2.329 les perceptions cognitives des décideurs politiques

LINDER et PETERS (1989) retiennent quant à eux une approche phénoménologique pour élaborer une théorie du choix des instruments. Leur intérêt de recherche se porte sur les perceptions qu'ont les décideurs politiques des différents instruments d'action. Ils soutiennent que des facteurs subjectifs déterminent comment ces derniers perçoivent le contexte d'une intervention étatique, les attributs d'un instrument particulier et le risque politique inhérent à sa mise en oeuvre. Les capacités cognitives des décideurs expliquent pourquoi ils choisissent tel ou tel instrument. Les auteurs soulignent que pour analyser correctement les perceptions des décideurs, il faut cerner le contexte, compris dans son sens le plus large (« ecology of contexts »), dans lequel ils évoluent. Ils recensent ainsi diverses catégories de variables qui influencent conjointement les perceptions des décideurs et, par là, le choix des instruments.

À un niveau macro, LINDER et PETERS (1989) supposent que le style politique national, la culture politique et l'intensité des clivages sociaux (par ex: linguistiques, régionaux, religieux) contribuent à expliquer la variance des instruments retenus dans différents systèmes politico-administratifs. En ce qui concerne les facteurs culture politique et clivages sociaux, ils formulent les hypothèses suivantes: *« Other things being equal, countries with a more statist tradition such as in Germany or Scandinavian nations, will accept more intrusive policy instruments more readily than in less statist countries. (...) Governance in divided societies may require more coercive instruments, while in well-intergrated, more homogeneous societies, instruments such as public promotion and information may be sufficient for the same purposes » (p.49-50).*

À un niveau méso, les auteurs discutent deux catégories de variables indépendantes. La première concerne les appartenances organisationnelles des décideurs politico-administratifs. Il est ainsi proposé de retenir la culture et les traditions de ces organisations, de même que la nature des liens que celles-ci nouent avec les groupes-cibles, comme variables explicatives. A titre illustratif de cette argumentation, LINDER et PETERS (1989) supposent que l'instrument favorisé par une organisation dépend des attributs des groupes-cibles auxquels celle-ci s'adresse: *« Organizations serving disavantaged populations will tend to rely on cash grants or in-kind transfers more than will other organizations. (...) Organizations serving multiple clientele groups, or which have multiple purposes, may rely (much as we have argued above for the national level) more on regulatory instruments to be able to serve all factions in a relatively evenhanded way » (p.51).* Toujours au niveau méso, les auteurs présument deuxièmement que le choix des instruments dépend des caractéristiques du problème social qu'aborde la politique publique.

Finalement, à un niveau micro, l'expérience antérieure avec divers instruments, la fonction professionnelle, le statut institutionnel de même que l'idéologie et les valeurs personnelles des décideurs influencent leurs perceptions de la contribution potentielle de tel ou tel instrument à la résolution du problème. LINDER et PETERS supposent, comme les néo-institutionnalistes, que le contexte institutionnel, tant national que sectoriel, des décideurs influence les choix des instruments. Ils soulignent cependant plus explicitement que les premiers que ce lien n'est pas linéaire, mais qu'il est médiatisé par les perceptions cognitives des acteurs politico-administratifs. Avec la prise en compte de ce dernier niveau, la grille d'analyse de LINDER et PETERS s'avère être, à notre avis, la plus complète de celles proposées jusqu'ici pour expliquer le choix des instruments. Elle tient compte simultanément de facteurs contextuels, institutionnels, organisationnels et individuels. Cette proposition demeure cependant d'une grande complexité et peu d'hypothèses formalisent les liens causaux entre les variables des différents niveaux et les instruments retenus. De plus, l'approche phénoménologique défendue par les auteurs implique un investissement méthodologique important.

2.330 une synthèse des variables explicatives

Le tableau 3 offre un aperçu synoptique des différentes variables explicatives du choix des instruments. Nous constatons que les hypothèses formulées comme telles dans la littérature (ainsi que celles qui sont implicites à plusieurs courants de recherche) demeurent souvent partielles et ad hoc. En effet, la majorité des variables proposées pour expliquer le choix des instruments ne traitent que d'un seul des quatre attributs que nous avons retenus pour cerner l'économie politique d'un instrument. En conclusion, seule une combinaison de plusieurs de ces variables indépendantes et des hypothèses de travail recensées devrait permettre de comprendre et d'expliquer les diverses raisons du choix des instruments.

Tableau 3: Aperçu des variables explicatives du choix des instruments

auteurs	**variables indépendantes (et intervenantes)**	**hypothèse de travail principale**	**attributs**
Doern et Wilson (1974)	idéologie partisane du gouvernement (et cadre juridique, demandes des groupes-cibles, structures administratives)	évolution diachronique du choix des instruments les moins contraignants (auto-réglementation, information) vers les plus contraignants (incitation économique, réglementation, nationalisation)	connotation idéologique
Hood (1983)	ressources de mise en oeuvre disponibles (et taille des groupes-cibles)	évolution diachronique des instruments, de l'information et de la réglementation vers les incitations économiques et les ressources organisationnelles	intensité des ressources
Trebilcock (1982), Howard/ Stanbury (1984)	calculs électoraux des partis politiques (et cadre juridico-institutionnel)	choix d'instruments qui concentrent des bénéfices visibles sur leurs électeurs et diffusent des coûts peu visibles sur les électeurs des autres partis	qualité du ciblage et risque politique
Baxter-Moore (1987), Woodside (1986)	appartenance à une classe sociale (soit le pouvoir économique et politique) des groupes-cibles	choix d'instruments plus contraignants pour les classes sociales défavorisées que pour les classes dominantes	qualité du ciblage et connotation idéolog.
Schneider et Ingram (1993)	construction sociale et pouvoir politique des groupes-cibles (et calculs électoraux des partis, pression du problème)	choix d'instruments plus contraignants pour les groupes avec une construction sociale négative et un pouvoir politique faible que pour les groupes avec une construction sociale positive et un pouvoir politique élevé	qualité du ciblage, risque politique, et connotation idéolog.
Bennett et Howlett (1992), Howlett et Ramesh (93)	processus d'apprentissage collectif des acteurs politico-administratifs	choix des instruments résulte d'un transfert volontaire dans le temps, dans l'espace et/ou entre différents secteurs d'instruments évalués comme efficaces	risque politique

Bennett (1988 et 1991), Hoberg (1991)	régimes internationaux, externalités économiques et/ou pénétration de l'arène décisionnelle par des acteurs étrangers	choix national d'instruments qui assurent une convergence internationale (coordination ou harmonisation des réglementations) et qui minimisent les externalités négatives (in-directes)	intensité des ressources
Richardson (1982), Howlett (1991)	style politique national (selon relations Etats/groupes et mode de résolution des conflits)	choix d'instruments dépend du style politique national et conduit à des divergences entre différents pays (pour un secteur) et à une convergence entre les secteurs d'un même pays	connotation idéologique
Freemann (1985), Wilks et Wright (1987)	pression du problème, réseau politico-administratif sectoriel et politiques antérieures	choix d'instruments dépend de la nature du problème et conduit à une convergence entre différents pays (pour un secteur) et à des divergences entre les secteurs d'un même pays	intensité des ressources
Majone (76), Atkinson et Nigol (89), Rose et Davis (94)	appartenance institutionnelle des acteurs politico-administratifs et expériences antérieures avec des instruments	évolution incrémentaliste du choix des instruments en fonction des structures institutionnelles de mise en oeuvre et des programmes hérités	intensité des ressources
Linder et Peters (1989)	perceptions cognitives des acteurs politico-administratifs (et culture/style politique, appartenance institutionnelle, pression du problème)	choix d'instruments plus contraignants dans les pays à tradition étatiste, avec des clivages sociaux et dans les secteurs avec de nombreux groupes-cibles	intensité des ressources, qualité du ciblage et connotat. idéolog.

2.33 les premiers tests empiriques

Comme démontré, la littérature propose nombre de typologies des instruments, quatre attributs pour en cerner l'économie politique et diverses hypothèses sur les raisons de leur choix par les décideurs politico-administratifs. Contrairement à ce foisonnement de contributions théoriques, la recherche antérieure n'offre par contre que peu d'études empiriques. A notre connaissance, seules trois pistes de recherche empirique ont été expérimentées jusqu'ici. La première traite de l'évolution diachronique des instruments dans diverses politiques. De manière inductive, elle vise à discerner différentes périodes de l'action étatique, chacune d'elles étant caractérisée par la prédominance de tel ou tel instrument. Une deuxième approche, de nature hypothético-déductive, s'attache à tester la validité empirique des prédictions formalisées par la théorie économique des choix publics. Finalement, un troisième courant aborde la question du choix des instruments dans une perspective comparative. Il étudie dans quelle mesure et pour quelles raisons les instruments retenus par différents pays pour gérer le même problème divergent ou convergent. Ces trois champs d'application empirique de la question du choix des instruments sont discutés ci-dessous.

2.331 les limites explicatives des analyses diachroniques

Une première démarche empirique vise à dégager différentes périodes historiques lors du choix des instruments. FREIBURGHAUS (1991) caractérise le développement des moyens d'action de l'Etat par l'usage successif de la violence et de la force (15-17e siècles), du droit (18-19e siècles), de l'argent (19-20e siècles) et de l'information (20-21e siècles) comme ressources premières des interventions étatiques[47]. MORAND (1991) aborde l'évolution historique des instruments sous l'angle de la sociologie du droit. Il souligne l'émergence actuelle d'un Etat dit « propulsif » (1991a) qui, lors de la conception de ses interventions, a de plus en plus fréquemment recours à de « nouveaux instruments » (1991b). Ces derniers sont caractérisés par une action normative plus souple et par une plus grande concertation entre l'Etat et les groupes d'acteurs privés. L'auteur suggère, par analogie avec le phénomène de la compressibilité des gaz, la loi de Mariotte de l'action politique suivante: la pression étatique est en proportion inverse de son volume. L'Etat interventionniste, ayant été appelé à gérer de plus en plus de domaines, opte pour des instruments de plus en plus souples, de même qu'il sollicite une coproduction de la politique par les acteurs sociaux[48]. L'ambition de différencier les

[47] Pour une autre mise en perspective historique de l'usage différencié des instruments de l'action étatique, voir par exemple WILKE (1992:262ss.).

[48] BARI (1993) souligne aussi l'émergence de „nouveaux instruments" d'intervention. Il en discute les implications sur la pratique politique et la perception de l'espace public, puis tire quelques premiers enseignements pour la recherche sur les politiques publiques.

grandes vagues historiques dans le choix d'instruments alternatifs est aussi celle de PAL (1992:166-167) qui discerne trois grandes étapes dans le développement des instruments des politiques publiques du Canada: l'expansion des instruments basés sur des ressources financières depuis l'après-guerre, la croissance de la réglementation depuis les années 1970 et une nouvelle tendance, difficile à cerner avec clarté, à l'auto-réglementation volontaire et à la privatisation.

Cette approche inductive de la prédominance de l'instrument I_i à la période P_i dans le système politico-administratif S_i se trouve de fait à la source de nombreuses interrogations sur le choix des instruments. Il en est ainsi des propositions de recherche de SALAMON (1981, 1989) ou de HOWLETT et RAMESH (1993). Le premier retient l'émergence du « third-party government » dans la gestion des interventions gouvernementales comme point de départ de sa réflexion sur le choix des instruments. Les seconds cherchent à expliquer les tentatives récentes de privatisation de plusieurs domaines gérés jusqu'ici par l'Etat. Soulignons finalement que l'actuel débat sur la nouvelle gestion publique (« new public management ») suggère également à TREBILCOCK (1994) une revue critique de son analyse antérieure inspirée par la théorie économique des choix collectifs.

Ces études diachroniques livrent certains éclairages sur la question du choix des instruments. Cependant, elles sont restées jusqu'ici de nature descriptive et ne procèdent pas à une induction systématique. Leur contribution à l'élaboration d'un modèle causal du design des politiques demeure très indirecte. En effet, chaque étude empirique tend à définir des catégories nominales d'instruments et à illustrer l'émergence de « nouveaux » instruments dans le temps. De fait, aucun programme de recherche empirique concerté n'est défini qui permettrait de comparer et d'expliquer l'évolution des instruments dans le temps, entre différents pays et entre différents secteurs d'intervention. La combinaison systématique de ces trois dimensions faciliterait cependant le test empirique de plusieurs des hypothèses formulées par exemple sur l'influence du style politique national ou sectoriel et sur les processus d'apprentissage collectif.

Outre ces descriptions ad hoc, il faut relever ici deux autres études diachroniques qui appliquent des concepts théoriques de l'approche du « policy design ». D'une part, HOWARD (1995) reprend des hypothèses formulées par SALAMON (1981, 1989) pour comparer les dépenses directes (par ex: subventions) et indirectes (par ex: dégrèvements fiscaux) comme deux instruments différents de la politique sociale menée par les Etats-Unis entre 1965 et 1995. Les résultats de sa recherche empirique lui permettent de réfuter trois arguments avancés par SALAMON. Malgré leur plus grande visibilité publique, les dépenses directes ne sont pas plus difficile à faire adopter politiquement; de même, elle ne sont caractérisées ni par un taux croissance moins élevé, ni par des coûts administratifs de mise en oeuvre plus élevés que ceux des dépenses indirectes. L'auteur conclut que les hypothèses de SALAMON ne se vérifient pas dans son champ empirique. Cependant, il ne propose de manière explicite ni des facteurs explicatifs de ses résultats, ni une reformulation des hypothèses sur le choix des instruments. D'autre part, ROTHMAYR et al. (1997) appliquent trois classifications d'instruments alternatives - à savoir celles de LINDER et PETERS (1989), de SCHNEIDER et INGRAM (1990) et de HOWLETT et RAMESH (1995) - pour analyser parallèlement les politiques de la drogue et de la culture mises en oeuvre par la Ville de Zurich entre 1970 et 1992[49]. Les auteurs distribuent les multiples instruments recensés empiriquement dans les catégories propres à chacune des trois classifications. Ils concluent de leur recherche que les typologies proposées par la littérature sont applicables, mais qu'un effort théorique supplémentaire est requis pour élaborer une typologie multifonctionnelle et opérationnalisable sans ambiguïté. De plus, ROTHMAYR et al. ne peuvent expliquer le choix des instruments dans les deux politiques examinées, compte tenu de la complexité des hypothèses formulées par les auteurs des trois classifications et l'absence de données sur toutes les variables indépendantes. Ils suggèrent dès lors d'interpréter et d'expliquer le choix des instruments en recourant au „Advocacy Coalition Framework" formalisé par SABATIER et JENKINS-SMITH (1993).

[49] Soulignons ici que cette étude empirique traite de deux politiques publiques sans toutefois procéder à une analyse comparée de celles-ci.

2.332 les limites prédictives de l'économie des choix publics

Les tenants du „public choice" retiennent les calculs électoraux des partis politiques comme la variable explicative du choix des instruments. Ils interprètent les partis comme des entrepreneurs en situation de compétition qui offrent des interventions gouvernementales en échange d'un soutien électoral. Ils supposent généralement que les programmes d'action des différents partis sont élaborés dans un monde où l'information est imparfaite et distribuée de manière asymétrique, et où l'évolution du contexte demeure incertaine.

Les études empiriques de LANDRY et al. (1987, 1990, 1991) s'inscrivent dans cette perspective théorique[50]. Elles visent à cerner la rationalité des promesses d'action des partis et à déterminer dans quelle mesure les instruments d'intervention proposés maximisent les utilités des électeurs et des partis. Les chercheurs élaborent une théorie prédictive de l'offre d'interventions gouvernementales aux groupes et testent l'hypothèse selon laquelle les politiciens sont incités à formuler des interventions dont les bénéfices sont concentrés et les coûts diffus. A cet effet, ils réalisent une analyse de contenu des instruments proposés entre 1960 et 1989 dans les programmes électoraux des partis de la Province de Québec (Canada). Le principal résultat empirique de cette entreprise est le suivant: par rapport aux bénéfices des interventions gouvernementales, l'hypothèse du biais anti-consommateurs et anti-contribuables du marché politique n'est pas supportée par l'observation empirique. En fait, les résultats suggèrent tout au plus la présence d'un biais systématique favorisant les détenteurs de facteurs de production et particulièrement les entrepreneurs. Quant aux coûts induits par les instruments, l'analyse montre que les partis préfèrent financer les interventions proposées suivant le mode de l'illusion fiscale plutôt que de miser sur l'inattention des consommateurs et des contri-

---

[50] La perspective globale de LANDRY est celle de la théorie institutionnelle du „public choice". Elle traite de la logique redistributive des arrangements institutionnels de résolution de problèmes d'action collective (LANDRY, 1995). Pour aborder cette thématique, l'auteur propose de retenir trois types de variables: les caractéristiques des biens collectifs à produire, les caractéristiques des arrangements institutionnels et les attributs des individus (LANDRY, 1984). La prise en compte simultanée de ces trois dimensions permet d'intégrer les enseignements des recherches issues des paradigmes behavioriste et institutionnaliste et de l'école du „public choice".

buables. La recherche empirique traite également de l'influence de l'idéologie des partis sur le type d'instruments proposés. L'hypothèse selon laquelle les partis sociaux-démocrates proposent des mesures qui produisent plus de bénéfices pour les travailleurs que pour les entrepreneurs, alors que les partis conservateurs ont une stratégie diamétralement opposée, n'est pas validée empiriquement. De fait, quelle que soit l'orientation idéologique du parti, les entrepreneurs reçoivent systématiquement plus de bénéfices.

LANDRY et PESANT (1996) concluent que les liens causaux entre les instruments proposés et les calculs électoraux des partis sont plus complexes que ceux généralement postulés jusqu'ici. Certaines hypothèses de travail de l'approche économique des choix publics doivent donc être adaptées. La prise en compte des enseignements de l'approche néo-institutionnaliste constitue une voie d'amélioration possible. ATKINSON et NIGOL (1989) réalisent une étude empirique de l'élaboration de l'assurance-automobile dans la Province de l'Ontario (Canada). Pour interpréter leurs résultats, ils s'inspirent successivement des hypothèses du « public choice » et du néo-institutionnalisme. En conclusion, les auteurs suggèrent de prendre explicitement en compte les facteurs d'ordre contextuel et organisationnel pour développer une théorie du choix des instruments des politiques. Ils notent toutefois que l'état actuel de la théorie néo-institutionnaliste ne permet pas de procéder par une démarche axiomatique comparable à celle des choix publics, mais implique la réalisation d'études de cas (p.109).

Un élargissement du champ empirique semble également pertinent. Premièrement, il s'agit de concevoir des dessins de recherche qui intègrent simultanément les partis en compétition lors d'élections successives, mais aussi dans plusieurs provinces et différents pays. Cette stratégie de recherche accroîtrait significativement les dimensions diachronique et synchronique de comparaison et donc les possibilités de tester les hypothèses du « public choice » ou d'autres courants de recherche. Deuxièmement, les études empiriques de LANDRY et al. traitent des instruments proposés par les partis dans leurs programmes électoraux. Dans l'approche du « policy design », l'intérêt ne se porte pas uniquement sur les instruments proposés mais aussi sur ceux discutés puis finalement adoptés dans les politiques. Afin de rendre compte de l'ensemble du processus de design d'une politique, une étude empirique doit donc élargir l'analyse, par exemple en étudiant si les partis élus mettent effectivement en oeuvre les instruments qu'ils avaient proposés lors de leur campagne électorale.

2.333 les attraits d'une analyse comparée

Selon les canevas de l'analyse comparée, un troisième groupe d'auteurs se penche sur les instruments retenus par différents pays pour gérer une même politique et sur les raisons de leurs choix respectifs. ANDERSON (1971) est l'un des pionniers de cette approche: *« For comparative policy analysis, one task becomes that of distinguishing the policy repertoire - the stock of policy equipement - that has evolved in different political systems. (...) To establish the distinctiveness of the policy equipment of any political system, one must explain why instruments appear in the repertoire of some systems and not of others » (p.129).* Cette option de recherche n'a cependant pas reçu un grand écho parmi les analystes des politiques publiques. Les travaux de BENNETT (1988a, 1992) constituent, à notre connaissance, un des rares exemples d'études empiriques qui traitent la question du choix des instruments dans une perspective comparative. L'auteur étudie les instruments choisis par les Etats-Unis, la République Fédérale d'Allemagne, l'Angleterre et la Suède pour assurer la protection de la sphère privée lors du traitement informatisé, par l'administration publique, des données personnelles des citoyens. Il retient donc comme point de départ de sa recherche empirique non pas une politique publique dans sa globalité, mais un problème social nettement plus circonscrit.

L'étude comparative de ce problème s'articule en trois étapes. Premièrement, BENNETT analyse les différentes dimensions du problème de la protection de la sphère privée, puis dresse une liste théorique des multiples instruments applicables pour le résoudre. Deuxièmement, il sélectionne plusieurs pays qui, touchés de manière similaire par ce problème, sont intervenus pour y remédier. Il réalise une étude de cas sur le processus de design propre à chaque pays. Celle-ci vise à cerner quels instruments parmi le large répertoire des instruments théoriquement applicables ont été discutés, puis retenus par un système politico-administratif particulier. Troisièmement, l'auteur entreprend une comparaison des diverses stratégies d'intervention nationales et des contextes dans lesquels elles ont été élaborées. Cette confrontation permet de dégager les facteurs qui expliquent pourquoi différents pays retiennent des instruments divergents ou convergents pour gérer un problème identique.

En ce qui concerne le cas des instruments retenus pour assurer la protection des données privées, BENNETT (1988a) tire trois conclusions principales. Premièrement, aucun pays n'a procédé à une analyse synoptique de tous les instruments théoriquement applicables pour résoudre le problème auquel il était confronté. Deuxièmement, aucun processus de diffusion entre les pays, et encore moins de transfert volontaire de connaissances, n'est constatable[51]. Finalement, une combinaison de facteurs nationaux explique pourquoi tel ou tel instrument est retenu dans un pays et pas dans un autre. Cette dernière comprend les impératifs constitutionnels et l'héritage des politiques antérieures (par ex. aux USA et en Suède), la position et le pouvoir respectifs de administration publique (par ex. en RFA et en GB) et les contraintes fiscales et économiques qui pèsent sur le secteur public. Ces résultats démontrent de manière explicite que d'autres facteurs, comme par exemple l'orientation idéologique de la majorité gouvernementale, n'influencent pas directement le choix des instruments.

2.4 le noyau dur de la théorie et les ambitions de recherche

Notre revue de la littérature précédente met en évidence deux déficiences majeures de la recherche actuelle sur les instruments et le design des politiques publiques. D'une part, les hypothèses formulées de manière concurrente pour expliquer le choix des instruments sont certes dérivées de différents cadres théoriques solides (par ex: „public choice", néo-marxisme ou néo-instutitutionnalisme). Elles demeurent néanmoins ad hoc et partielles: elles ne s'appliquent généralement qu'à une typologie d'instruments particulière, à un pays ou à un secteur d'intervention déterminé, à une période

[51] Notons toutefois que lorsque BENNETT (1990) élargit son champ empirique et y inclut le Canada, il constate un phénomène d'émulation entre la stratégie de celui-ci et celle adoptée auparavant par les Etats-Unis. Il conclut que plusieurs conditions sont requises pour que ce processus de „lesson-drawing" se déroule: (1) un consensus sur les objectifs, (2) peu de préoccupations pour le sujet dans l'opinion publique, (3) un rôle prépondérant pour les bureaucrates et (4) un degré d'innovation et d'incertitude élevé.

temporelle restreinte ou à une seule des catégories d'acteurs qui participent au design des politiques. De fait, toutes les hypothèses abordent de manière sélective l'économie politique des instruments et ne traitent pas systématiquement des quatre attributs proposés pour évaluer et comparer les différents instruments. D'autre part, il n'existe que peu d'études empiriques qui se focalisent sur la question du choix des instruments. Cela tient notamment à la difficulté d'opérationnaliser la variable dépendante et aux hypothèses qui demeurent souvent implicites et non-causales. De plus, les résultats des rares études empiriques ne s'avèrent que peu comparables. Les limites propres à chacun de ces travaux et l'impossibilité d'agréger leurs résultats empiriques incitent donc au développement de dessins méthodologiques qui comparent systématiquement les choix des instruments dans le temps, entre différents secteurs d'intervention et entre différents pays.

Actuellement, la recherche sur les instruments se confronte à des problèmes aussi bien conceptuels qu'empiriques (dans le sens de LAUDAN, 1981:146). Afin de contribuer à la résolution de ceux-ci, nous adoptons ici une approche épistémologique qui vise un développement cumulatif des connaissances[52]. Ainsi, et dans la perspective de LAKATOS (1970), une théorie sur le choix des instruments devrait comprendre, d'une part, un « noyau dur » constitué de postulats fondamentaux, et, d'autre part, une « ceinture protectrice » constituée d'hypothèses de travail qui établissent un pont entre le noyau dur et l'empirie. Le développement cumulatif des connaissances théoriques s'articule ensuite selon une règle heuristique négative: la découverte d'anomalies entre les prédictions hypothético-déductives et les constats empiriques ne conduit pas forcément à une reformulation des postulats du noyau dur, mais plutôt à une modification des hypothèses de la ceinture protectrice[53]. En procédant à une lecture

52 Nous optons ici pour la perspective épistémologique de LAKATOS qui s'oppose au modèle de KHUN (1970). Ce dernier suggère en effet, non pas un développment cumulatif des connaissances, mais plutôt une succession de révolutions résultant de la compétition entre des groupes de chercheurs qui tentent d'imposer leur paradigme.

53 En effet, *"une théorie scientifique T est falsifiée si et seulement si une théorie T' possède les caractéristiques suivantes: (1) T' offre un excédent de contenu empirique par rapport à T, c'est-à-dire qu'elle prédit des faits nouveaux dont la prédiction*

transversale de la littérature, nous formulons ci-dessous sept postulats à titre de noyau dur d'une théorie déductive sur le choix des instruments. Ces derniers rendent compte, à un niveau d'abstraction plus élevé, des postulats et des hypothèses formulés - explicitement ou implicitement - par les différents auteurs. Ils synthétisent donc notre revue de la littérature.

- **Postulat 1**: D'un point de vue analytique, il existe une variété limitée d'instruments pour atteindre les objectifs d'une politique. Les instruments se différencient par rapport à quatre attributs: (1) la connotation idéologique, (2) l'intensité des ressources investies, (3) le risque politique encouru et (4) la qualité du ciblage. Les participants au design d'une politique évaluent les instruments en fonction de ces quatre attributs.

- **Postulat 2**: D'un point de vue technique, les instruments sont substituables pour atteindre le même objectif d'une politique. Cette substituabilité technique est plus ou moins parfaite selon que les différences entre les instruments sont définies comme étant de nature ou de degré.

- **Postulat 3**: D'un point de vue politique, les instruments ne sont pas substituables pour atteindre le même objectif d'une politique. Chaque instrument génère sa propre économie politique: il implique un système d'action déterminé, constitué de structures institutionnelles, d'acteurs, de ressources et de procédures particuliers.

- **Postulat 4**: Aucun instrument ne permet d'optimaliser conjointement la valeur des quatre attributs. Les participants au design d'une politique optent dès lors pour un choix satisfaisant en opérant des "trade off" lors de l'évaluation et de la pondération des quatre attributs des instruments.

---

aurait été impossible avec la théorie T; (2) T' explique le succès antérieur de T, c'est-à-dire que tout le contenu non réfuté de T est inclus dans le contenu de T', et (3) une partie de l'excédent de contenu de T' est corroborée (LAKATOS, 1970:116, traduit par LANDRY, 1995:27).

- **Postulat 5**: Lors de l'évaluation des quatre attributs, les participants au design d'une politique tiennent compte de l'héritage des programmes et des instruments déjà appliqués dans la politique en question. Ils tirent aussi des enseignements des expériences réalisées dans d'autres politiques et dans d'autres systèmes politico-administratifs. Le choix des instruments correspond à un processus de re-design.

- **Postulat 6**: Le contexte institutionnel et organisationnel des participants au design d'une politique influence doublement leur comportement et le choix des instruments. Les participants évaluent l'économie politique d'un instrument par rapport à son arrangement institutionnel de mise en œuvre. Ceux-ci pondèrent les quatre attributs en fonction des valeurs et des préférences collectives véhiculées par leur institution respective. Cette influence est médiatisée par les perceptions cognitives des participants.

- **Postulat 7**: L'information sur les quatre attributs des instruments est imparfaite et distribuée de manière asymétrique entre les participants au design d'une politique. En fonction de son appartenance organisationnelle, de ses ressources et de ses expériences antérieures, chaque participant dispose d'informations spécifiques sur un nombre limité d'attributs. Il en résulte des interdépendances fonctionnelles entre les acteurs politico-administratifs et sociaux, certaines de ces relations pouvant être interprétées comme des relations d'agence.

En résumé, les postulats 1 à 4 suggèrent qu'un choix politique entre différents instruments est possible (c'est-à-dire substituabilité technique). En même temps, il est nécessaire et implique une pondération discriminatoire des attributs des instruments (c'est-à-dire non-substituabilité politique). Les postulats 5 à 7 stipulent cependant que ce choix demeure toujours limité. Il ne s'effectue pas ex nihilo, mais tient compte des expériences antérieures (c'est-à-dire héritage des politiques et processus d'apprentissage). Les acteurs l'opèrent dans un cadre institutionnel et organisationnel particulier qui restreint le nombre d'instruments viables (c'est-à-dire faisabilité institutionnelle) et les ressources à leur disposition pour évaluer les attributs des instruments (c'est-à-dire information imparfaite et asymétrique). Vu ces multiples contraintes, le choix des instruments s'apparente plus à un design satisfaisant qu'à une solution optimale. Nous exposons quelques implications théoriques et méthodologiques qui découlent de ces postulats.

Premièrement, la nature et l'intensité du problème collectif dont traite une politique ne déterminent pas en soi le choix des instruments. Il ne s'agit pas de nier toute influence du problème à résoudre sur le design d'une politique, mais plutôt de supposer que ce rapport n'est ni linéaire, ni déterministe. Conformément au principe de l'individualisme méthodologique, un modèle explicatif du choix des instruments - y compris de l'éventuelle convergence des instruments retenus par différents régimes démocratiques pour gérer le même problème - doit impérativement se pencher sur les intérêts, les ressources, le contexte institutionnel et la rationalité limitée des acteurs politico-administra-tifs et sociaux. De même, il doit traiter des rapports complexes entre la définition sociale du problème collectif, les objectifs politiques, les acteurs concernés et les instruments eux-mêmes.

Deuxièmement, le design des instruments est un processus politique par essence. Le design des instruments correspond au choix des modèles d'intervention et de processus politico-administratifs déterminés qui constituent l'économie politique des instruments. Il concrétise l'allocation politique de valeurs, de compétences et de ressources. Il faut donc réfuter l'argument normatif de la théorie économique qui soutient que, une fois le problème (d'échec du marché) identifié et les objectifs de la politique établis, la sélection des instruments se réduit à une démarche neutre visant à minimiser les coûts sociaux d'une politique.

Troisièmement, le choix des instruments ne peut être interprété comme le résultat d'un processus collectif d'optimalisation, tel que suggéré par le « public choice ». En effet, celui-ci supposerait que les participants au design disposent d'informations exhaustives sur les quatre attributs et qu'ils se les échangent sans aucun dysfonctionnement. La rationalité limitée et les intérêts particuliers des participants, de même que les effets (re)distributifs liés au choix de tel ou tel instrument, suggèrent plutôt que seule une solution satisfaisante puisse être négociée entre les acteurs. Une théorie positive du choix des instruments doit donc relativiser les postulats et les hypothèses apparentés à la théorie des choix rationnels.

Quatrièmement, vu le contexte institutionnel du design des instruments et l'influence des expériences antérieures, il s'agit de décrire et d'expliquer le choix des instruments dans une perspective diachronique. Concrètement, cela implique la réalisation d'études de cas qualitatives. Cette méthode d'analyse empirique permet en effet de cerner la singularité et la contingence institutionnelle des processus et des résultats du « policy design ». Le choix des instruments dépend donc des particularités des différents régimes démocratiques et systèmes administratifs.

En conclusion, notre travail empirique se fixe comme objectif d'élaborer et de tester des hypothèses de travail appartenant à la ceinture protectrice d'une théorie sur le choix des instruments. Il peut déjà être établi ici que ces hypothèses de travail doivent tenir compte des quatre attributs de tout instrument et des rapports exclusifs (« trade-off ») qui existent entre ceux-ci. Afin d'assurer un lien entre l'empirie et le noyau dur de notre modèle théorique, leur formulation générale est la suivante:

- **Hypothèse 1:** Un instrument est adopté si son degré de contrainte est compatible avec l'idéologie partisane, pro-interventionniste versus pro-marché, de la majorité politique au pouvoir.

- **Hypothèse 2:** Un instrument est adopté si une institution administrative de mise en oeuvre spécialisée et disposant des ressources nécessaires préexiste.

- **Hypothèse 3:** Un instrument est adopté dans un système politico-administratif si d'autres systèmes politico-administratifs l'ont déjà expérimenté avec succès.

- **Hypothèse 4:** Un instrument est adopté si les groupes-cibles visés ne s'y opposent pas.

Ces hypothèses seront concrétisées après avoir défini notre champ empirique. Soulignons néanmoins ici qu'elles permettent effectivement de considérer simultanément les multiples facettes de l'économie politique d'un instrument. En effet, une hypothèse est formulée pour chacun des quatre facteurs que les participants au design évaluent et pondèrent lors du choix des instruments, soit la connotation idéologique (H1), l'intensité des ressources (H2), le risque d'échec encouru (H3) et la qualité du ciblage (H4) propre à tout instrument.

3 Problème politique et instruments d'intervention: l'efficience énergétique des appareils électro-ménagers et des équipements bureautiques

Notre travail s'inscrit dans l'approche théorique du « policy design » et retient la question du choix des instruments des politiques publiques comme angle d'analyse. Il vise à intégrer, dans un même cadre conceptuel, les hypothèses ad hoc proposées par la littérature et à en tester la capacité explicative (cf. chapitre 2). Pour aborder empiriquement cette question, il s'agit ici de définir un dessin de recherche opérationnel. Notre démarche procède selon les étapes suggérées par les tenants de l'analyse comparée des (instruments des) politiques publiques. Elle s'articule en quatre mouvements successifs: (1) la définition d'un problème politique concret qui touche de manière similaire divers pays et qui implique, chez chacun d'eux, une intervention de l'Etat; (2) l'élaboration d'un répertoire des instruments dont tout Etat dispose théoriquement pour concevoir sa stratégie d'intervention; (3) la description et la comparaison des instruments effectivement discutés puis retenus par les pays sélectionnés comme champ empirique; et finalement, (4) le test empirique des hypothèses formulées pour expliquer ces choix nationaux.

Le chapitre 3 présente les deux premières étapes de la démarche. Il traite de la nature du problème politique étudié, à savoir celui des barrières à l'efficience énergétique dans les secteurs domestique et commercial, ainsi que du répertoire des instruments théoriquement applicables pour le résoudre. Le choix des pays comparés et la description des instruments retenus par ceux-ci, soit la variance de notre variable dépendante, sont traités dans le chapitre 4. Le test empirique des hypothèses de travail qui formalisent notre modèle explicatif fait quant à lui l'objet du chapitre 5.

3.1 le problème politique: la croissance de la consommation d'électricité des appareils électroménagers et bureautiques

Le « policy problem » étudié ici est celui de la promotion, par une intervention de l'Etat, de l'efficience énergétique des appareils électroménagers (par ex: réfrigérateurs, congélateur, lave-linge, sèche-linge ou lave-vaisselle) et des équipements bureautiques (par ex: ordinateurs, imprimantes, photocopieurs ou télécopieurs). Ce problème représente un enjeu particulier de la politique énergétique actuelle et future. Le principe de l'efficience énergétique (« energy efficiency ») constitue en effet un des piliers des stratégies énergétiques des pays industrialisés. Suite à diverses crises d'approvisionnement externe et aux difficultés d'augmenter la capacité interne de production d'énergie, ces pays ont ainsi sensiblement améliorer l'efficience énergétique de leurs économies respectives. Des potentiels d'économie d'énergie importants demeurent toujours exploitables si l'on applique systématiquement ce principe à la consommation d'électricité des appareils électroménagers et des équipements bureautiques. Plusieurs barrières et échecs du marché ralentissent, voire excluent, la réalisation effective de ces potentiels. Il en résulte un sous-investissement de la part des producteurs et des consommateurs dans l'efficience énergétique. Cette situation est inefficiente d'un point de vue énergétique, économique et environnemental. Dans la mesure où la promotion de l'efficience énergétique constitue une véritable option de la politique énergétique d'un pays, une intervention étatique qui tend à dépasser ces barrières du marché s'avère nécessaire. Celle-ci vise à faciliter les innovations technologiques et la diffusion sur le marché d'appareils plus performants d'un point de vue énergétique. La question se pose dès lors de savoir quel(s) instrument(s) d'action choisir, compte tenu de la diversité de ceux théoriquement applicables.

3.11 l'efficience énergétique: un principe directeur de la politique énergétique

Vu l'importance des ressources énergétiques mobilisées pour assurer la croissance économique et le bien-être, les pays industrialisés ont tous reconnu la nécessité d'une politique publique de l'énergie. Jusqu'au début des années 1970, celle-ci est conçue et conduite dans la perspective unilatérale d'une augmentation de l'offre. Les deux chocs des prix du pétrole (1973, 1979), les accidents nucléaires du Three Mile Island (1979) et de Tchernobyl (1986) ainsi que plusieurs différends environnementaux (par exemple sur les pluies acides, sur la mort des forêts, sur les gaz à effet de serre et sur les changements climatiques) thématisent successivement d'autres dimensions de la question énergétique. Les gouvernements considèrent alors de manière explicite la vulnérabilité d'un approvisionnement dépendant de l'étranger, la pollution de l'air induite par la consommation d'énergies fossiles et le manque d'acceptabilité sociale de la technologie nucléaire. Suite à ces chocs externes et aux débats internes qu'ils suscitent, plusieurs commissions d'experts sont constituées. Elles élaborent plusieurs scénarios qui illustrent les orientations possibles de la politique énergétique future. La discussion, souvent très controversée, de ces options conduit à la formulation et à l'adoption de nouveaux objectifs et programmes d'actions nationaux. Promouvoir l'efficience énergétique s'affirme peu à peu comme un des principes directeurs des politiques énergétiques des pays industrialisés.

FLAVIN et DURNING (1988:5ss.) soutiennent que l'avènement d'une ère dite de l'efficience énergétique est consacré dès la première crise pétrolière. Ils notent que l'amélioration graduelle de celle-ci a permis d'économiser plus d'énergie qu'il n'en a été produite, toute nouvelle source confondue. Les économies d'énergie réalisées par les pays industrialisés depuis 1973 excèdent à elles seules les consommations d'énergie combinées de l'Afrique, de l'Amérique Latine et de l'Asie du Sud. De même, ANDERSSON (1993:44) souligne que l'urgence des enjeux environnementaux contribue elle aussi à la promotion de l'efficience énergétique. La politique énergétique connaît dès lors plusieurs nouveaux développements, par exemple dans le domaine de la gestion de la demande („Demand Side Management"), de la planification intégrée des ressources („Integrated Resource Planning") et de la planification au moindre coût („Least Cost Planning"). Ces modalités d'action innovatrices suscitent un large débat tant politique qu'académique[1]. Il n'en demeure pas moins que l'option de l'efficience énergétique constitue aujourd'hui une des lignes directrices des politiques nationales: *« All IEA countries set the promotion of efficiency in the use of energy as one of the main objectives of their energy policies. They rely in the first instance on the sound pricing of energy and the operation of the market to achieve this objective, but they all recognise in principle that the market in this area is imperfect and that government action is needed to remove or overcome some market barriers even when prices are at economic levels. Governments were*

[1] Citons à titre d'exemple deux cahiers spéciaux de la revue scientifique Energy Policy: „Energy efficiency in electricity" (April 1991) et „Markets for energy efficiency" (October 1994).

particulary active in promoting the efficient use of energy after the oil price shocks of 1973/1974 and 1979/1980 » (IEA, 1991:38). Avant de discuter les différentes stratégies de promotion de l'efficience énergétique, il faut rapidement cerner ce que ce terme recouvre.

3.111 le terme d'efficience énergétique: améliorer les services énergétiques

Par analogie avec le concept économique d'efficience - qui suggère de maximiser la production de biens et de services tout en minimisant le recours aux différents facteurs de production[2], améliorer l'efficience énergétique consiste à offrir les mêmes biens et à assurer les mêmes services en utilisant le moins d'énergie possible: *« Energy efficiency is about getting the same, or better, services from less energy by substituing ingenuity for brute force. After all, people want light and heat, not electricity and gaz » (FLAVIN et DURNING, 1988:10).* Economiser l'énergie signifie ici l'utiliser de manière plus rationnelle, en adoptant de nouveaux comportements et de nouvelles technologies. Il s'agit d'améliorer l'efficience de la production de services énergétiques (c'est-à-dire la réfrigération, le chauffage, la cuisson, l'éclairage, etc.) et nullement de réduire de manière spartiate la consommation d'énergie au détriment de l'activité économique, de la qualité de vie ou du confort individuel. Au contraire, l'amélioration du rendement énergétique des appareils qui assurent ces services énergétiques contribue pour partie à la réduction de la demande d'énergie globale, tout en offrant plusieurs autres avantages. Une efficience énergétique accrue permet en effet de poursuivre des objectifs non seulement énergétiques, mais aussi financiers (ex: réduction des factures énergétiques nationales et individuelles), concurrentiels (ex: exportation de nouvelles technologies à haut rendement énergétique) et environnementaux (ex: réduction des gaz à effet de serre induits par la production et la consommation d'énergie). Il est donc primordial de noter qu'elle ne constitue jamais une fin en soi, mais toujours un moyen d'augmenter le bien-être social (SCHIPPER, 1987:547-548; SIOSHANSI, 1991:240-241). Les paragraphes suivants rendent plus tangible l'amélioration effective de

---

[2] Telle que définie ici, l'efficience énergétique recouvre la dimension dite de production („management or production efficiency") de l'efficience économique, et non celle dite de l'allocation („Pareto or allocational efficiency").

l'efficience énergétique dans les pays industrialisés. Ils discutent, à un niveau agrégé, l'évolution diachronique de leur intensité énergétique respective[3].

3.112 l'évolution de l'intensité énergétique des économies de marché

L'analyse des bilans énergétiques des pays de l'OCDE dégage plusieurs indicateurs[4] qui illustrent, pour la période de 1973 à 1991, l'amélioration diachronique de l'efficience énergétique des pays industrialisés (AIE, 1994[5]). L'intensité énergétique globale peut être définie soit comme le rapport de l'énergie primaire totale (ATEP[6] mesurés en Mtep) au produit intérieur brut (PIB mesuré en milliards de US $ aux prix et taux de change de 1985), soit comme le rapport de l'énergie finale totale (CFT[7] mesurée en Mtep) au PIB. Depuis le premier choc pétrolier, les pays-membres de l'Agence Internationale de l'Energie (AIE) ont réduit de 23% l'intensité énergétique de leur économie exprimée en ATEP/PIB, et de 30% si celle-ci est mesurée en CFT/PIB. Une telle évolution rend compte non seulement d'une amélioration du rendement énergétique, mais également de mutations structurelles des économies nationales et d'un processus de substitution entre les différents combustibles. Elle incluent aussi bien des réductions du type et de la quantité d'énergie nécessaires pour produire

3 L'intensité énergétique représente l'inverse de l'efficience énergétique (c'est-à-dire efficience énergétique = 1 / intensité énergétique). L'intensité énergétique indique la quantité d'énergie nécessaire pour produire une unité de bien ou de service. L'efficience énergétique indique la quantité de bien ou de service produit avec une unité d'énergie.

4 Le contenu et les limites des différents indicateurs du rendement et de l'intensité énergétiques, tant globaux que sectoriels, sont discutés, par exemple, par l'Agence Internationale de l'Energie (AIE, 1992:54ss.).

5 Outre les publications officielles de l'Agence Internationale de l'Energie, il faut également noter celles de SCHIPPER et al. (div. années) qui ont analysé l'évolution de la demande d'énergie dans les pays de l'OCDE en général et scandinaves en particulier.

6 ATEP: Approvisionnements totaux en énergie primaire.

7 CFT: Consommation finale totale d'énergie. La différence entre les ATEP et la CFT correspond aux pertes nettes d'énergie lors de la production d'électricité et de gaz de synthèse, à la consommation des raffineries et à d'autres utilisations et pertes du secteur de l'énergie.

les mêmes biens et services que des changements dans l'éventail des biens et des services produits[8]. Au-delà de cette évolution globale, les tendances de l'intensité énergétique varient de manière significative selon les périodes, selon les secteurs et selon les combustibles. L'amplitude de ces trois types de variations est discutée de suite.

(1) Variations entre différentes périodes conjoncturelles: Premièrement, la baisse de l'intensité énergétique n'est pas uniforme au cours de la période 1973-1991. Les réductions les plus sensibles sont enregistrées pendant les récessions de 1973-1975 et de 1979-1983, périodes de forte augmentation du prix des combustibles pétroliers. Ces dernières années, le recul des rapports ATEP/PIB et CFT/PIB sont nettement inférieurs à la moyenne observée sur l'intégralité de la période 1973-1991. Plusieurs analystes soulignent ce fléchissement dans la baisse de l'intensité énergétique. SCHIPPER et KETOFF (1989) suggèrent même l'existence d'une phase de stagnation (« energy efficiency plateau ») depuis le milieu des années 1980. Ils l'expliquent non pas par l'épuisement des possibilités technologiques d'améliorer le rendement énergétique des équipements et des procédés industriels de production, mais par le désintérêt des consommateurs - et par conséquent, celui des producteurs - qui ne font plus face à des prix de l'énergie élevés et incertains: *« Consumers are not choosing efficiency as they did a few years ago, and manufacturers are not working to improve efficiency as in the past. (...) The (energy-efficiency) plateau thus reflects consumer indifference, not the exhausting of cost-effective energy saving potential » (1989:538 et 541).* Les auteurs concluent que, pour éviter les impacts négatifs d'une stagnation de l'intensité énergétique sur l'économie et sur l'environnement, une intervention étatique est impérative. Celle-ci doit s'appuyer sur une combinaison équilibrée de plusieurs instruments d'action (1989:542; 1991:258ss).

(2) Variations entre les secteurs économiques: Deuxièmement, l'évolution de l'intensité énergétique diverge selon les secteurs économi-

[8] L'AIE (1988:49ss.) propose une définition systématique des termes de demande d'énergie, de variation de l'intensité énergétique, de mutations structurelles et de changements technologiques ainsi qu'une formalisation des liens (causaux) qui relient ces différentes variables.

ques (IEA, 1992:57ss.). Le secteur secondaire est caractérisé par un recul ininterrompu de l'intensité énergétique[9] qui est passée d'une valeur référence de 100 en 1973 à quelques 68 points en 1988. La régularité de cette tendance décroissante de l'intensité énergétique industrielle s'explique par l'influence conjointe de facteurs économiques (ex: taux de croissance des diverses branches industrielles, prix relatifs des facteurs de production) et techniques (ex: taux de renouvellement des équipements de production, accès aux innovations technologiques). Dans le secteur domestique, la consommation d'énergie globale par habitant (exprimée en tep) tend à rester constante entre 1980 et 1988. La consommation d'électricité par les ménages s'est par contre fortement accrue durant la même période. Pris globalement pour tous les pays de l'AIE, les besoins en électricité par habitant ont ainsi progressé de 2% par an. L'augmentation du revenu disponible, l'accroissement du nombre des ménages et de leurs taux d'équipement avec divers appareils domestiques ont significativement influencé cette évolution. Comme pour le secteur domestique, l'intensité énergétique du secteur des services[10] est stable, voire diminue. Appliquée à la seule électricité, elle se caractérise cependant par une croissance d'environ 1% par an. Cette dernière tendance est notamment due à la diffusion rapide de nouveaux équipements bureautiques, corollaire de l'informatisation du secteur tertiaire.

(3) Variations entre les combustibles énergétiques: Troisièmement, différentes intensités énergétiques caractérisent l'évolution de la demande des divers combustibles. Depuis 1973, l'intensité pétrolière a reculé de 38%, celle du gaz de 21%. Suite aux deux crises des années 1970, les pays de l'AIE ont diminué la part relative du pétrole dans leurs ATEP et leur CFT. Procédant à une analyse statistique des politiques de substitution des produits pétroliers et de promotion de l'efficience énergétique, ARMINGEON (1995:382-387) soutient que plus un pays était dépendant du pétrole en 1973, plus celui-ci a réduit la part relative du pétrole dans son bilan énergétique en 1990. De même, plus un pays affichait une haute in-

---

[9] L'intensité énergétique du secteur de l'industrie est définie par le rapport de la consommation d'énergie à la production industrielle en prix réels.

[10] L'intensité énergétique du secteur des services est définie par le rapport de la consommation d'énergie, exprimée en Mtep, à la valeur ajoutée, exprimée en US $ de 1985.

tensité énergétique en 1973, plus celui-ci l'a réduite en 1990. Les différences de niveaux qui existent entre les pays de l'AIE demeurent cependant significatives. En ce qui concerne l'électricité, l'intensité de la consommation se caractérise par contre par une croissance de quelque 9% entre 1973 et 1991. Les politiques de substitution du pétrole, les prix relatifs des différentes énergies, les mutations structurelles de l'industrie, la croissance et l'informatisation du secteur des services ou le nombre accru de ménages équipés d'appareils électroménagers sont autant de facteurs qui sous-tendent un processus d'électrification des pays industrialisés (McINNES et UNTERWURZACHER, 1991:208-210).

En conclusion à cette analyse historique, les raisons de notre intérêt à étudier l'intervention de l'Etat dans les secteurs domestique et commercial apparaissent plus clairement. Il est pertinent de définir la croissance de la consommation d'électricité des appareils électroménagers et bureautiques comme un « (energy) policy problem », car celle-ci se trouve à la croisée de deux tendances: la part croissante des secteurs domestique et commercial dans les bilans énergétiques nationaux, d'une part, et le processus d'électrification des économies de marché, d'autre part. L'amélioration du rendement énergétique de ces appareils et équipements constitue donc un défi particulier de la politique énergétique actuelle et future.

3.12 l'efficience énergétique des appareils électroménagers et des équipements bureautiques

Afin de préciser les données du problème retenu comme champ empirique de notre travail, les paragraphes suivants traitent plus en détail l'évolution diachronique de la consommation d'électricité des appareils électroménagers et des équipements bureautiques, ainsi que les potentiels d'amélioration de leurs rendements énergétiques respectifs.

3.121 les appareils électroménagers

Adoptant une démarche comparative, SCHIPPER et HAWK (1991) analysent l'évolution de la consommation d'électricité du secteur domestique des pays de l'OCDE. Plusieurs facteurs l'influencent conjointement: la taille et le degré d'équipement des ménages, la taille, les fonctions et la fréquence d'utilisation des appareils et, finalement, le rendement énergétique de chaque appareil (aussi appelé « technical energy efficiency »). La combinaison de ces variables permet de dégager, par type d'appareil et de ménage, des indicateurs de la consommation unitaire par an. Les auteurs tirent quatre enseignements majeurs de l'interprétation de ceux-ci.

Premièrement, le rendement énergétique d'une large majorité d'appareils électroménagers est plus élevé au début des années 1990 qu'en 1973. Ainsi, le remplacement d'anciens appareils par de nouveaux, plus performants d'un point de vue énergétique, et certains changements de comportement des utilisateurs réduisent la consommation d'électricité finale pour plusieurs services domestiques. Deuxièmement, la consommation unitaire des appareils ne diminue pas de manière inversement proportionnelle à l'amélioration de leur rendement énergétique. L'augmentation du revenu disponible induit en effet des changements dans le taux d'équipement, ainsi que dans la taille, les fonctions et la fréquence d'utilisation des appareils[11]. Ces derniers conduisent généralement à une croissance de la consommation unitaire. Troisièmement, le taux d'amé-lioration du rendement énergétique des nouveaux appareils tend à ralentir, voire à stagner, depuis 1985. Pour un type d'appareil donné, un modèle de 1987 est nettement plus efficient qu'un modèle de 1973, mais ne l'est par contre plus par rapport à un modèle du milieu des années 1980[12]. A ce ralentissement des progrès technologiques et de leurs applications commerciales se cumule

---

[11] KHAZZOOM (1980) est l'un des premiers à noter le fait qu'une amélioration du rendement énergétique des appareils ne conduit pas linéairement à une réduction de la consommation du ménage. Il s'attache ensuite à formuler et à tester empiriquement l'explication economique de ce phénomène: *„In general, when the efficiency of an appliance improves, any or all of the following will happen: 1. The utilization rate of the appliance will tend to increase. 2. The stock of that appliance will tend to increase by an amount that may partially offset or more than offset the decrease in the stock of that appliance (as measured by the wattage) required to provide the same level of service as before. 3. The utilization rate, as well as the ownership of other aplliances, will tend to increase (due to the interdependence of end-uses).“ (p.24)*

[12] Plusieurs autres études, généralement de portée nationale, soulignent le même phénomène. GELLER (1988) analyse par exemple les données et les statistiques provenant directement des associations de producteurs d'appareils électroménagers aux Etats-Unis. Les résultats de son étude montrent que l'efficience énergétique moyenne des réfrigérateurs et des congélateurs s'est améliorée de 4 à 5% par an entre 1972 et 1982, puis uniquement de 1,5 à 3% par an entre 1982 et 1986 (p.4ss.).

l'indifférence croissante des consommateurs vis-à-vis des économies d'énergie (cf. le constat d'un « energy efficiency plateau » depuis 1985). Finalement, un important potentiel technique et économique existe pour améliorer le rendement énergétique des futurs appareils électroménagers. Les résultats d'études empiriques illustrent l'importance de ces potentiels.

Le tableau 4 présente une estimation de la consommation d'électricité des principaux appareils électroménagers dans les pays de l'OCDE en 1995. NORGARD (1989: 125)[13] note que ces appareils contribuent entre 30% et 50% à la consommation totale d'électricité du secteur domestique des pays industrialisés. Si l'on tient également compte de l'éclairage, cette part s'élève à 55% au Danemark, ce qui correspond à la valeur absolue de 3200 kWh par an et par personne. L'estimation de l'AIE montre, quant à elle, clairement le rôle prépondérant que jouent les réfrigérateurs et les congélateurs dans la consommation domestique d'électricité.

Tableau 4: Estimation de la consommation d'électricité des principales catégories d'appareils électroménagers dans les pays de l'OCDE en 1995

catégories d'appareils électroménagers	**consommation annuelle d'électricité en TWh/a**	**part relative de la consommation annuelle**
1. réfrigérateurs, congélateurs	325	59 %
2. sèche-linge	65	12 %
3. lave-linge	44	8 %
4. cuisinières et fours	34	6 %
5. climatiseurs	32	6 %
6. lave-vaisselle	30	5 %
7. micro-ondes	25	4 %
Total appareils électroménag.	555	100 %

Source: AIE (1995). Estimated energy use of household appliances, Draft statistics, Paris: OCDE. (Communication personnelle de John Newman, Energy Conservation and Efficiency Divison, 4 décembre 1995).

[13] Cet auteur réalise depuis le milieu des années 1970 divers tests de laboratoire et analyses du marché pour quantifier la consommation d'électricité des appareils domestiques (NORGARD, 1979).

Le tableau 5 offre un aperçu de l'évolution de l'efficience électrique des appareils ménagers dans les pays industrialisés. L'indice calculé exprime l'intensité électrique des modèles commercialisés et réalisables technologiquement en 1988 par rapport à celle des appareils effectivement installés et utilisés. Ce calcul se base sur une analyse du marché domestique du Danemark, mais les ordres de grandeur restent valables pour tous les pays industrialisés. Les statistiques ainsi obtenues suggèrent que les mêmes services énergétiques pourraient être assurés en réduisant sensiblement la consommation d'électricité du secteur résidentiel. Si en 1988 tous les ménages étaient équipés du modèle commercialisé affichant le meilleur rendement énergétique, alors les appareils électroménagers (éclairage inclus) ne consommeraient que le 47% de l'électricité actuellement requise pour assurer les différents services énergétiques domestiques. Si les ménages étaient équipés des modèles pas encore commercialisés mais réalisables technologiquement, alors seuls 26% de la consommation d'électricité actuelle serait nécessaire. En ce qui concerne les seuls réfrigérateurs, la réduction de la consommation serait de l'ordre de quelque 86%.

Tableau 5: Indices de l'intensité électrique des principales catégories d'appareils électroménagers des pays industrialisés en 1988

catégories d'appareils électroménagers	**Indice du modèle moyen commercialisé en 1988**	**Indice du meilleur modèle commercialisé en 1988**	**Indice du modèle avancé, réalisable technologiquement en 1988**
1. réfrigérateurs	0.75	0.25	0.14
2. congélateurs	0.80	0.35	0.20
3. réfrigérateur/congélateur comb.	0.80	0.55	0.20
4. sèche-linge	0.85	0.67	0.35
5. lave-linge	0.75	0.60	0.30
6. cuisinières	0.93	0.57	0.40
7. lave-vaisselle	0.72	0.62	0.33
Total appareils électroménagers (éclairage inclus)	0.81	0.47	0.26

Source: NORGARD Jorgen S. (1989). Low electricity appliances. Options for the future, in: JOHANSSON Thomas B. et al. (eds.) (1989). Electricity. Efficient end-use and new generation technologies, and their planning implications, Lund: Lund University Press, (p.165).

GRUBB (1991:53ss.) souligne que plusieurs autres études empiriques[14], réalisées à partir de bases de données différentes, confirment largement les principaux résultats de recherche de NORGARD. Le développement et la diffusion d'appareils électroménagers à haut rendement énergétique permettraient ainsi de réaliser des économies d'électricité de l'ordre de 50 à 80%. Vu la part relative élevée des appareils électroménagers dans la consommation d'électricité du secteur domestique, des potentiels importants demeurent exploitables et ce, dans le respect du principe économique de l'efficience allocative (selon le critère de Pareto).

3.122 les équipements bureautiques

Deux événements majeurs caractérisent le début des années 1970. D'une part, le premier choc pétrolier constitue le germe de cristallisation de la stagflation mondiale de 1975. D'autre part, les premiers micro-ordinateurs largement diffusés deviennent un des vecteurs de la productivité industrielle et commerciale. A cette époque, personne ne prête véritablement attention aux effets cumulés de ces deux conditions-cadres du développement économique mondial. Dans les faits, un nouveau secteur consommateur d'électricité se développe rapidement. Vers la fin des années 1980, quelques analystes prennent conscience des conséquences énergétiques de l'informatisation et de l'automatisation des économies de marché (SPRENG et HEDIGER, 1987; NORFORD et al., 1989)[15]. Leurs analyses de l'évolution de la consommation d'électricité des équipements bureautiques aux Etats-Unis, au Japon et en Europe livrent trois enseignements principaux (OT3E Work Group, 1994).

---

[14] Il s'agit notamment des travaux de GIOVANNINI et PAIN (1988), du UK DEPARTMENT OF ENERGY (1989) et du AMERCIAN COUNCIL FOR AN EFFICIENT ENERGY ECONOMY (div. années).

[15] NORFORD et al. (1989) suggèrent par exemple d'interpréter la consommation d'électricité des équipments bureautiques comme une des composantes explicites de la demande d'énergie du secteur tertiaire et non plus comme une catégorie résiduelle: „*Electronic office equipment merits recognition as a distinct end-use, based on ist aggregate energy consumption, contribution to peak demand growth, and potential for improved energy efficiency.*" *(p.456)*

Premièrement, l'avènement de la société de communication se traduit par une pénétration rapide dans le marché des différentes technologies d'information et des appareils bureautiques, ainsi que par une utilisation plus intense de ceux-ci. La croissance annuelle de leur consommation d'électricité est dès lors la plus importante de tout le secteur tertiaire. En Europe, elle correspond à quelque 60% de la croissance globale de la consommation d'électricité entre 1990 et 1995. Il faut ajouter à celle-ci la consommation d'électricité indirecte (par ex: augmentation des besoins en climatisation des bureaux) qui est causée, par exemple, par le dégagement de chaleur des micro-ordinateurs[16]. Deuxièmement, diverses études techniques démontrent que des innovations technologiques réalisables permettraient d'économiser jusqu'à 50% de la consommation unitaire d'une majorité d'équipements bureautiques. Si aucune de ces innovations possibles ne vient toutefois améliorer le rendement énergétique des différents appareils, alors nombre de nouvelles infrastructures de production d'électricité seront requises. Troisièmement, et vu les coûts financiers et environnementaux liés à la construction et au fonctionnement de celles-ci, un consensus émerge parmi les experts et la majorité des acteurs politico-administratifs pour souligner la nécessité d'une intervention étatique dans ce domaine. En un mot, leur conclusion est la suivante: *« A « LAISSEZ-FAIRE » Policy in this area would be more and more expensive and quickly unaffordable » (OT3E, 1994:9).*

Le tableau 6 présente une estimation de la consommation d'électricité des équipements bureautiques en fonction en 1995 dans les pays industrialisés. NORFORD et al. (1989: 456-457) suggèrent que, aux Etats-Unis, la part de ceux-ci dans la consommation d'électricité des nouveaux bureaux commerciaux s'élève à quelque 25%. En valeur absolue, la consommation cumulée de 1982 à 1995 des équipements bureautiques installés aux USA correspond à 115 TWh. Les multiples estimations du Lawrence Berkeley Laboratory (Californie) démontrent quant à elles que les ordinateurs personnels et les moniteurs constituent les principaux consommateurs de ce sous-secteur.

---

[16] Soulignons toutefois que ces effets croisés ne sont pas toujours négatifs d'un point de vue énergétique. Dans un pays au climat nordique, le dégagement de chaleur des équipements bureautiques permet en effet de réduire les besoins en chauffage.

Tableau 6: Estimation de la consommation d'électricité des principales catégories d'équipements bureautiques dans les pays de l'OCDE en 1995.

catégories d'équipements bureautiques	**consommation annuelle d'électricité en TWh/a**	**part relative de la consommation annuelle**
1. moniteurs, terminaux	22	28 %
2. ordinateurs personnels	21	27 %
3. photocopieurs	13	17 %
4. imprimantes laser	12	15 %
5. télécopieurs	8	11 %
6. imprimantes sérielles	2	2 %
Total équipements bureaut.	78	100 %

Source: McMAHON James et al. (April 1995). Office Equipment. Market characteristics, energy use and standards harmonization, Draft Report prepared for the International Energy Agency, Lawrence Berkeley Laboratory: Berkeley, (p.3).

Deux catégories d'innovations contribuent à améliorer le rendement énergétique des équipements bureautiques. D'une part, les développements de la micro-électronique influencent la conception du « hardware » des appareils. Citons à titre d'exemple l'utilisation des semi-conducteurs CMOS dans les ordinateurs personnels ou celle des écrans LCD. D'autre part, l'optimisation du « software » et des procédures opératoires permet par exemple d'assurer la mise en mode de veille automatique d'un appareil non utilisé pendant un certain laps de temps. Le tableau 7 quantifie les gains réalisables, grâce à de telles innovations, dans la puissance installée des différents équipements bureautiques.

Tableau 7: Puissance installée (en W) de différents modèles d'équipements bureautiques, ventilée selon leur état de fonctionnement

catégories d'équipements bureautiques	modèle ancien 1990		modèle récent 1995		modèle avancé 1995		modèle futur 1998-2002	
	actif	veille	actif	veille	actif	veille	actif	veille
1. moniteurs	50	50	65	65	65	51	23	5
2. ordinateurs pers.	80	80	65	65	40	25	15	5
3. photocopieurs	230	200	220	190	220	190	220	100
4. imprimantes	200	80	200	80	200	25	120	5
5. télécopieurs	175	28	175	35	175	15	175	5

Notes explicatives:

1. L'appareil est dit en état actif s'il est directement utilisable ou déjà utilisé („ready", „on").
2. L'appareil est dit en état de veille si un délai de quelques secondes est requis avant de pouvoir l'utiliser („standby", „idle").
3. Les modèles sont classés selon qu'ils incorporent ou non les différentes innovations technologiques qui améliorent le rendement énergétique de chaque type d'appareil. Les termes utilisés ici correspondent aux désignations originale suivantes: „historic stock baseline"(1990), „new conventional baseline" (1995), „new power-managed" (1995) et „advanced energy-efficient" (1998-2002).

Source: McMAHON James et al. (April 1995). Office Equipment. Market characteristics, energy use and standards harmonization, Draft Report prepared for the International Energy Agency, Lawrence Berkeley Laboratory: Berkeley, (pp.15, 21, 25 et 27).

En conclusion à cette description du « (energy) policy problem » retenu pour notre recherche empirique, notons que d'importants potentiels d'efficience énergétique sont exploitables dans les secteurs domestique et commercial. Leur réalisation effective, et plus encore la vitesse d'introduction d'appareils et d'équipements plus efficients, demeurent toutefois incertaines. Elles dépendent en effet des forces du marché des technologies qui améliorent le rendement énergétiques des appareils électroménagers et des équipements bureautiques. Par conséquent, il s'agit d'analyser les mécanismes économiques qui facilitent ou ralentissent la diffusion sur le marché d'innovations technologiques dans ce domaine.

3.13 les barrières à l'efficience énergétique: une allocation sous-optimale des ressources

Selon la théorie économique (néo-classique), les prix d'équilibre des différents agents et technologies énergétiques, tels que définis par un marché qui fonctionne normalement, entraînent une allocation (Pareto-)optimale des ressources. Ceci se traduit par des investissements économiquement rationnels des producteurs et des consommateurs dans le développement et l'utilisation des technologies les plus efficientes d'un point de vue énergétique. Plusieurs travaux théoriques et empiriques soulignent cependant l'existence d'imperfections dans le marché des appareils électroménagers et des équipements bureautiques[17]. Des distorsions du marché et des obstacles institutionnels conduisent à un sous-investissement dans l'efficience énergétique des appareils. Ainsi, les différents acteurs économiques n'optent pas systématiquement pour les technologies qui leur assurent les services énergétiques demandés au moindre coût: *« Given the continued development of new technologies, energy services may be produced using a range of possible technologies at any point in time. (...) That consumers and firms should choose the least cost means of obtaining energy services is a basic prediction of economic theory: cost minimization is a necessary condition for profit and utility maximization. Over the last two decades, a large body of research has established that the observered behavior of consumers and firms is apparently inconsistent with the cost minimization hypothesis. In many cases, agent pass up least-cost technologies, in favor of more energy-intensive alternatives » (SANSTAD et HOWARTH, 1994:812).* Une telle allocation des ressources s'avère donc déficiente selon le critère économique de Pareto. En effet, le potentiel d'économie d'énergie lié au développement, à la distribution et à l'utilisation d'appareils plus efficients demeure en partie inexploité. Plusieurs

[17] Les arguments majeurs, développés par les économistes et par les analystes énergétiques, sont discutés par les auteurs suivants: RUDERMAN et al. (1987:116-120), FISCHER et ROTHKOPF (1989:399-404), GRUBB (1990: 114-119), SIOSHANSI (1991:233-234) SUTHERLAND (1991:17-26 et 31-32), HOWARTH et ANDERSSON (1993:264-265), JAFFE et STAVINS (1994a:44-46), STANSTAD et HOWARTH (1994:813-816), KOMMEY et STANSTAD (1994) et LEVINE (1994:14-20).

facteurs expliquent cette situation, communément qualifiée de « energy efficiency gap » ou de « energy efficiency paradox »[18].

3.131 une première liste des barrières du marché

Les paragraphes suivants résument les arguments avancés dans la littérature pour expliquer le sous-investissement des producteurs, des distributeurs, des consommateurs et des entreprises électriques dans des appareils affichant le meilleur rendement énergétique qui soit faisable technologiquement et rentable financièrement.

(1) le manque d'informations et les coûts de transaction élevés

Les consommateurs ne disposent généralement pas de toute l'information nécessaire pour évaluer les coûts et les bénéfices liés à l'achat d'appareils affichant un haut rendement énergétique. Même dans les cas où cette information est disponible, elle s'avère trop complexe pour un consommateur moyen qui les traite sans compétences techniques ou économiques particulières. A cette non-disponibilité et à cette complexité des informations pertinentes se cumule parfois un manque de confiance du consommateur dans les nouvelles technologies. Celui qui cherche à calculer et à comparer objectivement les rentes d'investissements dans différents appareils doit supporter des coûts de transaction élevés. Ces derniers le sont particulièrement, si le personnel de vente n'est pas (in)formé pour répondre aux questions des consommateurs, si la gamme des appareils offerts sur un lieu de vente est limitée ou encore, si les équipements les plus efficients ne sont livrables qu'avec un certain délai.

(2) l'accès limité au capital et le financement de l'investissement

Les appareils à haut rendement énergétique sont généralement plus chers à l'achat. Certains consommateurs ne disposent pas du capital nécessaire à

[18] HOWARTH et ANDERSSON en proposent la définition suivante: *„ (The) so-called « efficiency gap » (is) the differential between the level of energy-efficiency actually achieved and the level judged to be cost-effective at prevailing prices.“ (1993:263).* Pour une discussion théorique du „energy efficiency gap“ et une définition formelle des différents potentiels d'amélioration de l'efficience énergétique, voir en particulier JAFFE et STAVINS (1994b).

l'acquisition de tels biens de longue durée et de haute qualité. Le financement de l'investissement se fait dès lors par l'emprunt et devient tributaire des taux d'intérêt. La stratégie de ces consommateurs consiste par conséquent à minimiser les coûts initiaux et la charge des intérêts. Ils optent ainsi pour les appareils les moins coûteux à l'achat et ce, indépendamment du calcul des coûts de fonctionnement et de la durée du retour sur l'investissement. Les conditions d'accès au capital engagé pour l'acquisition des appareils constituent une barrière potentielle à l'efficience énergétique pour les ménages à faible revenu, les personnes âgées et les propriétaires d'habitations à logements multiples.

(3) la non-visibilité des gains financiers et l'absence d'un seuil critique

L'amélioration technologique de l'efficience énergétique des appareils électroménagers et des équipements bureautiques permet de réduire leurs coûts de fonctionnement. Ces gains financiers se traduisent concrètement par une réduction de la facture annuelle d'électricité. Le décompte et la facturation de la consommation des différents équipements domestiques ne donnent généralement pas de renseignements précis sur les coûts énergétiques de chacun de ceux-ci. Il y a donc une rupture dans le mécanisme de retour de l'information, une des conditions nécessaire au fonctionnement du marché[19]. Même correctement identifiées, les économies réalisables semblent, de plus, ne pas constituer un seuil financier critique qui motive suffisamment le consommateur à acheter un appareil plus efficient d'un point de vue énergétique.

(4) les achats indirects et les intérêts divergents du propriétaire et des locataires

Dans plusieurs pays et types d'habitations, les appareils électroménagers sont directement installés par le propriétaire de la maison locative[20]. Ce

[19] Sur les limites du processus de traitement de l'information relative à la consommation d'énergie des particulers, voir en particulier KEMPTON et LAYNE (1994).

[20] L'étude empirique du marché canadien des appareils domestiques de chauffage, de cuisine et de lavage réalisée par QUELCH (1980) montre que 48% des achats sont effectués par le propriétaire (et non pas par le locataire) d'un logement.

dernier supporte les coûts d'investissement des appareils, alors que le locataire en assume les coûts de fonctionnement. Il y a donc une séparation entre les dépenses et les bénéfices tirés d'un investissement dans un appareil avec un haut rendement énergétique. Vu cette inadéquation entre l'investisseur et l'utilisateur final, l'incitation économique à minimiser les coûts globaux du cycle de vie d'un équipement est absente. On retrouve là une situation classique d'asymétrie de l'information et des intérêts, propre à une relation d'agence. La divergence entre les intérêts économiques du propriétaire et des locataires guide le propriétaire vers l'acquisition d'appareils moins chers, donc généralement moins efficients d'un point de vue énergétique.

(5) l'effet „plaqué-or", les stratégies marketing et la politique des prix de vente

Les équipements à haut rendement énergétique sont souvent aussi ceux qui offrent la plus large palette de fonctions spécialisées. Ces modèles de luxe restent parmi les plus chers de la gamme des produits offerts. Il s'avère difficile pour un acheteur sensibilisé aux questions énergétiques de trouver sur le marché un appareil efficient qui n'intègre pas les dernières sophistications. Ce consommateur ne sera toutefois pas enclin à supporter un plus gros investissement pour des fonctions connexes qui ne l'intéresse pas. Il risque donc d'opter pour un équipement avec moins de fonctions, mais dont le rendement énergétique est plus faible. Les stratégies marketing et de prix que les détaillants mettent en place pour écouler leurs différentes catégories de modèles tendent de plus à renforcer les effets d'un tel phénomène.

(6) le design des appareils, les coûts d'opportunité et les délais de production

L'amélioration technique de l'efficience énergétique des appareils électroménagers et des équipements bureautiques implique des changements dans le design des modèles et parfois même dans la chaîne de production. Les industries sont intéressées à adapter leurs procédés industriels et leurs stratégies marketing s'il en résulte une réduction des coûts, respectivement une augmentation de la qualité du produit commercialisé. Jusqu'ici, les producteurs interprètent la consommation d'énergie d'un appareil comme une caractéristique très secondaire d'un modèle, qui demeure peu prisée des consommateurs. Selon l'approche économique des coûts d'opportunité, les entrepreneurs font les investissements qui leur assurent, à court terme, les meilleurs revenus possibles. L'intégration d'innovations technologiques relatives à l'efficience énergétique des appareils ne sera par conséquent que postérieure, ou au plus concomitante, à d'autres changements du design des produits qui sont déjà demandés par le consommateurs et donc jugés prioritaires par les producteurs. Il en résulte un délai parfois important entre la R&D de nouveaux modèles, leur production industrielle et leur commercialisation. A cette logique de la demande s'ajoute les barrières organisationnelles internes à une entreprise. Les intérêts et les perspectives temporelles des organes de direction, de marketing, de production et de R&D sont souvent divergents. Ils constituent également un obstacle potentiel à l'amélioration du rendement énergétique des appareils, dans la mesure où les gestionnaires ne sont pas sensibilisés à cette caractéristique de leurs produits[21].

(7) le prix de l'électricité et les délais de retour sur l'investissement

Le rôle historique des entreprises électriques dans le développement économique régional, les avantages qui leur sont corollairement accordés par l'Etat (ex: statut juridique, monopole de production, subventionnements croisés), la non-internalisation des coûts environnementaux ou l'ouverture des marchés régionaux de l'électricité sont autant de facteurs qui, selon les pays, conduisent à un prix d'électricité (artificiellement) bas par rapport à ceux du marché des autres agents énergétiques. Ce prix de l'électricité peu élevé n'incite pas les consommateurs à minimiser les coûts de fonctionnement de leurs appareils électroménagers et équipements bureautiques. De plus, les particuliers empruntent, pour investir dans des appareils efficients, à des taux d'intérêt généralement supérieurs à ceux dont bénéficient les entreprises électriques pour accroître leurs infrastructures de production. Les consommateurs misent également sur un retour sur l'investissement entre six mois et 3 ans au maximum. Cette courte période est à mettre en perspective avec les périodes de retour sur l'investissement de 20 à 30 ans qui sert de référence aux entreprises élec-

[21] DECANIO (1993) thématise, pour le domaine de l'efficience énergétique, les barrières à l'innovation internes à une entreprise.

triques. Ces multiples différences structurelles entre l'offre et la demande d'électricité constituent une barrière supplémentaire à l'efficience énergétique.

(8) les coûts de la R&D et la fragmentation de la branche industrielle

Les industries productrices d'appareils électroménagers et d'équipements bureautiques sont généralement fragmentées verticalement et horizontalement[22]. Aucune d'elles, en tant que simple maillon d'une chaîne technologique complexe, ne peut assumer individuellement les frais de R&D nécessaires à l'amélioration du rendement énergétique des appareils. Le développement de telles technologies implique en effet l'engagement à long terme, et avec un risque élevé d'échec, de ressources financières et d'expertise technique. Même si cette charge est supportable, l'incitation économique à innover demeure faible. Une entreprise dont les efforts de R&D sont couronnés de succès éprouve en effet de la difficulté à se réapproprier de manière exclusive la rente économique de son innovation, qui plus est, quand la technologie à l'étude offre des applications commerciales diversifiées.

3.132 une typologie des barrières selon les acteurs du marché affectés

Les barrières à l'efficience énergétique recensées ci-dessus s'avèrent de différents types. Alors que certaines ont trait à la diffusion d'informations pertinentes sur le rendement énergétique des modèles commercialisés, d'autres concernent plutôt les implications financières de leur développement et de leur acquisition. Finalement, certains obstacles résultent des structures organisationnelles mêmes de l'offre et de la demande en innovations technologiques, en nouveaux modèles d'appareils et/ou en électricité. Les barrières informationnelles se distinguent donc de celles financières et structurelles. Tous types confondus, ces barrières influencent le

---

[22] Le degré de fragmentation de l'industrie productrice d'appareils électroménagers et d'équipements bureautiques dépend des marchés régionaux. SCHIPPER et MEYER (1991:581, 584-585) soutiennent, à l'exemple du marché de l'Indonésie, qu'une structure industrielle fragmentée constitue une véritable barrière à la diffusion d'innovations dans le domaine énergétique.

comportement économique de différents groupes d'acteurs. On peut sommairement distinguer ici entre les consommateurs, les distributeurs, les producteurs et les entreprises électriques. C'est en effet de leurs (inter)actions respectives que découle le degré de diffusion sur le marché de modèles plus efficients. A titre de résumé de la discussion précédente, le tableau 8 classe les barrières selon ces deux dimensions.

Tableau 8: Barrières à l'efficience énergétique et acteurs concernés

type de barrières et groupes concernés	barrières informationnelles	barrières financières	barrières structurelles au niveau de l'offre	barrières structurelles au niveau de la demande
consommateurs (acheteurs et utilisateurs)	non-disponibilité et/ou complexité technique de l'information sur différents modèles manque de confiance dans les innovations technologiques	accès limité au capital nécessaire à l'investissement dans modèles les plus efficients non-visibilité et/ou absence d'un seuil critique de gain financier	offre d'un nombre limité de modèles sur un même lieu de vente délais de livraison des modèles les plus efficients	intérêt divergents des acheteurs (coûts d'investissement pour propriétaire) et des utilisateurs (charges de fonctionnement pour locataires)
distributeurs (vendeurs)	non-formation des distributeurs sur l'efficience énerg.	stratégie de prix pour la gamme des modèles	nombre limité de marques commercialisées	diversité et désintérêts des consommateurs à conseiller
producteurs (R&D, production et gestionnaires)	stratégies marketing et publicitaires élaborées pour les modèles de luxe	coûts d'opportunité d'une amélioration de l'efficience énergétique des modèles appropriation limitée de la rente à l'innovation	fragmentation verticale et/ou horizontale de la chaîne de production processus décisionnels internes à une entreprise	désintérêts des consommateurs vis-à-vis de l'efficience énergétique par rapport à d'autres caractéristiques des modèles demandés
entreprises électriques	factures d'électricité sans indications détaillées sur la consommation des appareils	bas prix de l'électricité et implications sur les coûts de fonctionnement des modèles	(quasi)monopole de l'offre et perspective à long terme pour le calcul des retours sur l'investissement	incertitude quant à l'efficacité et à l'efficience des mesures de gestion de la demande d'électricité

Note: Les groupes concernés par une barrière à l'efficience énergétique le sont soit en tant qu'acteur affecté, soit en tant que cause même de cette barrière.

3.14 la nécessité d'une intervention étatique

Les arguments évoqués dans la littérature expliquent tous, de manière plausible mais partielle, pourquoi les consommateurs et les producteurs n'investissent que de façon sous-optimale, d'un point de vue économique, dans le développement et l'utilisation d'appareils électroménagers et d'équipements bureautiques à haut rendement énergétique. Nombre d'incertitudes demeurent néanmoins quant à la nature même et à l'influence relative de ces imperfections du marché. Deux points de désaccord semblent cristalliser la discussion théorique et politique sur les barrières à la promotion de l'efficience énergétique.

Premièrement, plusieurs études empiriques traitent des valeurs effectives des taux d'actualisation implicites aux décisions d'investissement des consommateurs. L'utilisation, par divers auteurs, de modèles de calculs, de banques de données et de niveaux d'agrégation différents conduit forcément à des résultats divergents (MEIER et WHITTIER, 1983; RUDERMAN et al., 1991:104ss.; HASSETT et METCALF, 1993; JAFFE et STAVINS, 1994a:45ss. et 1994b:806-807). Il apparaît difficile, plus encore pour un observateur externe à ce courant de recherche empirique, de dégager des conclusions définitives sur les taux d'actualisation réels et sur la manière dont ils influencent les consommateurs lors de l'achat d'appareils électroménagers ou d'équipements bureautiques.

Deuxièmement, un débat fondamental oppose analystes énergétiques et économistes[23]. Les premiers interprètent la majorité des facteurs discutés

[23] Le rôle que jouent les économistes dans la conduite du débat sur l'efficience énergétique s'avère dominant. Rares sont les auteurs d'autres disciplines qui élargissent la perspective de recherche. STERN (1986) fait presque figure d'exception en proposant de réinterpréter les arguments des analystes énergétiques et des économistes sous l'angle des sciences comportementales: „*Like the proverbial drunkard who looked for his lost keys under the lamppost because that's where the light was, policy analysts have looked for answers to their questions about energy use in the light of economic theory. (...) By observing the behavior of energy consumers and drawing on relevant concept, methods, and knowledge from the noneconomic behavioral sciences, analysts can bring more of the phenomena of energy use in the light. Such an approach can make phenomena visible that*

ci-dessus comme des échecs du marché et soutiennent qu'une intervention étatique est indispensable pour y pallier. Au contraire, les seconds ne définissent comme véritables échecs du marché que deux types d'obstacles à l'investissement. D'une part, ils soulignent le besoin d'internaliser les coûts externes de la pollution environnementale, liée à la production et à la consommation d'électricité, et de la sécurité de l'approvisionnement national en énergie. D'autre part, ils notent la nécessité d'offrir, en tant que bien public, une information sur le rendement énergétique des appareils. Comme corollaire de ce diagnostic, ils ne suggèrent qu'une action minimale des pouvoirs publics (FISHER et ROTHKOPF, 1989:398ss.; SUTHERLAND, 1991:31ss)[24].

Sans discuter ici plus avant la pertinence des explications et des tests empiriques relatifs à ces deux points de discorde, relevons les trois conclusions intermédiaires du débat qui rassemblent aujourd'hui le consensus de tous les auteurs. (1) Des obstacles à l'investissement (« market barriers ») existent dans de nombreux marchés de l'efficience énergétique, y compris dans celui des appareils électroménagers et des équipements bureautiques. (2) Certaines de ces barrières conduisent à une allocation inefficiente des ressources (« market failures ») et, par là, justifient une intervention étatique. D'autres, par contre, ne constituent pas un échec du marché et ne requièrent aucune action des pouvoirs publics. (3) Les problèmes d'asymétrie de l'information constituent la principale cause des échecs du marché et de la sous-optimalité des investissements dans les appareils à haut rendement énergétique (HUNTINGTON et al., 1994: 795).

En conclusion, les différentes écoles reconnaissent toutes un rôle à l'Etat dans la promotion de l'efficience énergétique. Leurs recommandations sur le choix des instruments à mettre en oeuvre divergent cependant. Plusieurs auteurs proposent, de manière (quasi)linéaire, des instruments

---

economic concepts leave obscure. It can help illuminate past policy failures and point to new policy opportunity." (pp. 200, 201)

[24] L'optique adoptée par ces auteurs est celle des théories économiques normatives de l'intervention étatique („public interest theory of regulation"). Pour une présentation synoptique de cette approche et de théories rivales sur le choix de la réglementation comme instrument des politiques publiques, voir par exemple STRICK (1990:15-25).

d'intervention en fonction du type d'échec du marché qu'ils ont identifié[25]. Vu le nombre et la diversité des facteurs influençant négativement les décisions des producteurs et des consommateurs à investir dans le développement et l'utilisation d'appareils à haut rendement énergétique, un large éventail de moyens d'action peut être proposé. Ainsi, nous traitons ci-dessous du répertoire théorique de ces instruments.

3.2 le répertoire théorique et les typologies des instruments d'intervention

D'un point de vue théorique, le répertoire des instruments dont l'Etat dispose pour promouvoir l'efficience énergétique des appareils électroménagers et des équipements bureautiques n'a de limite que dans l'imagination des décideurs politiques et des analystes. Sans prétendre dresser une liste exhaustive de leurs propositions, les paragraphes suivants se penchent sur les divers instruments discutés dans la littérature et appliqués dans les politiques énergétiques des pays industrialisés[26]. Dans un premier temps, nous établissons un répertoire théorique des instruments. Nous en élaborons ensuite trois classifications alternatives, afin d'illustrer les multiples facettes et la diversité des moyens d'action. Les deux premières se basent sur la perception même des instruments par les décideurs politico-administratifs, alors que la troisième les interprète selon des critères plus analytiques. Finalement, ces typologies suggèrent que les acteurs des politiques énergétiques nationales peuvent opérer un véritable choix lors du design des instruments.

---

[25] Citons à titre d'exemple JAFFE et STAVINS: „*Understanding the causes of the gradual diffusion of energy-conserving technologies is key to identifying appropriate policy responses. (...) The selection of appropriate policy instruments will depend upon the relative importance of the various underlying explanations of the gradual of energy-efficiency technologies.*“ *(1994:60)* Une argumentation similaire se retrouve chez plusieurs auteurs, FISHER et ROTHKOPF (1989:398) soulignant qu'une telle démarche fut initialement proposée par les travaux du prix Nobel J. TINBERGEN (1952).

[26] Différents instruments sont proposés, outre par les auteurs cités ci-dessus, par exemple par RUDERMAN et al. (1987:120), WILSON et al. (1989:134ss.), GRUBB (1990:115-141), SCHIPPER et MEYERS (1991:586-587), SIOSHANSI (1991:234-236), SUTHERLAND (1991:33), ANDERSON (1993:36-44), HOWARTH et ANDERSSON (1993:269-271) ou encore par l'AIE (1992:175-196)

3.21 une première liste des instruments applicables

La liste suivante recense les principaux instruments de promotion de l'efficience énergétique des appareils électroménagers et des équipements bureautiques. A fin de comparaison, chacun est traité en abordant sa modalité d'action, le type de ressource engagée, le(s) groupe(s)-cible(s) visé(s), ainsi que la distorsion du marché qu'il corrige, respectivement l'objectif direct qu'il poursuit.

(1) le soutien financier et organisationnel à la R&D et au transfert technologique

Une première stratégie d'intervention se focalise sur les efforts de R&D industrielle et sur le transfert des innovations technologiques relatives au rendement énergétique des appareils. A cet effet, l'Etat peut octroyer des incitations financières aux entreprises et institutions de recherche (ex: subventionnement de projets de collaboration université-industrie, déduction fiscale des frais de recherche privée, prêts à taux préférentiels pour le développement de prototypes) et offrir un encadrement organisationnel et informationnel à la diffusion entre les entreprises du savoir-faire technologique (ex: exploitation des parcs technologiques, projets de démonstration). Les producteurs d'appareils ainsi que la communauté scientifique constituent les groupes-cibles directement visés par de tels instruments. Ces derniers contribuent au dépassement des obstacles du marché que constituent les coûts de la R&D et la fragmentation industrielle d'une part, les coûts d'opportunité et les délais de production d'appareils affichant un meilleur rendement énergétique d'autre part.

(2) la fixation d'une procédure officielle de test et l'obligation d'étiqueter le rendement énergétique

Un deuxième type d'action étatique se concentre sur la transparence des informations relatives au rendement énergétique des appareils. Dans cette perspective, l'Etat peut contraindre les producteurs et les distributeurs à (faire) mesurer, selon une procédure officielle de test, la performance énergétique de leurs appareils. Cette première démarche accomplie, il peut ensuite en rendre la déclaration obligatoire. Les producteurs doivent dès lors apposer à leurs appareils une étiquette officielle. Celle-ci certifie au consommateur que ce modèle a été testé et lui offre des données uniformisées et fiables sur son rendement énergétique. Ces informations l'aident à évaluer les coûts énergétiques de fonctionnement des différents modèles du marché et les économies financières qu'il peut réaliser en acquérant tel ou tel appareil. Ces deux instruments (procédure officielle de test et étiquetage) visent à sensibiliser les acheteurs à la consommation d'électricité des appareils de sorte qu'ils la retiennent comme un de leurs critères de décision. Ils pallient ainsi au manque d'informations d'un marché imparfait et réduisent les coûts de transaction à la charge des consommateurs.

(3) l'attribution de labels officiels de qualité pour les appareils à haut rendement énergétique

Troisièmement, et au-delà de l'obligation d'étiqueter la consommation énergétique de tout appareil commercialisé, l'Etat peut attribuer des labels officiels de qualité aux modèles qui, en fonction de la procédure de test établie, présentent un niveau d'efficience énergétique égal ou supérieur à un niveau de référence fixé ex ante par l'Etat. Ainsi, les appareils qui affichent une vignette officielle appartiennent à la catégorie des modèles les plus efficients que le marché offre actuellement. L'apposition d'un label officiel de qualité constitue une source d'information supplémentaire pour le consommateur. Celui-ci constitue également un argument de publicité et de vente pour les producteurs et les distributeurs. S'inscrivant dans la même logique d'action que l'étiquetage obligatoire, il tend à réduire les coûts de transaction du consommateur et à influencer les stratégies de marketing des détaillants.

(4) la définition de normes de rendement énergétique minimal (valeurs-limites, «standards»)

Une quatrième modalité d'action consiste à intervenir directement dans le marché des appareils électroménagers et des équipements bureautiques en y définissant les conditions d'entrée. Usant de son pouvoir légal, l'Etat peut, en fonction d'une procédure de tests, imposer des normes d'efficience énergétique minimale. De tels standards fixent les critères de rendement énergétique imposés à tout appareil. Si un appareil ne respecte pas ces valeurs-limites de consommation, respectivement ce taux de rendement énergétique minimal, il ne peut être ni importé, ni commercialisé.

L'application de cet instrument prescriptif influence simultanément les comportements des producteurs, des importateurs et des distributeurs d'appareils. Il vise concrètement à écarter du marché les appareils les plus inefficients d'un point de vue énergétique. Par là, il assure une meilleure protection aux consommateurs. C'est le cas par exemple dans les situations d'achats indirects, où les intérêts financiers du propriétaire et des locataires divergent.

(5) les accords volontaires sur des valeurs-cibles de rendement énergétique («target values»)

Cinquièmement, l'Etat peut opter pour une intervention plus souple dans le marché des appareils. Plutôt que de prescrire des normes (valeurs-limites), il négocie avec les producteurs, les importateurs et les consommateurs des procédures de test et des valeurs-cibles de consommation. Les entreprises participantes s'engagent dès lors à offrir, d'ici une date fixée, de nouveaux appareils qui respectent ces valeurs-cibles. Cet instrument implique une démarche de concertation et de négociation, voire de partenariat, entre l'Etat et les différents acteurs du marché. Il cherche de fait à atteindre le même objectif que les normes, à savoir l'élimination graduelle du marché des appareils les moins efficients. Afin d'assurer une certaine efficacité à cette intervention de nature subsidiaire, l'Etat peut se réserver le droit, en cas de non-respect des valeurs-cibles dans les délais impartis, de promulguer des normes prescriptives.

(6) le soutien financier aux consommateurs lors de l'achat d'appareils à haut rendement énergétique

Un sixième plan d'action manipule les rentes économiques des consommateurs. L'Etat peut créer des incitations financières conditionnelles auprès des consommateurs pour qu'ils investissent dans l'efficience énergétique. Il leur accorde ainsi un soutien financier (ex: rabais, déduction des taxes, prêts sans intérêts ou à taux préférentiels) s'ils optent pour des appareils qui affichent un rendement énergétique égal ou supérieur à un niveau de référence fixé ex ante. Cet instrument s'adresse prioritairement aux consommateurs à faible revenu, bien qu'il risque de générer un effet d'entraînement auprès d'autres groupes. En fin de compte, il facilite le financement de l'investissement dans un appareil efficient. De plus, ces nouvelles conditions d'accès au capital contribuent indirectement au dépassement des obstacles liés aux achats indirects et aux stratégies marketing et de prix des distributeurs.

(7) la taxe prélevée en fonction du rendement énergétique des appareils (système de « bonus-malus »)

Une taxe sur les appareils commercialisés, prélevée en fonction de leur rendement énergétique respectif, constitue un septième moyen d'intervention. De fait, cet instrument de type incitatif renchérit, par la perception d'une taxe, les modèles les moins efficients, en même temps qu'il abaisse, par l'octroi d'une subvention, le prix des modèles affichant la meilleure efficience énergétique. Ce système dit «bonus-malus» ne modifie pas la quote-part de l'Etat, car les taxes prélevées sont directement allouées sous forme de subventions. Il vise donc uniquement un effet d'affectation. En réduisant les coûts d'investissement supportés par les consommateurs lors de l'achat des modèles à haut rendement énergétique, la taxe permet de dépasser les barrières d'ordre financier. De plus, elle incite les producteurs à développer et à commercialiser des modèles plus efficients, car la demande de tels appareils doit augmenter suite à la baisse de leur prix d'achat. La taxe «bonus-malus» cherche donc à combattre, en se basant sur une incitation économique, plusieurs obstacles recensés plus haut.

(8) les achats publics d'appareils à haut rendement énergétique («public purchasing») et l'acquisition coopérative d'innovations technologiques (« technology procurement »)

Huitièmement, l'Etat jouit d'une nouvelle marge de manoeuvre, s'il intervient non plus comme législateur ou comme agent intermédiaire du marché, mais en tant que consommateur. Dans le domaine des équipements bureautiques, l'administration publique occupe en effet une position de client stratégique. Vu la part de marché importante qu'elle représente, elle est capable d'influencer (in)directement l'amélioration technologique du rendement énergétique de ces équipements. Si elle annonce officiellement qu'elle n'utilisera plus que des appareils qui affichent un niveau de rendement énergétique défini, alors elle incite les producteurs à développer et à commercialiser de nouveaux appareils qui répondent à ses critères. Une souscription publique de ce type met en exergue l'exemplarité du comportement de l'Etat vis-à-vis de la question énergétique. Par là, elle constitue donc également un instrument de nature symbolique.

En ce qui concerne les appareils électroménagers, l'Etat peut poursuivre une stratégie d'intervention similaire. Dans ce cas, il assure un soutien financier et/ou organisationnel à un groupe de consommateurs privés qui représentent ensemble une part significative du marché de l'appareil concerné. Avec l'aide d'experts scientifiques et de l'administration, ce groupe de consommateurs définit les critères énergétiques que doit remplir le modèle voulu. Comme lors d'achats publics, une souscription officielle est ensuite lancée. L'entreprise ayant remporté ce concours peut commercialiser son modèle auprès du groupe de consommateurs constitué. Afin d'assurer une impulsion encore plus forte à ce mécanisme de concurrence, l'Etat peut aussi subventionner l'achat, par les acteurs privés, des premières unités de l'appareil nouvellement développé.

Les instruments de l'achat public et de l'acquisition coopérative de technologies visent tous deux à réduire l'incertitude des producteurs quant au succès commercial de leurs appareils plus efficients et quant à la réappropriation de la rente économique de leurs innovations. Ils abaissent les barrières liées aux coûts de R&D, à la fragmentation industrielle, aux coûts d'opportunité et à d'autres obstacles organisationnels, internes aux entreprises. Ils influencent également le comportement des consommateurs-clés du marché, dans la mesure où il leur permet de s'organiser et, dans certains cas, de bénéficier d'un soutien financier pour l'achat du modèle le plus efficient.

(9) les campagnes publiques d'information et les cours de formation

Une neuvième approche aborde directement les problèmes d'asymétrie de l'information qui constituent, selon les conclusions du débat académique sur le « energy efficiency gap », un obstacle majeur à la promotion de l'efficience énergétique. Pour ce faire, l'Etat dispose traditionnellement de multiples moyens d'information et de formation (ex: brochures tout ménage, audit énergétique d'appareils électroménagers, banques de données sur les modèles commercialisés, supports pédagogiques pour enseignement, cours de formation continue pour détaillants). Les utilisateurs finaux, les investisseurs et les intermédiaires du marché (ex: installateurs, détaillants) sont autant de groupes-cibles visés par ces instruments, généralement mis en oeuvre de manière connexe à ceux discutés plus haut. Leurs effets conjugués visent à permettre des décisions économiquement rationnelles lors de l'acquisition d'appareils électroménagers et d'équipements bureautiques.

(10) l'augmentation du prix de l'électricité

Une dernière stratégie d'intervention se focalise sur le prix de l'électricité[27]. Afin d'y intégrer les coûts sociaux induits par les externalités liées à l'offre d'électricité (ex: protection de l'environnement, sécurité de l'approvisionnement), l'Etat peut mettre en oeuvre divers instruments économiques (ex: taxe sur l'électricité, tarification selon les coûts marginaux, planification au moindre coût ou gestion intégrée des ressources). De telles mesures visent en premier lieu les entreprises électriques. Elles influencent leurs modes respectifs de planification de l'offre et de gestion de la demande et, par là, s'avèrent d'une très large portée[28]. En ce qui concerne plus étroitement les appareils électroménagers et bureautiques, un prix de l'électricité plus élevé implique une augmentation des coûts énergétiques de fonctionnement de ceux-ci. Il en résulte une incitation financière pour les consommateurs à minimiser les coûts du cycle de vie d'un appareil et à acquérir les modèles les plus efficients. Ces instruments économiques s'attaquent simultanément à plusieurs barrières du marché, notamment la non-visibilité des gains financiers, l'absence d'un seuil critique ou la longue période de retour sur l'investissement.

---

[27] La majorité des auteurs différencient explicitement la manipulation du prix de l'électricité des autres instruments d'action. GRUBB (1990) et HOWARTH et ANDERSON (1993) suggèrent par exemple une stratégie d'intervention qui s'articule en deux temps: tout d'abord, une augmentation du prix de l'électricité et ensuite, la mise en oeuvre des autres instruments discutés.

[28] Pour une discussion systématique des influences de tels instruments sur les structures et les politiques des entreprises électriques, ainsi que pour un aperçu des différences nationales dans ce domaine, voir l'étude comparée de l'AIE (1994b).

3.22 typologies empiriques et analytiques des instruments

Comme le suggère la liste précédente, les instruments théoriquement applicables pour inciter les divers acteurs économiques à investir de manière (Pareto-)optimale dans l'efficience énergétique sont multiples. Afin d'illustrer la diversité de leurs angles d'approche, nous retenons ici trois classifications alternatives[29]. La première ordonne les instruments selon les étapes du cycle de vie d'un appareil et la deuxième selon leurs effets (attendus) sur la structure du marché. Ces deux typologies sont proposées par les acteurs politico-administratifs eux-mêmes. Du point de vue de la recherche sur le «policy design», elles s'inscrivent dans une perspective d'analyse phénoménologique (selon LINDER et PETERS, 1989:54-55). En effet, elles présentent les différentes catégories d'instruments telles qu'elles sont effectivement perçues par les décideurs politiques. La troisième typologie se veut par contre plus analytique. Elle différencie les instruments selon les quatre attributs qui ont été développés par la littérature pour en cerner l'économie politique.

3.221 la typologie selon le cycle de vie d'un appareil

L'Agence danoise de l'énergie propose de classer les instruments par rapport aux principales étapes du cycle de vie d'un appareil, à savoir sa production, sa distribution, sa commercialisation et son utilisation[30]. Le graphique 1 présente les résultats d'une telle démarche.

---

[29] Outre les trois classifications évoquées de suite, il existe plusieurs autres typologies des instruments de promotion de l'efficience énergétique. Citons à titre d'exemple celle de WILSON et al. (1989): *„(The) tools used by governments (...) are aggregated in terms of their intended effect on the energy and energy-related (end-use devices, efficiency improvement investments, etc.) markets. The programm tools (...) are presented in three groupes: those which fix the market, those which change the market, and those which alter the make up of items on the market. This typology is useful because it introduces the assumption made by government decision-makers regarding why consumers are not behaving as desired (lack of knowledge, lack of motivation, lack of funds, etc.) and the rationale behind choosing between program tools. The typological categories are not mutually exclusive, however." (p.134)*

[30] Il s'agit naturellement d'une interprétation très simplifiée du cycle de vie d'un appareil. En effet, elle ne tient compte ni des étapes intermédiaires (ex: marketing entre distribution et commercialisation), des sous-étapes (ex: invention,

Graphique 1: Typologie des instruments en fonction des étapes du cycle de vie d'un appareil

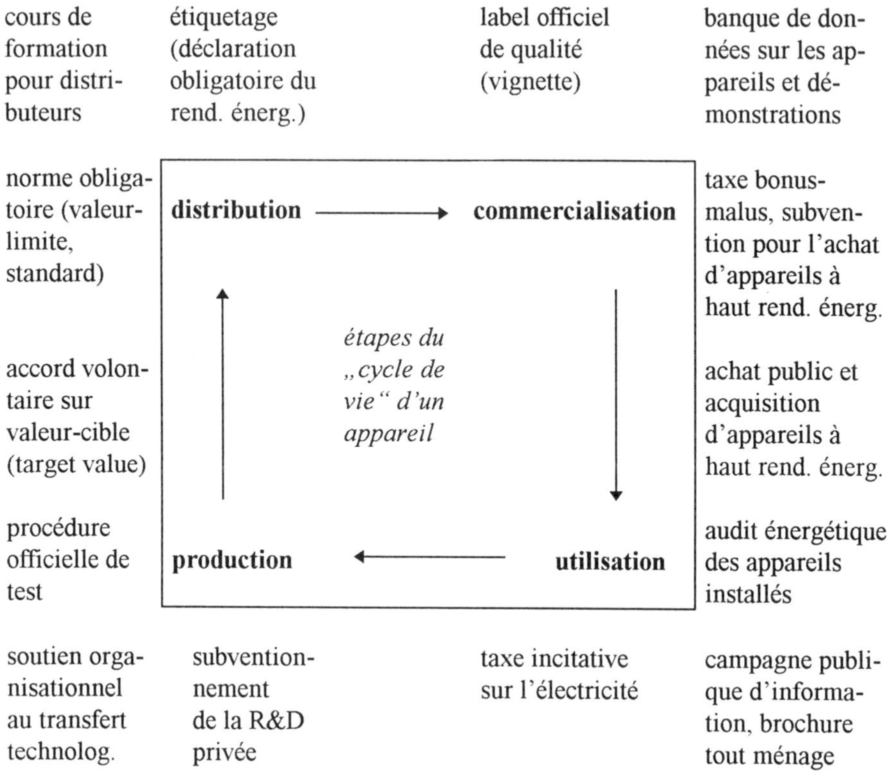

Source: Adaptation libre et complétée d'un modèle de l'Agence Danoise de l'Energie (BACHMANN et AEBISCHER, 1995:3).

Ce graphique suggère que, en sélectionnant des instruments alternatifs, l'Etat intervient à différentes étapes du cycle de vie d'un appareil et, par là, du processus d'innovation technologique. En reprenant grossièrement les hypothèses concurrentes du « technology push », au niveau de l'offre, et du « market pull », au niveau de la demande, les acteurs politico-administratifs choisissent entre deux grandes classes de moyens d'action. Ils optent soit pour des instruments qui accélèrent le développement et la

développement et production) et des étapes finales de la vie d'un produit (ex: recyclage de l'appareil), ni des rétroactions entre les différentes (sous-)étapes.

production d'appareils à haut rendement énergétique (ex: subventionnement de la R&D privée, soutien organisationnel au transfert technologique, norme ou accord volontaire sur valeur-cible), soit pour des instruments qui assurent une part de marché aux appareils les plus efficients d'un point de vue énergétique (ex: étiquetage, label officiel de qualité, rabais ou taxe bonus-malus, achat public).

Cette première classification montre également, de manière plus implicite peut-être, que chaque instrument vise un groupe-cible particulier. Afin de promouvoir l'efficience énergétique d'un appareil, l'Etat influence alternativement les comportements (1) des producteurs (ex: subventionnement de la R&D), (2) des distributeurs (ex: cours de formation) ou (3) des consommateurs (ex: rabais, campagnes d'information). Plus loin, les instruments varient selon les caractéristiques internes des groupes sociaux. En fonction, par exemple, du degré d'organisation des acteurs privés, les responsables politico-administratifs retiennent soit des instruments contraignants (ex: norme, étiquetage obligatoire), soit des instruments leur laissant une plus grande marge de manoeuvre (ex: accord volontaire sur valeur-cible, label officiel de qualité).

3.222 la typologie selon la structure du marché d'un appareil

Le Département américain de l'énergie élabore quant à lui une typologie en fonction de la structure du marché. Cette dernière est représentée par la distribution des unités d'un appareil commercialisées en fonction de leur rendement énergétique respectif. Les instruments sont ensuite classés selon leurs effets (attendus) sur l'évolution de celle-ci, comme l'illustre le graphique 2.

Graphique 2: Typologie des instruments selon leurs effets sur la structure du marché d'un appareil

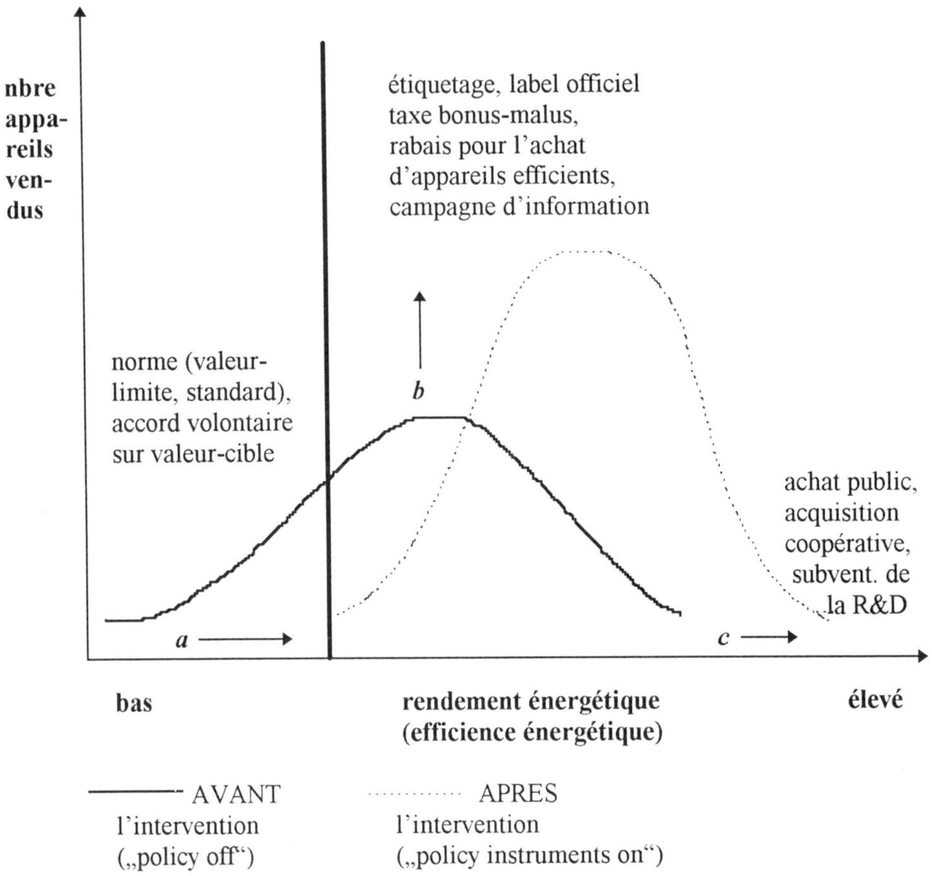

Notes:

1. Les deux courbes représentent la distribution des unités d'un type d'appareil commercialisées, selon leur degré de rendement énergétique respectif, avant et après la mise en oeuvre des instruments.
2. Les points a, b et c, et les flèches qui les accompagnent, désignent les trois types d'effets induits sur la courbe de distribution suite à la mise en oeuvre des instruments.
3. Le trait vertical indique le niveau d'efficience énergétique prescrit par une norme (soit une valeur-limite) ou négociée lors d'un accord volontaire (soit une valeur-cible).

Source: Adaptation libre et complétée d'un modèle du Département de l'énergie américain (MILLHONE (1994), MENANTEAU et LEFEBVRE (1995)).

En adoptant ce critère de classification, trois catégories d'instruments sont identifiables: (1) les instruments qui éliminent du marché les appareils les moins efficients (ex: accord volontaire sur valeur-cible, norme sur le rendement énergétique minimal); (2) ceux qui guident le choix des consommateurs vers les appareils à haut rendement énergétique, en leur assurant une meilleure information et un intérêt économique (ex: étiquetage volontaire ou obligatoire, label officiel de qualité, campagne d'information, formation des détaillants, rabais pour les consommateurs, taxe bonus-malus, taxe incitative sur l'électricité); et finalement, (3) les instruments qui incitent les producteurs à développer et à introduire sur le marché des appareils plus performants (ex: subventionnement de la R&D privée, soutien organisationnel au transfert technologique, achat public et acquisition coopérative de technologies innovatrices).

Cette seconde classification souligne que l'Etat peut amorcer différentes transformations du marché[31] selon les instruments qu'il retient dans son plan d'action. Son intervention initie, soit séparément, soit conjointement, (a) une arrivée plus précoce sur le marché d'appareils à haut rendement énergétique (« effet d'anticipation »), (b) une accélération dans le processus de commercialisation de ces appareils (« effet de diffusion »), et (c) une croissance du nombre total d'appareils efficients vendus (« effet de pénétration »).

En conclusion aux typologies issues des pratiques politico-administratives du Danemark et des Etats-Unis, il faut relever deux points d'importance. D'une part, ces classifications ne sont proposées que depuis le milieu des années 1990. Elles n'ont donc pas été conçues avec un pareil degré de différenciation dès le début du design de la politique d'efficience énergétique, mais représentent plutôt la somme des expériences déjà réalisées et des actions envisagées pour le futur. D'autre part, ces typologies visent à démontrer qu'une stratégie d'action cohérente et efficace doit s'appuyer sur une combinaison d'instruments, plutôt que sur un seul moyen d'intervention. Afin de promouvoir un meilleur rendement énergétique des modèles commercialisés, il s'agit donc d'influencer toutes les étapes du cycle

[31] Le terme de „transformation du marché" et les diverses formes que celle-ci peut prendre sont discutées notamment par PEACH (1993) et BACHMANN et AEBSICHER (1995:8ss.).

de vie d'un appareil et de cumuler les effets de différents instruments sur la (transformation de la) structure du marché.

3.223 une comparaison selon les attributs des instruments

En dernier lieu, nous procédons à une analyse des instruments par rapport aux quatre attributs proposés par différents auteurs pour rendre compte de leur économie politique et pour expliquer leur choix. Cette dernière comparaison reprend, de manière systématique, certains critères déjà appliqués par les typologies des acteurs politico-administratifs. Elle va cependant plus loin dans la mesure où elle permet de comparer simultanément les instruments par rapport à plusieurs dimensions. Le tableau 9 offre un aperçu des similitudes et dissemblances entre les instruments recensés dans le répertoire théorique. Notons néanmoins que cet exercice demeure somme toute théorique dans la mesure ou la valeur prise par un attribut dépend généralement du contexte institutionnel dans lequel il est mis en oeuvre (cf. chapitre 2).

Tableau 9: Typologie des instruments selon leurs quatre attributs

attributs des instruments	intensité des ressources		qualité du ciblage		risque politique		connotation idéologique	
	types de ressources	**coûts administratifs**	**groupe-cible visé**	**degré flexibilité**	**degré visibilité**	**coûts supportés**	**degré contrainte**	**marché ou Etat**
soutien à R&D privée	argent et organisation	faibles	produc. innovateurs	élevé	faible	tous les contribuables	faible	marché
procédure de test	expertise et droit	moyens	tous les producteurs	faible	faible	tous les produc-teurs	élevé	Etat
étique. volontaire	expertise et consensus	faibles	produc. distribu. volontaires	moyen	moyen	produc-teurs volontaires	moyen	marché
étique. obligatoire	expertise et droit	élevés	tous les consommateurs	faible	élevé	tous les produc-teurs	élevé	Etat
labels de qualité	expertise et consensus	faibles	tous les consommateurs	élevé	élevé	produc. volontaires	faible	marché
norme obligatoire	expertise et droit	élevés	tous les producteurs	faible	moyen	tous les produc-teurs	élevé	Etat
valeur-cible négociée	expertise organis. et consensus	élevés	producteurs volontaires	moyen	faible	produc-teurs volontaires	moyen	Partenariat Public Privé
subvention à achat	argent et personnel	faibles	tous les consommateurs	élevé	élevé	tous les contribuables	faible	marché
achats publics	expertise organis., et argent	moyens	produc. innovateurs	élevé	élevé	tous les contribuables	moyen	PPP
acquisition de techno.	expertise organisation et argent	élevés	produc. innov. et consom. motivés	élevé	élevé	tous les contribuables	moyen	PPP
information	expertise et argent	faibles	tous les consommateurs	élevé	élevé	tous les contribuables	faible	Etat

formation	expertise person. et argent	moyens	tous les distributeurs	moyen	moyen	tous les contribuables	moyen	Etat
taxe électricité	droit et personnel	élevés	tous les consommateurs	faible	élevé	tous les conso.	moyen	marché
taxe bonus-malus	droit et personnel	élevés	tous les consommateurs	faible	élevé	conso. mal informés	moyen	marché

Note explicative: Les (valeurs des) attributs ont les significations suivantes:

1. Sous «ressources utiles», nous retenons le droit (bases légale et réglementaire), le personnel (ressources humaines), l'argent (ressources financières), l'expertise (savoir technique, statistiques disponibles), l'organisation (constitution de groupes et de commissions ad hoc) et le consensus (négociation et médiation entre les acteurs) comme ressources politico-administratives potentielles. Ces dernières sont, avec le temps à disposition pour mettre en oeuvre l'instrument, celles généralement considérées dans l'analyse des politiques publiques (sur ce point, voir par exemple KNOEPFEL et al., 1997: 73-92). Le tableau n'indique que les ressources qui sont indispensables à une application effective et efficace de l'instrument.
2. Sous «coûts administratifs», nous ne tenons compte que de ceux directement supportés par l'administration et pas ceux à charge des groupes-cibles. Ces derniers seront recensés plus bas, sous «coûts sociaux».
3. Sous «groupe-cible visé», nous indiquons quel est l'acteur dont le comportement économique est directement influencé par l'instrument mis en oeuvre. Le tableau ne fait par contre pas état des effets indirects sur d'autres groupes-cibles potentiels.
4. Sous «degré de flexibilité», nous estimons si l'Etat peut rapidement changer soit de groupes-cibles, soit les modalités de mise en oeuvre de l'instrument.
5. Sous «degré de visibilité publique», nous nous référons au fait que la mise en oeuvre, les coûts et les bénéfices induits de l'instrument plus ou moins identifiables par les électeurs et les votants.
6. Sous «coûts supportés», nous identifions le groupe d'acteurs sur lequel se concentrent principalement les coûts de l'instrument.
7. Sous «degré de contrainte», nous estimons si l'instrument est contraignant pour le groupe-cible visé ou s'il lui laisse une certaine marge de manoeuvre.
8. Sous «marché ou Etat», nous qualifions les instruments selon leur degré d'interventionnisme dans l'économie de marché et la libre concurrence.

3.23 le choix des instruments: une décision politique

Les instruments recensés jusqu'ici de manière nominale se différencient par rapport à plusieurs critères (par ex: ressource engagée, groupe-cible visé, degré de contrainte, effet attendu) et peuvent donc être classés et comparés en fonction de ces dimensions. Indépendamment de leurs similitudes ou de leurs dissemblances par rapport à un critère particulier, ils visent tous à dépasser les obstacles à l'efficience énergétique, à combler le « energy efficiency gap » et, par là, à gérer la part croissante de la consommation d'électricité des appareils électroménagers et des équipements bureautiques. A titre de postulat de recherche (cf. chapitre 2), nous interprétons ici les instruments et leurs multiples combinaisons possibles comme partiellement substituables d'un point de vue technique. Compte tenu du large éventail de combinaisons d'instruments théoriquement applicables pour résoudre le même problème, les acteurs politico-administratifs ont la possibilité d'opérer un véritable choix lors du design de leur stratégie d'intervention. Le postulat de la substituabilité technique des instruments, même dans le cas où celle-ci ne s'avère être finalement que partielle, met en exergue la nature politique du choix des instruments. Cette perspective a une double implication (que nous soulignons à nouveau ici) pour la conduite théorique et empirique de notre recherche.

D'une part, nous supposons que la nature et la pression du « policy problem » étudié ne déterminent pas a priori le choix d'une combinaison d'instruments. Au contraire, nous postulons que le choix des instruments I_i de la politique P_i au moment T_i s'explique en fin de compte par le comportement et les décisions des acteurs A_i du système politico-administratif S_i. Cette approche relève de l'individualisme méthodologique. Soulignons ici que ce dernier n'implique cependant pas que les caractéristiques du problème politique étudié ou les contraintes (institutionnelles, idéologiques, économiques, etc.) qui pèsent sur les décisions des concepteurs d'une politique publique soient évacuées des facteurs explicatifs potentiels[32].

D'autre part, nous décrivons et expliquons les choix d'instruments effectivement opérés par différents systèmes politico-administratifs. Nous visons à élaborer une théorie positive du « policy design ». Cette perspective se

---

[32] BOUDON et BOURRICAUD (1990:305-309) insistent sur le fait que l'individualisme méthodologique n'implique ni la négation de l'influence des institutions, ni l'application obligatoire du modèle des choix rationnels, pour étudier les comportements des acteurs sociaux.

démarque de l'approche normative des économistes[33] qui suggèrent qu'à tel échec du marché l'Etat devrait répondre par tel instrument, afin d'assurer une allocation (Pareto-)efficiente des ressources. Il faut noter qu'aujourd'hui plusieurs tenants de la théorie économique néo-classique reconnaissent eux mêmes la nécessité d'étudier, avec une approche positive, les instruments discutés et retenus par différents pays: *« In contrast with the substantial amount of work that has been done by economist on designing market-based approaches to environmental protection, relatively little effort has been devoted to developing or testing a positive theory of environmental instrument choice. (...) To begin developing such a theory, it would be useful to focus on the incentives faced by key decision-makers and the institutions and environments in which they function » (HAHN et STAVINS, 1994:466).* La variance empirique des instruments retenus par les différents pays que nous retenons dans notre champ empirique est présentée dans le chapitre suivant.

---

[33] WILSON (1989) analyse le développement des instruments dans une perspectives historique: *„This study differs from previous studies in two important ways. (The) analysis is built on a descriptive, non-judgmental account of ways in which policy tools have been used in several countries. Our aim is to learn from historical experience.“ (p.3)*

4 Méthode, champ empirique et variable dépendante: analyse comparée des instruments adoptés par le Canada, le Danemark, les Etats-Unis, la Suède et la Suisse

Notre objet d'analyse est le design, par les acteurs de différents systèmes politico-administratifs, d'instruments visant à promouvoir l'efficience énergétique des appareils électroménagers et des équipements bureautiques. Au niveau empirique, nous étudions donc plusieurs processus et résultats nationaux du « policy design » et visons à identifier les facteurs explicatifs des variations constatées quant aux instruments d'action retenus par différents pays. Notre approche méthodologique est conçue de sorte à permettre le test des arguments théoriques avancés pour expliquer le choix des instruments, ainsi que la généralisation, au-delà du problème politique retenu ici, de certains enseignements de notre recherche. Ce chapitre définit la méthode, le champ empirique et la variance de la variable dépendante de notre étude.

4.1 le choix méthodologique

4.11 la méthode comparée: une expérimentation indirecte

Pour notre étude empirique, nous retenons la méthode comparée. Celle-ci procède à une étude en profondeur et à une comparaison systématique d'un nombre restreint de cas. Ce choix, parmi les différentes méthodes scientifiques applicables a priori, se légitime comme suit. Premièrement, nous sommes évidemment dans l'impossibilité d'élaborer un dessin de recherche de type expérimental, qui manipulerait directement la réalité sociale des concepteurs des politiques publiques. Nous devons expliquer le design réel, «in situ», de la politique d'efficience énergétique dans quelques pays. Notre analyse ne pourra donc se référer qu'à une expérimentation indirecte, une situation somme toute commune aux sciences sociales (comme suggéré initialement par E. Durkheim). Deuxièmement, nous avons défini le design des politiques publiques aussi bien comme un processus (c'est-à-dire la phase de conception des instruments) que comme un résultat (c'est-à-dire les instruments finalement retenus). L'application de la méthode statistique réduirait sensiblement le traitement systématique de la dimension processuelle de notre analyse. De plus, la politique de promotion d'appareils électroménagers et d'équipements bureautiques efficients d'un point de vue énergétique n'a pas encore fait, à notre connaissance, l'objet d'une étude empirique. Aucune donnée secondaire n'est par conséquent exploitable. La collecte de données primaires, pour un nombre élevé de cas, impliquerait des ressources plus larges que celles dont nous disposons pour ce travail. Troisièmement, une étude de cas unique permettrait certainement une analyse très détaillée du processus et des résultats du design des instruments dans un système politico-administratif particulier. Néanmoins, une étude de type monographique limite les possibilités de généralisations empiriques et théoriques. La méthode de l'étude de cas ne saurait donc répondre à notre ambition de recherche qui est de tester les hypothèses rivales proposées par la littérature et de les intégrer dans un modèle théorique cohérent, de type causal. En résumé, le critère de la faisabilité de l'étude empirique, qui dépend des ressources disponibles, et celui de la portée théorique de nos conclusions, qui dépend de la base empirique retenue et des possibilités de comparer la capacité explicative de différentes variables indépendantes, conduisent logiquement au choix de la méthode comparée[1].

La méthode comparée vise à décrire, à comprendre et à expliquer des régularités empiriques entre différents phénomènes sociaux[2]. En soi, elle ne consiste pas uniquement à comparer, mais plutôt à isoler et à pondérer les influences respectives d'un nombre restreint de variables indépendantes sur le phénomène social à expliquer. Pour ce faire, elle effectue un contrôle des variables qui ne sont pas retenues comme explicatives dans nos hypothèses de recherche. Elle se base donc explicitement sur les canons scientifiques de la causalité et de l'expérimentation indirecte. De fait, la méthode comparée cherche à appliquer le critère « ceteris paribus » et à

---

1 Pour une application générale et comparative de ces deux critères aux méthodes expérimentale, statistique, comparée et de l'étude de cas, voir par exemple COLLIER (1991).

2 Plus concrètement, TILLY (1984, résumé par KRIESI, 1997: chapitre 2) note que la comparaison vise (1) à individualiser les cas en montrant leur singularité, (2) à généraliser en dégageant les ressemblances entre les cas comparés, (c) à trouver des variations systématiques entre les cas étudiés, et (4) à cerner la configuration des facteurs englobants qui déterminent la structure et le fonctionnement de tous les cas analysés.

formuler des généralisations théoriques. Soulignons toutefois que ces dernières demeurent toujours probabilistes - soit du type «si, alors» - et ne sauraient prétendre à une portée universelle (LIJPHART, 1971:686).

La réalisation de ces ambitions scientifiques se heurte cependant à un obstacle fondamental. D'un côté, le nombre de cas dont peut traiter une recherche empirique demeure très souvent limité (soit petit N); de l'autre, le nombre de variables potentiellement explicatives du cas est assurément élevé (soit grand n). De là découle le problème fameux de la «surdétermination», caractéristique de la méthode comparée (PRZEWORSKI et TEUNE, 1970:34). LIJPHART (1971), un de ses plus ardents défenseurs, propose néanmoins plusieurs solutions pour dépasser cet obstacle: (1) augmenter le nombre de cas étudiés empiriquement, en procédant simultanément à des comparaisons diachronique et synchronique, (2) diminuer le nombre de variables, en se concentrant sur les variables-clés, en les combinant en indices et/ou en réduisant le nombre de catégories appliquées lors de leur opérationnalisation; et finalement, (3) sélectionner des cas comparables, soit des cas qui sont similaires par rapport aux variables de contrôle (non-explicatives) et différents par rapport aux variables indépendantes (explicatives)[3]. Cette dernière recommandation constitue la pierre angulaire de la méthode comparée selon LIJPHART, qui la définit comme *«the method of testing hypothesized empirical relationships among variables on the basis of the same logic that guides the statistical method, but in which the cases are selected in such a way as to maximize the variance of the independent variables and to minimize the variance of the control variables» (1975:164).*

Ainsi, la méthode comparée ne se distingue foncièrement de celle statistique que par le nombre de cas étudiés. Compte tenu de la rareté des ressources généralement à la disposition du chercheur, son mérite réside dans la possibilité d'étudier de manière plus approfondie que ne le font les approches quantitatives un nombre restreint de cas comparables. Sa faiblesse

[3] Ces recommandations ont par la suite étaient appliquées et discutées par plusieurs chercheurs, en fonction de leurs intérêts de recherche. Dans le domaine de l'analyse comparée des politiques publiques, GOGGIN (1986) présente par exemple ce que les arguments de LIJPHART (1971 et 1975) signifient pour la recherche sur la mise en oeuvre.

première demeure la capacité limitée, par rapport au contrôle statistique de multiples variables, de tester toutes les hypothèses rivales sur l'influence de différents facteurs explicatifs. Plusieurs auteurs ont cependant avancés nombre d'arguments pour légitimer une approche méthodologique qui se concentre sur un nombre limité de cas[4]. SARTORI (1970 et 1991) soutient que l'application de concepts définis théoriquement (par ex. sous formes de variables et d'hypothèses) à un nombre élevé de cas risque de conduire à un «conceptual stretching» car, vu la diversité des phénomènes sociaux réels comparés, les concepts sont finalement appliqués de manière plus extensive que précise. RAGIN (1987) souligne que l'analyse approfondie du contexte d'un nombre limité de cas permet de mieux contrôler les différentes variables et donc de dégager des relations causales non-fallacieuses entre ces dernières. En conclusion à leur typologie des différentes formes et ambitions de l'analyse comparée, SKOCPOL et SOMERS (1980) relèvent que cette méthode permet d'interpréter et de comparer systématiquement plusieurs cas dans une perspective historique. Finalement, soulignons que plusieurs développements théoriques au sein de la méthode de l'étude de cas tendent, eux aussi, à relever les mérites scientifiques de la méthode comparée. GEORGE (1979), par exemple, propose de réaliser plusieurs études de cas, qualifiées de heuristique et de tests de plausibilité (selon les termes de ECKSTEIN 1975), pour construire une théorie différenciée. Plutôt que de consister en une explication générale d'un phénomène social, cette dernière est comprise comme la formulation de conditions discriminatoires à l'émergence du phénomène à expliquer. L'étude de chaque nouveau cas permet au chercheur de découvrir de nouvelles relations de type causal entre les variables, l'accumulation de ces dernières favorisant le développement d'une théorie de nature typologique. Cette approche de la comparaison est ciblée, car elle traite d'un nombre limité d'aspects des cas, en même temps que structurée, car elle recours à des questions et des concepts généraux pour analyser la singularité de chacun des cas[5]. A notre avis, elle définit une technique par-

---

4 Deux revues de la littérature sur l'évolution de la méthode comparée durant ces dernières années, ainsi que sur le développement et la contribution des autres méthodes à celle-ci, sont proposées par COLLIER (1991) et FROGNIER (1994).

5 Comme SKOCPOL et SOMERS (1980), GEORGE (1979) cherche donc explicitement à combiner les approches historique et politologique, de même que la compréhension et l'explication: « *(Some) features of the historians's methodology for intensive, detailed explanation of the single case are combined with aspects of the*

ticulière de la méthode comparée telle que suggérée par LIJPHART (1971 et 1975).

4.12 une comparaison centrée sur des cas similaires

Au sein de la méthode comparée, deux stratégies de recherche sensiblement différentes sont applicables: l'une centrée sur les variables et l'autre centrée sur les cas. La première, proposée par PRZEWORSKI et TEUNE (1970), compare des systèmes politico-administratifs qui se différencient par rapport au plus grand nombre possible de variables. L'analyste étudie ensuite les ressemblances qui existent entre ceux-ci. Le dessin de recherche correspondant retient donc «les systèmes les plus différents» comme point de départ. Dans cette perspective, une comparaison scientifique ne peut être réalisée que si les unités d'analyse affichent une variation par rapport au phénomène social à expliquer. Si, au contraire, la mesure de la variable dépendante donne des résultats similaires pour les différentes unités d'analyse, alors la recherche n'est tout simplement pas de nature comparative, selon PRZEWORSKY et TEUNE. Une fois la variance du phénomène à expliquer constatée, le chercheur vise à généraliser des relations causales entre celle-ci et les variables indépendantes, définies successivement aux niveaux micro, méso puis macro. La démarche méthodologique repose en fin de compte sur des inférences des facteurs macro sur des phénomènes méso et micro. Par conséquent, la spécificité de chaque unité d'analyse comparée ne constitue qu'une explication résiduelle. En se référant aux règles générales de l'explication scientifique, formulées par MILL (1880:425-449, discuté par FROGNIER, 1994:63-65), la stratégie centrée sur les variables s'inspire du canon des variations concomitantes et de celui des résidus. Le premier canon suit la logique de la corrélation statistique. Le second stipule que si le phénomène étudié ne peut être expliqué totalement par les variables explicatives étudiées, alors le résidu dépend de causes que le chercheur n'a pas identifiées et/ou auxquelles il n'a pu attribuer un effet.

---

political scientist's conception of the requirement for theory and his procedures for scientific inquiry. I have called the resulting synthetic approach the « method of structured and focused comparison » (p.61).

L'autre stratégie de la méthode comparée, qui se concentre sur les cas - soit l'option défendue notamment par LIJPHART (1971 et 1975) - étudie au contraire des systèmes politico-administratifs qui se ressemblent par rapport au plus grand nombre possible de caractéristiques considérées comme non-explicatives (soit les variables de contrôle) et qui se distinguent par rapport à un nombre limité de variables explicatives du phénomène social analysé. Le dessin de recherche s'articule en fonction «des systèmes les plus similaires» et analyse les ressemblances et les différences qui existent entre ceux-ci. Selon cette approche, une analyse comparée peut donc retenir aussi bien des cas où il y a une variance de la variable dépendante que des cas où le phénomène social à expliquer est identique. Toutefois, les modalités de la comparaison sont différentes selon que l'on cherche à expliquer une constance et/ou une variance de la variable dépendante. Dans la première situation, il s'agit d'appliquer le canon de la concordance (ou canon des conditions communes, selon MILL): le phénomène social présent dans certains cas peut être expliqué par un nombre limité de conditions qui sont partagées par l'ensemble de ces cas. Dans la seconde situation, le chercheur recours au canon de la différence indirecte (ou canon de la différence partielle, selon MILL): le chercheur vérifie si, dans les cas où le phénomène social n'est pas présent, les conditions communes identifiées auparavant sont également absentes. En combinant ces deux logiques de comparaison, une hypothèse de travail se voit confirmée dans la mesure où tous les cas comparés représentent des combinaisons du type «phénomène présent et conditions communes présentes» ou du type «phénomène absent et conditions communes absentes». Finalement, il faut souligner que, contrairement à la stratégie centrée sur les variables, la stratégie centrée sur les cas analyse la singularité de chaque cas. Les variables explicatives ne représentent donc pas seulement des opérationnalisations de concepts abstraits, mais prennent en compte les données du contexte historique de chaque cas comparé.

Les deux stratégies de la méthode comparée sommairement discutées ci-dessus reposent sur des postulats méthodologiques et des logiques de comparaison divergents. De même, elles impliquent des choix d'unités d'analyse et des travaux empiriques sensiblement différents. A titre de synthèse, le tableau 10 compare les principales dimensions des stratégies de comparaison centrée sur les variables et centrée sur les cas.

Tableau 10: Différences des stratégies de comparaison centrée sur les variables versus centrée sur les cas

méthode comparée	stratégie centrée sur les variables	stratégie centrée sur les cas
auteurs	Przeworski et Teune (1970)	Lijphart (1971)
postulats méthodologiques de base	application de la méthode expérimentale impossible en sciences sociales, donc orientation vers la *méthode statistique* et prise en considération simultanée de toutes les variables explicatives chaque variable indépendante influence le phénomène à expliquer, indépendamment du contexte fixé par les autres variables	application *indirecte* de la *méthode expérimentale* possible en sciences sociales, grâce au contrôle de certaines variables (application indirecte du critère « ceteris paribus ») les variables indépendantes retenues influencent le phénomène à expliquer dans le contexte donné par les autres variables
choix des unités d'analyse	recension des «systèmes les plus différents» nombre d'unités d'analyse aussi élevé que possible	sélection des «systèmes les plus similaires» généralement, comparaison de 3 à 10 cas similaires
question de recherche	Quelles régularités structurelles (similitudes) sont observables par rapport à l'influence des variables indépendantes sur la variance du phénomène à expliquer?	Quelles ressemblances et différences sont observables par rapport à l'influence des variables indépendantes retenues sur le phénomène à expliquer?
techniques et démarche de la recherche	techniques extensives, quantitatives, pour cerner statistiquement les effets additifs des variables démarche déductive: test d'une prédiction théorique	techniques intensives, qualitatives, pour interpréter la complexité historique et la singularité des cas démarche inductive: dialogue perpétuel entre hypothèses et empirie
limites à l'application de la stratégie	manque de données (secondaires) sur les variables indépendantes manque d'unités de comparaison existantes dans la réalité sociale	manque de ressources nécessaires pour l'analyse approfondie de plusieurs cas degré de généralisation dépend du nombre de cas étudiés
comparaisons	canon des variations concomitantes et canon des résidus	canon de la concordance et canon de la différence indirecte

Sources: LIJPHART (1971 et 1975) et PREZWORSKI et TEUNE (1970); voir aussi FROGNIER (1994), KRIESI (1994: chapitre 2) et RAGIN (1987:34-68).

Ces deux écoles de la méthode comparée ont longtemps étaient opposées et perçues comme irréconciliables. LIJPAHRT (1975:164) considère ainsi que la stratégie de PRZEWORSKI et TEUNE (1970) n'appartient pas à la méthode comparée, mais relève de la méthode statistique. Ces derniers soutiennent quant à eux que l'analyse d'un petit N de cas comparables ne permet jamais de résoudre de manière satisfaisante le problème de la «surdétermination» (PRZEWORSKI, 1987:38-41). Néanmoins, plusieurs auteurs visent à dépasser cette confrontation, soit en combinant chronologiquement, dans un même dessin de recherche, les deux stratégies (par ex. COLLIER, 1991:17), soit en les intégrant dans une nouvelle approche méthodologique. RAGIN (1987), par exemple, s'y emploie en rejetant toute dissociation entre variables et cas. A contrario, il propose d'utiliser les techniques de l'algèbre booléen pour cerner les combinatoires de variables qualitatives, qui sont opérationnalisées de manière binaire selon la présence ou l'absence d'une variable, propres aux nombreux cas comparés. Il souscrit aux canons de la concordance et de la différence indirecte et analyse systématiquement toutes les configurations logiquement possibles de présence et d'absence des variables explicatives et du phénomène social à expliquer. Cette démarche permet de mieux analyser les relations de causalité (historique) entre les variables des différents cas[6]. De plus, cette tentative de formaliser la méthode comparée qualitative offre, selon RAGIN (1987:82-84), les avantages suivants par rapport aux stratégies antérieures de recherche: (1) une application plus stricte du principe de l'expérimentation indirecte, (2) la possibilité d'augmenter le nombre de cas étudiés et, par là, la base empirique de l'induction, et (3) la prise en compte et le test de plusieurs explications rivales du phénomène social analysé. Il faut cependant relever ici que l'utilisation de cette technique présuppose une maîtrise de l'algèbre booléen, ainsi qu'une collecte importante de données, vu le nombre élevé de cas comparés.

Dans le cadre de notre recherche empirique, nous retenons la méthode comparée centrée sur des cas similaires. Ce choix tient compte des ambi-

[6] RAGIN (1987:42ss et 63ss) note aussi que les comparaisons centrées soit sur les variables, soit sur les cas, se confrontent toutes deux à des problèmes de causalité multiple et/ou conjointe. L'application de l'algèbre booléen permet par contre de mieux contrôler les relations causales complexes.

tions théoriques et des contraintes, en termes de ressources, de notre travail. Quatre arguments principaux motivent notre option méthodologique.

(1) Une question de recherche du type «how and why?»: Notre question d'analyse s'intitule «Quels sont les instruments retenus par différents systèmes politico-administratifs pour résoudre le même problème politique et quelles sont les raisons de ces choix nationaux?». Elle reprend donc les deux premières interrogations de la question de base de l'analyse comparée des politiques publiques: *«How, why, and to what effect different governments pursue particular courses of action or inaction?» (HEIDENHEIMER et al., 1990:3).* YIN (1990) soutient qu'une approche méthodologique centrée sur des cas s'avère la meilleure stratégie de recherche pour répondre à un questionnement de ce type: *«In general, case studies are the preferred strategy when how or why questions are being posed, when the investigator has little control over events, and when the focus is on comtemporary phenomenon with some real-life context» (1990:1).* Outre la nature même de notre question d'analyse, la difficulté à identifier a priori une frontière stricte entre, d'une part, le phénomène social à expliquer (soit le design comme processus et résultats) et, d'autre part, les variables explicatives et le contexte fixé par les autres variables, constitue aussi une première raison pour étudier la singularité de plusieurs cas et pour comparer ceux-ci.

(2) L'absence d'une théorie formalisée: La revue de la littérature entreprise (cf. chapitre 2) démontre que les variables indépendantes et les hypothèses avancées pour expliquer le choix des instruments demeurent partielles et ad hoc. Qui plus est, l'opérationnalisation de la variable dépendante ne fait pas l'objet d'un consensus entre les différents auteurs. Par conséquent, aucune théorie formalisée ne propose de véritable modèle explicatif, de type causal et déjà consolidé par des tests empiriques. Cet état de la recherche limite la faisabilité d'une comparaison centrée sur les variables et d'une analyse statistique, car cette dernière présuppose une grande précision des concepts utilisés et de leur opérationnalisation, ainsi que des prédictions théoriques claires (cf. le problème du «concept streching»). Une approche centrée sur les cas s'avère dès lors, même dans une perspective de recherche à plus long terme que notre travail, un choix pertinent: *«The most fruitful approach would be to regard the comparative analysis as the first stage of research, in which hypotheses are care-*

fully formulated, and the statistical analysis as the second stage, in which these hypotheses are tested in as large a sample as possible» (LIJPHART, 1971:685)[7].

(3) L'absence de données secondaires: En plus de cette deuxième raison pour le choix d'une approche centrée sur les cas, soulignons que l'étude d'un nombre plus élevé d'unités d'analyse et de variables se confronterait forcément au problème de la collecte et du traitement de données. Vu que notre étude empirique est, à notre connaissance, la première (de sciences sociales) sur ce sujet, une analyse de quelques cas uniquement s'avère faisable. Le nombre de système politico-administratifs étudiés étant limité, il s'agit dès lors de comparer des cas les plus similaires afin de pouvoir, par l'application indirecte du critère « ceteris paribus », tirer des conclusions théoriques de notre champ empirique (cf. le problème de la «surdétermination»).

(4) Un processus continu de (re)design des instruments: Finalement, une quatrième raison essentielle nous incite à procéder à une analyse qualitative et inductive, centrée sur des cas similaires. Celle-ci nous permet, d'une part, de cerner non seulement les résultats mais aussi le processus du design des instruments. D'autre part, une analyse diachronique s'impose car plusieurs hypothèses de travail postulent que le choix des instruments d'une politique publique dépend, entre autres, des programmes d'action antérieurs (cf. par ex. l'hypothèse de la «policy inheritance») ou des expériences faites avec ces instruments dans d'autres politiques et/ou dans d'autres systèmes politico-administratifs (cf. par ex. l'hypothèse du «lesson-drawing»). Une approche centrée sur des cas facilite la prise en compte de ces multiples phénomènes de re-design.

La méthode scientifique étant définie, les paragraphes suivant traitent du choix des cas similaires qui constituent notre champ empirique.

---

[7] Plusieurs auteurs proposent une stratégie de recherche qui applique successivement la méthode comparée centrée sur les cas, puis la méthode comparée centrée sur les variables, respectivement la méthode statistique. Voir par ex. HAMEL (1989:60)

4.2 le choix du champ empirique: les cas du Canada, du Danemark, des Etats-Unis, de la Suède et de la Suisse

Notre champ empirique est clairement défini quant à son objet d'analyse, quant aux cas comparés et quant à sa période de référence. Premièrement, il se focalise sur les instruments adoptés pour résoudre le problème de la croissance de la consommation électrique des appareils électroménagers et des équipements bureautiques. Comme présenté en détail dans le chapitre 3, la promotion de l'efficience énergétique constitue un enjeu particulier des politiques énergétiques des pays industrialisés (et aussi de ceux en voie de développement)[8]. Deuxièmement, ne pouvant analyser toutes les stratégies d'intervention des économies de marché, notre champ empirique se limite aux cas du Canada, du Danemark, des Etats-Unis, de la Suède et de la Suisse. Troisièmement, la période d'analyse retenue s'étend de 1973 à 1996. Cette perspective temporelle s'explique par le fait que les politiques énergétiques nationales n'appliquent les principes de gestion de la demande que depuis la première crise des prix du pétrole, la stratégie antérieure consistant (quasi)unilatéralement en un accroissement de l'offre en énergie aux prix les plus bas possibles.

4.21 la représentativité empirique des cas comparés

La comparaison de cinq cas similaires s'avère pertinente des points de vue de la pression du problème étudié et des réponses apportées par différents systèmes politico-administratifs pour le résoudre. En effet, les designs des instruments développés par le Canada, le Danemark, les Etats-Unis, la Suède et la Suisse illustrent les différentes stratégies d'action conçues et appliquées par l'ensemble des pays industrialisés.

(1) Représentativité du problème étudié: D'une part, les cinq pays choisis s'avèrent représentatifs par rapport aux enjeux de la promotion de l'efficience énergétique. En effet, la diffusion des appareils électroménagers et des équipements bureautiques est très élevée en Europe et en

---

[8] Pour une comparaison des politiques d'efficience énergétique dans les pays industrialisés et dans les pays en voie de développement, ainsi que pour une discussion des transferts de technologies et d'expériences des premiers vers les seconds, voir par exemple WORLD BANK (1993).

Amérique du Nord. Comme l'illustre le tableau 11, la consommation d'électricité qui découle de leur utilisation représente plus des trois quarts de la consommation mondiale dans ces deux secteurs.

Tableau 11: Estimations de la consommation d'électricité des réfrigérateurs et des équipements bureautiques par région en 1995

consommation annuelle absolue (en TWH/an) et relative (en %) pour 1995	**réfrigérateurs et congélateurs**	**équipements bureautiques**
Europe de l'Ouest	114,3 (35 %)	15,8 (27 %)
Canada et Etats-Unis	143,5 (44 %)	35,5 (60 %)
Japon	17,9 (6 %)	7,6 (13 %)
consommation mondiale	327,4 (100%)	58,8 (100 %)

Source: International Energy Agency (1996). Improving product efficiency through ratings, labels, targets, and regulatory standards, Draft Report on the Energy efficiency standards project, Standing Group on long-term cooperation, Paris: OECD (p. 27)

En outre, les producteurs européens et nord-américains contrôlent une très large majorité de ces deux marchés. Pour les équipements informatiques, par exemple, leurs parts de marché relatives, mesurées selon les revenus financiers des ventes, s'élèvent à plus de 80% du marché mondial, répartis en 46,4% pour l'Amérique du Nord et en 36,2% pour l'Europe (MULLINS,1996: 28). Les cas du Canada, du Danemark, des Etats-Unis, de la Suède et de la Suisse permettent donc de bien cerner le problème étudié et ce, aussi bien du point de vue de la pression du problème (soit la consommation d'électricité) que de celui des comportements des groupes-cibles économiques que visent à influencer une intervention étatique (soit les producteurs et les consommateurs d'appareils).

(2) Représentativité des instruments d'intervention: D'autre part, les cinq pays retenus appartiennent, sans aucun doute, à la catégorie de ceux qui sont intervenus en premier pour résoudre le problème politique étudié. A titre d'exemples, les Etats-Unis ont véritablement fait oeuvre de pionniers mondiaux et le Danemark, de catalyseur au sein de la Communauté européenne. De plus, selon les diverses analyses comparatives de l'Agence Internationale de l'Energie sur les politiques énergétiques suivies par les pays de l'OCDE, ainsi que de l'avis des experts en matière d'efficience

énergétique consultés, le Canada, le Danemark, les Etats-Unis, la Suède et la Suisse se sont avérés les plus innovateurs par rapport aux instruments adoptés. Prises ensemble, leurs stratégies d'action couvrent ainsi toute la palette des instruments actuellement mis en oeuvre dans les pays de l'AIE. Le champ empirique défini permet donc de rendre compte de manière exhaustive du processus initial de design propre à chaque instrument.

La pertinence pratique et politique de notre comparaison est donc donnée. La question se pose dès lors de savoir dans quelle mesure les instruments effectivement adoptés par le Canada, le Danemark, les Etats-Unis, la Suède et par la Suisse divergent ou convergent.

4.3 les variations empiriques: différences et similitudes des instruments mis en oeuvre

En réaction à la première crise pétrolière d'octobre 1973, les cinq pays comparés s'engagent dans la conception, l'adoption et la mise en oeuvre d'instruments visant à promouvoir l'efficience énergétique des secteurs domestique et commercial. Les paragraphes suivants donnent un premier aperçu de la durée, du degré de conflictualité et du résultat final des processus de design nationaux.

Notre description sommaire des instruments appliqués ne recense cependant pas les multiples campagnes d'information qui, dans tous les pays comparés, s'adressent au grand public avec un contenu plus large que le problème étroit de la consommation des appareils électroménagers et des équipements bureautiques. De même, les procédures officielles de test de la consommation énergétique des appareils n'y figurent pas, car ces dernières constituent uniquement un instrument connexe, même si indispensable, de l'étiquetage énergétique, des valeurs-cibles négociées ou des normes contraignantes de consommation.

4.31 les instruments appliqués aux appareils électroménagers

(1) Canada: étiquettes obligatoires et normes contraignantes

En février 1975, le Bureau de la conservation de l'énergie, ancré au sein du Ministère de l'Energie, des Mines et des Ressources (EMR), propose plusieurs instruments pour promouvoir l'efficacité énergétique des appareils électroménagers. Dès lors, le Ministère de la Consommation et des Corporations entreprend, dans le cadre du programme «CANTAG», des travaux préparatoires en vue d'introduire un premier système d'étiquetage. Rebaptisé par la suite «EnerGuide», cet étiquetage ne devient effectif que suite à l'adoption, en mai 1978, de la *Loi sur l'emballage et l'étiquetage des produits de consommation*. Le respect de procédures officielles de test et l'apposition des étiquettes «EnerGuide» sont ainsi imposés aux producteurs d'appareils. Ayant survécu, durant les premières années 1980, à plusieurs tentatives de suppression, ce système d'étiquetage est de facto géré par EMR depuis 1987. L'étiquetage obligatoire «EnerGuide» se voit finalement confirmé et renforcé lors de l'adoption, en juin 1992, de la *Loi sur l'efficacité énergétique*. Cette base légale habilite également le Ministre d'EMR à prescrire des normes énergétiques contraignantes pour les modèles importés au Canada ou commercialisés entre ses différentes provinces. La loi fédérale vise donc à compléter les normes provinciales déjà prescrites par les législations de l'Ontario (1988), de la Colombie-Britannique (1990) et du Québec (1991). En février 1995, le nouveau Ministère des Ressources Naturelles fixe, par voie réglementaire, le niveau d'efficacité énergétique requis par les normes fédérales. L'élargissement graduel du champ d'application des normes fait actuellement l'objet d'une consultation et de négociation entre l'administration fédérale et les parties prenantes (provinces canadiennes, producteurs, distributeurs, consommateurs et entreprises électriques).

(2) Danemark: étiquettes obligatoires, formation des distributeurs et normes contraignantes versus valeurs-cibles négociées

Les deux premiers plans énergétiques danois (en 1976 et 1981) ne prévoient aucun instrument concret dans le secteur des appareils électroménagers. Une *Loi sur l'étiquetage énergétique* est toutefois adoptée en mai 1982, afin d'appliquer deux directives européennes y relatives, datant de 1979 et 1980. Responsable de leur mise en oeuvre au niveau national, l'Agence danoise de l'Energie (ADE) ne prescrit une procédure officielle de test et une étiquette obligatoire que pour les fours électriques. Visant à élargir le champ d'application de cet étiquetage énergétique, l'ADE incite néanmoins la Communauté européenne à édicter, entre 1992 et 1995, des directives supplémentaires pour d'autres appareils. L'ADE promulgue ensuite ses propres réglementations d'application et mise sur une stratégie très active de formation des distributeurs pour améliorer les effets des étiquettes européennes. Participant à divers groupes de travail aux niveaux scandinave (Commission NORDNORM) et européen (Groupe pour des Appareils efficients), le Danemark contribue également à la formulation, dès 1996, de premières normes européennes d'efficience énergétique. Ces nouvelles directives lui permettent de mettre en oeuvre sa propre *Loi sur les normes d'efficience énergétique*, adoptée en février 1994 dans le cadre du suivi du programme d'action «Energi 2000». Cette base légale habilite en effet le Ministre de l'Energie soit à prescrire des normes contraignantes, soit à négocier, avec les parties prenantes, des accords sur des valeurs-cibles de consommation. Le choix entre une approche prescriptive versus de partenariat s'effectue actuellement, en fonction notamment des activités réglementaires de l'Union européenne, du type d'appareil concerné et de la mise en oeuvre des instruments connexes prévus par le récent programme «Energi 21».

(3) Etats-Unis: étiquettes obligatoires, normes contraignantes et acquisition de technologies

A la demande du Président, le Département fédéral du Commerce développe depuis 1974, en collaboration avec les producteurs concernés, un système volontaire d'étiquetage de certains appareils électroménagers. Cette stratégie coopérative est néanmoins rapidement abandonnée au profit d'une approche réglementaire. Le *Energy Policy Conservation Act* de décembre 1975 habilite l'Administration fédérale de l'énergie à prescrire, dès 1977, des procédures officielles de test et des valeurs-cibles à atteindre d'ici 1980. La Commission fédérale du commerce, quant à elle, lance en mai 1980 le programme d'étiquetage obligatoire «Energy Guide». Parallèlement à ces premières réglementations, le *National Energy Conservation Policy Act,* adopté en novembre 1978, charge le nouveau Département fédéral de l'énergie (DFE) d'édicter des premières normes d'efficience énergétique, en lieu et place des valeurs-cibles. Les travaux préparatoires du DFE sont presque menés à terme lorsqu'en 1981 la nouvelle administration républicaine entre en fonction. Optant pour une politique de déréglementation, cette dernière soutient qu'aucune norme n'est légitime d'un point de vue énergétique et économique. Une coalition d'Etats, de groupes environnementaux, d'associations de consommateurs et d'experts scientifiques poursuit cette décision réglementaire devant les tribunaux. Ayant obtenu gain de cause en juillet 1986, cette coalition négocie avec les producteurs d'appareils le champ d'application et le niveau des normes fédérales d'efficience énergétique. Les associations de producteurs participent à ces négociations car elles visent à éviter la prolifération de normes étatiques, déjà en vigueur dans plusieurs Etats (par exemple depuis 1976 en Californie). Un projet de loi intitulée *National Appliance Energy Conservation Act* est donc formulé par la coalition, transmis au Congrès qui l'adopte rapidement, puis finalement signé par le Président en mars 1987. Cette nouvelle base légale fixe le niveau des normes à atteindre, le DFE étant responsable de leur renforcement graduel dès 1993. Le processus d'actualisation des normes se heurte cependant à l'opposition des Républicains qui, par des coupes significatives dans le personnel et le budget du DFE, ralentissent tout processus réglementaire de renforcement des normes. Outre les procédures officielles de test, les étiquettes «Energy Guide» et les premières normes contraignantes, l'intervention américaine s'appuie également sur une stratégie d'acquisition coopérative de technologies innovatrices. Sous l'égide de l'Agence de la protection de l'environnement, un consortium d'entreprises électriques organise en juillet 1992 une compétition pour le développement et la commercialisation d'un réfrigérateur super-efficient. La compagnie Whirlpool remporte ce concours et empochera les $ 30 Mio. promis dès que ses modèles seront commercialisés.

(4) Suède: étiquettes obligatoires et acquisition de technologies

Suite à la crise pétrolière de 1973 et aux premières remises en cause de la « ligne suédoise du nucléaire », le gouvernement organise en 1975 une large consultation du public sur la question énergétique. L'efficience énergétique y est unanimement acceptée comme principe d'action prioritaire. Révisée en 1976, la *Loi sur le marketing* constitue la base légale sur laquelle la nouvelle Agence suédoise pour les politiques de consommation (KV) s'appuie pour développer un programme d'étiquetage obligatoire des appareils électroménagers. Conformément aux directives européennes en vigueur, KV réglemente dès 1979 les étiquettes que les producteurs doivent successivement apposer aux fours électriques et aux appareils de réfrigération. Le désintérêt du gouvernement et l'opposition des producteurs conduisent de fait à une très faible application du système d'étiquetage. Celui-ci est cependant réactivé en octobre 1993, soit après la prescription de nouvelles étiquettes par l'Union européenne. Si la Suède affiche une stratégie réactive vis-à-vis de l'étiquetage (mais aussi des normes) européennes, elle assume par contre un véritable rôle de pionnier en matière d'acquisition coopérative de technologies économes en énergie. Dans son plan énergétique de 1988, le gouvernement retient cet instrument comme prioritaire et l'applique à titre de substitut aux normes d'efficience énergétique. L'Agence suédoise de l'énergie (ASE) puis, dès 1991, le Département de l'efficience énergétique créé au sein de l'Agence suédoise pour le développement industriel et technique (NUTEK), lancent plusieurs programmes d'acquisition. Le premier concerne le développement d'un réfrigérateur super-efficient. Ce concours international est remporté par la compagnie suédoise Electrolux. NUTEK cherche ensuite à diffuser internationalement ses expériences. Il participe ainsi activement à la conception et à l'application de l'Annexe III du programme de gestion de la demande que l'Agence Internationale de l'Energie initie à la fin 1993. Dans ce cadre, plusieurs projets-pilotes d'acquisition coopérative de technologies sont réalisés sur un plan international, par exemple pour les sèche-linge.

(5) Suisse: étiquetage volontaire et valeurs-cibles négociées

Jusqu'en 1990, la Confédération suisse ne dispose d'aucune compétence constitutionnelle pour mener sa propre politique énergétique. Les instruments d'intervention applicables pour promouvoir l'efficience énergétique des appareils électroménagers sont cependant discutés à maintes reprises par des commissions d'experts (CGE, CFE, GESE) et lors des débats parlementaires sur l'article énergétique ou sur les initiatives populaires antinucléaires. En septembre 1990, l'acceptation par le peuple d'un moratoire nucléaire de dix ans et d'un *article constitutionnel*, de même que le lancement du programme d'action «Energie 2000», permettent de réorienter la politique énergétique, bloquée jusqu'ici en raison de la controverse nucléaire. Adopté en décembre 1990, *l'Arrêté pour une utilisation économe et rationnelle de l'énergie* habilite le Conseil fédéral à édicter, de manière subsidiaire uniquement, des prescriptions sur l'étiquetage et la consommation énergétique des appareils et des équipements. Au sein du Département fédéral des transports, des communications et de l'énergie, l'Office fédéral de l'énergie (OFEN) se charge de négocier, avec les producteurs, des procédures officielles de test et des valeurs-cibles de consommation. De plus, l'OFEN incite les producteurs et les associations de consommateurs à signer des conventions privées sur l'étiquetage volontaire des modèles commercialisés. La *Loi du 5 octobre 1990 sur l'information des consommatrices et des consommateurs* constitue la base légale de cet instrument. Les résultats des accords négociés sont repris à partir de 1994 dans les annexes de l'*Ordonnance sur l'énergie* de janvier 1992. En cas de non-respect des délais octroyés pour atteindre les valeurs-cibles et pour apposer les étiquettes, le Conseil fédéral se réserve le droit d'édicter des normes contraignantes et un étiquetage obligatoire. Les instruments de cette stratégie de partenariat sont repris tels quels dans le projet du Conseil fédéral pour la *future Loi fédérale sur l'énergie (prévue pour 1998)*, tout instrument de type économique ayant été balayé lors des consultations pré-parlementaires.

A titre de synthèse de la variation de notre variable dépendante, le tableau 12 indique les dates d'adoption des bases légales ou réglementaires qui définissent les instruments retenus pour les appareils électroménagers.

Tableau 12: Dates d'adoption des instruments visant à promouvoir l'efficience énergétique des appareils électroménagers (de 1973 à 1997)

instruments mis en oeuvre	**Canada**	**Danemark**	**Etats-Unis**	**Suède**	**Suisse**
étiquetage volontaire			1973	1976	1990
étiquetage obligatoire	1978	1982	1975		
label de qualité énergét.					
valeurs-cibles négociées			1975		1990
normes contraignantes	1992	1994	1978, 1987		
achats publics					
acquisition de technologies			1992	1988	
système de bonus-malus					
subventions à l'achat					
formation des distributeurs	1995	1994			

Note explicative:
Le tableau ne recense que les instruments retenus par les acteurs politico-administratifs au niveau national. Il ne comprend pas les instruments appliqués de la propre initiative d'acteurs privés (par ex. entreprises électriques, associations de producteurs, de distributeurs et/ou de consommateurs) ou par des niveaux étatiques inférieurs (par ex. provinces au Canada, Etats aux Etats-Unis ou cantons en Suisse).

Dans le domaine des appareils électroménagers, les pays comparés appliquent tous une combinaison d'instruments. Leurs stratégies d'intervention reposent généralement sur un étiquetage volontaire ou obligatoire des modèles, ainsi que sur des valeurs-cibles négociées ou des normes contraignantes qui fixent le niveau d'efficience énergétique requis pour leur commercialisation. En plus de ces deux catégories d'instruments, des programmes incitatifs en Suède et aux Etats-Unis (acquisition de technologie) et informatifs au Danemark et au Canada (formation des distributeurs) complètent l'éventail des instruments retenus.

4.32 les instruments appliqués aux équipements bureautiques

(1) Canada: aucun instrument

Jusqu'à ce jour, le gouvernement fédéral n'a adopté aucun instrument visant à promouvoir l'efficacité énergétique des équipements bureautiques. Ni un système d'étiquetage, ni des normes contraignantes ne sont prévus pour le court terme. Le Ministère des Ressources Naturelles souligne néanmoins que le Canada profite directement des effets positifs du label de qualité énergétique «Energy Star» qui a été introduit en 1992 par l'Agence américaine de la protection de l'environnement (cf. point 3 cidessous).

(2) Danemark: étiquetage volontaire, label de qualité et accords sur des valeurs-cibles?

La *Loi sur les normes d'efficience énergétique*, adoptée en février 1994, étend de jure son champ d'application aussi aux équipements bureautiques. Ainsi, d'éventuels accords sur des valeurs-cibles de consommation (versus des normes contraignantes) pourraient être négociés (versus prescrites). A ce jour néanmoins, aucun instrument de ce type n'est encore appliqué, vu notamment l'absence de réglementation européenne dans ce secteur. Dans le cadre de son programme «Energi 21», le nouveau Ministère de l'Energie et de l'Environnement envisage actuellement la mise en oeuvre adaptée de la vignette «E2000», de l'étiquetage volontaire et des valeurs-cibles développés par l'Office suisse de l'énergie. Il évalue également les effets d'une éventuelle réglementation des achats publics en faveur des équipements les plus efficients du marché.

(3) Etats-Unis: label de qualité, étiquetage volontaire et achats publics

Alors qu'elle n'est que faiblement impliquée dans la conception et la mise en oeuvre des instruments réglementant le secteur domestique, l'Agence pour la protection de l'environnement (APE) assume les premières initiatives dans la promotion d'équipements bureautiques efficients. Dès juillet 1992, elle développe le label de qualité énergétique «Energy Star» qu'elle attribue officiellement aux meilleurs modèles du marché. Une stratégie marketing très active présente cette vignette auprès des consommateurs américains et des administrations publiques. Misant également sur une approche de partenariat avec l'économie privée, le Congrès adopte en octobre 1992 le *Energy Policy Act*. Cette loi habilite le Département fédéral de l'Energie (DFE) à soutenir les actions des producteurs d'équipements bureautiques pour établir, sur une base volontaire, des procédures de test et un étiquetage énergétique. En cas d'échec de ces accords négociés, le DFE prescrira des procédures et des étiquettes obligatoires. Bien que les producteurs s'opposent de fait à un étiquetage volontaire, argumentant que «Energy Star» est un substitut efficace à celui-ci, le DFE n'envisage pas, faute de ressources budgétaires, une démarche réglementaire avant la mi-1998. Finalement, en tant que premier consommateur d'infrastructures de bureau, l'administration fédérale adopte un comportement exemplaire dans ses achats publics. Suite à deux *Ordres exécutifs* du Président (1993, 1994) les services généraux des départements et des agences ne peuvent acquérir que des équipements affichant le label «Energy Star». Comme stipulé initialement dans le Energy Policy Act, le DFE assure un soutien informationnel et organisationnel à la réalisation de ce programme interne à l'administration fédérale.

(4) Suède: acquisition coopérative de technologie et label de qualité

Ayant misé de façon innovatrice, et avec un succès certain, sur une stratégie d'acquisition de technologie dans le secteur domestique, l'Agence suédoise pour le développement technique et industriel (NUTEK) adopte la même stratégie d'intervention pour les équipements bureautiques. Un concours est par exemple organisé en 1992 pour les écrans d'ordinateurs.

Cet instrument incitatif s'impose également dans le cadre de l'Annexe III de l'Agence Internationale de l'Energie. Un des projets-pilotes retenu concerne en effet les photocopieurs. En vue de transformer durablement le marché, NUTEK décide ensuite d'importer le label de qualité énergétique « Energy Star », développé en 1992 par l'Agence américaine de protection de l'environnement (APE). A cet effet, l'administration suédoise présente en 1993 le programme américain à plus de 100 producteurs et invite ces derniers à négocier un mémoire d'entente directement avec l'APE. Vu le succès de ce transfert volontaire du label américain, NUTEK initie une campagne de formation à l'attention des distributeurs suédois. Finalement, NUTEK coordonne ses actions avec celles du puissant syndicat d'employés TCO qui lance en 1995 son propre label de qualité pour les équipements bureautiques (« TCO 95 »). Dans le domaine énergétique, ce label reprend de fait les conditions d'obtention déjà fixées par « Energy Star ».

(5) Suisse: accords négociés sur des valeurs-cibles, conventions sur un étiquetage volontaire, label de qualité et achats publics

Les instruments appliqués dans le domaine des équipements bureautiques comprennent ceux déjà retenus pour les appareils électroménagers, soit des valeurs-cibles et un étiquetage volontaire. De fait, le processus de design et les bases légales sont identiques dans les secteurs domestique et commercial. En plus de ces dispositions, ancrées juridiquement dans *l'Arrêté et l'Ordonnance pour une utilisation rationnelle et économe de l'énergie*, le programme «Energie 2000» applique dès 1994 deux autres instruments connexes. D'une part, une vignette «E2000» est officiellement apposée aux équipements bureautiques les plus efficients du marché (soit 20 à 30% des modèles commercialisés). Les conditions d'éligibilité à ce label de qualité énergétique sont actualisées annuellement. Les associations de consommateurs valorisent le label en distribuant aux acheteurs privés un répertoire des modèles distingués. D'autre part, l'OFEN publie à l'attention des administrations publiques des recommandations pour les achats publics d'équipements bureautiques. Cette mesure demeure volontaire, vu qu'aucune réglementation n'oblige effectivement les services responsables à acquérir les technologies les plus économes en énergie.

Comme résumé de notre discussion sur la variation de notre variable dépendante, le tableau 13 indique les dates d'adoption des bases légales ou réglementaires qui définissent les instruments retenus pour les équipements bureautiques.

Tableau 13: Dates d'adoption des instruments visant à promouvoir l'efficacité énergétique des équipements bureautiques (de 1973 à 1997)

instruments mis en oeuvre	**Canada**	**Danemark**	**Etats-Unis**	**Suède**	**Suisse**
étiquetage volontaire			1992		1990
étiquetage obligatoire					
label de qualité énergét.			1992	1993	1994
valeurs-cibles négociées					1990
normes de consommation					
achats publics			1993		1994
acquisition de technologie				1988	
système de bonus-malus					
subventions à l'achat					
formation des distributeurs				1994	

Notes explicatives:
Le tableau ne recense que les instruments retenus par les acteurs politico-administratifs au niveau national. Il ne comprend pas les instruments appliqués de la propre initiative d'acteurs privés (par ex. entreprises électriques) ou par des niveaux hiérarchiques inférieurs (par ex. provinces au Canada, Etats aux Etats-Unis ou cantons en Suisse).

Dans le domaine des équipements bureautiques, le Canada et le Danemark n'interviennent pas directement dans le marché. Les stratégies d'action existant ailleurs s'appuient quant à elles sur un nombre limité d'instruments. Aucun des pays comparés ne prescrit des normes contraignantes. Les designs des politiques des Etats-Unis, de la Suède et de la Suisse combinent plutôt des instruments informatifs (étiquetage volontaire, label de qualité et formation des distributeurs) et incitatifs (acquisition de technologies et achats publics).

4.4 les variations de la variable dépendante

La comparaison des instruments mis en oeuvre permet de dégager trois différences majeures et une similitude entre les designs élaborés par le Canada, le Danemark, les Etats-Unis, la Suède et la Suisse.

(1) Différences entre les secteurs domestique et commercial: D'une part, le degré de contrainte (pour les groupes cibles) des instruments appliqués aux appareils électroménagers est plus élevé que celui des instruments mis en oeuvre pour influencer la consommation d'électricité des équipements bureautiques. Dans le secteur commercial, aucun instrument prescriptif n'a été adopté jusqu'ici, alors que l'étiquetage obligatoire et les normes de consommation constituent au contraire le noyau dur des stratégies d'intervention dans le secteur domestique. D'autre part, la mise en oeuvre des instruments informatifs et incitatifs appliqués aux équipements bureautiques est généralement postérieure à celle des instruments réglementant l'efficience énergétique des appareils électroménagers. Ces deux différences suggèrent une convergence limitée des designs des instruments dans les secteurs analysés, exception faite des interventions de la Suède et de la Suisse qui y apparaissent plus similaires.

(2) Différences entre les types d'instruments retenus: A titre de tendance générale, on constate aujourd'hui, au sein du secteur domestique, une certaine convergence des designs élaborés par les cinq pays comparés. Celle-ci se traduit par la mise en oeuvre généralisée d'un système d'étiquetage et de normes. Néanmoins, les politiques nationales divergent significativement sous deux angles. D'une part, le degré de contrainte des instruments retenus par les Etats-Unis et le Canada est plus élevé que celui des stratégies d'intervention de la Suisse et du Danemark qui se basent sur une approche coopérative. D'autre part, seuls la Suède et les Etats-Unis ont eu recours à des instruments incitatifs. On constate donc des différences de nature et de degré entre les instruments retenus par les cinq systèmes politico-administratifs. Une variation identique peut également être constatée dans le secteur commercial, surtout en ce qui concerne la mise en oeuvre d'instruments informatifs et incitatifs en Suède et aux Etats-Unis, ou d'accords volontaires sur l'étiquetage et sur les valeurs-cibles en Suisse et au Danemark.

(3) Différences quant aux dates d'adoption: Même dans les cas où des instruments identiques sont appliqués par différents pays, force est de relever que les dates de leur adoption légale et de leur mise en mise en oeuvre varient sensiblement, surtout dans le secteur domestique. Des valeurs-cibles sont négociées pour les appareils électroménagers dès 1975 aux Etats-Unis et seulement après 1990 en Suisse. Les normes contraignantes américaines sont introduites en 1978 déjà, alors qu'elles sont réglementées après 1992 au Canada et au Danemark. Ce constat d'une forte variance temporelle s'applique également, dans une moindre mesure, à l'étiquetage énergétique ou aux instruments incitatifs. Finalement, il faut souligner que les dates de mise en oeuvre des instruments retenus par les pays comparés sont plus rapprochées dans le secteur commercial.

(4) Similitudes quant à l'adoption successive des instruments: Le processus de design se déroule généralement de manière séquentielle. De facto, la mise en oeuvre des différents instruments s'étale de 1973 jusqu'à ce jour. Les combinaisons d'instruments observées résultent donc de l'adoption successive de différents instruments, les plus récents complétant ou remplaçant les plus anciens. Cette évolution diachronique semble suivre une certaine régularité dans le domaine des appareils électroménagers. En effet, à l'exception de la Suède, les pays comparés optent, dans un premier temps, pour un étiquetage énergétique volontaire et/ou obligatoire puis, dans un deuxième temps, pour des valeurs-cibles négociées et/ou des normes contraignantes et, finalement, pour des programmes d'acquisition de technologie et/ou d'autres incitations économiques. Comme le présente le tableau 14, les designs actuels se constituent graduellement en fonction d'instruments informatifs, prescriptifs, puis (éventuellement) incitatifs.

Tableau 14: Ordre et dates d'adoption des différents instruments appliqués par les cas comparés dans les secteurs domestique et commercial

instruments	**Canada**	**Danemark**	**Etats-Unis**	**Suède**	**Suisse**
appareils électroménagers	1. étiquetage obligatoire (1978) 2. normes (1992)	1. étiquetage obligatoire (1982) 2. formation des distributeurs (1994) 3. normes (1994)	1. étiquetage volontaire (1973) 2. valeurs- cibles négociées (1975) 3. étiquetage obligatoire (1975) 4. normes (1978) 5. acquisition de technologies (1992)	1. étiquetage obligatoire (1976) 2. acquisition de technologies (1988)	1. valeurs-cibles négociées (1990) 2. étiquetage volontaire (1990)
équipements de bureau	aucun instrument	aucun instrument	1. label de qualité (1992) 2. achats publics (1993)	1. acquisition de technologies (1988) 2. label de qualité (1993)	1. valeurs-cibles négociées (1990) 2. label de qualité (1994) 3. achats publics (1994)

On peut relever ici que l'hypothèse initiale de DOERN et WILSON (1974), stipulant que les choix des gouvernements évoluent de l'instrument le moins contraignant vers l'instrument le plus contraignant, est partiellement infirmée. En effet, les incitations économiques sont, par exemple, mises en oeuvre aux Etats-Unis après l'adoption d'étiquettes obligatoires et de normes contraignantes.

En conclusion, notre description des instruments adoptés dans les cinq cas comparés démontre des différences et des similitudes sectorielles, substantielles et temporelles. La prise en compte simultanée de ces trois dimensions conduit à des variations multiples. Compte tenu de cette variance empirique de notre variable dépendante, il s'avère pertinent d'appliquer la méthode comparée centrée sur les cas les plus similaires; cette dernière vise en effet à expliquer, à l'aide d'un nombre restreint de variables indépendantes, pourquoi un phénomène social apparaît dans quelques cas comparés et pas dans les autres. Les facteurs explicatifs des choix nationaux des instruments sont discutés le chapitre suivant.

5 Variables indépendantes et hypothèses de recherche: comparaison empirique des cas

Le chapitre 4 a délimité le champ empirique de notre recherche. Nous avons ainsi identifié la variance des instruments retenus entre 1973 et 1997 par le Canada, le Danemark, les Etats-Unis, la Suède et la Suisse pour promouvoir l'efficience énergétique des appareils électroménagers et des équipements bureautiques. Le chapitre 5 discute les variables explicatives de ces choix nationaux. En nous basant directement sur les conclusions de notre revue de la littérature (cf. chapitre 2), nous procédons au test empirique des hypothèses de recherche formulées en fonction des quatre attributs des instruments. Notre interprétation du processus et des résultats du choix des instruments reposent sur des «cases histories» qui retracent le design chronologique de la stratégie d'intervention développée et appliquée par les cinq pays comparés. Sans présenter ici ce déroulement historique de manière exhaustive et détaillée, nous analysons la capacité explicative des différentes variables indépendantes sur le choix des instruments. Pour chaque hypothèse formulée, nous opérons donc une lecture transversale des cinq cas comparés. A titre de synthèse, nous menons une discussion, d'une part, sur la confirmation ou l'infirmation de chaque hypothèse et, d'autre part, sur la pertinence globale de notre modèle d'analyse. Cette démarche systématique permet de valider ou de falsifier les relations postulées au chapitre 2.

5.1 le degré de contrainte des instruments: un design selon l'idéologie de la majorité politique au pouvoir?

Notre première hypothèse postule que le choix du degré de contrainte des instruments dépend de l'idéologie, pro-interventionniste versus pro-marché, de la majorité politique au pouvoir. Sa formulation générale est la suivante.

- **Hypothèse 1**: Un instrument est adopté si son degré de contrainte est compatible avec l'idéologie partisane de la majorité politique au pouvoir.

Pour tester empiriquement cette relation, quatre points doivent être discutés au niveau de l'analyse des phénomènes à expliquer et explicatifs. Il s'agit de (1) classer les instruments observés selon leur degré de contrainte respectif, (2) cerner les différences idéologiques entre les partis politiques, (3) contrôler si les régimes démocratiques des pays étudiés permettent à une majorité politique de procéder à un choix partisan des instruments et, finalement, de (4) démontrer empiriquement la correspondance entre le degré de contrainte des instruments retenus et l'idéologie de la majorité politique au pouvoir.

(1) Opérationnalisation des instruments selon leur degré de contrainte: Premièrement, la variable dépendante doit être opérationnalisée en fonction du degré de contrainte que les instruments imposent aux groupes-cibles visés. A cet effet, nous distinguons trois catégories. (a) Les instruments *volontaires* visent à induire un changement de comportement, mais ne peuvent cependant sanctionner l'absence de celui-ci. Ils se basent avant tout sur la diffusion d'information, sur des programmes de formation et sur des stratégies de motivation. (b) Les instruments *incitatifs* encouragent un changement de comportement des groupes-cibles en motivant ces derniers par une incitation économique, positive ou négative. Ils reposent par exemple sur l'octroi de subventions financières ou sur le prélèvement de taxes, selon des critères d'eligibilité ou de conditions clairement établis. (c) Les instruments *contraignants* imposent quant à eux un changement de comportement et sanctionnent de manière légale le non-respect des prescriptions. Les normes, les interdictions et les obligations réglementaires de tous types appartiennent à cette dernière catégorie. Notons que cette typologie des instruments, élaborée selon leur degré de contrainte respectif, correspond également à celle établie selon le degré d'interventionnisme de l'Etat dans le marché privé. En effet, les instruments volontaires ne cherchent prioritairement qu'à améliorer le niveau d'information des partenaires économiques, condition nécessaire au fonctionnement du marché privé et de la libre concurrence. Les instruments incitatifs y interviennent plus directement, en allouant des rentes économiques, mais toujours dans le respect des règles de l'économie de marché. Les instruments contraignants définissent par contre de nouvelles règles du jeu en prescrivant des comportements que les seules forces du marché n'ont pas induits jusque là. Le tableau 15 présente l'opérationnalisation de notre variable

dépendante en distribuant les 18 instruments observés empiriquement dans les trois catégories définies.

Tableau 15: Opérationnalisation de la variable dépendante selon le degré de contrainte des instruments adoptés

instruments	**contraignants**	**incitatifs**	**volontaires**
degré de contrainte pour groupe-cible	élevé	moyen	faible
degré d'intervention dans le marché	pro Etat	partenariat public privé (PPP)	pro marché
observations empiriques (N = 18)	*étiquetage obligatoire* Etats-Unis dès 1975 Suède dès 1976 Canada dès 1978 Danemark dès 1982 *norme contraignante:* Etats-Unis dès 1978 Canada dès 1992 Danemark dès 1994	*acquisition de technologie:* Suède dès 1988 Etats-Unis dès 1992 *achat public:* Etats-Unis dès 1993 Suisse dès 1994	*étiquetage volontaire* Etats-Unis dès 1973 Suisse dès 1990 *label de qualité:* Etats-Unis dès 1992 Suède dès 1993 Suisse dès 1994 *valeur-cible négociée* Etats-Unis dès 1975 Suisse dès 1990

La variable dépendante une fois opérationnalisée, les étapes suivantes abordent les variables indépendantes et leur influence sur le choix des instruments.

(2) Opposition idéologique entre les partis politiques vis-à-vis des instruments: Deuxièmement, des différences idéologiques doivent être constatables entre les partis gouvernementaux dans les cinq pays comparés. A cet effet, nous nous référons aux travaux antérieurs qui, pour chaque cas étudié, élaborent des typologies des partis selon l'axe gauche-droite, interprété ici comme correspondant à l'orientation partisane pro-Etat versus pro-marché. SCHMIDT (1996), par exemple, passe en revue plusieurs classifications et analyses empiriques des distances idéologiques

entre les partis politiques de 23 démocraties[1]. En ce qui concerne les cinq pays retenus dans notre recherche, tous les auteurs s'accordent, même s'ils appliquent des indicateurs différents, pour classer la Suède, le Danemark, la Suisse, les Etats-Unis et le Canada par ordre décroissant de différenciation idéologique. Le constat général d'une opposition idéologique entre les principaux partis gouvernementaux est donc clairement établi par la littérature. Le test empirique de notre analyse vise dès lors à analyser si ces confrontations partisanes se traduisent également lors du choix des instruments[2]. SCHMIDT suggère lui-même une telle hypothèse, tout en soulignant que les structures institutionnelles d'un régime démocratique particulier limitent les possibilités d'un design purement idéologique: *«Within these (institutional) limits, differences in the party composition of government matter in the choice of public policy instruments and the nature of the policy outputs (...)» (1996:166).*

(3) Régime démocratique et émergence d'une majorité politique: Troisièmement, et en tenant explicitement compte de l'argument de SCHMIDT (1993 et 1996), il s'agit de discuter dans quelle mesure un régime démocratique particulier (par exemple présidentiel, parlementaire ou directorial) permet effectivement à une majorité politique de contrôler et d'influencer, selon son orientation idéologique, le design des instru-

---

1 SCHMIDT (1996) compare systématiquement les multiples indicateurs retenus par différents auteurs pour mesurer la composition partisane des gouvernements et le «ideological gap» qui sépare les partis gouvernementaux de gauche et de droite. Pour évaluer cette dernière dimension, SCHMIDT retient les partis politiques suivants dans les cinq pays que nous comparons dans notre recherche: le Parti libéral versus le Parti conservateur progressiste au Canada, le Parti social-démocrate versus le Parti conservateur au Danemark, le Parti démocrate versus le Parti républicain aux Etats-Unis, le Parti social démocrate versus le Parti conservateur en Suède, et le Parti socialiste versus le Parti radical démocratique en Suisse.

2 Soulignons ici que l'influence des idéologies des partis gouvernementaux sur les politiques publiques , soit le lien « politics - policy », a déjà fait l'objet de nombreuses propositions théoriques et études empiriques. La majorité de ces travaux traitent cependant de la relation qui existe entre un gouvernement de gauche et de droite (comme variable indépendante) et les dépenses publiques (comme variable dépendante). Pour une synthèse de ces travaux et une analyse comparée de 15 pays industrialisés, voir par exemple BLAIS et al. (1993). Notre première hypothèse s'inscrit donc dans un champ de recherche déjà bien établi, mais apporte une innovation dans la mesure où elle retient le degré de contrainte comme la variable à expliquer.

ments. Cette capacité dépend en effet des structures institutionnelles propres à chacun des systèmes comparés. Nombre de typologies des régimes démocratiques ont déjà été élaborées en se basant sur l'analyse de différents facteurs institutionnels[3]. Procédant à une analyse factorielle de quelques 8 critères de classification, LIJPHART (1984), par exemple, distingue en fin de compte deux dimensions pour typologiser les 21 démocraties qu'il retient dans son champ d'étude: le style de décision majoritaire versus consensuel, d'une part, et la structure étatique unitaire versus fédéraliste, d'autre part. En appliquant ces deux critères de classification, l'auteur définit les régimes du Canada et des Etats-Unis comme majoritaires et fédéralistes, celui du Danemark comme consensuel et unitaire, celui de la Suisse comme consensuel et fédéraliste, et celui de la Suède comme intermédiaire par rapport aux deux dimensions. Appartenant à différentes catégories de régimes démocratiques, les cinq pays comparés dans notre recherche connaissent donc des structures institutionnelles qui limitent à différents degrés l'émergence d'une majorité politique claire. Par conséquent, le test empirique de notre première hypothèse contrôle ces facteurs institutionnels pour analyser la marge de manoeuvre effective de la majorité politique, et de son idéologie partisane, lors du choix des instruments.

(4) Correspondance entre l'idéologie majoritaire et le degré de contrainte des instruments: Quatrièmement, après avoir cerner l'opposition idéologique entre les partis politiques et les possibilités d'une politique majoritaire lors du design des instruments, il s'agit de démontrer la correspondance postulée entre l'idéologie partisane de la majorité politique au pouvoir et le degré de contrainte des instruments retenus. Cette dernière étape constitue de fait le test empirique (compris dans son sens étroit) de notre première hypothèse de recherche.

Les paragraphes suivants décrivent, pour chacun des cinq pays comparés, les résultats du test empirique. Ils présentent le design des instruments en fonction de l'alternance des partis politiques au gouvernement et au Parlement et des conflits entre ceux-ci, puis discutent l'influence des changements de majorité politique sur le choix des instruments.

---

[3] Pour une discussion systématique des différentes typologies des régimes démocratiques que la littérature propose, voir par exemple la synthèse de LANGE et MEADWELL (1991).

5.11 Canada: les Cabinets libéraux et conservateurs adoptent des instruments contraignants

Au sein du système des partis politiques du Canada, le Parti Libéral (PL) et le Nouveau Parti Démocratique affichent une idéologie traditionnellement plus interventionniste que celle du Parti Progressiste Conservateur (PC)[4]. Cette opposition partisane se retrouve au niveau du gouvernement qui est toujours constitué soit par le PL, soit par le PC.

Le régime parlementaire du Canada s'inspire très largement, pour des raisons historiques évidentes, du modèle idéal «de Westminster». Le Premier Ministre, toujours issu de la majorité parlementaire, est à la tête du pouvoir exécutif. Il constitue et dirige un Cabinet ministériel qui est collectivement responsable de la politique gouvernementale devant l'Assemblée nationale. Le Cabinet énonce les grands principes sur lesquels s'appuient les projets de lois, approuve la version soumise à la Chambre des Représentants et au Sénat, et adopte formellement les règlements d'application des lois acceptées par le législatif. Le Canada est donc classé dans la catégorie des régimes démocratiques majoritaires. Selon l'appartenance partisane du Premier Ministre, on peut clairement identifié l'idéologie de la majorité politique. Son Cabinet dispose en effet d'une marge de manoeuvre très large dans la mesure où il est soutenu par une majorité absolue à la Chambre des Communes.

Compte tenu de ces structures institutionnelles et de la composition partisane du gouvernement, notre hypothèse de travail s'énonce de la sorte pour le Canada.

- **Hypothèse 1a:** Un gouvernement libéral adopte des instruments contraignants et/ou incitatifs, alors qu'un gouvernement conservateur adopte des instruments volontaires.

---

[4] Pour classer les partis politiques au Canada selon leur orientation idéologique plus ou moins interventionniste, nous nous référons notamment à TREMBLEY et PELLETIER (1995) et à la banque de donnée sur les Cabinets provinciaux et fédéraux constituée par le Groupe de Recherche sur les Interventions Gouvernementales de l'Université Laval (Québec).

Afin de présenter l'influence de l'idéologie partisane du gouvernement sur le design des instruments, le tableau 16 retrace le processus de formulation, d'adoption légale et de mise en oeuvre réglementaire des instruments en fonction de l'alternance des Cabinets libéraux et conservateurs.

En ce qui concerne le degré de contrainte des instruments à appliquer, cinq étapes résument l'opposition idéologique entre les gouvernements libéraux et conservateurs:

(1) Le Cabinet libéral introduit un étiquetage obligatoire: Comme solution à la crise pétrolière de 1973, le Premier Ministre P. Trudeau, à la tête d'un Cabinet libéral minoritaire, formule une politique énergétique qui s'inspire des principes interventionnistes du Nouveau Parti Démocratique. Le Ministère de l'Energie, des Mines et des Ressources (EMR) poursuit dans cette voie en proposant, en février 1975, d'introduire conjointement un étiquetage obligatoire, des normes et un système de « bonus-malus » pour les appareils électroménagers. De ces instruments, seul l'étiquetage obligatoire est graduellement mis en oeuvre par le Ministère de la Consommation et des Corporations (CC), la majorité libérale de la Chambre des Communes adoptant en mai 1978 la Loi sur l'emballage et l'étiquetage des produits de consommation. Les premières réglementations découlant de cette base légale sont édictées dès septembre 1978.

(2) L'étiquetage obligatoire est remis en cause par les conservateurs, mais soutenu par les libéraux: Le lancement de l'étiquetage obligatoire se heurte à l'inertie administrative et aux conflits internes de CC, au manque de coordination entre CC et EMR, ainsi qu'à la résistance des producteurs d'appareils. En outre, le gouvernement minoritaire du conservateur C. Clark remet en cause la nécessité de cet instrument et souligne les coûts administratifs élevés qu'il induit. A nouveau au pouvoir en 1980 déjà, les libéraux maintiennent toutefois l'étiquetage obligatoire. Ce choix se base, entre autres, sur les conclusions d'évaluations externes qui recommandent sa poursuite et son renforcement par des normes.

Tableau 16: Design des instruments au Canada en fonction de l'alternance des gouvernements libéraux et conservateurs

Périodes	Premier Mi-nistre et gouvern.	Orien-tation idéolog	instruments proposés, bases légales et réglemen-tations
09.1972 09.1974 09.1974 09.1979	P. Trudeau (PL) *gvt minoritaire* P. Trudeau (PL)	centre-gauche	- Annonce du Ministre de l'Energie, des Mines et des Ressources (EMR): proposition d'un étiquetage obligatoire, de normes et de taxes d'incitation pré-levées en fonction du degré d'efficacité énergétique des appareils (février 75) **- Loi sur l'emballage et l'étiquetage des produits de consommation (mai 78): étiquetage obliga-toire des appareils (programmes «CANTAG», puis «EnerGuide»)**
09.1979 09.1980	C. Clark (PC) *gvt minoritaire*	centre-droite	- Premières attaques internes du Ministère de la Consommation et des Corporations (CC) et du Conseil du Trésor contre l'étiquetage obligatoire des appareils électroménagers
09.1980 09.1984	P. Trudeau, puis J. Turner (PL)	centre	- Evaluations externes de «EnergGuide» par des chercheurs scientifiques (de 80 à 83): recomman-dations de poursuivre l'étiquetage obligatoire et d'introduire des normes
09.1984 09.1988 09.1988 09.1993	B. Mul-roney (PC) B. Mul-roney, puis K. Cam-pbell (PC)	droite	- Réductions du budget, du personnel et des pro-grammes de EMR (dès 84-85) - Rapport de CC (mars 85): proposition de suppri-mer l'étiquetage obligatoire dès mars 1986 et de n'introduire ni étiquetage volontaire, ni normes - Cabinet décide le 13 avril 1985 de mettre un terme au programme d'étiquetage obligatoire - Accords interministériels (mars 86 et mars 87): prolongations de la réglementation sur l'étiquetage obligatoire et transfert des compétences de CC vers EMR (dès août 87) - Rapport Marbek (mai 87): recommandation d'introduire des normes - Accord interministériel (déc. 87): proposition d'introduire des normes - Plan Vert du Canada (dès mars 1990): annonce d'une loi sur les normes - Bill introduit par un Représentant libéral: pro-position d'une loi sur les normes (février 91) **- Loi sur l'efficacité énergétique (juin 92): éti-quetage obligatoire et normes**

09.1993 03.1997	J. Chrétien (PL)	centre	**- Règlement sur l'efficacité énergétique (oct. 94): niveaux des normes contraignantes** - Lancement de campagnes d'information du grand public et de formation des distributeurs

Note explicative:
1. Abréviations des partis (classés selon l'axe gauche-droite): Parti libéral (PL) et Parti progressiste conservateur (PC)
2. Nous indiquons en italique si un gouvernement est minoritaire

(3) Le Cabinet conservateur échoue dans sa nouvelle tentative de supprimer l'étiquetage obligatoire: Adoptant l'idéologie non-interventionniste du Président américain R. Reagan, le Premier Ministre B. Mulroney attaque à nouveau, dès 1984, le programme d'étiquetage obligatoire. Procédant à une évaluation interne supplémentaire des coûts et bénéfices, CC recommande de révoquer les réglementations existantes et de n'envisager, à leur place, ni un système volontaire d'étiquetage, ni des normes. En avril 1985, le Cabinet conservateur décide de supprimer les prescriptions antérieures et le budget alloué à CC pour les appliquer. Cette stratégie administrative de déréglementation se heurte cependant à l'opposition des organisations de consommateurs, des entreprises électriques et des gouvernements provinciaux. Cette coalition, supportée au sein du gouvernement par le Ministre EMR, contraint en fin de compte le Cabinet conservateur à négocier trois accords interministériels entre mars et décembre 1987. Ces derniers prolongent la validité des réglementations de l'étiquetage obligatoire et transfèrent la responsabilité administrative de leur mise en oeuvre de CC vers EMR.

(4) Le gouvernement conservateur introduit tardivement des normes fédérales avec le soutien des libéraux et des néo-démocrates: Les gouvernements libéraux précédents avaient déjà proposé l'introduction de normes d'efficacité énergétique (notamment en 1975 et en 1983). Mais toute intervention directe dans le marché des appareils électroménagers s'avère incompatible avec l'orientation idéologique des conservateurs au pouvoir. Le Cabinet de Mulroney accorde néanmoins un soutien tacite au gouvernement de l'Ontario pour qu'il prenne l'initiative vis-à-vis de cet instrument contraignant. Dès juin 1988, le Cabinet libéral de l'Ontario, puis ceux de la Colombie-Britannique et du Québec, introduisent graduellement des premières normes provinciales. La prolifération de ces réglemen-

tations (divergentes) légitime ensuite une intervention fédérale. Avec le soutien explicite des associations de producteurs et de consommateurs, des organisations écologistes, des gouvernements provinciaux et des entreprises électriques, le Ministre EMR annonce en mars 1990 que l'édiction de futures normes fédérales vise à faciliter le commerce entre les provinces canadiennes et entre le Canada et les Etats-Unis. Cette décision (réactive) du Cabinet conservateur est soutenue activement par l'opposition libérale et néo-démocrate. Afin d'accélérer le processus décisionnel, celle-ci introduit à la Chambre son propre projet de loi en février 1991. Lors des débats parlementaires, toute proposition minoritaire de renforcement de l'intervention fédérale est cependant rejetée par la majorité conservatrice. Finalement, la Loi fédérale sur l'efficacité énergétique ancre juridiquement, en juin 1992, le principe d'un étiquetage obligatoire et des normes d'efficience énergétique. Le nouveau Ministère des Ressources Naturelles (RNCan) s'engage dès lors dans le processus réglementaire, la consultation des parties concernées s'avérant parfaitement consensuelle.

(5) Le Cabinet libéral applique l'étiquetage obligatoire, les normes et des instruments connexes: De retour au pouvoir après deux mandats conservateurs, le Cabinet libéral de J. Chrétien promulgue en octobre 1994 le Règlement sur l'efficacité énergétique qui fixe les niveaux de consommation imposés. Afin d'assurer l'efficacité des étiquettes et des normes obligatoires, RNCan s'attache à élargir leur champ d'application et à mettre en oeuvre divers instruments connexes, dont l'information ciblée des consommateurs et des producteurs, ainsi que la formation des distributeurs.

Nous tirons quatre conclusions de cette analyse empirique du processus et des résultats du design des instruments:

1. Les propositions initiales d'instruments contraignants relèvent toutes de Cabinets libéraux, que ce soit aux niveaux fédéral (dès 1975) ou provincial (par ex. en Ontario dès 1987). L'étiquetage obligatoire est ensuite adopté par une majorité parlementaire libérale (en 1978) et les normes fédérales, à l'unanimité de la Chambre des Communes et du Sénat (en 1992).
2. Si les libéraux soutiennent avec constance les instruments les plus interventionnistes, les conservateurs tentent par contre, dans un premier temps et par la voie administrative, d'empêcher la mise en oeuvre ef-

fective de l'étiquetage obligatoire initié par les libéraux (dès 1981 et en 1985 en particulier).

3. Aucun instrument incitatif, proposé soit par des Cabinets libéraux, soit par des acteurs non-gouvernementaux, n'est finalement adopté par la Chambre des Communes.
4. En ce qui concerne les instruments volontaires, seul l'actuel Cabinet libéral met en oeuvre des campagnes d'information du public et de formation des distributeurs. Pour les conservateurs l'alternative consiste soit en l'absence de toute intervention étatique, soit en l'acceptation réactive des instruments les plus interventionnistes, proposés par les libéraux.

Notre hypothèse de recherche stipule que les instruments contraignants et/ou incitatifs sont adoptés par un gouvernement libéral, alors que les gouvernements conservateurs n'adopte que des instruments volontaires. Elle est donc confirmée pour l'étiquetage obligatoire, mais infirmée pour les normes (cf. tableau 17).

Tableau 17: Choix des instruments au Canada par les Cabinets libéraux ou conservateurs

instruments	**Cabinets libéraux**	**Cabinets conservateurs**
contraignants	Loi sur l'étiquetage obligatoire (78)	Loi sur les normes (92)
incitatifs	*Système de bonus-malus (75)*	-
volontaires	Campagnes de (in)formation (95)	-

Note: Nous indiquons en italique un instruments proposé, mais jamais adopté.

5.12 Danemark: les alternances des Cabinets minoritaires et la «majorité verte» au Folketing

Au Danemark, les partis gouvernementaux peuvent être classés comme suit en fonction de leur positionnement idéologique sur l'axe gauche-droite: le Parti social démocrate (PSD), le Parti radical (PR), le Parti démocratique du centre (PDdC), le Parti démocrate chrétien (PDC), le Parti conservateur (PC) et le Parti libéral (PL)[5]. Malgré ce fractionnement des

[5] Cette classification est notamment proposée par GILLJAM et OSCARSSON (1996) qui ont étudié, en fonction de plusieurs indicateurs quantitatifs et pour la période

partis politiques, le PSD ou le PC assure presque toujours la direction du Cabinet.

Le système politique du Danemark est de type parlementaire. Comme dans le modèle «de Westminster», le gouvernement dépend de la composition partisane au Parlement (Folketing). Vu le multipartisme danois, les Cabinets demeurent très souvent des coalitions minoritaires qui ne disposent pas d'une majorité parlementaire absolue. Cet état de fait implique une concertation et des négociations entre les partenaires de la coalition gouvernementale, ainsi qu'entre le Cabinet et les partis d'opposition au Folketing. Le régime démocratique danois s'avère donc de type consensuel, les gouvernements minoritaires devant en effet élaborer et faire adopter des solutions de compromis. Il s'agit d'analyser les coalitions gouvernementales et parlementaires afin de pouvoir identifier avec clarté l'existence d'une majorité politique avec une idéologie plus ou moins interventionniste.

Notre hypothèse de travail peut dès lors être opérationnalisée de la sorte.

- **Hypothèse 1b:** Un gouvernement majoritaire social-démocrate ou une majorité parlementaire de centre-gauche adopte des instruments contraignants et/ou incitatifs, alors qu'un gouvernement majoritaire conservateur ou majorité parlementaire de droite adopte des instruments volontaires.

Plusieurs Cabinets minoritaires se succèdent lors du design des instruments visant à influencer la consommation énergétique des appareils électroménagers et des équipements bureautiques. Le tableau 18 présente le processus de formulation, d'adoption légale et de mise en oeuvre réglementaire des instruments en fonction des constellations politiques au gouvernement.

1979-1990, le positionnement de chaque parti politique sur l'axe gauche-droite ainsi que les écarts entre les différents partis. Leur analyse comparée de tous les pays nordiques conclut que les partis politiques du Danemark occupent le plus large spectre sur l'axe gauche-droite, avec l'Alliance de Gauche à un extrême et le Parti progressiste à l'autre.

Les débats et les décisions gouvernementales et parlementaires qui portent sur le degré de contrainte des instruments à appliquer s'articulent en cinq étapes.

(1) Le Cabinet social-démocrate propose un étiquetage obligatoire: Au pouvoir de 1975 à 1981, les Cabinets du Premier Ministre A. Jorgensen formulent deux plans énergétiques officiels, en 1976 et 1981, peu concrets quant aux instruments à mettre en oeuvre pour influencer la consommation d'énergie des appareils électroménagers. Dans le secteur des bâtiments, le gouvernement social-démocrate prescrit par contre des normes (dès 1977). Suite à l'adoption par la Communauté européenne de directives sur l'étiquetage obligatoire des fours électriques, le Ministère de l'énergie (ME) propose en novembre 1981 d'introduire une loi-cadre pour l'étiquetage obligatoire des appareils ménagers. Le processus législatif est cependant différé après les élections parlementaires de février 1982 qui conduisent à un changement de gouvernement.

(2) Le centre-gauche du Folketing impose l'étiquetage obligatoire au Cabinet conservateur qui l'applique de manière restrictive: Reporté à l'agenda gouvernemental, le projet de loi sur l'étiquetage énergétique est rapidement soumis au Folketing. Le PSD, le Parti socialiste populaire (PSP) et le PDC soutiennent activement l'étiquetage obligatoire qui contribue à la réalisation de leur propre plan énergétique de 1981. A contrario, les partis de droite, soit le PC du Premier Ministre P. Schlüter, le PL du Ministre de l'énergie et le Parti progressiste, s'opposent à tout instrument contraignant. Ils recommandent d'opter plutôt pour un étiquetage volontaire. La coalition bourgeoise est néanmoins défaite par la majorité de centre-gauche du Folketing qui, en mai 1982, lui impose la Loi sur l'étiquetage et la déclaration de la consommation d'énergie. L'activité réglementaire du ME se limite dès lors à n'édicter des prescriptions que pour les fours électriques, visant par là une stricte conformité avec les directives européennes. Vu la non-compatibilité de l'étiquetage obligatoire avec l'idéologie du Cabinet dirigé par les conservateurs, cet instrument contraignant ne saurait en effet constituer un pilier de sa politique d'efficience énergétique.

Tableau 18: Design des instruments au Danemark en fonction de l'alternance des gouvernements de coalition minoritaires

Périodes	Premier Ministre et gouvern.	Orien-tation idéolog.	instruments proposés, bases légales et régle-mentations
10.1971 12.1973	A. Jorgen-sen, PSD	gauche	- Aucun instrument concret proposé dans le domaine de l'efficience énergétique
12.1973 01.1975	P. Hartling, PL	droite	- Aucun instrument concret proposé dans le domaine de l'efficience énergétique
02.1975 12.1981	A. Jorgen-sen, PSD (avec PR de 08.78 à 09.79)	gauche	- Ministre du Commerce (mai 76): présentation du premier plan énergétique qui ne définit aucun instrument concret dans le domaine des appareils électroménagers - Communauté européenne (mai 1976): recommandation aux Etats-membres d'introduire un étiquetage volontaire des appareils électroménag. **- Communauté européenne (mai 79): directives sur l'introduction d'un étiquetage obligatoire (pour les fours électriques)** - Ministre de l'énergie (nov. 81): présentation du deuxième plan énergétique et élaboration d'une Loi-cadre sur l'étiquetage obligatoire, en réponse à la directive européenne de 1979
01.1982 12.1992	P. Schlüter, PC et PL (avec PDdC et PDC de 01.82 à 05.88; avec PR de 06.88 à 12.90)	centre-droite	**- Loi-cadre sur l'étiquetage et la déclaration de la consommation énergétique (mai 82): étiquetage obligatoire (appliqué par voie réglementaire aux fours électriques uniquement)** - Accord interpartis (entre le Cabinet et le PSD) sur les économies d'électricité (86) - Ministre de l'énergie (87-88): cofinancement d'un projet pilote de démonstration du réfrigérateur super-efficient LER 200 - Ministre de l'énergie (avril 90): proposition, lors du lancement du programme «Energi 2000», d'introduire un étiquetage obligatoire, des normes pour les appareils électroménagers, des valeurs-cibles pour les appareils bureautiques et des critères énergétiques pour les achats publics **- Communauté européenne (avril 90): rejet, lors de la procédure de notification, de la réglementation danoise sur l'étiquetage obligatoire (effet suspensif d'une année)**

			- Agence danoise de l'énergie: présentation des rapports de la Commission NORDNORM (oct. 91 - janv. 92) qui formule un projet de loi-cadre pour introduire un étiquetage obligatoire, des valeurs-cibles et, subsidiairement, des normes **- Communauté européenne (sept. 92): directives sur l'introduction d'un étiquetage obligatoire des appareils électroménagers (réfrigérateurs dès 94; lave- et sèche linge dès 95)**
dès 01.1993	P. Rasmussen, PSD, PR et PDdC (avec PDC de 01.93 à 08.94)	centre-gauche	- Agence danoise de l'énergie (mars 93): présentation du rapport du GEA qui recommande d'introduire des normes - Ministre de l'énergie (nov. 1993): annonce, lors du lancement du «Suivi de Energi 2000», de l'élaboration d'un programme d'étiquetage obligatoire, d'une loi-cadre sur des normes et de la création de groupes de travail sur des programmes d'acquisition de technologie et d'achats publics **- Loi sur les normes d'efficience énergétique (février 94): normes (ou valeurs-cibles) pour les appareils électroménagers et les équipements bureautiques** - Agence danoise de l'énergie (déc. 94): lancement des programmes d'étiquetage obligatoire et de formation des distributeurs **- Règlements d'application (août 95): normes pour les lave- et sèche-linge et les lave-vaisselle** - Ministère de l'énergie et de l'environnement (avril 96): proposition, lors du lancement du programme «Energi 21», d'un étiquetage volontaire, d'un label de qualité et de valeurs-cibles pour les équipements bureautiques **- Communauté européenne (sept. 96): directives sur les normes d'efficience énergétique pour les appareils de réfrigération**

Note explicative:

1. Abréviations des partis gouvernementaux (classés selon l'axe gauche-droite): Parti social démocrate (PSD), Parti radical (PR), Parti démocratique du centre (PDdC), Parti démocrate chrétien (PDC), Parti conservateur (PC) et Parti libéral (PL).
2. Tous les gouvernements sont minoritaires à l'exception du premier Cabinet de centre-gauche de P. Rasmussen (de 01.1993 à 08.1994).

(3) Sous l'impulsion de la «majorité verte» du Folketing et de son Ministre radical de l'énergie, le Cabinet conservateur propose une application large de l'étiquetage obligatoire et l'introduction de normes contraignantes: Durant la période gouvernementale du Premier Ministre P. Schlüter (soit de 1982 à 1992), le PSP, le PSD et le PR forment une «majorité verte» au Folketing. Les multiples activités de cette coalition parlementaire influencent de manière déterminante les politiques environnementale et énergétique des Cabinets conservateurs[6]. De plus, le PR est invité en 1988 à participer au quatrième gouvernement de P. Schlüter qui lui assure la direction des deux Ministères de l'énergie et de l'environnement. Adoptant une stratégie d'action sensiblement plus interventionniste que celle suivie jusqu'ici par les partis bourgeois, le Ministre radical de l'énergie propose en avril 1990, lors du lancement de son programme d'action «Energi 2000», d'appliquer un étiquetage obligatoire à l'ensemble des appareils électroménagers et d'introduire des normes. Ces instruments contraignants sont adoptés par la «majorité verte» du Folketing. Le ME formule rapidement une réglementation pour un étiquetage obligatoire qu'il transmet à la Communauté européenne pour notification. Cette dernière suspend la réglementation danoise, arguant qu'elle va prochainement adopter ses propres directives pour harmoniser les pratiques des différents Etats-membres.

(4) Les travaux préparatoires de l'Agence danoise de l'énergie font face à la réserve du Cabinet conservateur: Outre l'effet suspensif de la décision de la Commission européenne, le PR quitte en décembre 1990 le cinquième Cabinet de P. Schlüter, ce qui conduit à une attitude passive du gouvernement conservateur et du ME vis-à-vis des instruments prévus par «Energi 2000». Au niveau de l'administration de mise en oeuvre, l'Agence danoise de l'énergie se montre par contre très active. Par sa participation aux travaux de la Commission NORDNORM et du Groupe pour des Appareils Efficients, elle tend à prouver la viabilité économique et les effets énergétiques induits par un étiquetage obligatoire, des valeurs-cibles négociées et/ou des normes. Cette démarche influence égale-

[6] Pour une discussion circonstanciée de la formation de cette «majorité verte» et des effets de ses activités sur les politiques environnementale et énergétique, voir par exemple ANDERSEN (1996:164-167) ou CHRISTIANSEN (1996:37ss).

ment la Communauté européenne qui édicte en septembre 1992 une directive-cadre pour l'étiquetage obligatoire des appareils électroménagers.

(4) Le Cabinet social-démocrate majoritaire adopte des normes d'efficacité énergétique, applique l'étiquetage obligatoire et catalyse le processus réglementaire au niveau européen: De retour au pouvoir en 1993, les sociaux-démocrates constituent sous la direction du Premier Ministre P. Rasmussen un Cabinet majoritaire avec le PR, le PDdC et le PDC. Ce gouvernement de centre-gauche adopte en novembre 1993 le «Suivi de Energi 2000» et formule simultanément un projet de loi-cadre sur les normes d'efficience énergétique. Le Ministre centriste de l'énergie propose d'édicter soit des valeurs-cibles, soit des normes pour les appareils électroménagers et les équipements bureautiques. Le PC et le PP s'opposent à ces instruments contraignants et suggèrent au Cabinet de Rasmussen d'attendre l'éventuelle réglementation européenne dans ce domaine. A l'exception notable des députés progressistes, le Folketing accepte cependant en février 1994 la Loi sur les normes d'efficience énergétique pour les appareils consommateurs d'énergie. Cette législation et les travaux préparatoires de l'Agence danoise de l'énergie (ADE) visent à influencer directement la politique de la Communauté européenne. De fait, cette dernière édicte de nouvelles directives sur l'étiquetage obligatoire (dès 1994) et sur les normes applicables aux appareils de réfrigération (dès 1996). Poursuivant sa stratégie interventionniste, le Ministre social-démocrate de l'énergie et de l'environnement développe en 1996 un nouveau programme d'action intitulé «Energi 21». Quant à elle, l'ADE met en oeuvre divers instruments connexes à l'étiquetage obligatoire et aux normes, notamment une campagne de formation des distributeurs d'appareils électroménagers.

Nous tirons quatre conclusions de cette analyse empirique du processus et des résultats du design des instruments:

1. Différents Ministres de l'énergie social-démocrate ou radical formulent toutes les propositions d'instruments contraignants. L'étiquetage obligatoire (en 1982) et les normes (en 1994) sont ensuite acceptés par une majorité parlementaire de centre-gauche, contre les positions (initiales) de la droite conservatrice du Cabinet et du Folketing.

2. Si l'introduction d'instruments incitatifs est envisagée dans les programmes d'action des Ministres de l'énergie social-démocrate ou radical (en 1990 et 1993), leur mise en oeuvre demeure toutefois lacunaire. Seul le financement partiel d'un programme de démonstration d'un réfrigérateur super-efficient (en 1987-88) constitue une application minimale, par les conservateurs, d'une incitation économique.
3. Les instruments volontaires sont proposés soit par les partis conservateurs, comme alternatives aux instruments contraignants (en 1982 et 1994), soit par les partis de centre-gauche, comme compléments à leur stratégie interventionniste (en 1990 et 1993). Le dernier Cabinet social-démocrate propose en effet la mise en oeuvre d'un label de qualité énergétique et de valeurs-cibles négociées (dès 1996).
4. Lorsqu'un Cabinet conservateur se voit imposer, par une majorité de centre-gauche, la prescription d'un étiquetage obligatoire (en 1982), il en minimise les impacts réels en n'adoptant qu'une réglementation d'exécution minimale.

Notre hypothèse de recherche stipule que les instruments contraignants et/ou incitatifs sont adoptés par des gouvernements sociaux-démocrates ou une majorité parlementaire de centre-gauche. Elle est donc confirmée aussi bien pour l'étiquetage obligatoire que pour les normes (cf. tableau 19).

Tableau 19: Choix des instruments au Danemark par les partis de centre-gauche et les partis de droite

instruments	**Cabinets sociaux-démocrates, «majorité verte» (PSP, PSD, PR) et partis du Centre (PDdC, PC)**	**Cabinet conservateurs et partis parlementaires de droite (PC, PL, PP)**
contraignants	Loi sur l'étiquetage obligatoire (82) Loi sur les normes (94)	-
incitatifs	*acquisition de technologie (90-93)* *achats public (90-93)*	Cofinancement du projet-pilote pour réfrig. LER 200 (87-88)
volontaires	Campagnes de formation (94) *Label de qualité (96)* *Valeurs-cibles négociées (96)*	*Etiquetage volontaire (82)* *Valeurs-cibles négociées (94)*

Note: Nous indiquons en italique les instruments proposés, mais par encore adoptés jusqu'ici.

5.13 Etats-Unis: la confrontation entre Démocrates et Républicains arbitrée par les tribunaux

Bien qu'un système à deux partis tend à réduire la distance idéologique entre ceux-ci, on constate d'une manière générale que le Parti démocrate affiche une idéologie plus interventionniste que celle du Parti républicain. Le design des instruments peut ainsi être interprété et expliqué en fonction des luttes partisanes entre démocrates et républicains.

Le système présidentiel des Etats-Unis repose sur une séparation stricte des pouvoirs législatif, exécutif et judiciaire. De multiples moyens de pression ainsi que plusieurs mécanismes de contrôle et d'équilibrage (« check and balance ») caractérisent néanmoins les relations entre le Président, le Congrès et les tribunaux, le mode de résolution de divergences d'intérêts entre ces acteurs institutionnels étant souvent conflictuel. Les Etats-Unis sont donc classés dans la catégorie des régimes démocratiques majoritaires. Selon l'appartenance partisane du Président et des Représentants et Sénateurs du Congrès, on peut identifier plusieurs constellations de majorité politique.

Dès lors, nous opérationnalisons notre hypothèse de travail par la formulation suivante.

- **Hypothèse 1c:** Un Président et/ou un Congrès démocrate(s) adoptent des instruments contraignants et/ou incitatifs, alors qu'un Président et/ou un Congrès républicain(s) adoptent des instruments volontaires.

Le Président, le Congrès et les tribunaux interviennent à tour de rôle dans le design des instruments visant à influencer la consommation énergétique des appareils électroménagers et des équipements bureautiques. Le tableau 20 présente le processus de formulation, d'adoption légale et de mise en oeuvre réglementaire des instruments en fonction des constellations politiques propres aux différents mandats présidentiels et périodes du Congrès.

La confrontation (idéologique) entre un Président et un Congrès démocrate ou républicain au sujet du degré de contrainte des instruments à appliquer s'articule en sept étapes:

(1) Le Congrès démocrate introduit un étiquetage obligatoire contre l'avis des Présidents républicains: Les Représentants et Sénateurs démocrates formulent en mars 1973 plusieurs propositions de lois pour introduire un étiquetage obligatoire des appareils électroménagers. Réagissant aux pressions du Congrès, et vu les menaces d'un premier choc pétrolier, le Président républicain Nixon charge dès avril 1973 le Département fédéral du Commerce (DFC) d'initier un programme d'étiquetage volontaire. Son successeur G. Ford poursuit cette entreprise, envisageant toutefois un éventuel étiquetage obligatoire si les efforts volontaires des producteurs ne se traduisent pas en résultats tangibles. Sans même attendre la mise en oeuvre effective du programme du DFC, le Congrès démocrate adopte en décembre 1975 le Energy Policy Conservation Act qui habilite la Commission fédérale du Commerce (CFC) à prescrire des étiquettes obligatoires et l'Administration fédérale de l'Energie (AFE) à négocier des valeurs-cibles de consommation.

(2) Le Président et le Congrès démocrates introduisent des normes contraignantes: Afin de mettre en oeuvre une véritable politique d'efficience énergétique, le Président démocrate J. Carter invite le Congrès à adopter des normes en lieu et place de valeurs-cibles négociées. La double majorité démocrate à la Chambre et au Sénat permet, en novembre 1978 déjà, d'adopter le National Energy Policy Conservation Act. Cette base légale octroie au Département fédéral de l'Energie (DFE) le pouvoir discrétionnaire d'édicter des valeurs-limites de consommation pour les appareils électroménagers. Le DFE entame dès lors le processus réglementaire.

Tableau 20: Design des instruments aux Etats-Unis en fonction des majorités démocrates versus républicaines à la Présidence et au Congrès

Présidents	**Congrès période**	**C h**	**S**	**instruments proposés, bases légales et réglementations**
R. Nixon (R) jusque en août 1974	93 C. 1973-74	D	D	- Bills (dont S. 1327) introduits par des Sénateurs et des Représentants démocrates: propositions d'une loi sur l'étiquetage obligatoire (mars 73) **- Message spécial de Nixon au Congrès (avril 73): annonce du lancement d'un programme d'étiquetage volontaire pour les appareils électrom.** - Message spécial de Nixon au Congrès (janvier 74): annonce d'un éventuel étiquetage obligatoire
G. Ford (R)	94 C. 1975-76	D	D	- Message de Ford sur l'état de l'Union (janvier 75): menace d'un éventuel étiquetage obligatoire, si l'étiquetage volontaire ne donne pas de résultats - Bills S. 622 et H.R. 7014 introduits par des Sénateurs et des Représentants démocrates: proposition d'une loi pour des étiquettes obligatoires et des valeurs-cibles (juin 75) **- Energy Policy Conservation Act (déc. 75): étiquetage obligatoire et valeurs-cibles négociées pour les appareils électroménagers**
J. Carter (D)	95 C. 1977-78	D	D	- Message de Carter au Congrès (avril 77): annonce de normes en lieu et place des valeurs-cibles négociées - Bills S. 1469 et H.R. 8444 introduits par des Sénateurs et Représentants démocrates: proposition d'une loi sur des normes **- National Energy Pölicy Conservation Act (nov. 78): normes pour les appareils électroménagers**
	96C. 1979-80	D	D	- Travaux préparatoires en vue d'une réglementation sur le niveau requis par les normes
R. Reagan (R)	97 C. 1981-82	D	R	- Solution du «no-standard standard» formulée par le Département fédéral de l'énergie (avril 82): aucune réglementation d'introduction des normes
	98C. 1983-84	D	R	**- Audit du Contrôleur Général des Etats-Unis (GAO) demandé par les Sénateurs et les Représentants démocrates: remise en question de la légalité de la solution réglementaire du «no-standard standard»** - Poursuite de la solution du «no-standard standard» devant la Cour d'Appel du District de Columbia par divers Etats, associations de consommateurs, organisations écologistes et chercheurs scientifiques

R.Reagan (R)	99 C. 1985-86	D	R	**- Jugement de la Cour d'Appel (juilllet 85): nécessité d'une révision de la solution réglementaire du «no-standard standard»** - Bills S. 2781 et H.R.5465 élaborés par la Coalition pour des normes fédérales et introduits par des Sénateurs et des Représentants démocrates et républicains - Opposition de Reagan (novembre 86): veto de poche contre le National Appliance Energy Conservation Act adopté en octobre par le Congrès
	100 C. 1987-88	D	D	- Bills S. 83 et H.R.87 (ré)introduits par une très large coalition de Sénateurs et de Représentants démocrates et républicains **- National Appliance Energy Conservation Act (mars 87): normes pour les appareils électroménagers**
G. Bush (R)	101 C. 1989-90	D	D	- Bills S. 2166 et H.R. 776 introduits au Congrès par des Sénateurs et des Représentants démocrates: proposition d'une loi sur un étiquetage volontaire et/ou
	102 C. 1991-92	D	D	obligatoire pour les équipements bureautiques (dès mars 1991) - Agence de Protection de l'environnement (dès juillet 1992): lancement des **labels** de qualité «Energy Star» pour les ordinateurs et **acquisition** d'un «Réfrigérateur super-efficient» **- Energy Policy Act (octobre 92): étiquetage volontaire des équipements bureautiques**
B. Clinton (D)	103 C. 1993-94	D	D	**- Executive orders 12845 Requiring Agencies to Purchase Energy Efficient Computer Equipment (mars 1993): achats publics d'équipements bureautiques**
	104 C. 1995-96	R	R	- Appropriation Bill des Sénateurs et des Représentants républicains pour geler le budget du Département fédéral de l'énergie pendant l'année fiscale 1996
B. Clinton (D)	105 C. 1997-98	R	R	- Appropriation Bill des Sénateurs et des Représentant républicains pour réduire le budget du Département fédéral de l'énergie pendant l'année fiscale 1997

Note explicative:

1. Abréviations des partis (classés selon l'axe gauche-droite): Parti démocrate (D) et Parti républicain (R)
2. Dans la troisième colonne, nous indiquons la majorité politique à la Chambre des Représentants (Ch) et dans la quatrième colonne, la majorité politique au Sénat (S).

(3) Le Président républicain annule l'introduction réglementaire des normes contre l'avis de la Chambre démocrate qui recourt, avec divers acteurs non-gouvernementaux, à l'arbitrage du GAO et des tribunaux: En concordance avec son idéologie non-interventionniste, le Président républicain R. Reagan tente de bloquer la mise en oeuvre effective des normes. Faisant face à une Chambre démocrate et à un Sénat républicain, il ne mise pas sur une réforme légale incertaine, mais exploite au maximum sa marge de manoeuvre réglementaire («administrative presidency»). Ainsi, le DFE conclut en avril 1982 qu'aucune norme n'est viable économiquement et ne saurait, par conséquent, être introduite. Cette décision administrative, qualifiée de «no-standard standard» est contestée, d'une part, par les Représentants démocrates qui demandent un audit du Contrôleur général (Chef du General Accounting Office, GAO). D'autre part, les organisations de consommateurs, les groupes écologistes et plusieurs Etats la poursuivent devant les tribunaux. Entre le début 1982 et juillet 1985, le GAO et la Cour d'Appel du district de Columbia arbitrent ce conflit entre l'administration républicaine et la Chambre démocrate. Ils exigent que le DFE reconsidère, dans la légalité cette fois, tout le processus réglementaire. Doutant de la rapidité et des résultats de la révision imposée judiciairement, une grande coalition comprenant, entre autres, les producteurs négocie, en parallèle aux travaux internes du DFE, les niveaux de consommation requis par les futures normes. Les résultats de ces négociations sont réintroduits au Congrès sous la forme d'une proposition législative. Adopté par une majorité de Démocrates et de Républicains, ce Bill n'obtient cependant pas le statut de loi car R. Reagan y oppose son veto de poche en novembre 1986.

(4) Le Président républicain plie devant le Congrès démocrate qui (ré)introduit des normes contraignantes: Suite à la recomposition du Congrès, les majorités démocrates à la Chambre et au Sénat adoptent rapidement, avec le soutien de nombreux élus républicains et des producteurs d'appareils électroménagers, un nouveau projet législatif (quasi) identique à celui de 1986. Etant certain de se voir désavoué par le Congrès démocrate s'il y oppose à nouveau son veto présidentiel, Reagan signe en mars 1987 le National Appliance Energy Conservation Act. Cette loi fixe directement les niveaux de consommation requis par les normes fédérales que le DFE doit faire appliquer et doit réviser graduellement.

(5) Le Président républicain et le Congrès démocrate s'accordent sur une stratégie d'acquisition coopérative d'appareils électroménagers ainsi que sur un étiquetage volontaire et des labels de qualité pour les équipements bureautiques: Les instruments les plus contraignants (soit l'étiquetage et les normes obligatoires) ayant déjà été adoptés dans le domaine des appareils électroménagers, de nouveaux instruments incitatifs visent à diversifier la stratégie d'action en faveur de l'efficience énergétique. Cet élargissement de la combinaison des instruments s'avère compatible avec la volonté du Président républicain G. Bush d'instaurer un partenariat entre l'Etat et l'économie privée. L'Agence pour la Protection de l'Environnement (APE) participe dès juillet 1992 à un projet d'acquisition d'un réfrigérateur super-efficient. Parallèlement, elle initie le programme de labels de qualité «Energy Star» pour les ordinateurs personnels. En mars 1991, les Représentants et Sénateurs démocrates introduisent au Congrès divers projets législatifs élaborés par le DFE en vue d'introduire un système d'étiquetage volontaire et/ou obligatoire des équipements bureautiques. La solution volontaire, qui pourrait subsidiairement être remplacée par un étiquetage obligatoire du DFE, est finalement ancrée dans le Energy Policy Act. G. Bush signe cette loi en octobre 1992, car elle représente une solution de compromis entre le Congrès démocrate, le Président et l'administration républicaine.

(6) Le Président démocrate introduit une réglementation des achats publics: Misant sur le pouvoir d'achat des administrations publiques et sur l'exemplarité du comportement de l'Etat, le Président B. Clinton édicte en mars 1993 un ordre exécutif sur les achats publics d'équipements bureautiques. Selon ces dispositions réglementaires, seuls des appareils affichant le label «Energy Star» peuvent être achetés par l'administration fédérale.

(7) Le Congrès républicain bloque les processus réglementaires de l'administration démocrate: La stratégie de diversification des instruments entreprise depuis 1992, l'introduction effective d'un étiquetage volontaire des équipements bureautiques, ainsi que l'adaptation graduelle des normes pour les appareils électroménagers sont sérieusement remis en cause dès 1995, date à laquelle les Républicains obtiennent une double majorité à la Chambre et au Sénat. Visant à nouveau à bloquer tout processus réglementaire, le Congrès républicain impose au Président Clinton un gel, puis une réduction des budgets du DFE en 1996 et 1997. La

marge de manoeuvre accordée au DFE pour appliquer les instruments adoptés antérieurement par le Congrès démocrate se voit ainsi fortement limitée.

Ces sept étapes démontrent clairement que la confrontation idéologique entre démocrates et républicains se traduit au niveau des instruments proposés, adoptés puis finalement mis en oeuvre. A titre de résumé, le tableau 21 indique quel type de constellation politique conduit à quel type d'instruments, plus ou moins contraignants.

Tableau 21: Design des instruments aux Etats-Unis en fonction des majorités politiques démocrates versus républicaines

instruments retenus	**Congrès démocrate**	**Chambre démocrate et Sénat républicain**	**Congrès républicain**
Président démocrate	NECPA: normes (78) achats publics (93)	*constellation inexistante durant la période 1973-1997*	blocage du processus réglementaire par réduction du budget
Président républicain	étiqu. volontaire (73) EPCA: ét. obligatoire et valeurs-cibles (75) NAECA: normes (87) EPA: ét. volontaire (92) label de qualité (92) acquisition de technologies (92)	solution du «no-standard standard» (-> audit du GAO et arbitrage judiciaire) NAECA: veto de poche présidentiel (86)	*constellation inexistante durant la période 1973-1997*

Nous tirons quatre conclusions de cette analyse empirique du processus et des résultats du design des instruments:

1. Les propositions d'instruments contraignants sont toutes formulées par un Président et/ou par des Représentants et des Sénateurs démocrates. L'étiquetage obligatoire et les normes sont adoptés par une majorité démocrate au Congrès, puis soutenus par un Président démocrate (en 1978) ou imposés à un Président républicain (en 1975 et 1987).
2. Les instruments incitatifs sont proposés et mis en oeuvre indépendamment de l'appartenance partisane du Président. Néanmoins, aussi bien les programmes d'acquisition de technologies que les d'achats publics ne sont acceptés que si une majorité démocrate contrôle le Congrès.

3. Les propositions d'instruments volontaires émanent d'un Président républicain et/ou de son administration. Leur acceptation dépend toutefois d'une majorité démocrate au Congrès. L'étiquetage volontaire (en 1973), les labels de qualité (en 1992) et les valeurs-cibles (en 1975) constituent donc une solution de compromis entre un Président républicain et un Congrès démocrate.
4. Aucun instrument n'est proposé ou adopté par une majorité républicaine au Congrès. Au contraire, celle-ci vise, par les coupes budgétaires qu'elle impose à l'administration démocrate, à bloquer l'application réglementaire des instruments adoptés antérieurement (en 1996 et 1997). Une stratégie identique de déréglementation (indirecte) est également suivie par un Président républicain qui ne fait pas face à une double majorité démocrate au Congrès (entre 1982 et 1986). Ces deux démarches parlementaires et administratives risquent cependant de conduire à un arbitrage par les instances de contrôle parlementaire de l'administration ou par les tribunaux.

Notre hypothèse de recherche stipule que les instruments contraignants et/ou incitatifs sont adoptés par un Président et/ou un Congrès démocrates, alors qu'un Président et/ou un Congrès républicains adoptent des instruments volontaires. Elle est donc confirmée pour l'étiquetage obligatoire, pour les normes, pour les labels de qualité et pour les achats publics. Elle est par contre infirmée pour les valeurs-cibles négociées et pour l'acquisition de technologies (cf. tableau 22).

Tableau 22: Choix des instruments aux Etats-Unis par les partis démocrate et républicain

instruments	**Congrès démocrate**	**Sénat ou Congrès républ.**
contraignants	Loi sur l'étiquetage obligatoire (75) Loi sur les normes (78 et 87)	*no-standard standard (82)*
incitatifs	acquisition de technologies (92) achats publics (93)	-
volontaires	(Loi sur) étiquetage volontaire (73, 92) label de qualité (92) Loi sur valeurs-cibles négociées (75)	-

Note: Nous indiquons en italique la solution du «no-standard standard» qui implique l'abandon de toute norme, mais qui a été jugée nulle par les tribunaux.

5.14 Suède: les alternances entre les Cabinets sociaux-démocrates et conservateurs

Les partis gouvernementaux de la Suède peuvent être classés sur l'axe gauche-droite, que nous interprétons ici comme l'axe pro-interventionniste versus pro-marché: le Parti social démocrate (PSD), le Parti du centre (PdC), le Parti libéral (PL), le Parti chrétien démocrate (PDC) et le Parti conservateur (Pc)[7]. De fait, le PSD, le PdC et le PC sont les trois partis qui assument successivement la responsabilité gouvernementale, soit seul, soit à la tête d'une coalition.

La Suède est une monarchie constitutionnelle de type parlementaire. Suite aux élections au Parlement (Riksdag), les partis parlementaires s'accordent pour désigner un gouvernement, le Premier Ministre n'entrant en fonction que si une majorité de députés ne se prononce par contre lui. Il forme ensuite son Cabinet qui est collectivement responsable devant le Riksdag. Un haut degré de coordination caractérise les relations entre les Ministres du Cabinet. L'appareil politico-administratif offre une structure duale avec, d'une part, des Ministères de petite taille chargés de l'élaboration et de l'adoption des politiques et, d'autre part, des agences administratives qui jouissent d'une indépendance relative lors de la mise en oeuvre des lois, des réglementations et des programmes d'action. Le régime de la Suède représente une forme intermédiaire entre les démocraties majoritaires et consensuelles. L'imbrication entre les secteurs public et privé et le poids des pratiques corporatistes, la procédure de consultation sur tous les projets législatifs ainsi que la possibilité de tenir des référendums contribuent, entre autres, à une concertation et à des négociations entre les acteurs concernés.

---

7 Cette classification est notamment proposée par GILLJAM et OSCARSSON (1996) qui ont étudié, en fonction de plusieurs indicateurs quantitatifs et pour la période 1979-1991, le positionnement de chaque parti politique sur l'axe gauche-droite ainsi que les écarts entre les différents partis. Procédant à une analyse de l'échiquier politique par rapport aux dimensions gauche-droite et pro-écologie versus pro-développement, BENNULF et HOLMBERG (1990) proposent la même classification.

En fonction de l'ordonnancement des partis formant les différents Cabinets, notre hypothèse de travail est concrétisée comme suit pour le cas de la Suède.

- **Hypothèse 1d:** Un gouvernement social-démocrate ou une coalition de centre-gauche adopte des instruments contraignants et/ou incitatifs alors qu'un gouvernement de droite adopte des instruments volontaires.

Le tableau 23 résume le processus de formulation, d'adoption légale et de mise en oeuvre réglementaire des instruments en fonction de la composition social-démocrate ou conservatrice des Cabinets.

En Suède, l'opposition idéologique entre la gauche et la droite s'articule en cinq étapes lors du design des instruments.

(1) Le Cabinet social-démocrate introduit un étiquetage obligatoire: Suite à la première crise pétrolière, le Parti social-démocrate (PSD) au pouvoir doit résoudre un double problème: apporter des solutions énergétiques efficaces afin de soutenir la croissance économique et trouver un compromis sur la question nucléaire afin d'éviter des dissensions internes. Pour maîtriser ces deux enjeux, le Premier Ministre Olof Palme organise une consultation du grand public par l'intermédiaire des Cercles d'étude de l'énergie. Un large consensus en faveur de la conservation de l'énergie émerge de cette démarche participative. Le Cabinet social-démocrate retient dès lors le principe de l'efficience énergétique comme axe prioritaire de son premier programme énergétique de 1975. Concrétisant cette option, il propose en 1976 d'introduire un étiquetage obligatoire des appareils électroménagers. L'ancrage juridique de cet instrument contraignant est possible grâce à une révision de la Loi sur le marketing. Cet étiquetage obligatoire va donc au-delà de la simple recommandation que formule la Communauté européenne sur la mise en oeuvre d'un étiquetage volontaire.

Tableau 23: Design des instruments en Suède en fonction des alternances entre cabinets sociaux-démocrates et conservateurs

Périodes	Premier Ministre et gouvern.	Orien-tation idéolog.	Instruments proposés, bases légales et réglementations
09.1973 10.1976	O. Palme PSD *gvt minoritaire*	gauche	- Cercles d'études sur l'énergie (74-75): consensus entre tous les acteurs sur le principe des économies d'énergie, mais aucune proposition d'instruments concrets - Premier plan énergétique (fév. 75): aucun instrument concret dans le domaine de l'efficience énergétique - Communauté européenne (mai 76): recommandation aux Etats-membres d'introduire un étiquetage volontaire **- Révision de la loi sur le marketing (76): adoption d'une base légale pour un étiquetage oblig.**
10.1976 10.1978	T. Fälldin PdC, PL et Pc	centre-droite	- Ministre du logement (déc. 77): annonce, dans le cadre du deuxième plan énergétique, de normes énergétiques pour les nouveaux bâtiments
10.1978 10.1979	O. Ullsten PL *gvt minoritaire*	droite	- Lignes directrices de politique énergétique (mars 79): campagne d'information à l'attention des ménages **- Communauté européenne (mai 1979): directives sur l'introduction d'un étiquetage obligatoire pour les fours électriques** **- Réglementation pour l'étiquetage obligatoire des réfrigérateurs et fours électriques (juil. 79)**
10.1979 10.1982	T. Fälldin, PdC et PL (+ Pc dès 05.81)	centre-droite	- Référendum consultatif sur le nucléaire (mars 80) - Troisième plan énergétique (81): aucun instrument concret dans le domaine de l'efficience énergétique
10.1982 09.1991	O. Palme, puis I. Carlsson, PSD *gvt minoritaire jusqu'en 09.88*	gauche	- Quatrième plan énergétique (85): aucun instrument concret proposé dans le domaine de l'efficience énergétique **- Programme d'utilisation rationnelle de l'énergie (88): lancement du programme suédois d'acquisition de technologies** - Mise en oeuvre du projet d'acquisition d'un réfrigérateur super-efficient (dès 90) - Accord entre les partis sur l'abandon du nucléaire (janv. 91)

09.1991 10.1994	C.Bildt Pc, PdC et PL	droite	- NUTEK: présentation des rapports de la Commission NORDNORM (oct. 91 - janv. 92) qui formule un projet de loi-cadre pour introduire un étiquetage obligatoire, des valeurs-cibles et, subsidiairement, des normes contraignantes - NUTEK: Proposition de renforcer le programme suédois d'acquisition de technologies pour les lave- et sèche-linge et demande refusée par le Cabinet d'introduire des normes d'efficience énergétique (nov 91) - Libéralisation du marché de l'électricité (mai 92) **- Communauté européenne (sept. 92): directives sur l'introduction d'un étiquetage obligatoire des appareils électroménagers (réfrigérateurs dès 94; lave et sèche-linge dès juin 95)** **- Réglementations d'exécution pour l'étiquetage obligatoire des fours électriques (oct. 93)** **- NUTEK transfert en Suède le label de qualité énergétique « Energy Star » de l'agence américaine pour la protection de l'envir. (dès oct 93)** - Signature de l'Annexe III (sur l'acquisition de technologies) du programme de gestion de la demande de l'Agence inter. de l'énergie (nov. 93)
dès 10.1994	I. Carlsson, puis G.Persson PSD	gauche	- Poursuite et renforcement du Programme suédois d'acquisition de technologies - Association suédoise des employés de bureau (TCO): lancement du label environnemental TCO'95 qui comprend, entres autres, le critère de l'efficience énergétique pour les équipement de bureau (dès 95) **- Réglementations pour l'étiquetage obligatoire des réfrigérateurs et congélateurs (mai 95)** **- Réglementations pour l'étiquetage obligatoire des lave et sèche-linge (mars 96)** **- Communauté européenne (sept. 96): directives sur les normes d'efficience énergétique pour les appareils de réfrigération** - Accord entre le PSD, le PdC et le PdG sur le démantèlement de deux réacteurs dès sept. 98 (févr. 97)

Note explicative:

1. Abréviation des partis (classés selon l'axe gauche-droite) : PC: Parti communiste, PdG: Ex-parti communiste, PSD: Parti social démocrate, PE: Parti écologiste, PdC: Parti du centre, PL: Parti libéral, PCD: Parti chrétien démocrate, Pc: Parti conservateur, ND: Nouvelle droite.

(2) Les conservateurs ne soutiennent que faiblement la mise en oeuvre réglementaire de l'étiquetage obligatoire et s'opposent à tout autre instrument: Les partis centriste (PdC) et bourgeois (PL, PDC, Pc), au gouvernement dès la fin 1976, ne s'engagent pas avec constance dans l'exécution de la Loi révisée sur le marketing. Même après l'adoption de nouvelles directives européennes sur l'étiquetage obligatoire de certains appareils électroménagers, l'Agence suédoise des politiques de consommation (KV) ne bénéficie en effet d'aucun soutien politique du Cabinet. Confrontée à l'opposition des producteurs vis-à-vis d'étiquettes contraignantes, elle n'adopte que peu de réglementations et ne peut assurer leur mise en oeuvre effective. De plus, les Cabinets des Premiers Ministres Fälldin et Ullsten rejettent tout autre instrument d'intervention que KV propose, comme par exemple des normes énergétiques. Aucune véritable politique de promotion de l'efficience énergétique n'est donc menée dans le domaine des appareils électroménagers et ce, malgré l'adoption de deux nouveaux programmes d'action en 1977 et 1981.

(3) Les Sociaux-démocrates lancent le premier programme suédois d'acquisition de technologies: De retour au gouvernement dès l'automne 1982, les Cabinets sociaux-démocrates demeurent minoritaires jusqu'en 1988. Jusque-là, ils n'adoptent de facto aucun nouvel instrument d'intervention. A la fin 1988, le Premier Ministre I. Carlsson défend par contre devant le Riksdag un ambitieux Programme de conservation de l'énergie. Celui-ci vise notamment à promouvoir l'utilisation rationnelle de l'électricité et retient l'acquisition coopérative de technologies économes en énergie comme instrument prioritaire. La majorité parlementaire de gauche soutient ce nouveau programme et charge l'Administration suédoise de l'énergie de mettre en oeuvre un premier projet pour un réfrigérateur super-efficient.

(4) Le Cabinet conservateur refuse d'adopter des normes contraignantes, mais prolonge le programme d'acquisition de technologies: Sous la direction de C. Bildt, les conservateurs remportent les élections de septembre 1991. Le nouveau gouvernement de droite (Pc, PdC et PL) cherche dès lors à réaliser son programme de déréglementation, intitulé «Nouveau départ pour la Suède». Dans la politique énergétique, l'approche néolibérale du Cabinet se traduit concrètement par l'adoption d'une Loi sur la libéralisation du marché de l'électricité. En 1991, la proposition faite par

la nouvelle Agence suédoise pour le développement technique et industriel (NUTEK) de prescrire des normes énergétiques s'avère incompatible avec l'idéologie des conservateurs. Le Cabinet refuse ainsi d'entrer en matière sur cet instrument contraignant. Par contre, il soutient un deuxième volet du programme d'acquisition de technologies, augmentant même de manière significative le budget alloué à cet effet à NUTEK. Outre l'application de cet instrument économique à différents appareils électroménagers et équipements bureautiques, NUTEK introduit également en Suède le label de qualité énergétique américain « Energy Star ». Ce dernier demeurant volontaire pour les producteurs, il ne se trouve en effet pas en porte-à-faux avec la stratégie de déréglementation du gouvernement de droite.

(5) Les sociaux-démocrates réactualisent l'étiquetage obligatoire et vont prescrire des normes contraignantes (selon les directives européennes): Remportant les élections de novembre 1994, le PSD constitue un nouveau Cabinet majoritaire. Celui-ci s'attache à poursuivre et à intensifier la mise en oeuvre des instruments qu'il avait introduits auparavant (en 1976 et en 1988). De nouvelles réglementations sur l'étiquetage obligatoire sont prescrites par KV afin d'harmoniser la pratique suédoise avec les directives européennes. De même, le programme d'acquisition de technologies de NUTEK est prolongé une fois encore. Finalement, les Sociaux-démocrates vont certainement prescrire des premières normes contraignantes pour deux raisons. D'une part, l'Union européenne édicte en septembre 1996 une première directive sur les normes applicables aux réfrigérateurs. D'autre part, le Premier Ministre G. Persson annonce en 1996 que le début du démantèlement du parc nucléaire est envisagé pour 1998 déjà. L'adoption de normes contraignantes s'avère dès lors une nécessité afin de pallier au déficit d'électricité d'origine nucléaire.

Nous tirons quatre conclusions de cette analyse empirique du processus et des résultats du design des instruments:

1. La proposition et l'adoption d'un étiquetage obligatoire (en 1976), seul instrument de type contraignant appliqué jusqu'ici en Suède, sont le fait d'un Cabinet social-démocrate.
2. Les conservateurs ne soutiennent pas activement la mise en oeuvre effective de l'étiquetage obligatoire (après 1979) lancé initialement par

un gouvernement de gauche. De même, ils rejettent tout autre instrument contraignant, comme par exemple les normes proposées par l'Agence suédoise des politiques de consommation (dès 1976) et par l'Agence suédoise pour le développement technique et industriel (en 1991).

3. Le programme suédois d'acquisition coopérative de technologies économes en énergie est conçu, puis appliqué par un Cabinet social-démocrate (en 1988). Ayant été expérimenté avec succès, un gouvernement conservateur soutient et renforce par la suite cet instrument incitatif (en 1991). Pour la droite, il représente en effet l'alternative souhaitable à des normes contraignantes.
4. Comme complément aux instruments déjà en vigueur, le Cabinet conservateur accepte la mise en oeuvre d'un label de qualité énergétique (dès 1993). Cet instrument volontaire s'inscrit parfaitement dans son idéologie non-interventionniste.

Notre hypothèse de recherche stipule que les instruments contraignants et/ou incitatifs sont adoptés par un Cabinet social-démocrate, alors que les Cabinets conservateurs n'adoptent que des instruments volontaires. Elle est donc confirmée aussi bien pour l'étiquetage obligatoire, les normes contraignantes et les programmes d'acquisition de technologies que pour les labels de qualité énergétique (cf. tableau 24).

Tableau 24: Choix des instruments en Suède par les Cabinets sociaux-démocrates versus conservateurs

instruments	**Cabinets sociaux-démocrates**	**Cabinets conservateurs**
contraignants	Loi sur l'étiquetage obligatoire (76)	-
incitatifs	Acquisition de technologies (88)	-
volontaires	-	Label de qualité (93)

5.15 Suisse: la majorité parlementaire bourgeoise dans un système de concordance

Le système politique suisse n'est ni parlementaire, ni présidentiel, mais directorial. Selon une «formule magique», deux représentants du Parti radical-démocratique (PRD), du Parti démocrate-chrétien (PDC), du Parti socialiste (PS) et un de Union démocratique du centre (UDC) forment invariablement, depuis 1959, le Conseil fédéral qui est élu par l'Assemblée fédérale. Ce gouvernement fonctionne de manière collégiale et vise à négocier, le plus souvent lors de la phase pré-parlementaire, des solutions de consensus ou de compromis entre tous les intérêts. Si tel n'est pas le cas, alors le Conseil fédéral et le Parlement s'exposent à l'éventuel recours, par les acteurs organisés, aux droits de démocratie directe (soit le référendum facultatif et l'initiative populaire).

Ce régime démocratique s'avère consensuel par excellence: *«Les conflits idéologiques sont aplanis et font place à des compromis ponctuels» (LINDER, 1987:21)*. Néanmoins, le cas de la politique énergétique semble démontrer les limites de ce système de concordance et l'impossibilité de trouver un fameux «compromis helvétique» lors de la résolution de certains conflits (par ex. sur la question nucléaire). LINDER (1987) démontre clairement que la politique énergétique est plus le résultat d'une volonté et de décisions majoritaires de la part du bloc bourgeois (constitué par le PRD, l'UDC et le PDC) que de la négociation d'un compromis entre celui-ci et la gauche (soit le PS)[8].

Le design des instruments de la politique d'efficience énergétique peut donc aussi être analysé sous l'angle d'une opposition de type idéologique entre les partis politiques. Nous opérationnalisons notre hypothèse de recherche par la formulation suivante.

- **Hypothèse 1e:** Une majorité parlementaire de gauche adopte des instruments contraignants et/ou incitatifs, alors qu'une majorité parlementaire de droite adopte des instruments volontaires.

Le tableau 25 présente le processus de formulation, d'adoption légale et de mise en oeuvre réglementaire des instruments en fonction des rapports de force caractéristiques des différentes périodes législatives de l'Assemblée fédérale.

Six étapes décrivent comment la majorité parlementaire bourgeoise s'oppose, dans les commissions extra-parlementaires, à l'Assemblée fédé-

8 Pour une discussion du clivage gauche-droite en Suisse, voir par exemple FINGER et SCIARINI (1990:38ss.)

rale et lors des campagnes référendaires, aux instruments contraignants et incitatifs proposés par la minorité socialiste et écologiste.

(1) Le Parti socialiste, l'Alliance des Indépendants et les organisations écologistes proposent de prescrire un étiquetage obligatoire et des normes, ainsi que de prélever une taxe incitative sur les appareils: Avant même la publication de la conception globale (officielle) de la politique de l'énergie (CGE), la planification alternative du PS, de l'AdI et de l'Union syndicale suisse propose en mars 1978 d'introduire des instruments contraignants. Les organisations écologistes suggèrent quant à elles, en plus d'un étiquetage obligatoire et de normes, de prélever une taxe incitative en fonction du rendement énergétique des appareils électroménagers.

(2) La majorité parlementaire bourgeoise et le peuple acceptent la solution de compromis du Conseil fédéral qui ne prévoit qu'un étiquetage obligatoire, mais les cantons la rejettent: Suivant les recommandations de la CGE en décembre 1978 et de la Commission fédérale de l'énergie (CFE) en février 1981, le Conseil fédéral (CF) soumet au Parlement un projet d'article constitutionnel qui l'habilite, dans un premier temps, à prescrire un étiquetage obligatoire pour les appareils électroménagers. Le bloc bourgeois du Parlement, soit la coalition PRD, PDC et UDC, accepte cette solution de compromis entre l'absence de toute intervention fédérale d'une part, et des normes accompagnées de taxes incitatives d'autre part. Lors du référendum populaire de février 1983, la majorité des cantons refuse cependant l'article constitutionnel, soit parce qu'il est jugé trop interventionniste, soit au contraire parce qu'il n'octroie pas suffisamment de compétences à la Confédération. Néanmoins, 73% des votants accorderaient leur soutien à un étiquetage obligatoire.

Tableau 25: Design des instruments en Suisse en fonction de la «majorité politique bourgeoise» à l'Assemblée fédérale

légis-lat.	**Ministre l'énergie**	**CN (CE)**	**instruments proposés, bases légales adoptées et réglementations**
1975 1979	Ritschard PS (75-79)	47 PRD 46 PDC 21 UDC 55 PS (18 PDC 11 PRD 5 UDC 9 PS)	- Planification énergétique de l'Union syndicale suisse, du Parti socialiste et de l'Alliance des Indépendants (mars 78): proposition d'un étiquet. oblig. et de normes - Planification énergétique de six organisations écologistes (oct. 78): proposition d' un étiquet. oblig., de normes et d'un système de « bonus-malus » - Rapport de la Commission pour une Conception Globale de l'Energie (CGE, déc.78): proposition d'habiliter le Conseil fédéral à introduire étiq. oblig. et normes
1979 1983	Ritschard PS (79) Schlumpf UDC (80-83)	51 PRD 44 PDC 23 UDC 51 PS (18 PDC 11 PRD 5 UDC 9 PS)	- Rapport de la Commission fédérale de l'énergie (CFE) sur une éventuelle Loi sur l'économie électrique (fév. 81): propositions d'un étiquet. oblig. (unanimité de CFE) et des normes (minorité de CFE) - Message du Conseil fédéral sur le premier article constitutionnel sur l'énergie (mars 81): proposition d'un étiquet. oblig., puis d'éventuelles normes **- Acceptation en votation populaire de l'article constitutionnel sur la protection des consommateurs (81)** - Aboutissement de l'initiative énergétique (janv. 82): proposition d'un étiqu. oblig. et d'incitations financ. - Rapport de la CFE (83): proposition d'un étiqu. oblig., mais pas de normes - Message du Conseil fédéral sur l'initiative énergétique (juin 83): recommandation de rejeter l'initiative énergétique, mais d'introduire un étiqu. oblig. en vertu de l'article sur la protection des consommateurs **- Rejet en votation populaire de premier article constitutionnel sur l'énergie (fév. 83), même si 73% des votants acceptent l'étiquet. oblig. et les normes**
1983 1987	Schlumpf UDC (83-87)	54 PRD 42 PDC 23 UDC 47 PS (18 PDC 14 PRD 5 UDC 6 PS)	**- Rejet en votation populaire de l'initiative énergétique (sept. 84), même si 78% des votants acceptent l'étiquetage obligatoire et les normes** - Lancement du Programme de politique énergétique Confédération-cantons (mars 85): l'étiquet. et les normes énergétiques relèvent de la compétence fédérale - Rapport de la CFE sur une éventuelle Loi sur les économies d'électricité (85): proposition d'introduire un étiquetage obligatoire (à la quasi-unanimité de la CFE) et des normes (par une minorité de la CFE)

1987 1991	Schlumpf UDC (87) Ogi UDC (88-91)	51 PRD 42 PDC 25 UDC 41 PS (19 PDC 14 PRD 4 UDC 5 PS)	- Message du Conseil fédéral sur le second article constitutionnel sur l'énergie (déc.87): proposition d'un étiquetage obligatoire et des normes - Groupe d'Experts sur les Scénarios Energétiques (GESE, fév. 88): conclusion que toutes les options énergétiques impliquent un article constitutionnel et un étiquetage obligatoire, alors que seuls un moratoire et un abandon du nucléaire impliquent des normes - Rapport de la CFE sur le rapport du GESE (88): proposition de étiqu. oblig. et normes (majorité de la CFE) - Message du Conseil fédéral sur un Arrêté sur l'énergie (déc. 88): proposition d'introduire un étiquetage volontaire et de valeurs-cibles négociées puis, subsidiairement, un étiquet. oblig. et des normes **- Acceptation en votation populaire de l'article constitutionnel sur l'énergie (sept. 90): acceptation par 84% des votants de étiquet. oblig. et des normes** **- Arrêté sur l'énergie (déc. 90): étiquetage volontaire et valeurs-cibles négociées** - Office fédéral de l'énergie (fév. 91): «Energie 2000»
1991 1995	Ogi UDC (91-95)	44 PRD 35 PDC 25 UDC 41 PS (18 PRD 16 PDC 4 UDC 3 PS)	**- Ordonnance sur l'énergie (janv. 92): conventions sur étiquet. volont. et valeurs-cibles négociées dès 93** - Groupe d'Action Electricité (dès 1994): lancement du **label de qualité énergétique «E2000»** - Groupe de travail interdépart. pour un emploi rationnel de l'électricité dans l'administration (dès 1994): fixation de critères pour les achats publics d'équip. - Rapport Infras (fév. 94): proposition d'instruments économiques dont le « bonus-malus » en priorité - Office fédéral de l'énergie (avril 94): proposition d'instruments économiques (y compris « bonus-malus ») dans l'avant-projet de la Loi sur l'énergie;
1995	Ogi UDC (95-96) Leuen- berger PS (dès 96)	45 PRD 34 PDC 29 UDC 54 PS (17 PRD 16 PDC 5 UDC 5 PS)	- Réseau énergétique européen (96): convention sur l'harmonisation des labels de qualité énergétique en Europe (notamment avec le Danemark) - Message du Conseil fédéral sur la Loi sur l'énergie (août 96): retrait de tout instrument économique du projet de loi suite à leur rejet par les partis bourgeois et les milieux économiques

Notes explicatives: 1. Abréviations des partis gouvernementaux (classés selon l'axe gauche-droite): Parti socialiste suisse (PS), Parti démocrate chrétien (PDC), Union démocratique du centre (UDC) et Parti radical démocratique (PRD)

2. Nous indiquons dans la trosième colonnne, la répartition des sièges au Conseil national (CN) et au Conseil des Etats (CE)

(3) La majorité parlementaire bourgeoise, le peuple et les cantons refusent une seconde fois l'introduction d'un étiquetage obligatoire: L'initiative énergétique lancée en mai 1980 par les organisations écologistes, et soutenue activement par la gauche parlementaire, soumet au débat un nouvel article constitutionnel comme base légale d'un étiquetage obligatoire (mais aussi de taxes d'incitation sur les énergies non-renouvelables). En 1983, la CFE recommande au CF de prescrire de telles étiquettes énergétiques. Le gouvernement fédéral rejette néanmoins cette proposition, arguant que l'article constitutionnel sur la protection des consommateurs datant de juin 1981 suffit pour mettre en oeuvre cet instrument contraignant. De plus, le CF refuse explicitement toute norme et toute incitation économique. La majorité bourgeoise, le peuple et les cantons le suivent lors du référendum de 1984, quand bien même plus de 82% des votants soutiennent de facto l'introduction d'un étiquetage obligatoire (mais pas des taxes d'incitation proposées conjointement par l'initiative). Cette seconde proposition formulée par la minorité gauche-verte se heurte donc à nouveau au refus des partis et des sympathisants bourgeois, même si elle ne prévoit aucune norme.

(4) Le Parlement, le peuple et les cantons adoptent la solution de compromis du Conseil fédéral qui prévoit un étiquetage volontaire et des valeurs-cibles négociées: La question des instruments à mettre en oeuvre pour influencer la consommation énergétique des appareils électroménagers est reportée rapidement à l'agenda gouvernemental, puis parlementaire. En 1985, la CFE recommande au CF d'introduire un étiquetage obligatoire dans le cadre de la future Loi sur la protection des consommateurs. En février 1988, le Groupe d'experts sur les scénarios énergétiques (GESE) démontre que si la politique énergétique fédérale mise sur un moratoire ou sur un abandon du nucléaire, alors un étiquetage obligatoire et des normes s'imposent. Chargée de formuler les recommandations qui découlent des travaux du GESE, une majorité de la CFE invite le CF à adopter ces deux instruments contraignants. Le gouvernement fédéral vise lui aussi à introduire un étiquetage et des normes en proposant (quasi) simultanément un troisième article constitutionnel et un Arrêté (anticipé) sur l'utilisation économe et rationnelle de l'énergie. Ces deux dispositions prévoient initialement des prescriptions contraignantes, mais renoncent par contre à tout instrument incitatif. Lors des procédures de consultation, le PS, le Parti écologique suisse (PES) et le PDC soutiennent activement

un étiquetage obligatoire et des normes, alors que le PRD et l'UDC les rejettent catégoriquement. Le CF propose dès lors une solution de compromis qui consiste à introduire, dans un premier temps, un étiquetage volontaire et des valeurs-cibles négociées et, de manière subsidiaire uniquement, des étiquettes obligatoires et des normes. Cette proposition s'avère acceptable pour la droite. Le plébiscite par le peuple et les cantons du troisième article constitutionnel en septembre 1990, ainsi que l'entrée en vigueur concomitante d'un moratoire nucléaire formel, accélèrent l'ancrage légal de ces instruments dans l'Arrêté sur l'énergie en décembre 1990.

(5) L'Office fédéral de l'énergie négocie les étiquettes énergétiques et les valeurs-cibles et applique des instruments connexes: Chargée de la mise en oeuvre de l'Arrêté sur l'énergie dans le cadre du programme d'action «Energie 2000» lancé en février 1991, l'Office fédéral de l'énergie (OFEN) négocie rapidement, avec les associations de producteurs et de consommateurs, des conventions sur l'étiquetage énergétique et sur les valeurs-cibles de consommation pour les appareils électroménagers et les équipements bureautiques. Outre ces activités réglementaires, reprises formellement comme Annexes à l'Ordonnance sur l'énergie de février 1992, l'OFEN soutient activement le lancement du label de qualité énergétique «E2000» pour les équipements bureautiques et formule des recommandations pour les achats publics de ces équipements (dès 1994).

(6) Les partis bourgeois rejettent catégoriquement tout instrument économique contre l'avis de la gauche et des écologistes: Lors de l'élaboration de l'avant-projet de la Loi sur l'énergie, qui doit remplacer l'Arrêté au début 1999, l'OFEN propose d'introduire des instruments économiques en lieu et place des valeurs-cibles négociées (ou d'éventuelles normes). Si le PS et le PES soutiennent un système de « bonus-malus », qu'ils avaient au demeurant déjà proposés en 1978, le bloc parlementaire bourgeois le rejette de manière unanime. Le nouveau chef socialiste du DFTCE et le CF se voient donc contraints de retirer tout instrument économique du projet de loi qu'ils soumettent à l'Assemblée en août 1996. Lors des premiers débats parlementaires, le PRD, le PDC et l'UDC ne soutiennent que les instruments volontaires, alors que le PS et le PES (et quelques députés bourgeois minoritaires) visent à édicter des prescriptions contraignantes et à prélever des taxes incitatives (sur les énergies non-

renouvelables). Ces instruments économiques sont également proposés par deux nouvelles initiatives populaires lancées par les associations écologistes. Leur adoption définitive par l'Assemblée fédérale, et éventuellement par le peuple, demeure cependant peu probable.

Nous tirons quatre conclusions de cette analyse empirique du processus et des résultats du design des instruments:

1. Les instruments les plus interventionnistes sont proposés initialement par les partis de gauche et les organisations écologistes (dès 1978), puis repris dans les recommandations et les projets législatifs de diverses commissions extra-parlementaires et du Conseil fédéral. Les partis bourgeois acceptent l'étiquetage obligatoire comme solution de compromis, mais rejettent systématiquement toute norme. L'étiquetage obligatoire n'est cependant jamais mis en oeuvre en raison de leur refus par le peuple et/ou les cantons (en 1983 et 1984).
2. De même, seule la minorité gauche-verte du Parlement propose (dès 1978) et soutient un système de « bonus-malus » qui prélève une taxe en fonction du rendement énergétique des appareils et des équipements. Cet instrument incitatif est par contre catégoriquement rejeté par la majorité bourgeoise et n'entre par conséquent jamais en vigueur.
3. Les instruments volontaires représentent finalement la solution de compromis entre la minorité gauche-verte (PS et PES) et la majorité bourgeoise (PDC, UDC et PRD). L'étiquetage volontaire et les valeurs-cibles négociées sont un moyen terme entre une non-intervention fédérale (demandée par la droite) et des prescriptions contraignantes (demandées par la gauche). Ce compromis n'est trouvé que tardivement par l'OFEN et le Conseil fédéral, les commissions antérieures (CGE, CFE et GESE) ne l'ayant jamais proposé. Les divers groupes d'experts se sont au contraire polarisés entre les défenseurs d'une approche non-interventionniste (étiquetage volontaire) et les tenants d'une réglementation contraignante (normes).
4. Appartenant à la majorité parlementaire bourgeoise, le PDC soutient néanmoins à maintes reprises les instruments proposés par la minorité gauche-verte (en 1988 et 1990). Le PDC constitue donc le «parti de balance» qui, en fonction notamment de sa forte représentation au Conseil des Etats, contribue à la négociation du compromis trouvé sur l'étiquetage volontaire et les valeurs-cibles négociées.

Notre hypothèse de recherche stipule que les instruments contraignants et/ou incitatifs sont adoptés par une majorité parlementaire de gauche, alors qu'une majorité parlementaire bourgeoise adopte des instruments volontaires. Elle est donc confirmée pour l'étiquetage volontaire, pour les valeurs-cibles négociées, pour le label de qualité, mais pas pour les achats publics (cf. tableau 26).

Tableau 26: Choix des instruments en Suisse par les partis de gauche et de droite à l'Assemblée fédérale et lors de votations populaires

instruments	**minorité gauche-verte (PS et PES)**	**majorité bourgeoise (PRD, UDC, PDC)**
contraignants	*Etiquetage obligatoire (78, 82)* *Normes (78)*	-
incitatifs	*Système de bonus-malus (78, 94-96)*	Achats publics (94)
volontaires	-	Arrêté sur étiquetage volontaire (90) Label de qualité énergétique (94) Arrêté sur valeurs-cibles nég. (90)

Note: Nous indiquons en italique les instruments proposés, mais pas encore adoptés jusqu'ici.

5.16 Comparaison des cinq cas: test de l'hypothèse de travail

Après l'examen de la validité de notre première hypothèse pour chaque cas, nous discutons ici sa capacité explicative pour l'ensemble des instruments adoptés dans les cinq pays comparés. A titre de synthèse des paragraphes précédents, le tableau 27 présente la somme des résultats du test empirique.

Tableau 27: Test de l'hypothèse sur le rapport entre l'idéologie de la majorité politique et le degré de contrainte des instruments

instruments adoptés par une majorité politique	**Canada**	**Dane-mark**	**Etats-Unis**	**Suède**	**Suisse**	**cas vérifiés**
étiquetage volontaire			+	+	+	3
étiquetage obligatoire	+	+	+			3
label de qualité			+	+	+	3
valeurs-cibles négociées			-		+	1
normes contraignantes	-	+	+			2
achats publics			+		-	1
acquisition de techno.			-	+		1
cas vérifiés	1	2	5	3	3	14

Note: Nous indiquons par le signe + que l'hypothèse est confirmée et par le signe - que l'hypothèse est infirmée.

L'hypothèse que le choix du degré de contrainte des instruments dépend de l'orientation idéologique de la majorité politique au pouvoir est confirmée pour 14 instruments, soit plus des deux tiers des 18 observations empiriques de notre champ d'analyse. Au-delà de ce premier constat, ces résultats empiriques appellent cinq commentaires à titre de conclusion provisoire.

(1) Idéologie partisane et résultats du design des instruments: Comme décrit sommairement en début de ce chapitre, le Canada, le Danemark, les Etats-Unis, la Suède et la Suisse se différencient quand à leur système institutionnel respectif, plus ou moins majoritaire, plus ou moins fédéraliste, etc. Malgré ces différences notables au niveau des structures décisionnelles, l'idéologie pro-Etat versus pro-marché des partis qui constituent la majorité politique exerce une influence certaine sur le choix final des instruments. Il faut également relever que notre hypothèse de recherche est toujours confirmée dans les deux pays caractérisés par la plus grande distance idéologique entre les partis gouvernementaux, soit la Suède et le Danemark; ceci n'est par contre pas le cas au Canada, aux Etats-Unis et en Suisse où, selon les études antérieures, les partis affichent moins de différences idéologiques. Finalement, soulignons que cette influence de l'idéologie partisane explique les résultats du design, soit les instruments adoptés, mais pas leur processus de conception et d'adoption.

(2) Régime démocratique et processus du design des instruments: Le fait qu'un régime démocratique soit majoritaire plutôt que consensuel prédit mieux le degré de conflictualité et la durée du processus de design des instruments. En effet, c'est au Canada et aux Etats-Unis que les divergences idéologiques conduisent à des conflits ouverts, arbitrés par les tribunaux dans le cas américain. A contrario, les régimes de concordance ou intermédiaire du Danemark, de la Suède et de la Suisse ne conduisent pas à une confrontation directe des acteurs, mais se traduit plutôt par de long processus de négociation. La durée du design des instruments s'en trouve par conséquent rallongée.

(3) Degré de concordance idéologique et niveau de légitimation des instruments: Les conflits idéologiques au sujet d'un instrument sont logiquement plus intenses si l'adoption de celui-ci nécessite une base constitutionnelle et/ou législative plutôt que de simples prescriptions réglementaires. Ce constat s'applique particulièrement au programme d'acquisition de technologies aux Etats-Unis et d'achats publics en Suisse. Pour ces deux instruments incitatifs, dont le degré de contrainte se trouve de facto en contradiction avec l'idéologie de la majorité politique au pouvoir, aucune base légale n'est nécessaire. Ce fait octroie donc à l'administration une plus grande marge de manoeuvre vis-à-vis de la composition partisane du gouvernement ou du Parlement.

(4) Héritage des instruments et (non-)mise en oeuvre pour des raisons idéologiques: Même adopté formellement, un instrument demeure éventuellement soumis à des révisions directement liées à l'idéologie partisane de la majorité politique. Cet état de fait est surtout observable dans les années 1980, lorsque les néo-conservateurs tentent par la voie administrative de supprimer les normes aux Etats-Unis et l'étiquetage obligatoire au Canada. Remarquons néanmoins que ces deux tentatives échouent, car les partisans initiaux de ces instruments soutiennent activement leur mise en oeuvre effective.

(5) Instruments liés à l'étiquetage versus autres types d'intervention: Notre hypothèse de recherche est confirmée pour l'ensemble des instruments ayant trait à une forme ou l'autre d'étiquetage (soit les étiquettes volontaires ou obligatoires et les labels de qualité énergétique). A contra-

rio, les instruments de types incitatifs (soit les achats publics et l'acquisition de technologies) ainsi que les interventions directes sur les valeurs énergétiques que doivent viser ou respecter impérativement les producteurs ne sont pas toujours acceptés en parfaite adéquation avec l'idéologie partisane de la majorité politique.

5.2 l'intensité des ressources nécessaires à la mise en oeuvre des instruments: un design selon les institutions administratives préexistantes?

Notre deuxième hypothèse de recherche analyse le choix des instruments en fonction de l'intensité des ressources nécessaires à leur mise en oeuvre. Elle postule qu'un instrument est adopté si une institution administrative d'exécution spécialisée dans les questions d'efficience énergétique préexiste et dispose de ressources suffisantes. Le cas échéant, les coûts administratifs d'application de l'instrument sont en effet minimisés. Si, par contre, une telle institution administrative n'existe pas, alors une nouvelle structure doit être créée ou une structure existante, non-spécialisée dans les questions d'efficience énergétique mais chargée du dossier, doit gérer un nouveau champ d'intervention, créer ses propres réseaux pour atteindre les groupes-cibles, recourir à une expertise externe pour des questions techniques, etc. Ces diverses opérations préalables à l'application de l'instrument tendent à augmenter les coûts administratifs de mise en oeuvre. Dans ce cas, nous postulons que l'instrument n'est pas adopté car son exécution requiert trop de nouvelles ressources. La préexistence d'une institution administrative spécialisée constitue une condition nécessaire à l'adoption d'un instrument. Autrement dit, le design institutionnel (soit l'institutionnalisation de structures administratives de mise en oeuvre) précède toujours le design des instruments. Nous formulons notre deuxième hypothèse de recherche de la sorte:

- **Hypothèse 2**: Un instrument est adopté si une institution administrative de mise en oeuvre spécialisée dans les questions d'efficience énergétique préexiste.

Afin de tester empiriquement cette hypothèse, trois points sont abordés pour chacun des cinq pays comparés. Il s'agit successivement de (1) distinguer quand le problème de l'efficience énergétique est thématisé à l'agenda politique et recenser les programmes d'action élaborés pour le résoudre, (2) identifier les structures administratives préexistantes et/ou l'éventuel design de nouvelles institutions dans le domaine énergétique, et de (3) démontrer empiriquement que les compétences et les ressources de mise en oeuvre des instruments sont attribuées à une administration spécialisée dans les questions d'efficience énergétique.

(1) Thématisation politique de la question de l'efficience énergétique et formulation de programmes d'action: Plusieurs auteurs, dont SABATIER (1986) en premier lieu, soutiennent qu'une nouvelle politique publique peut être initiée si un choc externe au système politico-administratif thématise un nouveau problème collectif à résoudre. Une évolution subite des conditions socio-économiques, une catastrophe naturelle, une innovation technologique, une découverte scientifique, etc. sont des exemples de tels événements. Il est évident que la mise à l'agenda politique d'un nouveau champ d'intervention étatique peut également résulter de pressions internes à un système politique, par exemple des activités d'un parti politique, de «nouveaux mouvements sociaux», des groupes d'intérêt, de l'administration elle-même ou des médias[1]. Dans le cadre de notre recherche, nous nous limitons cependant à une analyse des événements internationaux qui influencent directement la perception des enjeux de la politique énergétique et le design de ses instruments. Sans prétendre à l'exhaustivité, le tableau 28 recense plusieurs chocs externes qui thématisent successivement les problèmes économiques, énergétiques et environnementaux auxquels répondent les cinq pays comparés en constituant des structures administratives et en adoptant des instruments qui visent à promouvoir l'efficience énergétique.

Dans un premier temps, l'analyse empirique de notre hypothèse examine donc quels chocs externes exercent, dans chacun des cinq pays comparés, une influence sur la thématisation de la question de l'efficience énergétique et sur la décision étatique d'intervenir dans ce domaine. Pour ce faire, nous observons concrètement les programmes d'actions qui sont élaborés et qui retiennent l'efficience énergétique comme principe d'intervention (prioritaire). Ceux-ci nous permettent d'identifier une volonté politique de résoudre un problème concret, de même que les objectifs visés par les instruments et le cadre large des ressources allouées pour leur mise en oeuvre.

---

1 Pour une discussion synthétique de la littérature sur le « agenda setting » et une analyse empirique des différents modèles théoriques, voir par exemple nos travaux (LANDRY et al. 1997).

Tableau 28: Chocs externes qui thématisent la question de l'efficience énergétique des secteurs domestique et commercial

chocs externes	implications pour la politique énergétique
Premier choc pétrolier suite à la guerre du Yom Kippour (en oct. 1973)	Quintuplement du prix du pétrole entre octobre 1973 et décembre 1974 -> assurer la sécurité des approvisionnements et substituer les produits pétroliers
Deuxième choc pétrolier suite à la révolution en Iran (en oct. 1978)	Quadruplement des prix du pétrole entre décembre 1978 et avril 1979 -> maîtriser les coûts de l'approvisionne-ment et poursuivre la stratégie de substitution
Accident nucléaire du Three Mile Island aux Etats-Unis (en mai 1979)	Danger du nucléaire -> gérer la sécurité et promouvoir l'acceptabilité sociale de la technologie atomique
Accident nucléaire de Tchernobyl (en av. 1986)	Danger du nucléaire -> minimiser les effets de la radioactivité «visibles» pour tous et gérer la sécurité
Rapport Brundtland sur le développement durable (en 1987)	Développement durable -> réduire de 50% d'ici 40 ans la consommation énergétique des pays industrialisés, notamment par une promotion de l'efficience énergétique
Protocole de Montréal sur la réduction de l'utilisation des chlorofluorcarbures (en sep 1987)	Trou dans la couche d'ozone qui cause le cancer de la peau, la diminution du système immunitaire et des maladies des yeux -> supprimer le recourt au CFC
Conférence internationale sur le changement climatique à Toronto (en juin 1988)	Effet de serre augmenté par l'action de certains gaz -> stabiliser les émissions de CO2 et les réduire de 20% d'ici 2005
Rapports du Panel Intergouvernemental sur les Changements Climatiques (en 1990 et 1995)	Réchauffement de la planète et changements climatiques -> diminuer les émissions de CO2 et d'autres gaz à effet de serre
Convention-cadre sur le climat de Rio (en juin 1992)	Engagement / déclaration d'intention des pays signataires pour réduire en 2000 leurs émissions de CO2 au niveau de 1990

(2) Préexistence, réformes organisationnelles et/ou création d'institutions administratives dans le domaine énergétique: Deuxièmement, nous analysons les différentes étapes du design dit institutionnel, qui vise à constituer un arrangement politico-administratif pour la mise en oeuvre des instruments. Il s'agit ici d'identifier, pour le domaine énergétique, l'existence de structures administratives spécialisées, leurs éventuelles réformes organisationnelles et/ou la création de nouvelles institutions. La réalisation effective de tout programme d'action présuppose en effet la

désignation d'un arrangement politico-administratif, ainsi que l'affectation des ressources nécessaires. En ce qui concerne les instruments visant à promouvoir l'efficience énergétique des appareils électroménagers et des équipements bureautiques, ces ressources administratives comprennent en plus d'une base légale et/ou réglementaire, de personnel et d'un budget financier, certainement des compétences d'ordre technique. L'élaboration de procédures de test de la consommation énergétique, la définition d'étiquettes et de labels de qualité, la prescription de valeurs-cibles ou de normes, ou encore la fixation des critères à respecter lors d'une acquisition de technologie et d'achats publics, impliquent une maîtrise des questions techniques liées à l'amélioration du rendement énergétique des appareils et des équipements. Ces diverses ressources doivent donc être disponibles au sein de l'administration pour que les instruments puissent être mis en oeuvre. Notre analyse empirique cerne donc les phases du processus de «capacity-building» au sein de chaque pays[2]. Pour ce faire, elle retrace les grandes lignes de l'évolution des structures administratives d'exécution. Selon les données disponibles, nous indiquons également les coûts financiers d'application des différents instruments.

(3) Attribution des compétences de mise en oeuvre à une administration spécialisée dans les questions d'efficience énergétique: Troisièmement, il s'agit d'étudier si les structures administratives désignées comme responsables pour la mise en oeuvre des instruments s'avèrent bel et bien des institutions spécialisées dans les questions d'efficience énergétique. Cette dernière étape constitue de fait le test empirique (compris dans son sens étroit) de notre deuxième hypothèse de recherche.

Les paragraphes suivants décrivent, pour chacun des cinq pays comparés, les résultats du test empirique discuté ci-dessus.

---

2 Nous appliquons ici le concept de «capacity-building» dans son sens étroit, à savoir celui de l'institutionnalisation de structures administratives compétentes et dotées des ressources nécessaires à la mise en oeuvre des politiques publiques. Pour une discussion théorique de ce processus de «capacity-building» et une analyse empirique comparée de pays industrialisés, dont le Danemark, les Etats-Unis, la Suède et la Suisse, voir par exemple JÄNICKE et WEIDNER (1996).

5.21 Canada

Le tableau 29 présente le design des instruments au Canada en fonction des programmes d'actions élaborés pour répondre aux chocs externes, des bases légales adoptées et des structures administratives qui préexistent, qui subissent des réformes organisationnelles ou qui sont nouvellement créées. Il indique également les ressources financières allouées par les décideurs politiques pour l'application des différents instruments.

Abordé sous l'angle (du design) des structures administratives de mise en oeuvre, le processus de design des instruments s'articule en trois étapes principales:

(1) La Direction des produits du Ministère de la consommation et des corporations prescrit des étiquettes obligatoires: En réponse à la première crise pétrolière, le Ministère de l'énergie, des ressources et des mines (EMR) institue en janvier 1974 le Bureau de la conservation de l'énergie. Celui-ci propose en 1975 d'introduire un étiquetage obligatoire des appareils électroménagers. Conscient des limites de ses compétences et ressources propres, le Bureau suggère que le Ministère de la consommation et des corporations (CC) se charge de l'élaboration et de la mise en oeuvre des étiquettes énergétiques. Dans le cadre de ses attributions, CC est en effet investi depuis 1967 du pouvoir de recommander et d'appliquer des mesures de promotion des intérêts des consommateurs. Sa Direction des produits, ancrée dans le Bureau de la consommation de CC, réglemente déjà l'étiquetage de différents biens commercialisés. Le Cabinet et l'Assemblée nationale suivent cette proposition qui permet de minimiser les coûts administratifs du nouvel instrument. L'étiquetage obligatoire est donc mis en oeuvre non pas par la nouvelle unité administrative de EMR, pourtant spécialisée dans les question d'efficience énergétique, mais par le Ministère CC préexistant qui bénéficie des ressources nécessaires, y compris légales suite à l'adoption en 1978 de la Loi sur l'emballage et l'étiquetage des produits de consommation, et d'expériences antérieures en matière d'étiquetage. Pour appliquer son programme « CANTAG », renommé « EnerGuide » par la suite, CC poursuit sa collaboration antérieure avec l'Association canadienne de normalisation.

Tableau 29: Design des instruments au Canada en fonction d'événements externes, des programmes d'action énergétiques et des structures administratives de mise en oeuvre

«chocs» externes	programme d'action et objectifs politiques	bases légales	structures administratives d'exécution	instruments, coûts
1er choc pétrolier en 1973	- Politique énergétique du Canada (déc. 73): autosuffisance en pétrole dès 1980 - Stratégie d'autonomie (avril 76): autonomie énergétique dès 1986	aucune	- Bureau de la conservation de l'énergie créé en janvier 1974 au sein du Ministère de l'Energie, des Mines et des Ressources (EMR)	aucun
2ème choc pétrolier en 1978	- Programme national de l'énergie (fév. 79): réduire de 50% la croissance de la demande - Programme énergétique national (oct. 80): indépendance pétrolière dès 2000	Loi sur l'étiquetage (mai 78)	**- Direction des produits du Ministère de la consommation et des corporations (dès 78)** **- EMR (dès août 87)**	**étiquetage obligatoire: C$ 500'000 en 1985**
rapport Brundtland en 1987 et conf. de Montréal Toronto en 1988	- Plan Vert du Canada (mars 90): développement durable - Programme d'efficience énergétique et des énergies de remplacement (mars 90)	aucune	- Ministère de l'environnement - Direction de l'efficience énergétique et des énergies de remplacement au sein de EMR	aucun
sommet de Rio en 1992	- Programme d'action national sur le changement climatique (fév. 1995): stabiliser en 2000 les émissions de CO_2 à leur niveau de 1990	Loi sur les normes (juin 92)	**- EMR (jusqu'en juin 93)** **- Transfert de la Division de l'efficacité énergétique au sein du nouveau Ministère des Ressources Naturelles (depuis juin 93)**	**normes: C$ 3,6 Mio en 1994**

Notes:
- C$ = dollar canadien
- Les structures administratives indiquées en gras dans le tableau sont celles chargées de la mise en oeuvre des instruments.

(2) La Direction de l'efficacité énergétique du Ministère de l'énergie, des mines et des ressources reprend à son compte l'étiquetage obligatoire et développe des normes: S'étant vu imposer l'application des étiquettes énergétiques, CC manifeste rapidement son désintérêt. Argumentant que le programme « EnerGuide » lui occasionne des coûts administratifs trop élevés, estimés à C$ 500'000 par an, la Division de l'évaluation des programmes de CC invite le gouvernement à abroger l'étiquetage obligatoire et à supprimer dès 1985 son financement. Le Cabinet décide alors, en fonction du rapport négatif entre les bénéfices attendus et les coûts de mise en oeuvre de « EnerGuide », l'abandon du programme de CC. Initiateur de l'étiquetage obligatoire, le Secteur de l'énergie de EMR s'oppose cependant à cette déréglementation. Ne parvenant pas à instaurer une coordination positive avec CC, il supporte, de manière informelle, la gestion administrative du programme. Un accord interministériel lui accorde finalement en août 1987 la compétence réglementaire de prescrire des étiquettes obligatoires. Grâce aux ressources en personnel et financières allouées à sa nouvelle Direction de l'efficacité énergétique et des énergies de remplacement, EMR renforce ensuite graduellement le programme « EnerGuide ». Pour ce faire, il recourt notamment au consultant privé Marbek, dirigé par un ancien fonctionnaire du Bureau de la conservation de l'énergie. Au-delà de cette politique de continuité, la Direction de l'efficacité énergétique propose d'introduire des normes. Des coupes significatives dans le budget de EMR, soit une réduction de C$ 410 Mio. en 1984-85 à seulement C$ 40 Mio. en 1990-91, retardent néanmoins les travaux préparatoires. La proposition d'introduire des normes est réactualisée en mars 1990 lorsque le Ministère de l'environnement élabore le Plan Vert pour le Canada qui concrétise la réponse gouvernementale aux problèmes environnementaux soulevés successivement par la Commission Brundtland et les conférences internationales sur le trou d'ozone et l'effet de serre. EMR dispose finalement en 1992 de la base légale nécessaire à l'édiction réglementaire de normes énergétiques.

(3) Le Ministère des ressources naturelles prescrit les normes: En juin 1993, l'administration fédérale subit une restructuration de taille et EMR se fond dans le nouveau Ministère des ressources naturelles (RNCan). Sa Direction de l'efficacité énergétique, intégrée au Secteur de l'énergie, se voit confier les tâches spécifiquement liées à l'utilisation rationnelle de l'énergie et au développement de technologies qui ménagent l'environne-

ment. Elle est donc à même d'assumer la mise en oeuvre des instruments proposés. Disposant d'un budget annuel de 3,6 Mio., elle prescrit les normes, actualise le programme « EnerGuide » et initie diverses actions connexes, comme par exemple la formation des distributeurs d'appareils. La mise en oeuvre de ces instruments s'inscrit parfaitement dans le nouveau Programme d'Action National sur le Changement Climatique, car ils visent une réduction de la consommation et, par là, une diminution des émissions de CO2 liées à la production d'électricité.

Nous tirons quatre conclusions de cette analyse empirique du processus et des résultats du design des instruments:

1. Pour tous les instruments adoptés, les compétences formelles et les ressources de mise en oeuvre sont attribuées à une administration préexistante.
2. L'étiquetage obligatoire relève initialement d'une administration non-spécialisée dans les questions d'efficience énergétique, soit le Ministère de la consommation et des corporations (CC). Cette solution s'avère rapidement problématique et conduit en 1987 au transfert des responsabilités de mise en oeuvre à une administration spécialisée, soit la Direction de l'efficacité énergétique (DEE) du Ministère de l'énergie, des mines et des ressources (EMR).
3. Une fois institutionnalisée, la DEE se charge de l'application réglementaire des étiquettes et des normes énergétiques. Cette concentration des ressources de mise en oeuvre n'est pas remise en cause lors de la réforme ministérielle qui déplace la DEE de EMR vers le Ministère des ressources naturelles (RNCan).
4. Les gouvernements canadiens adoptent des instruments dont les coûts de mise en oeuvre réglementaire sont croissants.

Notre hypothèse de recherche postule qu'un instrument est adopté si une structure administrative spécialisée préexiste. Elle est donc confirmée pour les normes, mais infirmée pour l'étiquetage obligatoire (cf. tableau 30).

Tableau 30: Choix des instruments au Canada en fonction des structures administratives de mise en oeuvre préexistantes

acteurs de mise en oeuvre des instruments	administrations dans le secteur de l'énergie	administrations dans d'autres secteurs
étiquetage obligatoire (78)	*depuis 1987*: Direction de l'efficacité énergétique du Ministère de l'énergie, des mines et des ressources (87)	*1978-87*: Direction des produits du Ministère de la consommation et des corporations (67)
normes (92)	*1992-93*: Direction de l'efficacité énergétique du Ministère de l'énergie, des mines et des ressources (87) *depuis 1993*: Direction de l'efficacité énergétique du Ministère des ressources naturelles (93)	

Note: Nous indiquons en italique la période durant laquelle l'administration met en oeuvre l'instrument et entre parenthèses la date de création de cette structure administrative.

5.22 Danemark

Trois étapes caractérisent les relations qui existent entre le design des institutions administratives de mise en oeuvre et celui des instruments visant à promouvoir l'efficience énergétique des appareils électroménagers et des équipements bureautiques (cf. tableau 31).

(1) Le Ministère du Commerce effectue des travaux de planification: L'absence de toute politique énergétique concertée avant la crise pétrolière de 1973 se traduit également au niveau des institutions administratives en charge du dossier énergétique. De fait, seule la Commission de l'énergie atomique (CEA), relevant depuis 1955 du Ministère de l'éducation, est compétente en matière de recherche nucléaire. Suite à la première explosion des prix du pétrole, le gouvernement danois institue en novembre 1973 un Comité de conservation de l'énergie afin d'appliquer certaines mesures d'urgence et de conduire une campagne d'information. Après cette gestion de crise, le Ministère du commerce (MC) assure directement la formulation d'un premier programme énergétique en mai 1976.

L'objectif prioritaire de ce plan d'action est la réduction de la part du pétrole dans le bilan énergétique. Parallèlement, le MC institue l'Agence danoise de l'énergie (ADE) qui absorbe l'ancienne CEA. Cet ordonnancement organisationnel s'explique par le fait qu'il s'agit prioritairement de gérer les échanges commerciaux et les flux financiers liés aux importations de produits pétroliers. Par conséquent, le MC et l'ADE ne se préoccupent que marginalement des questions d'économies d'énergie. Si quelques travaux préparatoires sont entrepris, aucun instrument concret n'est de facto mis en oeuvre, faute notamment de bases légales et de ressources administratives.

(2) L'Agence danoise de l'énergie intègre le nouveau Ministère de l'énergie et applique un étiquetage obligatoire: Le deuxième choc pétrolier ainsi que l'accident nucléaire de Harrisburg thématisent à nouveau, entre 1978 et 1979, les multiples enjeux de la politique énergétique, surtout les coûts de l'approvisionnement en produits pétroliers et le risque nucléaire. Afin de répondre à ces chocs externes, le gouvernement institue à la fin 1979 le Ministère de l'énergie (ME) qui, avec le nouveau Ministère de l'industrie, remplacent l'ancien MC. L'ADE y est logiquement transférée, en même temps que ses ressources sont sensiblement augmentées. Son effectif évolue de 30 collaborateurs en 1976 à 100 en 1980. De plus, le Ministre de l'énergie constitue un état-major de 50 fonctionnaires pour concevoir la future politique énergétique. Suite à cette réforme administrative de taille, le ME publie en novembre 1981 un deuxième plan énergétique qui accorde une plus grande importance à la réduction de la demande en énergie. Ce nouveau programme d'action, la croissance significative des ressources de l'ADE ainsi que l'adoption en mai 1982 de la Loi sur l'étiquetage permettent à l'ADE de prescrire des étiquettes obligatoires. Cette activité réglementaire se voit cependant limitée par le gouvernement conservateur. Ce dernier soutient en effet que les bénéfices attendus du programme d'étiquetage sont inférieurs à ses coûts de mise en oeuvre, au demeurant non quantifiés.

Tableau 31: Design des instruments au Danemark en fonction d'événements externes, des programmes d'action énergétique et des structures administratives de mise en oeuvre

«chocs» externes	**programme d'action et objectifs politiques**	**bases légales**	**structures adminis trative d'exécution**	**instruments, coûts**
1er choc pétrolier en 1973	- 1er Plan énergétique (mai 76): réduire de 22% la part du pétrole d'ici 1985	aucune	- Agence danoise de l'énergie (ADE) créée en avril 1976 au sein du Ministère du commerce	aucun instrument
2éme choc pétrolier en 1978, Harisburg en 1979	- 2ème Plan énergétique (nov. 81): réduire la consommation, abandonner le nucléaire et promouvoir les énergies renouvelables	Loi sur l'étiquetage (mai 82)	**- Transfert de l'ADE au sein du nouveau Ministère de l'énergie créé à la fin 1979**	**étiquetage obligatoire: coûts non quantifiés**
rapport Brundtland en 1987	- Plan d'action sur l'environnement et le développement (déc. 88): réduire en 2005 de 20% les émissions de CO2 par rapport à 1988 - Energi 2000 (avril 90): réduire de 15% la consommation d'énergie primaire	aucune	- Ministère de l'énergie	aucun instrument
sommet de Rio en 1992	- Suivi de Energi 2000 (nov. 93): réduire la consommation d'électricité - Energi 21 (avril 96): réduire en 2005 de 20% les émissions de CO2 par rapport à 1988	Loi sur les normes (fév. 94)	**- Transfert de l'ADE au sein du nouveau Ministère de l'énergie et de l'environnement créé en septembre 1994**	**normes: 6 pers/an et CD 70'000 par appareil/an et CD 3 Mio pour experts externes**

Notes:
- CD: couronne danoise
- Les structures administratives indiquées en gras dans le tableau sont celles chargées de la mise en oeuvre des instruments.

(3) L'Agence danoise de l'énergie intègre le Ministère de l'énergie et de l'environnement et prescrit des normes: La politique énergétique subit une nouvelle réorientation à la suite de la publication en 1987 du rapport Brundtland qui définit le concept de développement durable. Les questions environnementales liées aux émissions de CO2 produites par les centrales électriques thermiques et à l'effet de serre induit dominent les débats politiques. Le Plan d'action sur l'environnement et le développement annoncé en décembre 1988, puis le programme d'action «Energi 2000» lancé en avril 1990, visent dès lors à diminuer la consommation d'énergie primaire et à réduire en 2005 de 20% les émissions de CO2 par rapport à leur niveau de 1988. Cet objectif n'est atteignable que si des économies sont réalisées par une utilisation rationnelle de l'électricité. L'ADE cherche donc à revitaliser l'étiquetage obligatoire. Cette tentative est temporairement freinée par la politique européenne. Le ME annonce néanmoins plusieurs autres interventions qui ne deviennent effectives qu'après l'adoption en novembre 1993 du «Suivi de Energi 2000». A ce moment, l'ADE comprend plus de 250 collaborateurs et dispose des ressources nécessaires à l'application de nouveaux instruments. Adoptant en février 1994 la Loi sur les normes d'efficience énergétique, le Folketing habilite le ME et l'ADE à édicter des valeurs-limites. De plus, et afin de mieux coordonner les politiques énergétique et environnementale, le gouvernement institue en septembre 1994 un nouveau Ministère de l'énergie et de l'environnement au sein duquel l'ADE est transférée. S'appuyant sur cette réforme administrative, l'ADE s'engage dès la fin 1994 dans l'application de l'étiquetage obligatoire, des normes et d'instruments connexes comme la formation des distributeurs d'appareils électroménagers. Pour l'application des seules normes, elle dispose d'un budget de CD 70'000 par an et par type d'appareil réglementé. De plus, les six fonctionnaires en charge du dossier peuvent recourir à l'aide d'experts externes, jusqu'à concurrence de CD 3 Mio., pour formuler les réglementations nécessaires.

Nous tirons deux conclusions de cette analyse empirique du processus et des résultats du design des instruments:

1. Pour tous les instruments adoptés, les compétences formelles et les ressources de mise en oeuvre sont attribuées à une administration préexistante.

2. L'Agence danoise de l'énergie (ADE), spécialisée dans les questions d'efficience énergétique, est dès le départ responsable de la mise en oeuvre réglementaire des étiquettes et des normes énergétiques. Le rôle et la marge de manoeuvre octroyés à l'ADE ne dépendent pas de ses ordonnancements institutionnels successifs au sein des Ministères du commerce, de l'énergie puis, finalement, de l'énergie et de l'environnement.

Notre hypothèse de recherche postule qu'un instrument est adopté si une structure administrative spécialisée existe. Elle est donc confirmée pour l'étiquetage obligatoire et pour les normes (cf. tableau 32).

Tableau 32: Choix des instruments au Danemark en fonction des structures administratives de mise en oeuvre préexistantes

acteurs de mise en oeuvre des instruments	**administrations dans le secteur de l'énergie**	**administrations dans autres secteurs**
étiquetage obligatoire (82)	*depuis 1982*: Agence danoise de l'énergie (76) du Ministère de l'énergie (79)	
normes (94)	*depuis 1994:* Agence danoise de l'énergie (76) du Ministère de l'énergie et l'environnement (94)	

Note: Nous indiquons en italique la période durant laquelle l'administration met en oeuvre l'instrument et entre parenthèses la date de création de cette structure administrative.

5.23 Etats-Unis

Le tableau 33 présente le design des instruments aux Etats-Unis en fonction des programmes d'action élaborés pour répondre aux chocs externes, des bases légales adoptées et des structures administratives qui préexistent, subissent des réformes organisationnelles ou sont nouvellement créées. Il indique également les ressources financières allouées par les décideurs politiques pour l'application des différents instruments.

Tableau 33: Design des instruments aux Etats-Unis en fonction d'événements externes, des programmes d'action énergétique et des structures administratives de mise en oeuvre

«chocs» externes	**programme et objectifs politiques**	**bases légales**	**structures administrative d'exécution**	**instruments, coûts**
1er choc pétrolier en 1973	- Projet d'indépendance (nov. 1973): autosuffisance énergétique à long terme - Lignes directrices (janv. 75): autonomie énergétique d'ici 1985 - Plan énergétique national (avril 77): réduire de 2% la croissance annuelle de la demande	aucune EPCA (déc. 75) NECPA (nov. 78)	**- Département du commerce** **- Commission fédérale du Commerce** **- Administration fédérale de l'énergie (AFE), créée en juin 1974, absorbe l'Office de l'énergie, créé en déc. 1973** **- Département de l'énergie (DE), créé en août 1977, absorbe l'AFE**	**- étiquetage volontaire: coûts non quantifiés** **- étiquetage obligatoire: $ 650'000 en 76, $ 700'000 en 77** **- valeurs-cibles: $ 2,8 Mio en 76, $ 2,2 Mio en 77** **- normes: $ 3,3 Mio en 78, $ 10 Mio en 79**
2ème choc pétrolier en 1978 et Harrisburg en 1979	- Plan national de politique énergétique (juil. 81): augmenter l'offre y.c. l'électricité nucléaire	aucune	Tentatives infructueuses du Président de supprimer le DE (en 1982 et 1985); mais coupes budgétaires et réduction significative du personnel	aucun instrument (solution du «no-standard standard» à la place des normes)
rapport Brundtland en 1987 et « 3ème choc » pétrolier en 1990	- Stratégie nationale de l'énergie (fév. 91): sécurité de l'approvisionnement, utilisation rationnelle et protection de l'environnement	NAECA (mars 87)	**- Département de l'énergie**	**normes: économie de $ 500'000 en 1987**

sommet de Rio en 1992	- Plan d'action sur les changements climatiques, dont le Partenariat énergétique pour une économie forte (oct. 93): stabiliser en 2000 les émissions de CO2 à leur niveau de 1990 - Programme fédéral de gestion de l'énergie, dont le Défi fédéral d'acquisition (1993-1994): réduire la consommation de l'administration fédérale	EPA (oct. 92)	**- Division du changement global créée en 1992 au sein de l'Agence de protection de l'environnement (qui participe à la création d'un Consortium pour l'efficience énergétique)** **- Office de l'efficience énergétique et des énergies renouvelables au sein du DE (qui participe à la création d'un Consortium d'achats)**	**- acquisition de technologie: $ 30 Mio en 92** **- label: coûts non quantifiés** **- achats publics: $ 25 Mio en 1993**

Note explicative:

1. Abréviations des lois: EPCA: Energy Policy Conservation Act; NECPA: National Energy Conservation Policy Act; NAECA: National Appliance Energy Conservation Act; EPA: Energy Policy Act.
2. Les structures administratives indiquées en gras dans le tableau sont celles chargées de la mise en oeuvre des instruments.

Trois phases permettent d'interpréter le processus séquentiel de design des instruments en fonction des nombreuses réformes des structures administratives de mise en oeuvre:

(1) Le Département du commerce développe un étiquetage volontaire, puis la Commission fédérale du commerce prescrit des étiquettes obligatoires: Lorsque la crise pétrolière de 1973 éclate, aucune institution administrative ne conçoit et ne gère de véritable politique d'économies d'énergie. Souhaitant néanmoins intervenir rapidement pour promouvoir l'efficience énergétique du secteur domestique, le Président Nixon décide d'initier un programme d'étiquetage volontaire. Il mandate le Secrétaire du Département du commerce (DC), membre de son Cabinet, pour développer des étiquettes énergétiques. Ce dernier collabore avec le Bureau national des standards (BNS) afin de mesurer la consommation des appareils

électroménagers. Parallèlement à cette première intervention, Nixon crée un Office de la conservation de l'énergie au sein du Ministère de l'intérieur et un Office fédéral de l'énergie directement rattaché à ses services. Cet office est absorbé en juin 1974 déjà par la nouvelle Administration fédérale de l'énergie (AFE). Vu l'inexpérience de cette structure administrative, conçue comme future responsable des questions de conservation de l'énergie, la mise en oeuvre du programme d'étiquetage relève toujours du DC. Le Congrès propose quant à lui d'en déléguer la gestion administrative à la Commission fédérale du commerce (CFC). Ce transfert formel de compétences devient effectif en décembre 1975, suite à l'adoption du Energy Policy Conservation Act. C'est donc un organisme public, mais opérant sur une base essentiellement commerciale, qui applique dès lors le nouveau programme d'étiquetage obligatoire. Les coûts administratifs de mise en oeuvre des étiquettes énergétiques s'élèvent à quelques $ 650'000 pour l'année 1976, somme allouée par le Congrès à la CFC. Bien que ne disposant d'aucune administration énergétique préexistante pour appliquer de premiers instruments dans le domaine de l'efficience énergétique, le Président et le Congrès adoptent successivement un étiquetage volontaire puis obligatoire, car aussi bien le DC que la CFC disposent déjà de ressources organisationnelles et de premières expériences en matière d'étiquetage des produits de consommation.

(2) L'Administration fédérale de l'énergie négocie des valeurs-cibles, puis le Département de l'énergie prescrit des normes: L'Administration fédérale de l'énergie (AFE) est quant à elle chargée à la fin 1975, soit plus d'une année après sa création, de développer des valeurs-cibles de consommation pour les appareils électroménagers. Visant à lui donner les moyens financiers nécessaires à une mise en oeuvre efficace, le Congrès lui octroie un budget de $ 2,8 Mio pour 1976. De plus, il accorde la même année $ 1,1 Mio. au Bureau national des standards afin que celui-ci, qui avait déjà participé aux programmes d'étiquetage du DC et de la CFC, collabore également avec l'AFE lors de la définition des valeurs-cibles. Ces nouvelles ressources organisationnelles et financières s'inscrivent parfaitement dans le Plan énergétique national de avril 1977 qui, pour la première fois, accorde un rôle central au principe de l'efficience énergétique. Dès août 1977, le nouveau Département de l'énergie (DE) absorbe l'AFE, les travaux préparatoires de cette dernière y étant poursuivis. Ce Département ministériel, institué de facto sur la demande du Président

Carter, jouit de plus de ressources en personnel et financières que l'AFE, ainsi que d'un poids politique plus important car son Secrétaire est membre du Cabinet présidentiel. Compte tenu de ce renforcement significatif des institutions administratives de la politique d'efficience énergétique, le Congrès charge en novembre 1978 le DE de prescrire des normes contraignantes en lieu et place des valeurs-cibles négociées jusqu'ici par l'AFE. Il affecte en 1978 un budget de $ 3,3 Mio. pour la mise en oeuvre de cet instrument, les ressources investies s'élevant jusqu'à quelques 10 Mio. en 1979. Si la réforme organisationnelle du DE se traduit en impacts tangibles au niveau des normes, force est par contre de constater que le rôle de la CFC relatif à l'étiquetage obligatoire n'est par contre nullement remis en cause. Poursuivant ses activités réglementaires, la Commission lance en effet officiellement le programme « EnergyGuide » en novembre 1979. De fait, le DE et la CFC constituent à ce jour toujours les acteurs centraux de la politique d'efficience énergétique dans le secteur domestique. Leur marge de manoeuvre se voit toutefois limitée à plusieurs reprises dans les années 1980 lorsque Reagan réduit leur budget et leur personnel, et tente carrément, en 1982 et en 1985, de supprimer le DE. La CFC et le DE continuent néanmoins de prescrire respectivement des étiquettes obligatoires et des normes, les coûts administratifs des nouvelles réglementations s'avérant décroissants après les premières expériences réalisées avec ces instruments contraignants. En effet, l'Office du Budget conclut, lors de l'analyse des ressources nécessaires à l'application du National Appliance Energy Conservation Act de mars 1987, que l'édiction de nouvelles normes est neutre sur le budget du DE, voire permet une économie annuelle de $ 500'000.

(3) L'Agence de protection de l'environnement met en oeuvre le label « Energy Star » et un programme d'acquisition de technologies, alors que le Département de l'énergie définit les critères énergétiques des achats publics: Suite à la prise en compte des enjeux environnementaux dans la politique énergétique, l'Agence de protection de l'environnement s'affirme graduellement comme un partenaire indispensable du DE et de la CFC. Créée en réaction aux débats internationaux sur le développement durable, le trou d'ozone, l'effet de serre et le réchauffement de la planète, la Division du changement global de l'APE met en oeuvre de nouveaux instruments. En 1992, elle lance le label de qualité « Energy Star » pour les équipements bureautiques et participe à un programme d'acquisition

d'un réfrigérateur super-efficient, programme doté de $ 30 Mio. Ces instruments volontaires et incitatifs, en parfaite adéquation avec la culture administrative de l'APE, complète les actions réglementaires de la CFC et du DE. Ces actions connexes s'avèrent d'autant plus importantes que, contrairement au budget du DE, celui de l'APE n'est pas réduit par le Congrès républicain dans les années 1990. Finalement, le Président Clinton mise sur l'exemplarité du comportement de l'Etat lors d'achats publics d'équipements bureautiques. A cet effet, il alloue $ 23 Mio. à l'Office de l'efficience énergétique du DE pour que ce dernier, en collaboration avec le programme « Energy Star » de l'APE, conseille l'administration fédérale lors de commandes des modèles les plus économes en énergie.

Nous tirons cinq conclusions de cette analyse empirique du processus et des résultats du design des instruments:

1. Pour tous les instruments adoptés, les compétences formelles et les ressources de mise en oeuvre sont attribuées à une administration préexistante.
2. Les instruments ayant trait à une forme ou l'autre de l'étiquetage relèvent d'institutions administratives non spécialisées dans les questions d'efficience énergétique. La désignation de la Commission fédérale du Commerce (CFC) comme responsable des étiquettes obligatoires et de l'Agence de protection de l'environnement (APE) comme gestionnaire du label de qualité, n'est jamais remise en cause par la suite, que ce soit par la CFC ou l'APE elles-mêmes ou par d'autres acteurs politico-administratifs.
3. L'application réglementaire des valeurs-cibles et des normes demeure du ressort exclusif de structures administratives spécialisées. Le transfert de l'Administration fédérale de l'énergie (AFE) au sein du Département de l'énergie assure une concentration des connaissances techniques nécessaires. Contrairement à cette stratégie institutionnelle de continuité, le DE voit ensuite sa marge de manoeuvre fortement limitée par des réductions de budget et de personnel. Par contre, les tentatives néo-conservatrices de supprimer le DE échouent.
4. Les instruments incitatifs, soit les acquisitions de technologies et les achats publics, sont initialement mis en oeuvre par l'APE et le DE. Indépendamment du fait qu'elles soient spécialisées (DE) ou non (APE) en matière d'efficience énergétique, ces institutions participent en 1994

à la création de deux nouveaux arrangements politico-administratifs afin d'assurer la poursuite, la coordination et l'intensification des programmes qu'elles ont initiés. Cette stratégie vise à élargir le cercle des acteurs de mise en oeuvre au sein du secteur énergétique (Consortium d'efficience énergétique) et en dehors de celui-ci (Consortium d'achats publics).

5. Les budgets alloués à la mise en oeuvre des différents instruments tendent à croître, exception faite du programme fédéral d'achats publics.

Notre hypothèse de recherche postule qu'un instrument est adopté si une structure administrative spécialisée existe. Elle est donc confirmée pour les valeurs-cibles, pour les normes et pour les achats publics, mais infirmée pour l'étiquetage volontaire et obligatoire, pour les labels de qualité et pour les acquisitions de technologies (cf. tableau 34).

Tableau 34: Choix des instruments aux Etats-Unis en fonction des structures administratives de mise en oeuvre préexistantes

acteurs de mise en oeuvre des instruments	**administrations dans le secteur de l'énergie**	**administrations dans d'autres secteurs**
étiquetage volontaire (73)		*1973-74:* Département du commerce
étiquetage obligatoire (75)		*depuis 1975:* Commission fédérale du commerce
valeurs-cibles négociées (75)	*1975-78:* Administration fédérale de l'énergie (74)	
normes (78)	*depuis 1978*: Département de l'énergie (77)	
acquisition de technologies (92)	*depuis 1994:* Consortium d'efficience énergétique	*1992-94:* Division du changement global de l'Agence de protection de l'environnement (92)
label de qualité (92)		*depuis 1992*: Division du changement global de l'Agence de protection de l'environnement (92)
achats publics (93)	*1993-94:* Département de l'énergie	*depuis 1994:* Consortium d'achats publics

Note: Nous indiquons en italique la période durant laquelle l'administration met en oeuvre l'instrument et entre parenthèses la date de création de cette structure administrative.

5.24 Suède

Les relations entre les structures administratives de mise en oeuvre et le design des instruments peuvent être décrites en fonction des trois étapes chronologiques suivantes (cf. tableau 35):

(1) L'Agence suédoise des politiques de consommation applique l'étiquetage obligatoire: Pour répondre à la première crise pétrolière de 1973, le gouvernement ne peut s'appuyer administrativement sur aucun Ministère de l'énergie. En effet, seule une Section de l'énergie préexiste au sein du Ministère du Commerce (MC). Composée majoritairement d'anciens collaborateurs de la société électrique publique Vattenfall, celle-ci se charge avant tout de travaux de planification énergétique, nucléaire en particulier. Afin de mettre en oeuvre diverses mesures d'urgence, MC institue donc un nouveau Comité de la conservation de l'énergie. De plus, le Premier Ministre Palme s'entoure de conseillers personnels en matière de politique énergétique. Finalement, le gouvernement recourt aux Cercles d'études sur l'énergie déjà établis pour consulter le grand public et élaborer son premier plan énergétique de mai 1975. Vu le large consensus sur le principe de la conservation, il propose d'appliquer un étiquetage énergétique. Cet instrument peut être mis en oeuvre dès la fin 1976 par l'Agence suédoise des politiques de consommation (KV), grâce notamment à l'adoption par le Riksdag d'une révision de la Loi sur le marketing. Disposant des ressources nécessaires, et intégrée dans le MC qui comprenait déjà les anciennes structures administratives en charge du dossier énergétique, KV applique ainsi des étiquettes obligatoires pour certains appareils électroménagers. Outre cette première intervention concrète, le gouvernement entreprend encore une autre réforme administrative et accorde officiellement, en novembre 1976, le titre de Ministre de l'énergie à l'Assistant du Ministre de l'industrie. C'est donc au sein des Ministères du commerce et de l'industrie que se concentrent les compétences et les ressources en matière d'efficience énergétique. Hormis l'étiquetage énergétique, aucun instrument n'est toutefois mis en oeuvre par ces structures administratives, car le débat politique se focalise (quasi)uniquement sur la question nucléaire, ce qui conduit à la tenue d'un référendum sur l'abandon de l'atome en mars 1980.

Tableau 35: Design des instruments en Suède en fonction d'événements externes, des programmes d'action énergétique et des structures administratives de mise en oeuvre

«chocs» externes	**programme d'action et objectifs politiques**	**bases légales**	**structures administrative d'exécution**	**instruments, coûts**
1er choc pétrolier en 1973	- Cercles d'étude sur l'énergie (74-75): consensus sur la conservation de l'énergie - 1er Plan énergétique (mai 75): réduire à 2% le taux de croissance de la demande d'ici à 1985 - 2ème Plan énergétique (78): réduire de 25-30% la consommation des bâtiments d'ici 1988	révision de la loi sur le marketing (76)	Section de l'énergie et Comité de conservation de l'énergie au sein du Ministère du Commerce **Agence suédoise des politiques de consommation (KV) créée en 1976 au sein du Ministère du commerce (1969)** Assistant du Ministre de l'industrie obtient le titre de Ministre de l'énergie en nov. 1976	**étiquetage volontaire: coûts pas quantifiés**
2éme choc pétrolier en 1978 et Harrisburg en 1979	- Lignes directrices de politique énergétique (mars 79): assurer la sécurité de l'offre en énergie et limiter les risques pour l'homme et l'environnement - 3ème plan énergétique (81): débuter le démantèlement nucléaire en 1997 et substituer le pétrole - Programme énergétique national (85): abandon du nucléaire en 2010, réduire la consommation dans les secteurs domestiques et commercial	aucune	Administration suédoise de l'énergie (ASE) créée en juillet 1983 au sein du Ministère de l'industrie transfert de KV au sein du Ministère de l'intérieur en 1985	

Tchernobyl en 1986 et rapport Brundtland en 1987	- Accord interpartis (mars 88): démantèlement de deux centrales nucléaires dès 1996 - Programme d'efficience énergétique (88): exploiter les économies d'électricité possibles techniquement et justifiées économiquement - Accord interpartis (janv. 91): date de démantèlement des centrales nucléaires fixée en fonction de critères économiques	loi de 1988 sur le PSAT loi de 1991 sur la continuation du PSAT	**Transfert de l'ASE au sein du Ministère de l'énergie et de l'environnement, créé en janv. 1987** Séparation des Ministères de l'environnement et de l'énergie en automne 90 **Département de l'efficience énergétique créé en 1991 au sein de la nouvelle Agence suédoise pour le développement industriel et technique (NUTEK qui absorbe l'ASE)** Conseil aviseur sur l'utilisation de l'électricité (puis toute énergie)	**acquisition de technologies: CS 400 Mio. en 1988** **CS 550 Mio. de 1991** **Budget total de ECU 113,7 Mio de 1988 à 1996**
sommet de Rio en 1992	- Décision de stabiliser en 2000 les émissions de CO_2 par rapport à 1990, puis les réduire (mai 93) - Annexe III AIE (nov. 1993): coordonner et lancer une stratégie d'acquisition de technologies - Accord interpartis (fév. 97): démanteler la première centrale nucléaire avant sept. 1998	loi pour limiter les changements climatiques (mai 1993)	**Département de l'efficience énergétique de NUTEK**	**labels: coûts non quantifiés (mais correspondant à 1 pers. par an)**

Notes:
- CS: Couronne Suédoise
- Les structures administratives indiquées en gras dans le tableau sont celles chargées de la mise en oeuvre des instruments.

(2) L'Agence suédoise de l'énergie du Ministère de l'énergie et de l'environnement lance le programme d'acquisition de technologies: Le processus de concentration administrative se poursuit en juillet 1983 par la création de l'Administration suédoise de l'énergie (ASE) au sein du Ministère de l'industrie. L'ancien Ministre de l'énergie assume de facto la direction de cette nouvelle unité administrative. Compte tenu que le débat politique porte toujours sur la date d'abandon du nucléaire, question réactualisée par l'accident de Tchernobyl de 1986, l'ASE n'applique aucun nouvel instrument de promotion de l'efficience énergétique dans les secteurs domestique et commercial. Un nouvel élan dans cette direction est cependant donné suite à la thématisation des enjeux environnementaux de la politique énergétique. Parallèlement aux discussions internationales sur le développement durable, le gouvernement institue en 1987 le Ministère de l'énergie et de l'environnement qui absorbe l'ASE. De plus, le Riksdag approuve l'objectif de stabiliser en 2000 les émissions de $CO2$ par rapport à leur niveau de 1988. Il y a donc une urgence à économiser l'électricité si le gouvernement souhaite conjointement démanteler de premières centrales nucléaires et limiter les gaz à effet de serre. Dans ce contexte, l'ASE propose en 1988 au Cabinet d'initier un Programme d'efficience énergétique. Ce dernier comprend comme instrument central un programme d'acquisition de technologies qui, avec le soutien politique et financier du gouvernement, peut rapidement être mis en oeuvre.

(3) L'Agence suédoise pour le développement industriel et technique intensifie les programmes d'acquisition de technologies et reprend le label américain « Energy Star »: Dès 1991, un Département de l'efficience énergétique (DEE) est créé au sein de l'Agence suédoise pour le développement technique et industriel (NUTEK). Cette nouvelle structure administrative, qui relève du Ministère de l'énergie, absorbe l'ASE. Engageant les fonctionnaires en charge du premier programme d'acquisition d'un réfrigérateur super-efficient, NUTEK dispose donc des ressources en personnel et en connaissances techniques nécessaires. Ce nouvel ordonnancement organisationnel s'avère également profitable à l'intensification du programme, car les autres unités administratives gèrent différents types d'aide au développement technologique des entreprises privées. Il y a donc une coordination et des synergies internes au sein de NUTEK quant aux instruments appliqués et aux expériences accumulées avec ceux-ci.

Finalement, il faut relever que le gouvernement accorde en 1991 un nouveau budget à NUTEK, significativement plus élevé que celui de 1988, pour lui permettre de renforcer le programme d'acquisition de technologies. En plus de cet instrument central de la politique d'efficience énergétique suédoise, NUTEK incite dès octobre 1993 les producteurs privés à participer volontairement au système de label de qualité énergétique « Energy Star » lancé depuis 1992 par l'Agence américaine de protection de l'environnement (APE). Dans ce cadre, l'administration suédoise assume un rôle d'intermédiaire entre l'APE et les entreprises intéressées.

Nous tirons trois conclusions de cette analyse empirique du processus et des résultats du design des instruments:

1. Pour tous les instruments adoptés, les compétences formelles et les ressources de mise en oeuvre sont attribuées à une administration préexistante.
2. L'exécution réglementaire de l'étiquetage obligatoire relève d'une administration non-spécialisée dans les questions énergétiques, soit l'Agence suédoise des politiques de consommation. Cette dernière maintient toujours sa prérogative de mise en oeuvre, indépendamment de son transfert du Ministère du commerce vers celui de l'intérieur, d'une part, et du renforcement des administrations compétentes en matière d'efficience énergétique, d'autre part.
3. L'Administration suédoise de l'énergie (ASE) propose et gère le premier programme d'acquisition de technologies. Cet instrument incitatif relève ensuite du Département de l'efficience énergétique de l'Agence suédoise pour le développement technique et industriel qui, en absorbant l'ASE, concentre les ressources nécessaires et valorise les expériences antérieures.

Notre hypothèse de recherche postule qu'un instrument est adopté si une structure administrative spécialisée existe. Elle est donc confirmée pour les acquisitions de technologies et pour les labels de qualité, mais infirmée pour l'étiquetage obligatoire (cf. tableau 36).

Tableau 36: Choix des instruments en Suède en fonction des structures administratives de mise en oeuvre préexistantes

acteurs de mise en oeuvre des instruments	administrations dans le secteur de l'énergie	administrations dans d'autres secteurs
étiquetage obligatoire (76)		*depuis 1976*: Agence suédoise des politiques de consommation du-Ministère du com. (76)
acquisition de technologies (90)	*de 1990 à 1991:* Agence suédoise de l'énergie du Ministère de l'énergie *depuis 1991:* Département de l'efficience énergétique (91) de l'Agence suédoise pour le développement industriel et technique (91) dans le Ministère de l'énergie et de l'environnement (87)	
label de qualité (93)	*depuis 1993:* Département de l'efficience énergétique (91) de l'Agence suédoise pour le développement industriel et technique (91) dans le Ministère de l'énergie et de l'environnement (87)	

Note: Nous indiquons en italique la période durant laquelle l'administration met en oeuvre l'instrument et entre parenthèses la date de création de cette administration.

5.25 Suisse

Le tableau 37 présente le design des instruments en Suisse en fonction des Commissions d'experts constituées et des programmes d'action élaborés pour répondre aux chocs externes, des bases légales adoptées et des structures administratives de mise en oeuvre préexistantes. Il indique également les ressources financières allouées par les décideurs politiques pour l'application des différents instruments.

Le système administratif suisse ne connaît qu'exceptionnellement des réformes organisationnelles et/ou la création de nouvelles institutions. Cet état de fait est observable en ce qui concerne l'attribution des compétences et des ressources de mise en oeuvre des instruments visant à promouvoir l'efficience énergétique des secteurs domestique et commercial:

(1) Le Bureau de la consommation ne dispose pas des ressources nécessaires pour appliquer l'étiquetage énergétique recommandé par les commissions d'experts: Ne jouissant d'aucune compétence constitutionnelle pour mener une politique d'économies d'énergie cohérente, le Conseil fédéral réagit au premier choc pétrolier en créant la Commission globale de l'énergie (CGE). De plus, il charge dès 1979 la Commission fédérale de l'énergie (CFE) de négocier des solutions de compromis sur la question nucléaire, puis sur les interventions fédérales dans l'économie électrique. Finalement, comme réponse immédiate à l'accident nucléaire de Tchernobyl, il commande une nouvelle expertise au Groupe d'experts sur des scénarios énergétiques (GESE). Ces trois commissions successives proposent toutes, entre autres, d'introduire un étiquetage énergétique, car cet instrument affiche un rapport coûts/bénéfices positif selon l'avis des experts. L'Office fédéral de l'énergie reprend cette proposition dans les diverses formulations du futur article constitutionnel sur l'énergie. Ce dernier étant rejeté lors des votations populaires de 1983 et 1984, aucune base légale dans le domaine de l'énergie n'ancre juridiquement le droit de prescrire des étiquettes énergétiques. La Confédération pourrait cependant, soit introduire un étiquetage volontaire qui ne requiert pas forcément de base légale, soit adopter l'étiquetage obligatoire dans la législation sur la protection des consommateurs, un article constitutionnel y relatif ayant déjà été adopté en juin 1981. La CFE suggère du reste cette dernière solution en 1985. L'une et l'autre de ces alternatives ne sont cependant jamais adoptées, compte tenu notamment de l'absence de toute structure administrative de mise en oeuvre autre que l'Office fédéral de l'énergie, qui tient quant à lui à instaurer un article constitutionnel. De fait, le Bureau de la consommation, créé depuis 1965 au sein du Secrétariat général du Département fédéral de l'économie publique, représente un acteur potentiel pour la mise en oeuvre d'étiquettes énergétiques. Ses ressources en personnel, financières et en compétences techniques sont cependant si limitées qu'il ne s'avère pas en mesure d'appliquer un étiquetage énergétique, volontaire ou obligatoire. Finalement, il faut souligner que même après l'adoption de bases légales sur l'étiquetage, soit la Loi sur la protection des consommateurs et l'Arrêté sur l'énergie de 1990, le Bureau de la consommation ne joue toujours aucun rôle dans le développement des étiquettes énergétiques volontaires, faute de ressources une fois encore.

Tableau 37: Design des instruments en Suisse en fonction d'événements externes, des commissions et groupes d'experts, des programmes d'action énergétique et des structures administratives de mise en oeuvre

«chocs» externes	**groupes d'experts, programme d'action et objectifs politiques**	**bases légales**	**structures administrative d'exécution**	**instruments, coûts**
1er et 2ème chocs pétroliers en 1973 et 1978, Harrisburg en 1979	- Commission pour une conception globale de l'énergie (CGE, 74-78): substituer le pétrole, chercher des alternatives et économiser l'énergie - Commission fédérale de l'énergie (79-88): négocier un consensus politique - Programme de politique énergétique Confédération-cantons (mars 85): déléguer à la Confédération le pouvoir réglementaire pour les appareils et les équipements	Art cst. sur la protection des consommateurs (juin 81)	Section des économies d'énergie créée en 1979 au sein de l'Office fédéral de l'énergie (OFEN) Bureau de la consommation au sein du Secrétariat général du Département fédéral de l'économie publique (dès 65)	aucun
Tchernobyl en 1986, rapport Brundtland en 1987	- Groupe d'experts sur les scénarios énergétiques (GESE, 86-88): abandon possible du nucléaire - Programme d'action «Energie 2000» (fév. 91): stabiliser d'ici 2000 la croissance de la demande d'électricité et stabiliser en 2000 les émissions de CO_2 à leur niveau de 1990	Art. cst. sur l'énergie (sept. 90) Loi sur la protection des consommateurs (oct. 90) Arrêté sur l'énergie (déc. 90) Ordonnance (janv. 92)	**Section des économies d'énergie de l'OFEN** Groupe d'Action Electricité (GAEL) créé au sein de Energie 2000 (sept. 91)	**étiquetage volontaire et valeurs-cibles: coûts pas quantifiés**

sommet de Rio en 1992	- Comité interdépartemental de Rio (CIRio, avril 95 et fév. 96): éléments de base pour un concept de développement durable - Conseil du développement durable (juil. 97): Plan d'action pour la Suisse - Conseil fédéral (juil. 97): Stratégie pour le développement durable en Suisse	aucune	**GAEL** **Groupe de travail interdépartemental pour l'emploi rationnel de l'électricité dans l'administration fédérale créé au début 94**	**labels: Fr. 220' 000 entre 1993-1995** **achats publics: coûts pas quantifiés**

Note:
1. Les structures administratives indiquées en gras dans le tableau sont celles chargées de la mise en oeuvre des instruments.

(2) La Section des économies d'énergie de l'Office fédéral de l'énergie négocie l'étiquetage volontaire et les valeurs-cibles de consommation: Une fois l'article constitutionnel et l'Arrêté sur l'énergie en vigueur, la Section des économies d'énergie instituée depuis 1979 au sein de l'Office fédéral de l'énergie (OFEN), assume l'application de l'étiquetage volontaire et des valeurs-cibles. Cette attribution des compétences d'exécution apparaît tout à fait naturelle compte tenu des nombreux travaux préparatoires de l'OFEN, entre autre lors de l'élaboration des divers projets législatifs. Les coûts de mise en oeuvre des instruments s'inscrivent de plus dans le budget alloué par l'Assemblée fédérale à la gestion des mesures légales du nouveau programme « Energie 2000 », soit Fr. 15,1 Mio en 1991 et Fr. 42,2 Mio. en 1992. Les coûts administratifs des étiquettes énergétiques et des valeurs-cibles ne sont jamais remis en cause par l'Assemblée fédérale, qui soutient les activités réglementaires de l'OFEN lors de la discussion parlementaire sur la future Loi sur l'énergie. Au contraire, une première évaluation des effets énergétiques des valeurs-cibles négociées démontre que cet instrument permet d'économiser annuellement 600 Mio. de kWh, soit une somme équivalente à Fr. 120 Mio.

(3) Le Groupe d'Action Electricité lance la vignette « E2000 » et le groupe pour l'emploi rationnel de l'électricité dans l'administration fédérale définit des critères énergétiques pour les achats publics: Le nouveau programme d'action « Energie 2000 » se base aussi bien sur l'exécution des mesures légales de l'Arrêté sur l'énergie que sur des actions volontaires privées. Afin de coordonner ces dernières dans le domaine de l'électricité, un Groupe d'Action Electricité (GAEL) est institué. Sous la direction d'un bureau de consultants, le GAEL développe la vignette « E2000 ». Ce label de qualité est apposé dès 1994 aux équipements bureautiques dont l'efficience énergétique est supérieure à un niveau défini de sorte à ce que 20 à 30% des modèles commercialisés obtiennent cette distinction. Les associations de consommateurs soutiennent, par leur politique d'information, cet instrument qui complète l'étiquetage volontaire géré par l'OFEN. Dans le cadre du budget alloué par la direction du programme « Energie 2000 », le GAEL investit quelques Fr. 325'000 pour la mise en oeuvre de la vignette « E2000 ». Au-delà de cette action privée, la Section des économies de l'énergie de l'OFEN mise également sur l'exemplarité du comportement de l'Etat lors d'achats publics d'équipements bureautiques. A cet effet, il constitue avec l'Office fédéral de l'environnement, des forêts et du paysage, et d'autres services fédéraux concernés, un Groupe de travail interdépartemental pour l'emploi rationnel de l'électricité dans l'administration fédérale. Cette instance définit des critères énergétiques pour les commandes publiques d'équipements bureautiques et recommandent aux différents services administratifs de la Confédération d'acquérir des modèles qui affichent la vignette « E2000 » du GAEL. Initié en juin 1994, ce nouvel instrument d'intervention est par la suite également appliqué par les administrations de certaines grandes villes suisses, dont Zurich en premier lieu, puis par différentes entreprises privées comme les banques et les compagnies d'assurance. Ces actions volontaires servent au GAEL d'arguments de promotion et de réactualisation de la vignette « E2000 ». Finalement, l'OFEN valorise cet instrument volontaire en signant avec divers services administratifs étrangers, dont l'Agence danoise de l'énergie et l'Agence suédoise pour le développement technique et industriel, un protocole d'entente pour harmoniser les labels de qualité énergétique au niveau européen.

Nous tirons deux conclusions de cette analyse empirique du processus et des résultats du design des instruments:

1. Pour tous les instruments adoptés, les compétences formelles et les ressources de mise en oeuvre sont attribuées à une administration préexistante.
2. La section des économies d'énergie de l'Office fédéral de l'énergie (OFEN) assume de facto la mise en oeuvre de tous les instruments en matière d'efficience énergétique, soit directement, soit indirectement en collaborant avec des acteurs privés (Groupe d'Action Electricité) ou d'autres services administratifs fédéraux (Groupe de travail interdépartemental).

Notre hypothèse de recherche postule qu'un instrument est adopté si une structure administrative spécialisée préexiste. Elle est donc confirmée pour l'étiquetage volontaire, pour les valeurs-cibles, pour les labels de qualité et pour les achats publics (cf. tableau 38).

Tableau 38: Choix des instruments en Suisse en fonction des structures administratives de mise en oeuvre préexistantes

acteurs de mise en oeuvre des instruments	**administrations dans le secteur de l'énergie**	**autres adminis-trations**
étiquetage volontaires (90)	*depuis 1990:* Section des économies de l'énergie (79) de l'Office fédéral de l'énergie (61) dans le Département fédéral des transports des communications et de l'énergie (DFTCE)	
valeurs-cibles (90)	*depuis 1990:* Section des économies de l'énergie (79) de l'Office fédéral de l'énergie (61) dans le DFTCE	
label de qualité (94)	*depuis 1994:* Groupe d'Action Electricité du programme d'action «Energie 2000» de l'OFEN (91)	
achats publics (94)	*depuis 1994:* Groupe de travail interdépartemental pour l'emploi rationnel de l'électricité dans l'administration fédérale dirigé par l'OFEN (94)	

Note: Nous indiquons en italique la période durant laquelle l'administration met en oeuvre l'instrument et entre parenthèses, la date de création de cette structure administrative.

5.26 comparaison des cinq cas: test de l'hypothèse de travail

Après l'examen de la validité de notre deuxième hypothèse pour chaque cas, nous discutons de suite sa capacité explicative pour l'ensemble des instruments adoptés dans les cinq pays comparés. A titre de synthèse des paragraphes précédents, le tableau 39 présente la somme des résultats du test empirique.

Tableau 39: Test de l'hypothèse sur le rapport entre les structures administratives préexistantes et les instruments retenus pour les appareils électroménagers et pour les équipements bureautiques

instruments mis en oeuvre par une structure administrative préexistante	**Canada**	**Danemark**	**Etats-Unis**	**Suède**	**Suisse**	**cas vérifiés**
étiquetage volontaire			-		+	1
étiquetage obligatoire	-	+	-	-		1
label de qualité énerg.			-	+	+	2
valeurs-cibles négociées			+		+	2
normes contraignantes	+	+	+			3
achats publics			+		+	2
acquisition de techno.			-	+		1
cas vérifiés	1	2	3	2	4	12

Note: Nous indiquons par le signe + que l'hypothèse est confirmée et par le signe - que l'hypothèse est infirmée

L'hypothèse selon laquelle le choix des instrument dépend de la préexistence d'une institution administrative de mise en oeuvre qui est spécialisée dans les question d'efficience énergétique est confirmée pour 12 instruments, soit les deux tiers des observations empiriques de notre champ d'analyse. En plus de ce constat quantitatif, nous apportons quatre commentaires comme conclusion provisoire sur la validité de notre deuxième hypothèse de recherche:

(1) Le design institutionnel précède le design des instruments: Aucun des instruments adoptés dans les cinq pays comparés ne nécessite la création d'une nouvelle institution administrative pour être mis en oeuvre. Force est par contre de constater que certaines structures préexistantes et spé-

cialisées dans les questions d'efficience énergétique ne sont pas désignées (initialement du moins) comme responsables de l'application des instruments. Ce fait est observable pour la mise en oeuvre d'une forme ou l'autre de l'étiquetage énergétique qui, au Canada, aux Etats-Unis et en Suède, relève d'une administration en charge de la protection des consommateurs. L'existence d'une administration spécialisée s'avère par contre une condition nécessaire à l'adoption de valeurs-cibles négociées et de normes contraignantes. Ces deux instruments requièrent des compétences techniques plus approfondies que l'étiquetage énergétique qui se base uniquement sur des procédures de test de la consommation énergétique des appareils et des équipements.

(2) Adéquation entre les chocs externes, la définition politique du problème à résoudre et le choix des institutions administratives de mise en oeuvre: Le design des institutions administratives de mise en oeuvre suit, dans les cinq pays comparés ici, un développement largement similaire. Celui-ci s'articule en fonction des trois problèmes prioritaires auxquels les gouvernements sont successivement confrontés, à savoir les effets économiques de la première crise pétrolière, la gestion de l'offre et de la demande d'électricité (nucléaire) et les impacts environnementaux du secteur énergétique (cf. tableau 40).

Dans un premier temps, et suite au choc pétrolier de 1973, les problèmes de la sécurité des approvisionnements en produits pétroliers, des coûts liés à leurs importations et des répercussions négatives de la crise énergétique sur la croissance économique dominent l'agenda politique. Les gouvernements et les parlements nationaux adoptent des programmes d'actions et différentes législations pour soutenir l'économie privée. Logiquement, la mise en oeuvre des instruments adoptés échoit aux administrations qui gèrent déjà les questions commerciales et économiques. Toutes les structures administratives qui conçoivent et appliquent de premières interventions en matière d'efficience énergétique relèvent ainsi de Ministères du commerce ou de l'économie publique.

Tableau 40: Adéquation entre les chocs externes et les structures de mise en oeuvre des instruments visant à promouvoir l'efficience énergétique des appareils électroménagers et des équipements bureautiques

problèmes	Canada	Danemark	Etats-Unis	Suède	Suisse
Crise pétrolière de 1973: sécurité de l'approvisionnement, maîtrise des coûts et croissance économique	Direction des produits du Ministère de la consommation et des corporations (1978-87)	Agence danoise de l'énergie (ADE) du Ministère du commerce (1976-79)	Département du commerce (1973) Commission fédérale du commerce (dès 1975)	Agence suédoise des politiques de consommation du Ministère du commerce (dès 1976)	Bureau de la consommation du Département de l'économie publique (créée en 65, mais n'applique aucun instrument)
Crise pétrolière de 1978 et accidents nucléaires de 1979 et 1986: offre et demande d'électricité et controverse nucléaire	Direction de l'efficience énergétique (DEE) du Ministère de l'énergie, des mines et des ressources (1987-93)	ADE du Ministère de l'énergie (1979-94)	Administration fédérale de l'énergie (1975-77) Département de l'énergie (dès 1977)	Agence suédoise de l'énergie du Ministère de l'industrie, puis du Ministère de l'énergie et de l'environnement (1983-91)	Section des économies d'énergie (créée en 79) de l'Office fédéral de l'énergie (OFEN) du Départ. des transports, des communications et de l'énergie (dès 90)
Rapports sur le développement durable de 1987 et Rio en 1992: émissions de CO2, effet de serre et réchauffement de la planète	DEE du Ministère des ressources naturelles (dès 1993)	ADE au sein du Ministère de l'énergie et de l'environnement (dès 1994)	Division du changement global au sein de Agence de protection de l'environnement (dès 1992)	Département de l'efficacité énergétique de l'Agence suédoise pour le développement industriel du Ministère de l'énergie et de l'envir. (dès 91)	coordination de l'OFEN et de l'Office de l'environnement, des forêts et du paysage au sein du DFTCE (dès 1998)

Note: Les dates entre parenthèses indiquent la période pendant laquelle la structure administrative concernées applique des instruments visant à promouvoir l'efficience énergétique des appareils électroménagers et des équipements bureautiques.

Une politique énergétique globale ne s'articule que dans un deuxième temps, après la crise pétrolière de 1978 et les accidents nucléaires de Harrisburg en 1979 et de Tchernobyl en 1986. Ces nouveaux chocs externes thématisent la nécessité de diversifier l'offre, de contrôler les risques de la technologie atomique et de gérer la demande. De nouveaux programmes d'action définissent l'efficience énergétique comme un principe d'action prioritaire. Afin de concrétiser celui-ci, de nouvelles structures administratives, spécialisées dans les questions d'économies d'énergie, sont instituées et se voient attribuer la mise en oeuvre des instruments. Ces réformes administratives consacrent les Ministères de l'énergie et leurs agences d'exécution comme les acteurs centraux de la politique (d'efficience) énergétique.

Dès 1987, les questions environnementales, discutées sur un plan international, influencent significativement les programmes d'action et les instruments des politiques énergétiques nationales. Les problèmes soulevés par le développement durable, le trou dans la couche d'ozone, l'effet de serre induit par les émissions de CO2 et par le réchauffement de la planète s'avèrent en effet directement liés à la production et à la consommation d'énergie. La promotion de l'efficience énergétique des secteurs domestique et commercial s'affirme alors comme une des solutions indispensables à la résolution de ces problèmes globaux. Cette réorientation environnementale du contenu de la politique énergétique se traduit également au niveau des structures administratives et des activités de mise en oeuvre. Plusieurs réformes conduisent à la création de Ministères de l'énergie et de l'environnement qui visent une gestion durable des ressources rares. De plus, diverses agences environnementales, chargées de la lutte contre le réchauffement climatique, interviennent directement dans le design et l'exécution de nouveaux instruments.

Notre analyse empirique permet donc de constater une adéquation entre les problèmes thématisés par des chocs externes, les objectifs définis dans les programmes d'action énergétiques et environnementaux, les réformes organisationnelles entreprises au sein de l'administration et le rôle joué par ces nouvelles institutions lors de la mise en oeuvre des instruments. Les cinq pays comparés apportent néanmoins des réponses différentes aux chocs externes, aussi bien en ce qui concerne le design institutionnel que le type d'instruments retenus. Les instruments appliqués dans le domaine de l'efficience énergétique s'intègrent par contre toujours dans la liste des priorités d'action gouvernementales et sont appliqués grâce aux ressources des administrations compétentes pour la politique publique directement concernée, à savoir les politiques économique, énergétique et environnementale. Ce constat suggère que les décideurs politiques des différents pays légitiment l'adoption du même instrument en fonction de la nécessité de résoudre différents problèmes et attribuent les compétences et les ressources de mise en oeuvre à l'institution administrative la plus crédible pour résoudre le problème collectif défini comme prioritaire. Telle que formulée, notre deuxième hypothèse de recherche s'avère donc trop limitative. Il s'agirait plutôt de tenir compte simultanément des relations qui existent entre les différents types d'instruments, d'institutions de mise en oeuvre et de problèmes sectoriels à résoudre[3].

(3) Adoption successive des instruments en fonction de leurs coûts de mise en oeuvre: D'une manière générale, la chronologie du design des instruments tend à démontrer que les décideurs politiques visent effectivement à minimiser leurs coûts de mise en oeuvre. Les budgets nécessaires à l'application des premiers instruments retenus (par exemple l'étiquetage) sont de facto sensiblement inférieurs aux ressources financières allouées aux instruments suivants (par exemple les normes et les programmes d'acquisition de technologies). L'argument fondamental selon lequel le design des instruments s'explique par l'intensité des ressources (financières) requises est donc plausible. Ceci d'autant plus que les attaques néo-conservatrices contre les instruments (au Canada et aux Etats-Unis) portent notamment sur les coûts de mise en oeuvre induits par les instruments.

(4) Héritage des instruments et dépendance institutionnelle (« path dependency » selon NORTH, 1990): Les instruments qui relèvent initialement d'une institution administrative non-spécialisée dans les questions d'efficience énergétique ne sont généralement pas transférées par la suite vers des (nouvelles) administrations du secteur énergétique. Les exceptions à cette grande tendance concerne l'étiquetage obligatoire au Canada

[3] Cette réflexion est également menée par LINDER et PETERS (1991) ou par WEIMER (1995) qui suggèrent d'analyser conjointement le design institutionnel et le design des instruments.

ou les programmes d'acquisition de technologies aux Etats-Unis. Pour ces deux cas, le transfert s'effectue de fait pour sauvegarder ou améliorer l'application de l'instrument.

5.3 le risque d'effets pervers des instruments: un design selon le transfert des expériences antérieures et l'harmonisation des politiques (infra)nationales?

Notre troisième hypothèse postule que le choix des instruments dépend de leur risque politique inhérent. Comme le soulignent notamment SCHNEIDER et INGRAM (1993), les décideurs politiques visent entre autres à résoudre de manière efficace et efficiente un problème défini collectivement comme prioritaire («policy responsiveness»). A cet effet, ils adoptent des instruments dont les risques d'échec et d'effets pervers sont minimisés. Un moyen de contrôler et de réduire ces effets négatifs non-voulus consiste à s'inspirer des expériences déjà accumulées ailleurs avec un instrument particulier. Plusieurs concepts proposés par la littérature décrivent les différents processus d'évaluation des expériences antérieures et de leur éventuel transfert dans un autre pays ou une autre politique publique. ROSE (1993) suggère que les décideurs politiques tirent des leçons (« lesson drawing ») quant à l'efficacité des instruments. MAY (1992) et HALL (1993) postulent l'existence de processus d'apprentissage collectif. D'autres auteurs définissent les transferts d'instruments comme des phénomènes d'émulation (HOBERG 1991), d'emprunt ou de copiage, voire de « vol » (SCHNEIDER et INGRAM 1988). Outre ces propositions théoriques d'un transfert volontaire et proactif des instruments dans le temps, entre différents pays et/ou secteurs d'intervention, d'autres cadres d'analyse se penchent sur des processus plus contraignants et plus réactifs. Ainsi en est-il si un transfert des instruments résulte concrètement d'une stratégie d'harmonisation internationale, négociée au sein d'une organisation supranationale, ou de la nécessité pour un système politico-administratif d'éviter les coûts externes (par exemple économiques) induits par l'adoption et la mise en oeuvre d'un instrument dans un autre pays. Finalement, il faut encore noter que ces trois grandes catégories de phénomènes (soit un transfert volontaire, une harmonisation politico-administrative et/ou la réduction des coûts externes induits) doivent être appréhendés non seulement entre différents pays, mais aussi entre les collectivités infranationales et le gouvernement d'un pays structuré institutionnellement selon le principe fédéraliste. Les trois phénomènes de transfert décrits plus haut doivent donc toujours être interprétés dans leurs dimensions horizontale (entre pays et secteurs) et verticale (au sein d'un même pays respectivement au sein d'une institution supranationale).

En résumé, le fondement de notre troisième hypothèse est le suivant: *« The various processes all assume that policy makers are aware of policies elsewhere, that they utilize that information within domestic policy debates and conflicts, and that this utilization can held explain policy-adoption (BENNETT 1991a). These interactions may help us understand processes of "policy transfer" (WOLMAN 1992) or "policy convergence" (BENNETT 1991b) » (BENNETT 1997).* Dans le cadre de notre recherche empirique, nous formulons concrètement comme suit cette hypothèse:

- **Hypothèse 3:** Un instrument est adopté si un ou plusieurs autres systèmes politico-administratifs l'ont déjà expérimenté et évalué, et
  si ces expériences s'avèrent positives et transférables,
  si une harmonisation internationale l'impose, ou
  si l'adoption de l'instrument permet de réduire
  des coûts externes induits.

Afin de tester empiriquement cette hypothèse, il faut (1) classer les instruments selon l'ordre chronologique de leur adoption et de leur application dans les cinq pays comparés, (2) identifier les acteurs politico-administratifs qui procèdent à une évaluation des expériences antérieures, puis au transfert ou à l'harmonisation des instruments, et finalement, (3) dégager les arguments avancés par ces derniers pour légitimer le choix des instruments en fonction de leurs effets positifs observés ailleurs.

(1) Chronologie de l'application des instruments dans les différents systèmes politico-administratifs: Premièrement, il s'agit pour chaque instrument adopté à une date précise dans un pays déterminé (variable dépendante) de recenser si le même instrument a déjà été mis en oeuvre dans un autre pays et/ou une autre entité infranationale (variable indépendante). Soulignons ici que ce principe d'antériorité n'est satisfait que si les effets de la première application de l'instrument ont également fait l'objet d'une évaluation. Si tel n'était pas le cas, on ne pourrait en effet conclure que l'éventuel transfert de l'instrument d'un pays dans un autre repose sur un design conscient qui vise à limiter les risques d'effets pervers. Cette condition s'avère naturellement non-contraignante dans le cas d'une harmonisation internationale des instruments.

(2) Acteurs de l'évaluation des instruments et de leur transfert: Deuxièmement, le constat d'une évaluation explicite des effets (positifs et négatifs) d'un instrument et de son éventuel transfert dans un autre pays, ou d'un niveau infranational au niveau national, implique que l'on puisse identifier les acteurs responsables de ce transfert. Il s'agit donc de déterminer quels groupes ou institutions de la politique d'efficience énergétique assurent la diffusion des résultats de l'évaluation d'un instrument ainsi que l'analyse de la faisabilité de son transfert. Le test empirique doit donc permettre de discerner la coalition de décideurs politiques, d'acteurs administratifs, de représentants de groupes d'intérêts, de scientifiques, etc. qui constituent les intermédiaires entre deux systèmes politico-administratifs[1].

(3) Arguments politiques de légitimation du choix des instruments en fonction d'expériences antérieures: Troisièmement, et comme complément au point évoqué ci-dessus, notre analyse empirique porte sur les arguments avancés dans le débat politique pour légitimer le choix d'un instrument particulier en fonction de ses effets évalués ailleurs. Comme le suggère entre autres MAJONE (1989), l'analyse du discours politique et des idées s'avère nécessaire, au-delà de l'analyse des solutions défendues par les différents groupes d'intérêt et les acteurs politico-administratifs, pour expliquer le design des politiques publiques. Relevons que dans le cadre de notre recherche, nous ne pouvons procéder à une étude approfondie des arguments avancés par les acteurs du transfert des instruments, mais visons uniquement à en dégager les grandes lignes.

Dans les paragraphes suivants, nous appliquons de manière stricte ces trois critères. Nous ne concluons donc au transfert d'un instrument d'un système politico-administratif dans un autre que si nous pouvons observer les traces d'une évaluation des expériences faites antérieurement avec un

---

[1] Sans les discuter ici plus avant, notons que plusieurs auteurs font référence dans leur modèles explicatifs des politiques publiques, au rôle déterminant joués par ces "policy brookers" (SABATIER, 1986), "policy entrepreneurs" (KINGDON, 1984), "médiateurs" (JOBERT et MULLER, 1987) ou "epistemic communities" (HAAS, 1992). Il est évident que ces concepts sont utilisés dans des modèles théoriques sensiblement différents et que le rôle que leur assigne les auteurs n'est pas uniquement celui d'assurer un transfert international des instruments.

instrument, les acteurs du transfert ou de l'harmonisation de cet instrument, et les arguments avancés pour en légitimer l'adoption.

5.31 Canada: la réaction aux externalités négatives induites par les instruments mis en oeuvre aux Etats-Unis

Plusieurs études empiriques ont déjà analysé l'influence des politiques publiques mises en oeuvre aux Etats-Unis sur celles du Canada. HOBERG (1991), en particulier, suggère la portée de cette dépendance qu'il résume par la formule «Sleeping with an elephant». Le tableau 41 présente le design des instruments visant à promouvoir l'efficience énergétique des appareils électroménagers au Canada en fonction du transfert des expériences déjà accumulées (avant tout) aux Etats-Unis. Compte tenu de la structure fédéraliste, un accent particulier doit également être mis sur la dynamique entre les provinces du Canada et le niveau fédéral.

Interprété en fonction des acteurs et des étapes du transfert d'expériences antérieures avec l'étiquetage obligatoire et les normes, le design des instruments s'articule comme suit au Canada:

(1) Le programme d'étiquetage obligatoire « EnerGuide » est initié, puis remis en cause, (quasi)indépendamment des expériences étrangères: Les Etats-Unis (1975) et la Suède (1976) adoptent avant le Canada (1978) les bases légales d'un étiquetage obligatoire. Néanmoins, ces premières expériences n'influencent pas, ou alors très marginalement, le programme « EnerGuide ». Aucune évaluation concrète des nouvelles politiques américaine et suédoise ne guide les travaux du Ministère de la Consommation et des Corporations (CC). Le contenu et les modalités d'application des étiquettes énergétiques varient par conséquent sensiblement entre ces trois pays. De plus, les processus réglementaires des Etats-Unis et du Canada se déroulent de manière plutôt concomitante que séquentielle. En effet, les étiquettes « EnerGuide » sont apposées aux appareils dès novembre 1978, alors que la mise en oeuvre effective des étiquettes américaines date de 1980. Finalement, il faut souligner que lorsque CC décide en 1985 de supprimer « EnerGuide », il ne se réfère pas aux effets du programme américain, ni aux expériences du Danemark et de la Suède dans ce domaine. Sa décision se base uniquement sur une évaluation du faible potentiel technique d'amélioration du rendement énergétique des appareils et

des coûts élevés de mise en oeuvre de « EnerGuide ». Le lancement et la première remise en cause de l'étiquetage obligatoire au Canada s'inscrivent donc dans un processus avant tout national.

(2) La décision réglementaire du «no-standard standard» aux Etats-Unis légitime la non-introduction de normes au Canada: En acceptant le National Energy Policy Conservation Act en 1978, le Congrès américain charge le Département de l'énergie (DE) d'édicter des premières normes d'efficience énergétique. Cependant, le DE formule en 1982 sa fameuse solution du « no-standard standard », argumentant qu'aucune norme n'est justifiée économiquement. Cette décision réglementaire influence directement la stratégie de non-intervention de CC. En 1985, lors de l'évaluation du programme « EnerGuide » et de ses alternatives possibles, dont d'éventuelles normes, l'administration canadienne soutient en effet qu'aucune norme ne saurait être adoptée, compte tenu des calculs et des conclusions du DE américain. Il faut souligner que si CC instrumentalise en mars 1995 la solution du « no-standard standard », cette base de légitimation tombe rapidement. En juillet 1985, les tribunaux américains jugent que la décision du DE n'est pas correcte juridiquement et exigent une révision du processus réglementaire. Cet arrêt demeure toutefois sans effet au Canada, le Cabinet ayant convenu en juin 1985 de supprimer rapidement l'étiquetage obligatoire et de ne pas introduire de normes.

Tableau 41: Design des instruments au Canada en fonction de l'évaluation et du transfert d'expériences antérieures

instruments au niv. fédéral	**expériences inter- et infranat.**	**acteurs de l'évaluation et du transfert des expériences antérieures**	**arguments pour légitimer le choix (ou l'abandon) de l'instrument en fonction des expériences antérieures**
étiquetage obligatoire (1978)	Etats-Unis (1975) Suède (1976)	- *mars 1985*: La Division de l'évaluation du Ministère de la consommation et des corporations (CC) évalue les étiquetages canadien (EnerGuide) et américain (EnergyGuide) et recommande de supprimer tout programme d'étiquetage. - *mars 1990:* Marbek évalue les programmes d'étiquetage du Canada, des Etats-Unis, de la Jamaïque et de la Suède, et recommande de renforcer EnerGuide et d'harmoniser les étiquettes canadiennes et américaines, soit d'exprimer les coûts de fonctionnement en $.	- L'efficience énergétique des appareils s'est déjà améliorée, sans que l'étiquetage y contribue de manière significative, et les potentiels techniques qui demeurent sont faibles par rapport aux coûts. - Les Etats-Unis, entre autres, poursuivent l'étiquetage obligatoire et les consommateurs nord-américains tiennent compte des étiquettes énergétiques si celles-ci leur indiquent les coûts énergétiques de fonctionnement en dollars par an (plutôt qu'en kWh/an).
normes (1992)	Etats-Unis (1978) Etats-Unis (1987) Ontario (1988) Colombie-B. (1990) Québec (1991) Nouvelle Ecosse (1991)	- *mars 1985*: La Division de l'évaluation de CC évalue le déroulement du processus réglementaire aux Etats-Unis et recommande de n'adopter aucune norme. - *mai 1987:* Marbek évalue les effets des normes américaines et recommande d'introduire des normes provinciales (et fédér.). - *août 1989*: La Conférence des Ministres de l'énergie fédéral et provinciaux recommande d'introduire des normes; le Comité aviseur de l'efficience énergétique, le Comité de EnerGuide et l'Association canadienne de normalisation recom-mandent d'harmoniser les normes provinciales.	- Les normes ne sont pas viables économiquement comme le démontre le Département fédéral de l'énergie américain qui a adopté en 1982 la solution du «no-standard standard» (soit l'absence de norme). - Les normes fédérales sont indispensables pour éviter un retard technologique et une perte des parts de marché des producteurs canadiens, les effets pervers des normes américaines au Canada qui devient un dépotoir et l'émergence de plusieurs normes provinciales qui nécessiteraient par la suite une harmonisation fédérale (cf. USA)

(3) Les coûts externes induits par les normes américaines incitent la province de l'Ontario à édicter de premières normes: Au contraire du gouvernement fédéral qui demeure passif lorsque les premières normes américaines entrent en vigueur dès mars 1987, la province de l'Ontario mandate le consultant Marbek pour évaluer ce nouvel instrument. L'expert externe conclut en mai 1987 que les normes du DE induisent plusieurs effets négatifs pour la province de l'Ontario. Les producteurs ontariens ont déjà pris un retard technologique vis-à-vis des manufacturiers américains. Leurs appareils n'affichent pas le niveau d'efficience énergétique requis pour être commercialisés aux Etats-Unis et ils y perdent donc d'importantes parts de marché. Contrôlées par des maisons-mères américaines qui, pour respecter les normes du DE, concentrent leurs ressources de R&D aux Etats-Unis, les entreprises ontariennes ne peuvent financer les innovations technologiques nécessaires à une amélioration énergétique de leurs appareils. Cette situation aggrave encore plus leur retard technologique et pourrait à terme se traduire par des pertes d'emplois. De plus, l'Ontario risque de devenir le dépotoir des appareils américains les moins efficients d'un point de vue énergétique. Ce « dumping énergétique » conduit à une augmentation de la facture énergétique de la province. Marbek recommande donc au gouvernement provincial d'adopter ses propres normes. Afin d'éviter les multiples coûts externes, tant énergétiques qu'économiques, directement liés aux nouvelles normes américaines, le Cabinet et le Parlement ontariens adoptent en juin 1988 la Loi sur le rendement énergétique. De premières normes réglementaires, qui de facto assurent une convergence parfaite avec les normes américaines, sont édictées une année plus tard.

(4) Le processus d'émulation s'étend graduellement à d'autres provinces du Canada qui prescrivent aussi leurs propres normes: Tirant les enseignements de la stratégie ontarienne, les autres provinces adoptent également leurs propres normes: la Colombie-Britannique en juillet 1990, le Québec en juin 1991 et la Nouvelle-Ecosse en juillet 1991. Des arguments en tout point similaires à ceux avancés initialement par Marbek sur les coûts externes des normes américaines légitiment une intervention rapide dans les trois provinces. Les textes législatifs adoptés y sont du reste (quasi)identiques à celui de l'Ontario. La Conférence des Ministres de l'énergie, le Conseil aviseur sur l'efficience énergétique, le Comité de direction de « EnerGuide » et l'Association canadienne de normalisation

coordonnent ensuite les activités réglementaires des administrations provinciales. Toujours est-il que les autres provinces canadiennes risquent, à leur tour, de se transformer en dépotoir pour les appareils canadiens avec le plus faible rendement énergétique. De nouveaux coûts externes sont induits au sein même du système fédéraliste canadien cette fois.

(5) Le gouvernement fédéral harmonise les normes provinciales et renforce l'étiquetage obligatoire: Conscient des entraves au commerce interprovincial des appareils et des effets énergétiques négatifs qui découlent de l'absence de normes fédérales, le gouvernement central se décide finalement à intervenir. Il adopte en 1992 une Loi sur l'efficience énergétique qui ancre le principe de normes pan-canadiennes. Cette base légale renforce également le programme d'étiquetage énergétique « EnerGuide », selon les recommandations que Marbek avait formulées en 1990 comme conclusions à son évaluation comparée des programmes du Danemark, des Etats-Unis et de la Suède. L'harmonisation fédérale des normes s'avère donc réactive. Force est de constater que les Etats-Unis avaient connu un processus de design largement similaire. En effet, les normes fédérales y ont été adoptées pour primer juridiquement sur les normes divergentes promulguées antérieurement par divers Etats. De ce point de vue, le gouvernement canadien n'a pas tiré tous les enseignements de la politique américaine, ce qui aurait impliqué dès le départ une réglementation harmonisée au niveau national.

(6) Le Canada bénéficie des effets positifs du label américain « Energy Star »: A part l'étiquetage obligatoire et les normes pour les appareils électroménagers, le Canada n'adopte aucun autre instrument. Il profite par contre des externalités positives liées au label de qualité énergétique « Energy Star » que l'Agence américaine de protection de l'environnement (APE) appose aux meilleurs équipements bureautiques. Comme le marché de ces technologies est parfaitement intégré au niveau nord-américain et que l'APE négocie directement sur le plan international avec les entreprises les plus innovatrices, le Canada ne risque pas de supporter des coûts externes comparables à ceux induits plus tôt par les normes pour les appareils électroménagers. Au contraire, il profite indirectement de la stratégie d'intervention des Etats-Unis, sans devoir supporter les coûts administratifs de mise en oeuvre du label de qualité énergétique.

Nous tirons quatre conclusions de cette analyse empirique du processus et des résultats du design des instruments:

1. L'adoption et la première mise en oeuvre de l'étiquetage obligatoire au Canada (en 1978) se déroule indépendamment des expériences menées parallèlement par les Etats-Unis et la Suède. La poursuite (dès 1987) et le renforcement du programme d'étiquetage (en 1992) se réfèrent par contre explicitement à plusieurs évaluations de ces expériences étrangères.
2. Le refus d'introduire des normes fédérales (en 1985) est légitimé par une décision identique aux Etats-Unis (soit la solution du « no-standard standard » en 1982). La remise en cause de cette dernière (par les tribunaux, en 1986) reste cependant sans en effet sur la stratégie de non-intervention du Canada.
3. Les externalités économiques et énergétiques négatives qui sont induites sur le marché canadien par les normes américaines (dès 1987) incitent l'Ontario, puis d'autres provinces canadiennes, à adopter des normes dont les niveaux d'efficience énergétique convergent avec ceux définis aux Etats-Unis. Le gouvernement fédéral ne tire cependant pas de leçon des expériences américaines quant à la nécessité d'une harmonisation des normes au niveau national.
4. Les externalités économiques et énergétiques négatives qui sont induites sur les marchés des provinces canadiennes sans norme réglementaire incitent finalement le gouvernement fédéral à harmoniser les normes au niveau pan-canadien (en 1992).

Notre hypothèse de recherche postule que l'adoption initiale des instruments s'effectue en fonction de l'évaluation de leurs applications antérieures dans un autre système-politico-administratif et de leurs effets. Elle est donc confirmée pour les normes fédérales, mais infirmée pour l'étiquetage (cf. tableau 42).

Tableau 42: Choix des instruments au Canada, aux niveaux fédéral et provincial, en fonction des processus d'émulation, d'harmonisation et/ou des externalités induits par les expériences antérieures

effets d'expériences antérieures	**émulation, apprentissage**	**harmonisation**	**externalités**
étiquetage obligatoire (78)	efficacité de l'étiquetage aux Etats-Unis et Suède (Marbek en 90)		
normes (92)	non-viabilité des normes américaines selon la décision américaine du « no-standard standard » (CC en 85)	nécessité de normes fédérale pour éviter les externalités négatives dans les provinces sans normes (div. organes dès 89)	nécessité de normes provinciales pour éviter les externalités négatives induites par les normes américaines (Marbek en 87)

Note: Pour chaque instrument, nous indiquons les effets qui sont induits par la mise en oeuvre antérieure de cet instrument dans un autre pays et/ou à un niveau infranational et qui déclenchent un processus d'émulation, d'harmonisation et/ou de réduction des coûts externes. Le tableau recense également, entre parenthèses, les acteurs qui thématisent ces phénomènes et collaborent au transfert d'un instrument particulier.

5.32 Danemark: un rôle de pionnier au sein de l'Union européenne

Le Danemark est un Etat-membre de la Communauté européenne depuis 1973. Dès le départ, il se voit donc contraint de coordonner et d'harmoniser sa stratégie d'intervention avec celle élaborée par la Direction générale de l'énergie (DG XVII). Notre analyse empirique se penche par conséquent prioritairement sur la dynamique entre le design des instruments au Danemark et aux niveaux communautaire et des pays nordiques. Le tableau 43 présente le rôle de pionnier qu'assume le Danemark lors de la formulation, par l'Union européenne, d'instruments visant à promouvoir l'efficience énergétique des appareils électroménagers et des équipements bureautiques du marché commun.

Tableau 43: Design des instruments au Danemark en fonction de l'évaluation et du transfert d'expériences antérieures

instruments	**expériences antér. internationales**	**acteurs de l'évaluation et du transfert des expériences antérieures**	**arguments pour légitimer le choix de l'instrument en fonction des expériences antérieures**
étiquetage obligatoire (1982)	Etats-Unis (1975) Suède (1976) Canada (1978) Communauté européenne (1979, *1992, 1994*)	- *novembre 1990:* La DG XVII (énergie) de la CEE compare les systèmes d'étiquetage en vigueur en Europe et aux Etats-Unis et recommande d'introduire un étiquetage obligatoire au niveau européen. - *octobre 1991:* La Commission NORDNORM du Conseil Nordique compare l'étiquette proposée par le Danemark aux étiquettes des Etats-Unis et de l'Australie et recommande d'introduire un étiquetage obligatoire au niveau nordique, puis européen.	- Une harmonisation des étiquettes énergétiques au niveaux nordique et européen permet d'éviter des entraves techniques (non-tarifaires) à la réalisation du marché nordique et commun, puis du principe de la libre circulation des biens définie par l'Acte unique. Elle minimise ainsi les coûts supportés par les producteurs danois qui exportent leurs appareils.
normes (1994)	Etats-Unis (1978, 1987) Canada (1982)	- *octobre 1991:* L'Agence française de la maîtrise de l'énergie (AFME) démontre que des normes européennes sont justifiées économiquement et énergétiquement et recommande à la CEE d'en introduire. La CEE mandate l'AFME pour conduire une analyse plus détaillée. - *janvier 1992*: La Commission NORDNORM compare les normes appliquées aux Etats-Unis depuis 1987 et les propositions européennes (Allemagne dès 1980, Suisse dès 1990 et Pays-Bas dès 1991) et recommande d'introduire des valeurs-cibles dans un premier temps, puis des normes dans un second temps, au niveau nordique tout d'abord, puis au sein de la Communauté européenne.	- Les approches statistique et technique de définition des normes, appliquées respectivement par le Canada et par les Etats-Unis, démontrent l'efficacité d'éventuelles normes européennes. - En proposant et en adoptant des normes avant la CE, les Pays-bas et le Danemark peuvent catalyser le processus réglementaire au niveau européen.

	Union européenne (*1996*)	- *avril 1992*: La DG XVII discute les propositions de l'AFME et de NORDNORM, et décide d'attendre le rapport de l'AFME. - *juin 1992:* L'Agence internationale de l'énergie et l'Agence française de l'environnement et de la maîtrise de l'énergie (ADEME, ancienne AFME) organisent un séminaire sur les expériences nationales avec les normes en Amérique du Nord, en Europe et au Japon. - *mars 1993:* Le Groupe pour des Appareils Efficients (GAE) définit des normes, leurs potentiels d'économies d'énergie et leurs coûts économiques en se référant aux expériences antérieures des Etats-Unis, du Canada, de la Suisse, de l'Allemagne, des Pays-Bas et de la Commission NORDNORM. Le GEA recommande à la CE d'introduire les normes qu'il a développées.	- Une harmonisation des normes au niveau européen permet d'éviter des entraves techniques (non tarifaires) à la réalisation du principe de la libre circulation des biens définie par l'Acte unique, et minimise les coûts supportés par les producteurs danois qui exportent leurs appareils.

Note explicative:

1. Les arguments politiques cités dans le tableau sont ceux avancés par les acteurs danois pour faire adopter l'étiquetage obligatoire et les normes dans leur propre pays. Ils reflètent généralement ceux discutés au niveau européen. La même base de légitimation est donc constatable au niveau de la Communauté et de ses Etats-membres. Néanmoins, le Danemark assume avec les Pays-Bas un rôle de pionnier dans l'élaboration du cadre réglementaire européen.
2. Nous indiquons dans le tableau uniquement les rapports officiels des divers groupes d'experts et commissions ainsi que les séminaires d'information et de négociation multilatéraux. Plusieurs administrations nationales, commissions internationales ainsi que la DG XVII ont de plus organisé des rencontres et des négociations bilatérales qui sont recensées dans l'étude de cas sur le Danemark (cf. annexes).
3. Les dates en italique se réfèrent aux instruments adoptés par la Communauté européenne après ceux du Danemark mais qui ont tout de même une influence directe sur le design des instruments du Danemark dans la mesure où ils en définissent les modalités concrètes d'application.

Notre interprétation du design des instruments au Danemark différencie six étapes principales qui décrivent comment l'évaluation et le transfert d'expériences antérieures, de même que l'harmonisation des instruments au niveau européen, influencent l'adoption d'un étiquetage obligatoire et de normes:

(1) Les directives européennes initient l'étiquetage obligatoire au Danemark, indépendamment des expériences nord-américaine et suédoise: Afin de coordonner les politiques énergétiques de ses Etats-membres, la Commission européenne leur recommande en mai 1976 d'introduire un étiquetage volontaire. Elle ne fixe toutefois pas les modalités concrètes des étiquettes énergétiques. Compte tenu de sa forme potestative, la directive 76/496/CEE demeure sans réponse au Danemark comme dans la très large majorité des Etats-membres. Dès lors, la Communauté promulgue en mai 1979 une nouvelle directive-cadre sur l'étiquetage obligatoire (79/530/CEE), puis une première réglementation pour les fours électriques (79/531/CEE). Ces directives visent à développer une véritable politique communautaire en matière d'efficience énergétique et, conjointement, à éviter toute entrave technique au marché commun. Selon la logique d'harmonisation des politiques au sein de la Communauté, le Danemark adopte en 1982 sa propre Loi-cadre sur l'étiquetage. Son application demeure cependant très limitée, faute notamment de nouvelles réglementations européennes pour les différents types d'appareils électroménagers. Le lancement de l'étiquetage, au niveau européen et au Danemark en particulier, n'est donc en rien comparable aux expériences antérieures menées par les Etats-Unis (1975) et le Canada (1978). Ces systèmes d'étiquetage, plus cohérents et aux champs d'application plus larges, ne servent jamais d'exemples à la stratégie européenne. Aucune évaluation et aucun acteur identifiable ne suggère en effet un transfert de ces programmes et ce, jusqu'à la fin des années 1980.

(2) La Communauté européenne suspend une réglementation danoise de l'étiquetage obligatoire: Dans le cadre de son programme d'action «Energi 2000», le gouvernement danois souhaite réactualiser l'étiquetage obligatoire européen et l'appliquer à tous les appareils électroménagers. A cet effet, et en s'inspirant directement de l'étiquette américaine « EnergyGuide », le Ministre de l'énergie formule en avril 1990 un projet de réglementation qu'il soumet à la Commission européenne pour notifi-

cation. Cette dernière suspend l'ordre exécutif danois, argumentant qu'elle développe actuellement sa propre réglementation. De fait, la DG XVII consulte les parties concernées en novembre 1990 et vise à trouver un consensus entre ces dernières. Dans ce cadre, elle évalue sur une base comparative ses réglementations antérieures (1976 et 1979), la solution danoise (1990) et les systèmes d'étiquetage nord-américains (Etats-Unis dès 1975 et Canada dès 1978).

(3) La Commission NORDNORM vise une harmonisation des étiquettes et des normes au niveau nordique et le Groupe pour des Appareils Efficients, au niveau européen: Sans attendre les résultats des négociations entreprises par la DG XVII, le Danemark constitue et participe à deux commissions internationales pour démontrer les potentiels énergétiques et la viabilité économique d'étiquettes et de normes. Par là, il cherche à catalyser le processus réglementaire au niveau européen. D'une part, la commission NORDNORM, qui rassemble les administrations nationales des pays scandinaves dont la Suède et le Danemark, recommande en octobre 1991 d'introduire un système d'étiquetage obligatoire nordique, puis européen. De plus, elle propose de négocier des valeurs-cibles de consommation, puis éventuellement des normes. Ces conclusions se basent sur une évaluation des effets des instruments déjà appliqués par les Etats-Unis et prévus par le gouvernement danois. D'autre part, le Groupe pour des Appareils Efficients (GAE), qui se compose de l'Agence danoise de l'énergie et de ses pendants hollandais et français, présente en mars 1993 les résultats d'une évaluation ex ante des coûts et bénéfices d'éventuelles normes européennes. En se basant sur les approches dites statistique et technique, appliquées respectivement depuis 1987 aux Etats-Unis et depuis 1992 au Canada, le GAE estime que des normes sont justifiées économiquement et offrent un important potentiel d'économie d'électricité. Il recommande dès lors à la DG XVII de prescrire de telles normes. Aussi bien la commission NORDNORM que le GAE se réfèrent donc directement aux expériences nord-américaines en matière d'étiquetage et de normes. Ce transfert de connaissances s'effectue lors de séminaires et par des relations interpersonnelles, les membres de plusieurs administrations nationales collaborant sur une base étroite avec des experts scientifiques américains.

(4) La Communauté européenne introduit finalement un étiquetage obligatoire que le Danemark applique et renforce par une formation des distributeurs: Vu ces multiples évaluations des expériences étrangères antérieures et les pressions internes du Danemark, la Commission parvient finalement à trouver un accord sur l'étiquetage obligatoire et promulgue une directive-cadre en septembre 1992 (92/75/CEE). Des premières directives d'application sont formulées en janvier 1994 pour les appareils de réfrigération (94/2/CE) et en mai 1995 pour ceux de lavage (95/12/CE et 95/13/CE). Le Danemark les met en oeuvre rapidement et accompagne l'introduction des étiquettes européennes d'une importante campagne de formation des distributeurs et des consommateurs. Le processus d'élaboration d'un système européen d'étiquetage obligatoire et global se sera donc étendu sur quelques quinze années, soit de 1979 à 1994.

(5) Le Danemark adopte une loi-cadre sur les normes d'efficience énergétique pour anticiper et catalyser le processus réglementaire européen: Parallèlement à la mise en oeuvre de l'étiquetage, le Danemark cherche toujours à accélérer l'élaboration de normes européennes. En se basant sur les travaux préparatoires de la Commission NORDNORM et du GEA, il défend ses propositions lors des séminaires de 1992 de l'Agence internationale de l'énergie et de la DG XVII. Faisant un pas supplémentaire, le gouvernement et le Folketing danois adoptent en février 1994 une Loi-cadre sur les normes d'efficience énergétique. De plus, le Ministère de l'énergie formule de manière anticipée des réglementations pour certains appareils, réglementations qui pourraient être appliquées dès l'entrée en vigueur d'une directive européenne. Ici à nouveau, le Danemark légitime sa stratégie interventionniste en se référant à l'efficacité des normes nord-américaines. Il est soutenu dans cette entreprise par les Pays-Bas qui exercent eux aussi une pression interne sur la Commission européenne en lui soumettant à notification son projet de loi sur les normes.

(6) L'Union européenne introduit finalement des normes: Comme en ce qui concernait le design du programme européen d'étiquetage, les demandes répétées de certains Etats-membres poussent la Commission à proposer à la mi-1994 un projet de directive sur les normes. Malgré l'opposition que les producteurs manifestent lors de la procédure de consultation, l'Union européenne promulgue en septembre 1996 des premières normes pour les appareils de réfrigération (96/57/CE). Elle légitime ces dernières

par le fait qu'une harmonisation est nécessaire pour supprimer toute entrave non-tarifaire à la libre circulation des biens et que les normes contribuent à l'atteinte des objectifs communautaires dans les secteurs énergétique et environnemental.

Nous tirons trois conclusions de cette analyse empirique du processus et des résultats du design des instruments:

1. L'adoption et la première mise en oeuvre d'un étiquetage obligatoire au Danemark (en 1982) découle directement des directives européennes prescrites dans ce domaine (en 1976 et 1979). L'élargissement et la réactualisation des étiquettes européennes souhaités par le Danemark (en 1990) se heurtent, dans un premier temps, à un refus de la Communauté, mais sont soutenus ensuite par l'édiction de nouvelles réglementations européennes (dès 1992). La marge de manoeuvre du Danemark vis-à-vis de cet instrument se limite donc soit à appliquer les directives communautaires, soit à en catalyser le renforcement graduel. Le processus d'harmonisation européenne de l'étiquetage s'avère de facto déterminant en ce qui concerne la date d'introduction, le contenu et le champ d'application des étiquettes obligatoires.
2. Les efforts des pays nordiques qui visent à coordonner leur politique d'efficience énergétique ne se traduisent pas directement par l'adoption de nouveaux instruments au Danemark. Ils permettent néanmoins de soutenir et d'accélérer le processus réglementaire au niveau européen (dès 1991).
3. Les normes d'efficience énergétique appliquées par les Etats-Unis (depuis 1987) et le Canada (depuis 1992) servent de cadre de référence lorsque le Danemark évalue ex ante, avec les Pays-Bas et la France, la viabilité de futures normes européennes. Les effets positifs de ces expériences antérieures incitent finalement le Danemark à adopter, avant même l'Union européenne, une loi-cadre qui prévoit leur prescription. Pionnier européen en la matière, le Danemark peut édicter ses normes réglementaires dès 1996, l'Union ayant finalement adopter une directive dans ce sens.

Notre hypothèse de recherche postule que l'adoption initiale des instruments s'effectue en fonction de l'évaluation de leurs applications antérieures dans un autre système politico-administratif et de leurs effets. Elle est donc confirmée pour l'étiquetage obligatoire et pour les normes (cf. tableau 44)

Tableau 44: Choix des instruments au Danemark en fonction des processus d'émulation, d'harmonisation et/ou des externalités induits par les expériences antérieures

effets d'expériences antérieures	**émulation, apprentissage**	**harmonisation**	**externalité**
étiquetage obligatoire (82)	efficacité de l'étiquetage aux Etats-Unis et au Canada (DG XVII en 90)	nécessité d'appliquer les directives européennes de 1976, 1979, 1992 et 1994	
normes (94)	efficacité des normes aux Etats-Unis et au Canada (NORDNORM en 92, GEA en 93)	nécessité d'appliquer la directive européenne de 96	

Note: Pour chaque instrument, nous indiquons les effets qui sont induits par la mise en oeuvre antérieure de cet instrument dans un autre pays et qui déclenchent un processus d'émulation, d'harmonisation et/ou de réduction des coûts externes. Le tableau recense également, entre parenthèses, les acteurs qui thématisent ces phénomènes et collaborent au transfert d'un instrument particulier.

5.33 Etats-Unis: le rôle catalyseur des Etats et l'harmonisation des normes au niveau fédéral

Pour une majorité des instruments visant à promouvoir l'efficience énergétique des appareils électroménagers et des équipements bureautiques, les Etats-Unis assument de facto un rôle de pionnier au niveau mondial. Ce pays s'affirme en effet comme étant le premier à expérimenter leur application concrète. Par conséquent, le design de plusieurs instruments ne peut s'inspirer d'aucune expérience étrangère antérieure. Ce constat vaut pour l'étiquetage volontaire et obligatoire, les valeurs-cibles négociées, les normes, le label de qualité et les achats publics. Néanmoins, notre hypothèse de recherche peut aussi être appliquée à ces cas. Il s'agit dès lors de discuter dans quelle mesure le choix des instruments s'effectue en fonction de l'évaluation ex ante de leurs éventuels échecs et effets pervers. De plus, l'hypothèse peut être testée dans une perspective diachronique au sein d'un même système politico-administratif. Conformément à la théorie de l'héritage des programmes étatique et aux processus d'apprentissage dans les politiques publiques (ROSE, 1993), elle stipule dès lors qu'un pays adopte de nouveaux instruments si les instruments antérieurs s'avèrent inefficaces ou induisent des effets pervers trop importants. Le tableau 45 présente le design des instruments dans une telle perspective.

Pour le cas des Etats-Unis, notre analyse du design des instruments en fonction de leur risque éventuel d'échec et/ou d'effets pervers distingue six étapes principales:

(1) Anticipant l'échec prévisible de l'étiquetage volontaire, les Etats-Unis prescrivent des étiquettes obligatoires: Le Président charge en 1973 le Département du Commerce (DC) de négocier les modalités d'un étiquetage volontaire avec les producteurs. Cette coopération entre l'Etat et l'économie privée octroie une marge de manoeuvre certaine aux producteurs lors de la définition des procédures de test de la consommation énergétique de leurs appareils et du contenu de l'étiquette « EnergyGuide ». L'instrument montre cependant rapidement ses limites, compte tenu de l'opposition des (associations de) manufacturiers. Révisant en août 1975 son argumentation en faveur d'une approche négociée, le DC estime lui-même qu'une prescription réglementaire d'étiquettes serait plus efficace d'un point de vue énergétique. La Commission fédérale du commerce, la majorité démocrate du Congrès et les experts scientifiques défendent également cette position. Le Congrès décide ainsi en décembre 1975 d'introduire un étiquetage obligatoire et légitime doublement le choix d'un instrument plus contraignant. D'une part, il s'agit d'éviter l'échec prévisible des négociations entre l'administration et les associations de producteurs initiées dans le cadre de l'étiquetage volontaire. D'autre part, l'Etat fédéral se doit d'adopter un instrument à plus forte visibilité publique, aussi bien pour les producteurs que pour les consommateurs, dans la mesure où il souhaite apporter une réponse crédible aux problèmes énergétiques et économiques induits par la première crise pétrolière. De plus, les tenants de l'étiquetage obligatoire soulignent que ce dernier respecte les règles du marché en incitant les consommateurs à se comporter plus rationnellement lors de l'achat d'appareils électroménagers. Cette légitimation est d'autant plus importante que les Etats-Unis sont les premiers à prescrire un tel instrument. S'ils ne peuvent se baser

sur aucune expérience étrangère antérieure, les pratiques américaines d'étiquetage dans des domaines autres que l'efficience énergétique (par ex. l'étiquetage alimentaire) constituent par contre un cadre de référence pour évaluer ex ante l'efficacité de cet instrument. Par la tentative initiale de coopération avec les producteurs privés, puis par l'obligation pour les producteurs de mieux informer tous les consommateurs, les Etats-Unis adoptent de facto un design des instrument qui minimisent les risques d'effets (économiques) pervers.

(2) Afin d'éviter tout effet pervers sur les producteurs et les consommateurs, les valeurs-cibles négociées doivent impérativement être justifiées d'un point de vue énergétique, technique et économique: En plus de la décision d'introduire un étiquetage obligatoire, le Congrès charge aussi l'Administration fédérale de l'énergie de négocier des valeurs-cibles de consommation avec les producteurs. Plutôt que de prescrire directement des normes, les Etats-Unis optent à nouveau pour un instrument volontaire. Celui-ci vise à améliorer directement l'efficience énergétique moyenne des appareils commercialisés, car l'influence de l'étiquetage ne demeure qu'indirecte, soit par l'éventuel changement de comportement des consommateurs sensibilisés. Le Congrès stipule légalement que ces valeurs-cibles ne sont prescrites que si elles offrent un réel potentiel d'économies d'énergie, potentiel qui reste à prouver par l'administration de mise en oeuvre. Conjointement, les valeurs-cibles ne doivent impliquer, pour les consommateurs, ni une augmentation des coûts du cycle de vie des appareils, ni une diminution du service offert. De plus, elles ne doivent induire, pour les producteurs, ni des investissements non-rentables, ni une limitation de la libre concurrence. L'instrument retenu ici limite donc lui aussi les risques d'effets (économiques) pervers, tout en contribuant à la diminution de la consommation énergétique du secteur domestique. Les trois critères légaux du potentiel d'économie d'énergie, de la faisabilité technique, de la viabilité économique, tels qu'appliqués lors de la définition des valeurs-cibles, sont repris ensuite lors du design et de l'évaluation des normes des Etats et des normes fédérales.

Tableau 45: Design des instruments aux Etats-Unis, au niveau fédéral, en fonction de l'évaluation et du transfert d'expériences antérieures

instruments au niv. fédéral	expériences inter- et infranat	acteurs de l'évaluation et du transfert des instruments et des expériences antérieures	arguments avancés pour légitimer le choix (ou l'abandon) de l'instrument (en fonction des expériences antérieures)
étiquetage volontaire (1973)	aucune expérience antérieure	- *septembre 1973:* Le Département du Commerce estime que de première étiquettes seront négociées en juillet 1974.	- Le partenariat entre l'Etat et l'économie privée est préférable à une intervention administrative trop coûteuse et trop longue. (Le DC révise son argument en 1975)
étiquetage obligatoire (1975)	aucune expérience antérieure	- *dès 1979*: Plusieurs experts scientifiques démontrent que les étiquettes EnergyGuide n'influencent que peu les décisions des consommat.	- L'étiquetage obligatoire améliore l'information des consommateurs qui adoptent des comportements plus rationnels, condition nécessaire au fonction. du marché.
valeurs -cibles négociées (1975)	aucune expérience antérieure	- *mai 1977*: L'Administration fédérale de l'énergie (AFE) présente au Comité de l'énergie et des ressources naturelles du Sénat les économies d'énergie réalisables grâce aux valeurs-cibles.	- Les valeurs-cibles permettent de dépasser les limites de l'étiquetage (par ex. désintérêt des consommateurs) et influencent directement les producteurs. Elles doivent cependant être faisables techniquement et justifiées économiq.
normes (1978 et 1987)	Californie (1974)	- *mai 1977*: L'AFE démontre au Comité des ressources naturelles du Sénat que des normes fédérales induisent des économies d'énergie largement supérieures aux valeurs-cibles négociées. - *novembre 1978 - février 1981*: Le Département de l'énergie (DE) propose des normes viables économiq. - *février 1981 - avril 1982:* Le DE révise son jugement et soutient que les normes ne sont pas viables économiq. - *juillet 1981-mai 1982*: Le Sous-Comité de la conservation de l'énergie du Comité de l'énergie et du commerce de la Chambre auditionne,	- Les normes fédérales permettent une amélioration du rendement énergétique des appareils significativement plus élevée que celle atteignable par les valeurs-cibles. - La primauté des normes fédérales sur les normes provinciales permet de limiter les coûts supportés par les producteurs pour adapter leurs modèles aux réglementations provinciales et de traiter de manière égalitaire tous les consommateurs des Etats-Unis. Les consommateurs sont bénéficiaires de la réduction des coûts du cycle de vie des appareils.

	New York (1984) puis Connecticut, Floride, Maine, Mass., Minesota, New Jersey, Oregon, Rhode Island, et Washington (84-87)	entre autres, les représentants des Etats de Californie et de New York sur les normes étatiques. Le General Accounting Office consulte quant à lui 24 Etats sur leurs réglementations actuelles et prévues. - *dès octobre 1982*: La Commission californienne de l'énergie et d'autres Etats poursuivent en justice la solution du «no-standard standard» du DE. Le Conseil Américain pour une Economie Efficiente Energétiq. démontrent les effets positifs et les coûts économiq. rentables pour les producteurs.	- Les normes provinciales affichent déjà des effets énergétiques positifs, et s'avèrent faisables techniquement et supportables économiquement, ce qui devrait aussi être le cas de normes fédérales. - Les normes fédérales constituent une solution de compromis entre le gouvernement fédéral et les Etats. Le niveau d'efficience énergétique requis est supérieur à celui déjà exigé par les normes en vigueur dans certains Etats, mais inférieur à celui prévu à moyen terme par la Californie et l'Etat de New York.
label de qualité (1992)	«Blue Ribbon Award» (1986)	- Diverses évaluations par les entreprises électriques concernées.	- Les labels de qualité représentent un des instruments applicables dans la gestion de la demande initiée par les entrepr. électriques
acquisition de technologies (1992)	Suède (1990)	- *1992:* L'Agence de protection de l'environnement et les entreprises électriques américaines évaluent le programme suédois d'acquisition d'un réfrigérateur superefficient.	- L'acquisition de technologie s'inscrit dans la gestion de la demande et la planification intégrée des ressources des entreprises électriques. Elle favorise le dévelop. de nouveaux appareils et la transformation du marché.
achats publics (1993)	aucune	- *1973-75:* L'Administration fédérale de l'énergie met en oeuvre des programmes de gestion de la consommation énergétique des services fédéraux.	- L'administration américaine est le plus grand acheteur mondial d'équipements bureautiques et doit profiter de cette position stratégique pour transformer le marché. Il en résulte des effets symboliques.

Note explicative:

1. En 1994, la Commission fédérale du commerce opère une réforme de l'étiquetage énergétique. Plutôt que d'indiquer les coûts de fonctionnement des appareils en dollars, l'étiquette EnergyGuide les indique en kWh uniquement et classe le rendement énergétique du modèle réglementé par rapport à l'ensemble des modèles commercialisés.
2. La Bonneville Power Administration (BPA), qui lance en 1986 le «Blue Ribbon Award», est l'agence de marketing des entreprises électriques du Nord-Ouest.

(3) Les normes californiennes incitent le Fédéral à adopter des normes qui priment juridiquement sur les réglementations étatiques: Alors que le Fédéral met en oeuvre des étiquettes et des valeurs-cibles, la Californie adopte en mai 1974 déjà une base légale qui habilite la Commission californienne de l'énergie à prescrire des normes d'efficience énergétique. La Commission s'engage dans une procédure réglementaire, largement consultative, et édicte en novembre 1976 des premières normes. En réaction aux réglementations californiennes, le Président des Etats-Unis propose en 1977 d'introduire des normes fédérales qui priment juridiquement sur les premières. Comme le démontrent les études de l'Administration de l'énergie, de telles normes induisent en effet des économies d'énergie plus importantes que les valeurs-cibles négociées jusqu'ici. De plus, elles anticipent l'émergence de normes étatiques divergentes et, par là, minimisent les coûts supportés par les producteurs qui commercialisent leurs appareils dans plusieurs Etats. Vu ces arguments, le Congrès adopte en décembre 1978 le National Energy Policy Conservation Act et charge le nouveau Département de l'énergie d'édicter des normes fédérales.

(4) La solution du «no-standard standard» retarde l'adoption de normes fédérales et relance l'intérêt pour des normes étatiques: Dès 1981, la nouvelle administration républicaine remet cependant en cause la législation du Congrès en prescrivant, en lieu et place de normes, la solution du «no-standard standard». Le General Accounting Office, sur demande du Congrès, puis la Cour d'Appel du District de Columbia, saisi par les associations écologistes et de consommateurs, évaluent la légalité de cette décision administrative. Ces instances parlementaire et judiciaire jugent que le DE n'a pas appliquer correctement les trois critères légaux (potentiel d'économie, faisabilité technique et viabilité économique) lors de l'évaluation ex ante des normes fédérales proposées et exigent une nouvelle procédure réglementaire. Celle-ci s'avère d'autant plus urgente que suite à l'annonce officielle du «no-standard standard» plus de dix Etats s'engagent successivement dans la formulation de normes étatiques. Les réglementations antérieures de la Californie sont à la base de ce processus d'émulation qui conduit, par exemple, l'Etat de New York à adopter en 1984 ses propres réglementations. La nécessité d'une harmonisation au niveau fédéral devient dès lors tangible, y compris pour les producteurs.

(5) Une harmonisation des normes au niveau fédéral résulte finalement des négociations entre producteurs, consommateurs, écologistes et experts scientifiques: En parallèle à la nouvelle procédure réglementaire du DE, les associations de producteurs négocient avec, d'une part, les organisations écologistes et de consommateurs et, d'autre part, des experts scientifiques, le niveau des futures normes fédérales. Le résultat de ces négociations est ensuite directement intégré dans le National Appliance Energy Conservation Act que le Congrès adopte en mars 1987. Force est donc de constater le double rôle de catalyseur assumé par la Californie dans un premier temps, puis par d'autres Etats. Premièrement, la mise en oeuvre des normes étatiques permet d'en évaluer ex post les effets énergétiques, la faisabilité technique et la viabilité économique. L'efficacité des normes fédérales peut donc être légitimée par les résultats d'expériences antérieures infra-nationales. Secondement, les producteurs qui cherchent à minimiser les coûts d'adaptation de leur appareils aux réglementations énergétiques soutiennent activement le processus d'harmonisation au niveau fédéral. Cette solution s'avère également satisfaisante pour traiter de manière égalitaire tous les consommateurs, pour réaliser des économies d'énergie importantes et pour éviter que les Etats n'ayant pas encore adopté de normes se transforment en dépotoirs d'appareils les moins efficients du marché américain. Finalement, il faut souligner que les Etats assument aujourd'hui encore un rôle de catalyseur dans le processus de design des normes. En effet, si le Fédéral tarde à élever les niveaux de rendement énergétique prescrits par ses normes, alors les Etats peuvent à nouveau adopter leurs propres normes et ainsi relancer les processus réglementaires du Département de l'énergie. Cette éventuelle nouvelle dynamique est du reste activement soutenue par les experts scientifiques, dont le Conseil américain pour une économie énergétiquement efficiente.

(6) Les Etats-Unis réactualisent d'anciens instruments informatifs et incitatifs afin de transformer le marché des appareils électroménagers et des équipements bureautiques: L'étiquetage obligatoire (1975) vise à mieux informer les consommateurs et à influencer, par le jeu de la concurrence, les producteurs. Les normes fédérales (1987), quant à elles, éliminent directement du marché américain les appareils au plus faible rendement énergétique. Initiant une troisième phase de design des instruments, les Etats-Unis en adoptent dès 1992 trois nouveaux instruments afin de promouvoir la commercialisation des modèles les plus efficients du mar-

ché ainsi qu'à soutenir le développement de technologies encore plus performantes. Le label de qualité «Energy Star» et la stratégie d'acquisition de technologie gérés depuis 1992 par l'Agence de protection de l'environnement, ainsi que les critères énergétiques définis dès 1993 par le Département de l'énergie comme conditions à respecter lors d'achats publics s'inscrivent dans cette nouvelle stratégie de transformation du marché. Ces instruments ne s'avèrent que partiellement innovateurs dans le domaine de l'efficience énergétique. En effet, l'agence de marketing des entreprises électriques du Nord-Ouest américain attribue depuis 1986 déjà un «Blue Ribbon Award» aux 15% d'appareils de réfrigération les meilleurs du marché. Des programmes d'acquisition de technologies économes en énergie sont mis en oeuvre avec succès depuis 1990 en Suède et depuis des décennies par les Etats-Unis eux-mêmes dans d'autres secteurs (par ex. aérospatial et défense militaire). Finalement, l'exemplarité du comportement de l'administration fédérale constituait déjà la base d'un plan d'action lancé en juin 1973 par le Président Nixon. Le design et l'application de ces trois instruments peuvent donc s'appuyer sur des expériences antérieures, nationales et étrangères, publiques et privées. De plus, la mise en oeuvre de ces instruments est largement coordonnée entre les acteurs administratifs fédéraux des politiques énergétique et environnementale, mais aussi avec les programmes d'action des entreprises électriques. Le label «Energy Star» et les normes du DE servent par exemple de points de référence et de critères décisionnels pour les achats publics. De même, le programme d'acquisition d'un réfrigérateur super-efficient fixe les critères du concours en fonction de la norme fédérale préétablie. S'affichant comme un partenaire de l'économie privée, plutôt que comme un régulateur direct, l'Etat s'assure le soutien de certains producteurs, des associations écologistes et de consommateurs, des experts scientifiques et des entreprises électriques. Ce partenariat limite donc tout risque d'effets (économiques) pervers des instruments informatifs (soit le label) et incitatifs (soit l'acquisition de technologies et les achats publics).

Nous tirons cinq conclusions de cette analyse empirique du processus et des résultats du design des instruments:

1. En adoptant un étiquetage obligatoire (en 1975) en lieu et place du premier système volontaire (1973), les Etats-Unis anticipent l'échec prévisible des étiquettes non-contraignantes.

2. Les valeurs-cibles de consommation, qui sont négociées dès 1975 sans pouvoir se baser sur une expérience antérieure, sont remplacées en 1978 déjà par des normes contraignantes, expérimentées parallèlement par la Californie (dès 1976).
3. Les normes fédérales (adoptées en 1978, puis en 1987) visent en premier lieu à primer sur les normes déjà appliquées par les Etats (dès 1976 en Californie). Cet instrument cherche donc à réduire les coûts supportés par les producteurs pour respecter des réglementations étatiques divergentes et à dépasser les limites des valeurs-cibles. Leur viabilité économique est démontrée par le succès des normes des Etats.
4. Les expériences antérieures des entreprises électriques avec un label de qualité énergétique (depuis 1986) servent de base au lancement du programme « Energy Star » (en 1992). De même, les entreprises électriques participent activement, dans le cadre de leur programme de gestion de la demande, au transfert du programme suédois d'acquisition de technologie.
5. Si en réaction au premier choc pétrolier, plusieurs programmes d'économies d'énergie internes à l'administration fédérale avaient été lancés, force est cependant de constater leur abandon rapide. L'instrument des achats publics d'équipements efficients ne s'inspire donc que très indirectement de ces expériences antérieures et sans se référer explicitement à leur efficacité.

Notre hypothèse de recherche postule que l'adoption initiale des instruments s'effectue en fonction de l'évaluation de leurs applications antérieures dans un autre système politico-administratif et de leurs effets. Elle est donc confirmée pour l'étiquetage obligatoire, les normes, le label de qualité et les acquisitions de technologies, mais infirmée pour l'étiquetage volontaire, les valeurs-cibles et les achats publics (cf. tableau 46).

Tableau 46: Choix des instruments aux Etats-Unis, aux niveaux fédéral et provincial, en fonction des processus d'émulation, d'harmonisation et/ou des externalités induits par les expériences antérieures

effets d'expériences antér.	**émulation, apprentissage**	**harmonisation**	**externalités**
étiquetage volont. (73)			
étiquetage obligat. (75)	échec prévisible de l'étiquetage volontaire (DC en 75)		
val-cibles (75)			
normes (78 et 87)	efficacité accrue des normes par rapport aux valeurs-cibles (AFE en 77) efficacité des normes de la Californie (CAEEE en 82)	nécessité de normes fédérales qui priment juridiquement sur les normes des Etats (divers acteurs dès 85)	anticipation des externalités négatives induites par les normes de certains Etats dans les Etats sans réglementations (dès 76 en Californie, dès 84 à New York)
label de qualité (92)	efficacité des labels déjà mis en oeuvre par les entreprises électriques (CAEEE depuis 86)		
acquisition de technologies (92)	efficacité du programme suédois d'acquisition de technologies (APE en 92)		
achats publics (93)			

Note: Pour chaque instrument, nous indiquons les effets qui sont induits par la mise en oeuvre antérieure de cet instrument dans un autre pays et/ou à un niveau infranational et qui déclenchent un processus d'émulation, d'harmonisation et/ou de réduction des coûts externes. Le tableau recense également, entre parenthèses, les acteurs qui thématisent ces phénomènes et collaborent au transfert d'un instrument particulier.

5.34 Suède: le rôle pionnier au sein de l'Agence internationale de l'énergie et l'harmonisation au sein de l'Union européenne

Etat-membre de l'Union européenne depuis 1994 seulement, la Suède coordonne néanmoins dès les années 1970 sa politique d'efficience énergétique avec les instruments prescrits au niveau européen. Elle applique par contre de manière innovatrice sa propre stratégie d'acquisition de technologies économes en énergie. Le tableau 47 résume ce double mouvement lors du design des instruments en Suède.

Lors du design des instruments visant à promouvoir l'efficience énergétique des appareils et des équipements, les phénomènes de transferts d'expériences suivants peuvent être constatés entre la Suède et les autres pays analysés ici:

(1) Les directives européennes initient l'étiquetage obligatoire en Suède, indépendamment des expériences nord-américaines: Même si jusqu'en 1994 la Suède ne fait pas partie de l'Union européenne, son économie est fortement dépendante du marché commun et, par conséquent, les directives adoptées pour réglementer ce dernier influencent significativement les instruments de la politique suédoise d'efficience énergétique. Entre mai 1976 et mai 1979, la Communauté européenne recommande à ses Etats-membres d'introduire un système d'étiquetage volontaire (76/496/CEE), puis obligatoire (79/530 et 531/CEE). Le gouvernement suédois réagit très fidèlement à ces directives et propose une révision de la Loi sur le marketing. Adoptée à la fin 1976, celle-ci ancre juridiquement le principe d'un étiquetage obligatoire. Concrétisant cette base légale selon les nouvelles réglementations européennes, l'Agence suédoise pour les politiques de consommation (Konsumentverket, KV)prescrit en juillet 1979 des étiquettes pour les fours électriques. Les interventions du gouvernement suédois visent donc à harmoniser les réglementations de son marché national des appareils électroménagers avec celles de la Communauté européenne. Cette logique intracommunautaire s'avère décisive aussi bien pour la date de mise en oeuvre des étiquettes que pour leur champ d'application et leur contenu. On peut par contre souligner que l'introduction d'un étiquetage volontaire (1973) puis obligatoire (1975) aux Etats-Unis ne sert jamais de point de référence à la Suède. De facto, les processus réglementaires de ces deux pays, mais aussi du Canada dès 1978, se déroulent de manière parallèle plutôt que séquentielle.

Tableau 47: Design des instruments en Suède en fonction de l'évaluation et du transfert d'expériences antérieures

instruments	expériences internat.	acteurs de l'évaluation et du transfert des expériences antérieures	arguments politiques pour légitimer le choix de l'instrument
étiquetage obligatoire (1976)	Etats-Unis (1975) Communauté européenne (1976, *1979, 1992 et 1994*)	- *novembre 1990:* La DG XVII (énergie) de la CEE compare les systèmes d'étiquetage en vigueur en Europe et aux Etats-Unis et recommande un étiquetage obligatoire au niveau européen. - *octobre 1991:* La Commission NORDNORM du Conseil Nordique compare l'étiquette proposée par le Danemark aux étiquettes des Etats-Unis et de l'Australie et recommande d'introduire un étiquetage obligatoire au niveau nordique, puis au niveau européen.	- La prescription d'un étiquetage obligatoire en Suède s'avère compatible avec la recommandation de la Communauté européenne d'introduire des systèmes d'étiquetage nationaux. - Une harmonisation des étiquettes énergétiques au niveaux nordique et européen permet d'éviter des entraves techniques (non-tarifaires) à la réalisation du marché nordique et commun, puis du principe de la libre circulation des biens définie par l'Acte unique. Elle minimise les coûts supportés par les exportateurs suédois.
acquisition de technologies (1990)	expér. suédoises et étrang. dans secteurs autres que l'énergie	- *dès le début 1980*: Un des consultants de NUTEK participe à certains programmes d'acquisition de technologies dans les bâtiments et assure le transfert de cet instrument dans le secteur de l'énergie.	- Les expériences suédoises dans les secteurs ferroviaire, téléphonique, nucléaire et des bâtiments ont eu des effets positifs.
label (1993)	Etats-Unis (1992)	- *dès juillet 1992:* Un des consultant de NUTEK participe à la conférence de presse organisée par l'Agence américaine de protection de l'environnement, ainsi qu'à plusieurs autres conférences internationales.	- Le marché des équipements bureautiques est mondial: il faut une harmonisation internat. des labels. - Les producteurs/importateurs suédois peuvent signer avec l'APE un mémoire d'entente pour le label « Energy Star ».

Note explicative: Les dates en italique se réfèrent aux instruments adoptés par la Communauté européenne après ceux de la Suède mais qui ont tout de même une influence directe sur le design des instruments de la Suède dans la mesure où ils en définissent les modalités concrètes d'application.

(2) La Suède innove en lançant un programme d'acquisition de technologies, puis cherche à diffuser internationalement ce «nouvel» instrument: Le Cabinet et le Riksdag suédois adoptent en 1988 un programme d'efficience énergétique dont l'axe prioritaire consiste en des projets d'acquisition de technologies économes en énergie. La première expérimentation de cet instrument porte dès 1990 sur le développement et la commercialisation d'un réfrigérateur super-efficient. Cette stratégie d'intervention s'avère tout à fait innovatrice. En effet, si plusieurs pays l'ont déjà mis en place dans les domaines de l'aérospatial ou des transports ferroviaires par exemple, la Suède s'affiche par contre comme le premier pays à appliquer l'acquisition de technologies dans le secteur de l'efficience énergétique. Le choix de cet instrument s'avère d'autant plus exemplaire qu'à ce moment la majorité des pays discutent de la nécessité d'introduire des normes comparables à celles en vigueur dès 1987 aux Etats-Unis. Compte tenu des succès des projets initiaux, l'Agence suédoise pour le développement technique et industriel (NUTEK) dispose en 1991 d'un budget augmenté et peut élargir à plusieurs types d'appareils électroménagers et d'équipements bureautiques le champ d'application de sa stratégie. De plus, NUTEK vise une diffusion internationale de son savoir-faire. Il devient ainsi l'acteur central lors de la négociation et de la mise en oeuvre de l'Annexe III du programme de gestion de la demande lancé en automne 1993 par l'Agence Internationale de l'Energie. Dans ce cadre, plusieurs nouveaux projets internationaux sont initiés, par exemple pour l'acquisition de sèche-linge ou de photocopieurs efficients d'un point de vue énergétique. Aussi bien dans les débats politiques internes qu'au sein de l'AIE, le «modèle suédois d'acquisition coopérative de technologies innovatrices» s'affirme si ce n'est comme une alternative du moins comme un complément à l'étiquetage et aux normes énergétiques.

(3) La Suède adopte directement le label américain «Energy Star», puis soutient une harmonisation européenne des labels existants: Même si la Suède s'engage prioritairement dans le développement et la diffusion de stratégies efficaces d'acquisition de technologies, NUTEK ne néglige pas l'harmonisation internationale des autres instruments d'intervention. En matière de label énergétique, l'administration suédoise participe au lancement de la vignette «Energy Star», puis assure son transfert et sa promotion sur le marché national. Depuis l'automne 1993, NUTEK assume ainsi un rôle d'intermédiaire entre l'Agence de protection de l'environnement

des Etats-Unis et les producteurs suédois intéressés au label de qualité américain. De plus, il (in)forme les distributeurs d'équipements bureautiques distingués. Au-delà de ce transfert du programme «Energy Star» des Etats-Unis vers la Suède, NUTEK cherche également à coordonner les différents labels énergétiques existants en Europe. Il soutient entre autres la promotion du label de qualité TCO'95 défini par le puissant syndicat des employés de commerce (TCO) en fonction des critères d'eligibilité à «Energy Star». En 1996, il signe avec la Suisse, l'Autriche, le Danemark et les Pays-Bas, un protocole d'entente sur une harmonisation européenne des labels, le point de départ des négociations étant constitué par la vignette suisse «E2000», dont les critères d'octroi sont significativement plus exigeants que ceux de son pendant américain.

(4) La Communauté européenne introduit des étiquettes obligatoires et des normes que la Suède applique: NUTEK et KV participent aux travaux de la Commission NORDNORM qui recommandent dès 1991 d'introduire, aux niveaux nordique et européen, des étiquettes et des normes énergétiques. Contrairement au Danemark qui cherche à catalyser le débat au sein de la Communauté européenne, l'administration suédoise adopte une attitude passive. Elle se contente d'assurer la conformité de ses réglementations avec les directives européennes déjà adoptées. Dès octobre 1993, l'Agence suédoise pour les politiques de consommation prescrit ainsi de nouvelles étiquettes pour les catégories d'appareils réglementés au niveau européen (92/75/CEE, 94/2/CE et 94/13/CE). De même, l'adoption par l'Union de premières normes pour les réfrigérateurs, en septembre 1996 (96/57/CE), conduira sous peu l'administration suédoise à mettre en oeuvre pour la première fois cet instrument contraignant.

Nous tirons quatre conclusions de cette analyse empirique du processus et des résultats du design des instruments:

1. L'adoption et la première mise en oeuvre d'un étiquetage obligatoire en Suède découlent directement des directives européennes prescrites dans ce domaine (en 1976 et 1979). Le processus d'harmonisation européenne de l'étiquetage s'avère également déterminant par la suite en ce qui concerne la date d'introduction, le contenu et le champ d'application des étiquettes obligatoires (en 1992 et 1994).

2. Les efforts des pays nordiques visant à coordonner leur politique d'efficience énergétique ne se traduisent pas directement par l'adoption de nouveaux instruments en Suède. Celle-ci, contrairement au Danemark, ne cherche jamais à jouer un rôle de pionnier pour l'étiquetage obligatoire ou les normes, mais se limite au contraire à appliquer les directives édictées.
3. La Suède s'avère par contre très innovatrice en matière d'acquisition de technologies. Elle lance en 1988 un premier programme et s'attache par la suite à diffuser ses expériences aux Etats-Unis (en 1992) puis au niveau international, notamment par l'intermédiaire de l'Annexe III de l'Agence internationale de l'énergie (dès 1993).
4. En argumentant que le marché des équipements bureautiques est mondial, la Suède décide de reprendre à son compte, et sans aucune modification, le programme américain « Energy Star » (en 1993).

Notre hypothèse de recherche postule que l'adoption initiale des instruments s'effectue en fonction de l'évaluation de leurs applications antérieures dans un autre système politico-administratif et de leurs effets. Elle est donc confirmée pour l'étiquetage obligatoire et pour le label de qualité énergétique, mais infirmée pour les acquisitions de technologies (tab 48).

Tableau 48: Choix des instruments en Suède en fonction des processus d'émulation, d'harmonisation et/ou des externalités induits par les expériences antérieures

effets d'expériences	**émulation, apprentissage**	**harmonisation**	**externalités**
étiquetage obligatoire (76)		mise en oeuvre volontaire puis obligée des directives européennes de 76, 79 et 94 (KV dès 76))	
acquisit. (88)			
label de qualité (93)	efficacité du label de qualité américain (NUTEK en 93)		

Note: Pour chaque instrument, nous indiquons les effets qui sont induits par la mise en oeuvre antérieure de cet instrument dans un autre pays et/ou à un niveau infranational et qui déclenchent un processus d'émulation, d'harmonisation et/ou de réduction des coûts externes. Le tableau recense également, entre parenthèses, les acteurs qui thématisent ces phénomènes et collaborent au transfert d'un instrument particulier.

5.35 Suisse: la coordination négative avec l'Union européenne

La Suisse n'est pas membre de l'Union européenne. Compte tenue que son économie est fortement dépendante du marché unique, elle tient néanmoins explicitement compte des réglementations européennes lors du design des instruments. A cette coordination négative avec la politique communautaire s'ajoute l'évaluation des politiques nord-américaines d'efficience énergétique. Ces deux cadres de référence guident partiellement le design des instruments tel que présenté dans le tableau 49.

En Suisse, la prise en compte des risques d'échecs et d'effets pervers se traduit avant tout par la subsidiarité des instruments retenus. Ce design s'articule en quatre étapes principales, définies selon l'évaluation et le transfert d'expériences antérieures:

(1) Les experts et les cantons reconnaissent la nécessité d'une mise en oeuvre fédérale des prescriptions énergétiques: En 1978, la Commission pour une conception globale de l'énergie (CGE) propose que ce soit la Confédération, plutôt que les cantons, qui applique tous les instruments visant à promouvoir l'efficience énergétique des appareils électroménagers. Les experts de la CGE, et des commissions qui lui succèdent (CFE, GESE), recommandent des étiquettes et des normes énergétiques harmonisées au niveau fédéral, afin d'éviter que des prescriptions cantonales divergentes entravent la liberté de commerce et d'industrie. Suite au refus du premier article constitutionnel qui prévoyait une réglementation fédérale, la Confédération et les cantons élaborent en mars 1985 un Programme de politique énergétique. Celui-ci stipule à nouveau explicitement que l'étiquetage et les normes relèvent de la compétence de l'Etat fédéral. Le fait que les cantons renoncent à leurs prérogatives législatives et réglementaires signifie qu'aucune expérimentation infranationale d'un instrument n'est pratiquement possible. Contrairement aux Etats-Unis et au Canada où la Californie et l'Ontario jouent un rôle déterminant de catalyseur lors du design des normes, aucun processus d'émulation s'instaure entre les cantons et la Confédération. Les seules expériences antérieures auxquelles la Suisse peut se référer pour anticiper les effets et les risques d'échecs des instruments demeurent donc étrangers ou spécifiques à des domaines autres que celui de la politique énergétique.

Tableau 49: Design des instruments en Suisse en fonction de l'évaluation et du transfert d'expériences antérieures

instruments au niv. fédéral	**expériences inter- et infranat.**	**acteurs de l'évaluation et du transfert des expériences antérieures**	**arguments politiques pour légitimer le choix de l'instrument en fct d'exp. antérieures**
étiquetage volontaire (1990)	Etats-Unis (1973) Communauté européenne (1976)	- Aucune évaluation concrète des effets de l'étiquetage américain ou d'autres pays. - Convention volontaire passée entre le FEA et la Fondation pour la protection des consommateurs sur une déclaration volontaire de marchandise. - L'OFEN, le Centre d'information sur les applications de l'électricité (INFEL) et la Commission pour une utilisation rationnelle de l'électricité fondent en 1990 un consortium pour financer et gérer une banque de données sur le rendement énergétique des appareils commercialisés depuis 1980. La FEA livre ses données à cette banque de données.	- L'étiquetage volontaire représente une première étape qui, si elle se solde par un échec, peut être suivie d'une prescription étatique d'un étiquetage obligatoire. - L'étiquetage volontaire s'avère eurocompatible.
valeurs-cibles (1990)	Etats-Unis (1975) Chaudières Low NOX (pour protection de l'air dès 1989)	- CGE déclare avoir évaluer les instrument mis en oeuvre à l'étranger. - *1988*: Le DFTCE estime que d'éventuelles normes d'efficience énergétiques sont compatibles avec les dispositions juridiques de l'AIE, de l'AELE, de l'accord de libre échange Suisse-CEE et du GATT. - *1991*: L'Office fédéral de la justice estime que les d'éventuelles normes sont eurocompatibles - *dès 1993*: Procédure de notification des valeurs-cibles auprès de l'Union européenne, de l'AELE et du GATT. - *1996*: ISI Karlsruhe évalue les valeurs-cibles négociées et conclut que même si elles ne sont pas atteintes dans les délais prévus, l'OFEN ne doit pas déjà introduire des normes.	- Les valeurs-cibles négociées représentent une première étape qui, si elle se solde par un échec, peut être suivie d'une prescription étatique de normes contraignantes. - Les valeurs-cibles négociées s'avèrent eurocompatibles.

label de qualité (1994)	Etats-Unis (1992) Suède (1993)	- Le Groupe d'Action Electricité de E2000 passe en revue les labels américain «Energy Star», allemand «Blauer Engel» et suédois «TCO'92» - *1995:* Gerheurser évalue la vignette E2000 et conclut que seul une entreprise sur cinq connaît la vignette et que les producteurs/importateurs participent sans grande conviction au programme de label du GAEL - *1996*: convention d'harmonisation du label avec Autriche, Danemark, Pays-Bas et Suède	- La vignette E2000 est nécessaire car le label Energy Star de l'Agence américaine de la protection de l'environnement n'est pas assez contraignant et l'application de la vignette E2000 est plus large (incluant notamment l'électronique de loisir).
achats publics (1994)	Etats-Unis (1993) Ville de Zurich (1994)	- Achats par les cantons et les grandes institutions privées d'équipements qui affichent la vignette E2000. - Aucune évaluation des effets des achats publics aux Etats-Unis.	- Dans le cadre du programme Energie 2000, l'administration fédérale doit montrer l'exemple en réduisant sa propre consommation énerg.

Abréviation: FEA = Association suisse des fabricants et fournisseurs d'appareils domestiques

(2) La Suisse adopte un système d'étiquetage volontaire, (quasi)indépendamment de la convergence des programmes obligatoires étrangers: Les Etats-Unis (1973) et la Communauté européenne (1976) adoptent initialement des programmes d'étiquetage volontaire pour les appareils électroménagers. Vu l'ineffectivité de cet instrument non-contraignant, ils décident cependant rapidement de prescrire des étiquettes obligatoires. La Suède (1976), le Canada (1978) et le Danemark (1982) optent également pour cette solution. Indépendamment de la convergence de ces expériences étrangères, auxquelles elle ne se réfère au demeurant jamais de manière explicite, la Suisse retient un système d'étiquetage volontaire. Celui-ci reprend les termes de conventions déjà négociées entre l'Association suisse des fabricants et fournisseurs d'appareils électrodomestiques (FEA) et la Fondation pour la protection des consommateurs. Aucun argument politique ne parvient à légitimer une intervention qui va au-delà des pratiques antérieures de déclaration de marchandises. Il faut toutefois souligner que l'Arrêté fédéral de l'énergie cherche à assurer l'efficacité de l'étiquetage énergétique. Il stipule ainsi que si le système volontaire ne démontre pas d'effets tangibles, alors le gouvernement peut prescrire les

modalités d'un étiquetage obligatoire, en tenant compte des réglementations internationales. Jusqu'ici aucune évaluation du système volontaire ne permet de juger si ce système s'avère plus efficace que dans les autres pays qui l'ont déjà expérimenté, puis remplacé.

(3) Les valeurs-cibles assurent une coordination négative avec les futures normes européennes: Les Etats-Unis adoptent dans un premier temps des valeurs-cibles négociées (1975), puis les remplacent par des normes fédérales (1978 et 1987). La mise en oeuvre de ces normes permet de réaliser des économies d'énergie sans induire d'effets économiques pervers. Ces expériences américaines servent dès lors de cadre de référence et d'arguments politiques pour leur adoption au Canada et dans les pays de l'Union européenne (dès 1996). La Suisse ne s'engage par contre pas directement dans un tel processus réglementaire. L'Arrêté sur l'énergie stipule en effet que l'Office fédéral de l'énergie (OFEN) négocie tout d'abord des valeurs-cibles avec les producteurs et les importateurs, la prescription de normes ne demeurant que subsidiaire, en cas d'échec des premières. En 1996, une première évaluation des effets des accords négociés conclut que certaines valeurs-cibles ne sont pas atteintes dans les délais. L'évaluateur externe recommande néanmoins à l'OFEN de ne pas prescrire des normes contraignantes compte tenu du climat de partenariat instauré entre l'Etat et les producteurs. Force est donc de constater que la stratégie suisse diverge notablement des politiques étrangères, européenne en particulier. Ce fait est d'autant plus notable que d'un point de vue juridique, la Suisse aurait pu adopter, en 1990 déjà, des normes d'efficience énergétique comme le démontrent les avis de droit requis par l'Assemblée fédérale lors du débat sur l'eurocompatibilité d'éventuelles normes suisses. Qui plus est, après l'adoption de premières normes européennes en 1996, aucun signe dans cette direction n'est constatable lors de la discussion sur la future Loi sur l'énergie. Il semble donc que les instruments retenus par la Suisse assurent tout au plus une coordination négative avec ceux appliqués par l'Union européenne.

(4) La vignette « E2000 » vise à dépasser les limites du label américain «Energy Star», à s'imposer au niveau européen et à servir de support aux achats publics: Le Groupe d'Action Electricité (GAEL) du programme d'action « Energie 2000 » attribue depuis 1994 un label de qualité aux équipements les plus efficients du marché suisse. La conception et

la mise en oeuvre de la vignette « E2000 » s'avèrent postérieures à celles du label américain « Energy Star » (1992). Alors que la Suède, par exemple, reprend à son compte la solution de l'Agence américaine de protection de l'environnement (APE), la Suisse retient pour deux raisons une solution alternative. D'une part, les conditions énergétiques d'éligibilité à la vignette « E2000 » sont significativement plus élevées que celles du label «Energy Star». D'autre part, son champ d'application s'avère plus large, notamment en ce qui concerne l'électronique de loisir (par ex. magnétoscopes, téléviseurs, etc.). Si le GAEL s'inspire directement du programme de l'APE, il le modifie toutefois de sorte à assurer, en Suisse, une réelle efficacité de cet instrument. Une première évaluation de la vignette « E2000 » démontre en 1995 que ses impacts sur les producteurs et sur les acheteurs de modèles distingués demeurent plutôt faibles. Néanmoins, l'Office fédéral de l'énergie diffuse activement, lors de conférences internationales, ses expériences avec la vignette « E2000 ». Visant à éviter l'émergence de plusieurs labels concurrents sur le marché européen, l'OFEN négocie avec l'Autriche, le Danemark, les Pays-Bas et la Suède un protocole d'entente pour harmoniser, en se basant sur la vignette suisse, les pratiques nationales dans ce domaine. Finalement, la vignette « E2000 » est reprise comme critère énergétique recommandé lors d'achats publics d'équipements bureautiques. Les modalités d'application de ce nouvel instrument s'avèrent cette fois parfaitement identiques à ceux mis en oeuvre dès 1993 par l'administration américaine.

Nous tirons trois conclusions de cette analyse empirique du processus et des résultats du design des instruments:

1. Contrairement aux autres pays qui optent tous pour un étiquetage obligatoire et des normes contraignantes, la Suisse retient des instruments non-contraignants, soit des étiquettes volontaires et des valeurs-cibles négociées. Le choix de cette approche coopérative ne se réfère jamais aux expériences étrangères y relatives qui se sont soldées de facto par des échecs (en 1973 et 1975 aux Etats-Unis ou en 1976 au niveau de la Communauté européenne). Ce design des instruments assure néanmoins une coordination négative avec les prescriptions européennes, bien que des étiquettes et des normes obligatoires eussent pu être adoptées d'un point de vue purement juridique.

2. En 1985, les cantons délèguent à la Confédération leurs compétences législatives et réglementaires en matière de prescriptions énergétiques pour les appareils électroménagers et les équipements bureautiques. Aucune expérimentation d'instruments ne s'avère donc possible à un niveau infranational (contrairement au rôle déterminant joué par la Californie aux Etats-Unis et l'Ontario au Canada). Les cantons constituent plutôt un facteur inhibant dans la mesure où une majorité d'entre eux refusent le premier article constitutionnel (en 1983).
3. La Suisse s'inspire très largement du label de qualité américain « Energy Star » (lancé en 1992). Plutôt que de le transférer tel quel, comme le fait en 1993 la Suède par exemple, l'administration fédérale développe sa propre vignette « E2000 » (en 1994). Celle-ci sert ensuite de point de référence lors des recommandations pour les achats publics (en 1994), tout comme le label « Energy Star » servait déjà de critère d'achats pour les commandes publiques de l'administration américaine. Si elle se démarque vis-à-vis du transfert du label « Energy Star », la Suisse cherche par contre ensuite à coordonner sa stratégie avec diverses administrations européennes en proposant sa vignette « E2000 » comme base de négociation en Europe.

Notre hypothèse de recherche postule que l'adoption initiale des instruments s'effectue en fonction de l'évaluation de leurs applications antérieures dans un autre système politico-administratif et de leurs effets. Elle est confirmée pour le label de qualité énergétique et pour les achats publics, mais infirmée pour l'étiquetage volontaire et les valeurs-cibles (cf. tab 50).

Tableau 50: Choix des instruments en Suisse, aux niveaux fédéral et cantonal, en fonction des processus d'émulation, d'harmonisation et/ou des externalités induits par les expériences antérieures

effets d'expériences ant.	**émulation, apprentissage**	**harmoni.**	**extern.**
étiq. vol. (90)			
val-cibles (90)			
label de qualité (94)	efficacité du label américain, mais nécessité de définir des critères d'eligibilité plus strictes (GAEL en 94)		
achats publics (94)	efficacité des achats publics américains, mais nécessité de retenir la vignette "E2000" plutôt que le label "Energy Star" comme critère d'achat (OFEN en 94)		

5.36 comparaison des cinq cas: test de l'hypothèse de travail

Notre troisième hypothèse a été testée pour chacun des cinq pays comparés dans notre recherche. Il s'agit à présent de discuter de sa capacité explicative pour l'ensemble des instruments adoptés. A cet effet, le tableau 51 résume les résultats empiriques décrits dans les paragraphes suivants.

Tableau 51: Test de l'hypothèse sur le rapport entre l'évaluation des expériences antérieures et les risques politiques liés aux instruments retenus pour les appareils électroménagers et les équipements de bureau

instruments qui limitent les risques et/ou harmonisent les pratiques	**Canada**	**Danemark**	**Etats-Unis**	**Suède**	**Suisse**	**cas vérifiés**
étiquetage volontaire			-		-	0
étiquetage obligatoire	-	+	+	+		3
label de qualité énerg.			+	+	+	3
valeurs-cibles négociées			-		-	0
normes contraignantes	+	+	+			3
achats publics			-		+	1
acquisition de technol.			+	-		1
cas vérifiés	1	2	4	2	2	11

Note: Nous indiquons par le signe + que l'hypothèse est confirmée et par le signe - que l'hypothèse est infirmée.

L'hypothèse selon laquelle le choix des instruments dépend des expériences antérieures faites avec ceux-ci est confirmée pour 11 instruments, soit près des deux tiers des 18 observations de notre champ empirique. Comme conclusion provisoire sur la capacité explicative de notre troisième hypothèse de recherche, nous apportons les quatre commentaires suivants:

(1) Rôle catalyseur des collectivités (infra)nationales: D'une manière générale, les institutions du fédéralisme offrent l'opportunité d'expérimenter les instruments à un niveau infranational, puis de les transférer au niveau (supra)national. Le constat d'un design élaboré dans un tel « laboratoire fédéraliste » s'applique au rôle catalyseur assumé aussi bien par les Etats américains et les provinces canadiennes que par le Danemark au sein de l'Union européenne. Le système fédéraliste suisse représente la seule

exception à ce mécanisme. Cela s'explique certainement par la petite taille des cantons qui ne constituent pas un marché d'appareils et d'équipements suffisamment critique pour permettre de facto une application décentralisée des instruments d'intervention. Nous relevons ainsi que même si notre recherche porte sur le design des instruments au niveau fédéral, celui-ci ne peut être expliqué de manière satisfaisante sans recourir à une étude des activités des collectivités décentralisées.

(2) Intégration des marchés, externalités économiques et harmonisation des instruments: Les externalités économiques et énergétiques négatives, qui sont induites par la mise en oeuvre non-uniformisée de normes, s'avèrent des facteurs importants pour l'harmonisation des instruments entre les collectivités infranationales et entre différents pays. Ce phénomène n'est naturellement constaté que si les marchés de ces entités politiques sont fortement intégrés (comme par exemple au sein du marché nord-américain). Cet argument est également valable pour les externalités positives induites par le label de qualité américain. Comme celui-ci s'applique aux équipements bureautiques, dont la commercialisation est mondiale, le Canada en bénéficie passivement, alors que la Suède vise à en accroître les effets positifs par un transfert actif en Europe.

(3) Rôle limité des organisations internationales: A l'évidence, la politique d'harmonisation supranationale suivie par l'Union européenne est déterminante pour expliquer les instruments adoptés et mis en oeuvre par ses Etats-membres. Force est par contre de noter que les organisations internationales ne semblent pas jouer un rôle significatif. L'Agence internationale de l'énergie offre certes une plate-forme d'échanges, mais elle ne parvient jamais, que ce soit par l'intermédiaire de ses groupes de travail ou de ses programmes d'action, à véritablement influencer le design des instruments dans les cinq pays comparés ici. Ceci est tangible en ce qui concerne l'étiquetage et les normes, mais également lors de la coordination des stratégies d'acquisition de technologies. Les résultats obtenus dans le cadre de l'Annexe III, et notamment la participation des diverses administrations nationales, des groupes d'acheteurs et des entreprises privées, demeurent largement en deçà des succès antérieurs de cet instrument en Suède. De même, la Commission nordique NORDNORM ne joue qu'un rôle indirect dans l'harmonisation des instruments des pays scandinaves. En effet, ses diverses propositions ne sont concrétisées que quand l'Union

européenne adopte des réglementations qui s'inspirent des recommandations nordiques.

(4) Cumul des processus de transfert: Les résultats de notre analyse empirique démontrent qu'un transfert des instruments d'un système politco-administratif à l'autre ne devient souvent effectif que si plusieurs processus allant dans le même sens se cumulent. Ainsi en est-il de l'adoption des normes fédérales aux Etats-Unis qui résulte aussi bien de l'émulation du Fédéral par la Californie que de la nécessité de réduire les coûts externes induits chez les producteurs par des réglementations étatiques divergentes. De même, l'adoption de normes au Danemark s'explique tant par le transfert des expériences américaines et canadiennes antérieures que par la nécessité d'une harmonisation des prescriptions au niveau de l'Union européenne. Lors de l'analyse du design des instruments, il est pertinent de prendre en compte les effets cumulés de ces différents processus (émulation, harmonisation et réduction des externalités négatives). Soulignons finalement que pour aucun des cas comparés ici, notre analyse empirique ne permet de conclure à des effets contradictoires entre ces trois processus, l'un contrecarrant l'autre.

(5) Marge de manoeuvre des petits pays lors de l'expérimentation d'instruments innovateurs: Le design des instruments dans les cinq pays comparés ici tend à converger (même si ce n'est que lentement) en ce qui concerne l'étiquetage énergétique et les normes. Néanmoins, les petits pays jouissent toujours d'une marge de manoeuvre certaine, avant tout dans l'expérimentation d'instruments innovateurs. Les exemples du lancement des programmes d'acquisition de technologies en Suède, des valeurs-cibles pour les équipements bureautiques en Suisse ou de la formation des distributeurs et vendeurs d'appareils au Danemark en attestent. En effet, si ces expériences s'avèrent positives, elles ont de forte chance d'être adoptées ensuite dans un contexte plus large (soit par les Etats-Unis et/ou par l'Union européenne).

(6) Recours à la légitimation des expériences antérieures pour les instruments les plus contraignants: Notre troisième hypothèse est confirmée pour l'ensemble des instruments contraignants adoptés dans les cinq pays comparés, exception faite de l'étiquetage obligatoire au Canada. On peut interpréter ce résultat comme une indication que plus le degré de con-

trainte d'un instrument est élevé, plus il doit être démontré qu'il n'induit pas d'effets pervers, donc plus les acteurs du design recourent explicitement aux expériences antérieures accumulées avec ces instruments. Ce constat n'est par contre que partiellement valable pour les instruments volontaires ou incitatifs.

5.4 la qualité du ciblage des instruments: un design selon le pouvoir politique des groupes-cibles?

La quatrième hypothèse de recherche postule que les instruments retenus dépendent du pouvoir politique des groupes-cibles visés et des groupes concernés. Cette hypothèse est motivée comme suit. Toute politique publique cherche à résoudre un problème collectif. Pour ce faire, les concepteurs d'une intervention étatique identifient les groupes-cibles dont le comportement est perçu comme la cause du problème collectif, ainsi que les groupes concernés qui sont affectés par celui-ci. Le processus de design des instruments définit toujours (même si ce n'est qu'implicitement) ces deux types d'acteurs. Il s'articule donc en fonction d'une « hypothèse de causalité », dont la formulation générale est la suivante: si l'instrument X est mis en oeuvre, alors le groupe-cible visé Y change de comportement, ce qui induit une amélioration de la situation des groupes concernés Z et contribue à la résolution du problème collectif. Il est évident que la formulation d'une hypothèse de causalité demeure toujours fortement liée à des jugements de valeur personnels et partisans, ainsi qu'à la manière même de percevoir et de définir politiquement le problème. Cette réponse normative à la question de savoir qui est responsable de l'état de fait jugé inacceptable d'un point de vue politique constitue donc un enjeu fondamental du processus de design des instruments et suscite des débats de nature conflictuelle. En effet, le choix d'un instrument implique directement la définition d'un groupe-cible particulier. Si ce dernier jouit d'un pouvoir politique fort, il tente souvent de se décharger, sur des groupes sociaux plus faibles, de sa responsabilité vis-à-vis de l'émergence ou de la perpétuation du problème collectif à résoudre. Outre cette stratégie fondamentaliste, le groupe-cible retenu comme premier responsable peut également chercher à minimiser le poids de son propre comportement sur le problème collectif et à désigner d'autres groupes-cibles comme co-responsables. Dans tous les cas, les groupes-cibles définis lors du design d'une politique visent donc à éviter, soit d'être directement soumis à des interventions étatiques, soit, si cette première tentative échoue, de devoir supporter des coûts élevés liés au changement de comportement que l'instrument appliqué leur impose[1].

En ce qui concerne le design des instruments visant à promouvoir l'efficience énergétique des appareils électroménagers et des équipements bureautiques, la définition de l'hypothèse de causalité soulève également de nombreux débats. Il n'y a pas de consensus sur les causes du problème de la non-diffusion de modèles affichant les meilleurs rendements énergétiques techniquement possibles et économiquement rentables. Certains groupes, dont les producteurs, soutiennent que les consommateurs sont mal informés sur les coûts énergétiques des appareils et, par conséquent, agissent irrationnellement lors de leur achat. Afin de pallier à cette situation, il s'agit pour l'Etat uniquement de sensibiliser les consommateurs aux coûts de cycle de vie des appareils. Les instruments qui vont dans ce sens, et qui visent les consommateurs comme groupes-cibles, ont trait à l'étiquetage énergétique des appareils. L'hypothèse de causalité qui sous-tend cette première argumentation est que si l'Etat adopte un système d'étiquetage qui permet aux consommateurs de connaître les coûts énergétiques de fonctionnement des appareils, alors ceux-ci prennent des décisions d'achats rationnelles, ce qui, par le jeu de la concurrence, incite ensuite les producteurs à développer de nouveaux modèles plus performants d'un point de vue énergétique. D'autres groupes, dont les consommateurs et les associations écologistes, défendent une hypothèse de causalité alternative. Selon eux, les causes premières du problème se situent au niveau des producteurs qui n'introduisent pas les innovations nécessaires dans leurs produits pour en améliorer le rendement énergétique. Ils suggèrent donc que si l'Etat adopte des instruments qui imposent aux producteurs le développement et la commercialisation d'appareils plus performants, alors les consommateurs, qui ne sont pas capables d'évaluer et de comparer correctement les coûts énergétiques de plusieurs modèles, achètent automatiquement des appareils plus efficients et qui n'induisent chez eux aucun coût de cycle de vie supplémentaire et ce, sans que la libre concurrence ne soit perturbée vu que tous les producteurs sont soumis aux mêmes règles du jeu. Cette deuxième catégorie d'acteurs désigne

---

[1] Nous discutons ailleurs, de manière plus circonstanciée, le concept d'hypothèse de causalité d'une politique publique ainsi que les enjeux liés à sa définition collective (KNOEPFEL et al. 1997)

donc les producteurs comme groupes-cibles d'une intervention étatique et propose des normes comme instrument d'action prioritaire.

Indépendamment de ces deux hypothèses de causalité rivales, nous tenons à souligner que les producteurs demeurent toujours les groupes-cibles primaires des instruments d'intervention. En effet, même dans le cas d'un étiquetage volontaire ou obligatoire, les premiers acteurs à devoir changer de comportement sont bel et bien les producteurs qui doivent mesurer et indiquer la consommation énergétique de leurs modèles. Pour le test de notre hypothèse de recherche, nous retenons donc les producteurs comme les groupes-cibles. Les consommateurs sont quant à eux définis comme les groupes-concernés (ou bénéficiaires), dans la mesure où ils profitent financièrement et écologiquement de l'achat de modèles affichant un haut rendement énergétique. Dès lors, notre quatrième hypothèse s'intitule de la sorte:

- **Hypothèse 4:** Un instrument est adopté si les (associations de) producteurs ne s'y opposent pas.

Pour tester empiriquement cette hypothèse, trois phénomènes doivent être observés dans chacun des pays comparés. Concrètement, il s'agit de (1) déterminer le degré d'organisation des acteurs et leur accès à l'arène décisionnelle, (2) identifier les coalitions que forment les groupes d'intérêt ainsi que les conflits ou les négociations entre celles-ci, et de (3) démontrer que les résultats du processus de design correspondent aux instruments soutenus par la coalition dominante.

(1) Degré d'organisation des acteurs et accès à l'arène décisionnelle: Premièrement, et en reprenant l'argument de base de l'approche pluraliste, nous postulons que le résultat du design dépend de la participation des différents groupes concernés et des intérêts qu'ils défendent. Ainsi, la question se pose de savoir quels acteurs sont capables de s'organiser et de faire valoir leurs arguments dans le processus décisionnel. Comme le suggère la théorie économique sur les choix publics (OLSON, 1966), différents problèmes d'action collective, dont le fameux comportement de resquilleur (« free rider »), peuvent en effet émerger selon que les intérêts à promouvoir par un groupe sont à court terme versus à long terme, particuliers versus généraux, matériels versus axiologiques, etc. Cette interro-

gation s'avère particulièrement pertinente dans le domaine de l'efficience énergétique où les producteurs peuvent s'organiser autour d'intérêts clairement identifiables, ce qui n'est nullement le cas des associations écologistes et de consommateurs. Le première étape de notre test empirique vise donc à identifier quels types d'acteurs parviennent à s'organiser et à mobiliser des ressources suffisantes. De plus, il s'agit également d'analyser les moyens institutionnels dont les groupes organisés disposent pour accéder à l'arène décisionnelle et, par là, pour influencer le processus de design des instruments. Le droit des parties à être entendues lors de consultations législatives et réglementaires, les commissions d'experts, le lobbying parlementaire, les droits de démocratie directe (initiative et référendum), les procédures judiciaires, etc. offrent autant de portes d'entrée à l'arène décisionnelle. L'existence formelle de ces moyens ainsi que leur utilisation effective varient sensiblement selon les régimes démocratiques et les stratégies des groupes d'intérêt. Dès lors, notre étude empirique doit recenser concrètement quels acteurs recourent à quels moyens pour influencer le processus et les résultats du design.

(2) Coalitions d'acteurs et conflits entre les coalitions: Deuxièmement, notre analyse porte sur les coalitions d'acteurs qui se forment éventuellement pour défendre des intérêts communs et partager leurs ressources. Comme le suggère SABATIER (1987) dans son modèle, les partenaires de ces « advocacy coalitions » partagent des interprétations communes du problème à résoudre, de même qu'ils s'accordent sur les objectifs de la politique publique à mettre en place et sur les instruments à appliquer pour les atteindre. Dans cette perspective, le design peut s'expliquer par les luttes de pouvoir qui caractérisent les relations entre les différentes coalitions. A ce stade du test empirique, il s'agit donc de discerner les acteurs qui constituent les différentes coalitions en présence ainsi que les relations de conflit, mais aussi de négociation de solutions de compromis, entre ces dernières.

(3) Choix des instruments en fonction de la coalition (dominante) des producteurs: Troisièmement, nous nous penchons sur la correspondance entre le choix final des instruments et les solutions défendues par les différentes coalitions. Plus concrètement, l'analyse doit démontrer que les résultats du design correspondent effectivement aux instruments acceptés par les producteurs d'appareils électroménagers et d'équipements bureau-

tiques. Cette dernière étape constitue de fait le test empirique (compris dans son sens étroit) de notre quatrième hypothèse de recherche.

5.41 Canada: l'opposition initiale des producteurs contrecarrée par la coalition des consommateurs et des entreprises électriques

Le tableau 52 présente les étapes du design des instruments en fonction des activités politiques des producteurs, des consommateurs, des entreprises électriques et des groupes écologistes.

Cinq étapes caractérisent les conflits initiaux qui opposent les producteurs aux consommateurs et aux entreprises électriques puis, dans un second temps, les négociations menées par ces acteurs en vue d'adopter et de mettre en oeuvre l'étiquetage obligatoire ainsi que les normes provinciales et fédérales.

(1) Le Ministère de la consommation et des corporations se confronte à l'opposition des producteurs lors de l'application réglementaire de l'étiquetage obligatoire, ce qui l'incite à supprimer le programme « EnerGuide »: Décidé par le gouvernement comme première mesure d'économie d'énergie, l'étiquetage obligatoire est mis en oeuvre par le Ministère de la Consommation et des Corporations (CC). Celui-ci négocie avec les Associations canadiennes des fabricants de gros appareils ménagers (ACFAM), des manufacturiers (ACM), de normalisation (ACNOR) et de l'électricité (ACE), des procédures de test et les modalités des étiquettes « EnerGuide ». Bien que basé initialement sur une approche participative et consensuelle, ce processus réglementaire s'avère de facto conflictuel. Les producteurs exercent de nombreuses pressions sur CC et sur l'ACNOR, qui élabore les procédures de test, aussi bien pour retarder la mise en oeuvre effective des étiquettes énergétiques que pour en diminuer les effets auprès des consommateurs. Plutôt que de négocier une réglementation pour toutes les catégories d'appareils, l'ACFAM et l'ACM imposent par exemple à CC de les traiter les uns après les autres. De plus, de nombreuses discussions sont nécessaires pour que les producteurs acceptent d'apposer les étiquettes à l'extérieur plutôt qu'à l'intérieur des appareils. Même si dès la fin 1978 des premières réglementations entrent finalement en vigueur, l'absence de coopération entre l'Etat et l'économie

privée incite CC à proposer la suppression du programme « EnerGuide » en 1985. Les producteurs soutiennent activement cette proposition auprès du Cabinet et n'acceptent en contrepartie d'un abandon de l'étiquetage obligatoire, ni un système volontaire et encore moins des normes contraignantes.

(2) Les consommateurs et les entreprises électriques s'engagent en faveur de la continuation de l'étiquetage obligatoire et soutiennent son transfert administratif au sein du Ministère de l'énergie, des mines et des ressources: Malgré la constante opposition de l'ACFAM et de l'AC vis-à-vis de « EnerGuide » et la volonté de désengagement de CC, les consommateurs et les entreprises électriques concertent leurs actions pour assurer la sauvegarde de l'étiquetage obligatoire. L'ACC recommande en 1984 d'élargir le champ d'application de « EnerGuide », alors que l'ACE finance plusieurs études pour démontrer les effets positifs des étiquettes énergétiques. Afin de faire valoir leurs intérêts, l'ACC et l'ACE soutiennent informellement la reprise en charge administrative de « EnerGuide » par le Ministère de l'énergie, des mines et des ressources (EMR). De plus, elles défendent l'approche délibérative suivie jusqu'ici par l'ACNOR et recommandent une prolongation de son mandat pour négocier de futures procédures de test. Les activités de cette nouvelle coalition (ACC, ACE et EMR) permettent d'éviter la suppression de « EnerGuide » prônée par ses acteurs initiaux (ACFAM, ACM et CC). Cette stratégie s'avère dominante et trois accords interministériels assurent la prolongation, au-delà de 1987, des réglementations en vigueur.

(3) Les consommateurs proposent des normes auxquelles s'opposent catégoriquement tous les producteurs: Si elle soutient activement le programme EnerGuide, l'ACC n'est pas moins consciente des limites de cet instrument. Elle recommande dès 1984 à CC, puis à EMR, d'introduire également des normes fédérales. Cette proposition s'avère inacceptable pour les producteurs qui, comme en ce qui concerne les étiquettes « EnerGuide », visent au contraire à supprimer tout cadre réglementaire. La ferme opposition de l'ACFAM et de l'ACM parvient à bloquer jusqu'en 1988 le processus de design de tout nouvel instrument.

Tableau 52: Design des instruments au Canada en fonction des activités politiques des producteurs, des consommateurs, des organisations écologistes et des entreprises électriques

instruments au niveau fédéral	**producteurs**	**consommateurs**	**organisat. écologistes**	**entreprises électriques**
étiquetage obligatoire (1978)	L'Association canadienne des fabricants de gros appareils ménagers (ACFAM) et l'Association canadienne des manufacturiers (ACM) - retardent la mise en oeuvre des étiquettes EnerGuide (1978-82), - soutiennent la suppression du programme EnerGuide proposée par CC (1985) - s'opposent à son remplacement par un programme volontaire ou par des normes (1985) L'ACM *- soutient la Loi fédérale sur l'efficience énergétique comme nouvelle base légale de EnerGuide (1992)*	L'Association canadienne des consommateurs (ACC) - recommande à CC d'élargir le champ d'application des étiquettes EnerGuide (1984) - s'oppose à la suppression du programme EnerGuide proposée par CC (1985) - soutient activement EMR lors du prolongement de EnerGuide (dès 1987) - soutient la Loi fédérale sur l'efficience énergétique comme nouvelle base légale de EnerGuide (1992), mais recommande d'adopter des instruments connexes (formation des distributeurs)	Aucune organisation écologiste ne participe au lancement du programme EnerGuide Les Ami(e)s de la Terre (AdT) - soutiennent la Loi fédérale sur l'efficience énergétique comme nouvelle base légale de EnerGuide (1992)	L'Association canadienne de l'électricité (ACE) - participe au développement des étiquettes EnerGuide (dès 1978) - finance plusieurs études pour démontrer les potentiels d'économies exploitables grâce à l'étiquetage (1981-82, 1988) - s'oppose à la suppression du programme EnerGuide proposée par CC (1985), - soutient EMR lors du prolongement de EnerGuide (dès 1987) BC Hydro - accorde les subventions «Smart fridge rebate» et «Fridge buy back» (1989) et - crée le label de qualité «Power Smart» (1991)

normes (1992)	L'ACFAM et l'ACM *- soutiennent l'introduction des normes provinciales en Ontario (1988)* - participent à leur définition réglementaire (dès 1988) L'ACM - soutient l'introduction de normes fédérales, mais recommande d'adopter conjointement un système de capital-risque (1992)	L'ACC - recommande à CC d'introduire des normes fédérales (dès 1984) - soutient l'introduction des normes provinciales en Ontario (1988) - participe à leur définition réglementaire (dès 1988) - soutient l'introduction de normes fédérales harmonisées avec celles des Etats-Unis (1992)	Les AdT - soutiennent l'introductio n de normes fédérales, mais recommandent d'adopter conjointement des dégrèvements fiscaux pour les entreprises les plus innovatrices	Hydro-Ontario et l'ACE - soutiennent l'introduction des normes provinciales en Ontario (1988) - participent à leur définition réglementaire (dès 1988) L'ACE - soutient l'introduction de normes fédérales (1992) - finance une étude pour démontrer les potentiels d'économies exploitables grâce aux normes pour les équipements bureautiques (1994)

Note: Nous indiquons en italique quand les producteurs passent d'une position de refus à celle d'acceptation d'un instrument.

(4) Les producteurs abandonnent leur position de refus et soutiennent l'introduction de normes provinciales, élaborées selon une approche participative: Suite à l'adoption par les Etats-Unis de normes fédérales en 1987 et au rapport concomitant du consultant Marbek qui démontre aux producteurs canadiens leur retard technologique en matière d'efficience énergétique et les risques économiques et financiers auxquels ils s'exposent, les producteurs de l'Ontario, l'ACFAM et l'ACM changent de position. Ceux-ci reconnaissent la nécessité d'améliorer le rendement énergétique de leurs modèles afin de préserver leurs parts dans les marchés provincial, national et international. Dès lors, aussi bien les producteurs provinciaux que les associations nationales soutiennent en juin 1988 l'introduction de normes ontariennes. Le même soutien est ensuite accordé par les autres principaux producteurs lors des processus législatifs et réglementaires en Colombie-Britannique et au Québec. Outre les coûts externes que leur induisent les normes américaines, les manufacturiers cana-

diens changent radicalement de stratégie aussi parce que les législations provinciales prévoient une démarche consensuelle, sous l'égide de l'ACNOR, pour fixer le niveau des valeurs-limites de consommation. La procédure réglementaire rassemble ainsi, selon des règles formelles d'équilibrage des forces, des représentants de l'ACFAM, l'ACM, l'ACC, l'ACE et des administrations concernées. Cette démarche participative leur permet donc d'assurer la viabilité économique des normes et leur convergence avec les prescriptions américaines. Les comités techniques de l'ACNOR offrent en effet des arènes de négociation où chaque partie est traitée sur un pied d'égalité.

(5) Producteurs, consommateurs, entreprises électriques et écologistes s'accordent sur la continuation du programme « EnerGuide » et sur l'introduction des normes fédérales: Les expériences positives de partenariat entre les différents groupes d'intérêt se multiplient dans les différentes provinces. Ainsi, lorsque le gouvernement fédéral décide d'adopter une Loi sur l'efficience énergétique comme nouvelle base légale pour le programme « EnerGuide » et pour des normes fédérales, aucun acteur n'affiche une opposition de principe. Au contraire, l'ACC, l'ACE et l'ACM soutiennent activement le projet de loi fédérale lors des consultations du Comité législatif D. Il faut également relever que les Ami(e)s de la Terre qui représentent les intérêts des groupes environnementaux se rallient à cette large coalition. A cette occasion, tous les acteurs réaffirment leur volonté de collaborer selon l'approche consensuelle de l'ACNOR. Les seuls points de divergence, qui se voient évacuer par les parlementaires, concernent l'éventuelle mise en oeuvre d'instruments connexes de type incitatif (par ex. capital-risque ou exonération fiscale). Un consensus solide est donc trouvé, si bien que l'AMC et AdT ne participent même plus formellement à la procédure de consultation organisée par le Ministère des ressources naturelles lors l'élaboration de la réglementation d'application.

Nous tirons quatre conclusions de cette analyse empirique du processus et des résultats du design des instruments:

1. Les associations des consommateurs (ACC) et d'entreprises électriques (ACE) soutiennent dès le départ l'introduction d'étiquettes obligatoires (en 1978) ainsi que de normes provinciales (en 1988) et fédérales (en

1992). Les ressources en compétences techniques et les activités concertées de lobbying de cette coalition s'avèrent décisives pour la sauvegarde et la prolongation du programme « EnerGuide » par EMR (dès 1987), contre l'avis de l'institution administrative de protection des intérêts des consommateurs (CC).

2. Les associations de fabricants d'appareils ménagers (ACM et ACFAM) s'opposent dans un premier temps à l'étiquetage et aux normes. Par leur refus de coopérer avec CC, les producteurs parviennent presque à imposer un abandon des étiquettes obligatoires (en 1985). L'ACM et l'ACFAM changent néanmoins radicalement de position suite à la mise en oeuvre des normes américaines et aux effets négatifs induits par celles-ci sur leurs parts de marché internes et aux Etats-Unis. Dès 1988, l'administration peut donc compter sur un soutien actif des producteurs, ce qui accélère le renforcement du programme « EnerGuide » et permet la prescription de normes provinciales, puis fédérales.
3. Les groupes écologistes (AdT) interviennent tardivement dans le processus de design des instruments. Ils ne s'engagent véritablement dans le débat que lors de l'élaboration de la Loi fédérale sur l'efficience énergétique. A ce stade, un consensus entre l'ACC, l'AFAM et l'ACE est déjà négocié dans les faits. Le rôle des associations de protection de l'environnement ne saurait donc être considéré comme déterminant pour l'adoption de l'étiquetage et des normes.
4. L'Association canadienne de normalisation (ACNOR) offre une arène extra-institutionnelle pour la négociation de solution de compromis entre les producteurs, d'une part, et les consommateurs et les entreprises électriques, d'autre part. Cette institution financée par l'Etat, mais indépendante de l'administration fédérale, permet à tous les acteurs d'être traités sur un pied d'égalité, grâce au respect de règles formelles d'équilibrage des forces et à une démarche participative. La neutralité et les compétences techniques de l'ACNOR apparaissent essentielles à la définition réglementaire des instruments, plus encore que les consultations et les négociations menées dans le cadre de procédures législatives.

Notre hypothèse de recherche stipule qu'un instrument est adopté si les (associations de) producteurs ne s'y opposent pas. Elle donc confirmée pour les normes, mais infirmée pour l'étiquetage obligatoire (cf. tableau 53).

Tableau 53: Coalitions d'acteurs soutenant ou s'opposant à l'introduction des instruments au Canada

position des groupes-cibles et des groupes concernés vis-à-vis des instruments	coalition de soutien	coalition d'opposition
étiquetage obligatoire (1978)	ACC, ACE et AdT (dès 1992), ACFAM et ACM (dès 1988)	ACFAM et ACM (jusqu'en 1988)
normes (1992)	ACC, ACE, AdT (dès 1991), ACFAM et ACM (dès 1988)	ACFAM et ACM (jusqu'en 1988)

Abréviations des associations de producteurs, de consommateurs, d'écologistes et des entreprises électriques:

1. ACC: Association canadienne des consommateurs
2. ACE: Association canadienne de l'électricité
3. ACFAM: Association canadienne des fabricants de gros appareils ménagers
4. ACM: Association canadienne des manufacturiers
5. AdT: Les Ami(e)s de la Terre

5.42 Danemark: le consensus entre les producteurs, les consommateurs et les entreprises électriques

Le design des instruments s'avère dès le départ consensuel au Danemark, alors que les producteurs européens s'opposent vivement à l'introduction de tout instrument contraignant au niveau de l'Union européenne. Le tableau 54 recense les positions des producteurs, des consommateurs, des entreprises électriques et des groupes écologistes lors de l'adoption de l'étiquetage obligatoire et des normes dans les contextes danois et européen.

Tableau 54: Design des instruments au Danemark (et au niveau européen) en fonction des activités politiques des producteurs, des consommateurs, des organisations écologistes et des entreprises électriques

instruments	producteurs	consommateurs	organisations écologistes	entreprises électriques
étiquetage obligatoire (1982)	L'Association danoise des producteurs et importateurs d'appareils électroménag. (FEHA) - soutient l'introduction d'un étiqu. oblig. (1981) Le Conseil européen de la construction electrodomestique (CECED) - s'oppose à l'étiquetage obligatoire prévu dans PACE (1989) - s'oppose à l'étiquetage obligatoire proposé par la DG XVII et par le Danemark (1990) - recommande de retenir la déclaration sur les produits existante (90)	L'Association danoise des consommateurs (DVN) - négocie avec certains producteurs des mesures d'étiquetage volontaire - soutient un étiquetage obligatoire qui correspond aux directives européennes (1981) L'Ombudsman - soutient l'introduction de l'étiqu. (81)	L'Organisation pour une information sur l'énergie atomique (OIEA) et l'Organisation pour les énergies renouvelables (ORE) - mandate les experts de l'UTD pour démontrer les améliorations possibles de l'efficience énergétique des appareils (1976, 1983)	Le Centre de recherche des entreprises électriques danoises (DEFU) - démontre avec les experts de l'UTD les améliorations possibles de l'efficience énergétique des appareils (1986)
normes (1994)	Le CECED - s'oppose aux normes proposées par PACE (1989) et par les Pays-Bas (1991) - accepte la solution de valeurs-cibles négoc., mais ne trouve aucun consensus interne (93) La FEHA - s'oppose à toute norme danoise qui représente une entrave non-tarifaires (1993) - coopère avec les consom. lors de la définition des normes (1994)		L'Université Technique du Danemark (UTD) - démontre la faisabilité technique et la viabilité économique de normes (pour la Commission de l'énergie californienne, 86) - coopère avec Gram SA et DEFU pour développer le LER 200 (1987)	Le DEFU - coopère avec UTD et Gram SA pour développer le réfri. LER 200 (87) - modèlise et démontre, avec l'Association des entrepr. électr. nordiques (NORDEL), les effets des normes de NORDNORM (1991)

Six étapes caractérisent l'évolution des relations entre les producteurs, d'une part, et les consommateurs et les entreprises électriques, d'autre part.

(1) Les producteurs danois acceptent l'étiquetage obligatoire que recommandent les associations écologistes et de consommateurs ainsi que la Communauté européenne: L'organisation pour une information sur l'énergie atomique (OIEA) et l'Organisation pour les énergies renouvelables (ORE) financent sept experts scientifiques de l'Université Technique du Danemark (UTD) pour développer un plan énergétique alternatif à la stratégie officielle de 1976. Cette planification, qui ne recourt à aucune électricité d'origine nucléaire, se base sur une politique d'efficience énergétique et soutient tout instrument à cet effet. Parallèlement, la Communauté européenne recommande en mai 1976 à ses Etats-membres d'introduire un étiquetage volontaire (76/496/CEE). Dès lors, l'Association danoise des consommateurs (Dansk Varefakta Naevn, DVN) applique son propre système d'étiquetage énergétique. Bien que, pour certaines catégories d'appareils, ces étiquettes soient volontairement appliquées à quelques 70% des modèles commercialisés, leur contenu s'avère incompatible avec les étiquettes obligatoires que prescrit en mai 1979 la Communauté européenne (79/530/CEE). Le gouvernement du Danemark décide ainsi d'adopter une loi-cadre sur l'étiquetage, le Ministre de l'Industrie et l'Ombudsman ayant accordé leur soutient à cet instrument contraignant. De même, les associations de producteurs acceptent, lors de la procédure de consultation, d'harmoniser les systèmes d'étiquetage danois et européen. La Loi sur l'étiquetage est finalement acceptée en mai 1982. Après une nouvelle consultation des parties affectées, l'Agence danoise de l'énergie prescrit des étiquettes énergétiques pour les fours électriques, en conformité avec les dispositions européennes.

(2) Les entreprises électriques danoises démontrent les potentiels d'économies d'énergie exploitables grâce à des appareils super-efficients et l'entreprise Gram A/S commercialise le réfrigérateur LER200: Depuis 1976, les experts de l'UTD conçoivent en laboratoire des prototypes d'appareils électroménagers à très haut rendement énergétique. Ces activités de R&D s'intensifient par la suite, notamment en collaboration étroite avec le Centre de recherche des entreprises électriques danoises (DEFU). En 1986 par exemple, l'UTD et le DEFU réalisent pour le compte de la

Commission Californienne de l'énergie une étude sur les possibilités d'amélioration de l'efficience énergétique des réfrigérateurs. Les résultats de cette analyse confirment les travaux antérieurs, réalisés dans le cadre du second plan alternatif de 1983. Finalement, ces recherches sont directement valorisées lorsque l'entreprise danoise Gram A/S développe et commercialise en 1987 le réfrigérateur super-efficient LER 200. Vu ce premier succès, les entreprises électriques assurent leur soutien à d'autres recherches et lancent dès 1988, de manière individuelle, des campagnes d'information à l'attention des ménages privés.

(3) Malgré l'opposition des producteurs européens, la Communauté réactualise l'étiquetage obligatoire que le Danemark met en oeuvre: Dans le cadre de son programme d'action communautaire visant à améliorer l'efficience énergétique (PACE, 89/364/CEE), la Communauté européenne propose, entre autres, de réactualiser l'étiquetage obligatoire appliqué jusqu'ici aux seuls fours électriques. Cette annonce soulève une vive opposition de la part du Conseil européen de la construction électrodomestique (CECED). Vu ce refus des producteurs, la Communauté décide de conduire de nouvelles négociations. Par conséquent, elle décide en avril 1990 de suspendre la proposition danoise d'une réglementation de l'étiquetage obligatoire, proposition pourtant soutenue par une majorité d'Etats-membres ainsi que par les associations de consommateurs. Quant à eux, les producteurs rejettent à nouveau cet instrument contraignant lors des négociations multilatérales de novembre 1990. Afin néanmoins d'éviter toute entrave non-tarifaire liée à des étiquettes énergétiques qui divergent d'un Etat-membre à l'autre, et en se basant sur les recommandations de la Commission NORDNORM, la Communauté adopte en septembre 1992 une directive-cadre sur l'étiquetage obligatoire (92/75/CEE), puis diverses directives d'application pour certains types d'appareils (94/2/CEE, 95/12 et 13/CE). Le Danemark applique dès lors ces dispositions réglementaires et les renforce par une campagne de formation des distributeurs.

(4) La Communauté européenne et les entreprises électriques danoises recommandent l'introduction de normes d'efficience énergétique: En octobre 1991, la Communauté européenne adopte son nouveau programme d'action SAVE (91/565/CEE). Elle y propose d'introduire, soit des valeurs-cibles de consommation, soit des normes contraignantes.

Cette recommandation est activement soutenue par les Pays-Bas qui, en décembre 1991, soumettent à notification une réglementation sur des normes. Finalement, dans le cadre des travaux de la Commission NORDNORM, le DEFU et l'Association nordique des entreprises électriques (NORDEL) modélisent et simulent les effets de normes d'efficience énergétique. Comme conclusion à ses travaux, NORDNORM recommande à son tour, en janvier 1992, de prescrire des valeurs-limites. Lors d'une nouvelle négociation au niveau européen, le CECED s'oppose vivement à toutes ces propositions. La DG XVII soumet donc aux producteurs une solution de compromis qui consiste en la négociation collective de valeurs-cibles.

(5) Les producteurs danois refusent, dans un premier temps, la loi-cadre sur les normes, puis acceptent une démarche participative sur d'éventuelles réglementations: Afin de catalyser le débat sur les normes au niveau européen, le Danemark décide en novembre 1993 d'adopter une loi-cadre sur des normes d'efficience énergétique. A l'annonce de cette future législation, les producteurs s'opposent aux normes prévues car celles-ci créent des entraves non-tarifaires au sein du marché commun. Le gouvernement souhaite néanmoins jouer un rôle de pionnier au niveau communautaire et maintient sa position. Il parvient finalement à s'assurer le soutien de l'Association danoise des producteurs et importateurs d'appareils électroménagers (FEHA, Fabirkanter og Importörer af Elektrische Husholdningsapparater). Le FEHA accepte en effet l'approche coopérative que propose la loi-cadre pour la définition réglementaire des normes. Il obtient également la garantie que les normes danoises n'entreront pas en vigueur avant d'éventuelles normes européennes. Finalement, le consensus est trouvé car les premières réglementations concernent les lave-linge et -vaisselle, appareils pour lesquels aucun producteur danois n'existe, tous les modèles commercialisés étant importés. De leur côté, les entreprises électriques soutiennent, grâce aux travaux du DEFU, la formulation des normes. Les intérêts des consommateurs sont directement défendus par l'Agence danoise de la consommation du Danemark qui participe à la définition des services de lavage que doivent assurer les lave-linge et -vaisselle.

(6) Les dissensions internes des producteurs conduisent l'Union européenne à introduire des normes d'efficience énergétique: En fin de

compte, l'Union européenne adopte elle aussi, en septembre 1996, une première directive sur les normes de rendement énergétique applicables aux appareils de réfrigération (96/57/CE). Le choix de cet instrument contraignant, plutôt que de valeurs-cibles négociées, s'explique par les conflits internes au CECED. En effet, vu la forte concurrence qui existe entre les différents producteurs européens d'appareils électroménagers, le CECED ne parvient pas à trouver un consensus sur le niveau des valeurs-cibles. De plus, il ne peut assurer à l'Union européenne un engagement des producteurs représentant au moins 80% du marché, ni un délai pour le respect des valeurs-cibles, ni un système efficace d'autocontrôle de ces accords volontaires. Par conséquent, la DG XVII se voit contrainte de s'engager dès novembre 1993 dans un processus réglementaire traditionnel.

Nous tirons trois conclusions de cette analyse empirique du processus et des résultats du design des instruments:

1. L'Association danoise des consommateurs (DVN) promeut très tôt l'étiquetage énergétique et parvient, avant même une intervention de l'Etat, mais grâce à la collaboration des producteurs, à mettre en oeuvre des étiquettes volontaires. Elle soutient ensuite son remplacement par un étiquetage obligatoire (en 1982), ce renforcement étant également défendu par l'institution administrative de protection des intérêts des consommateurs (Ombudsman).
2. Les groupes écologistes (OIEA et ORE) et les entreprises électriques (DEFU et NORDEL) participent activement au design des instruments en démontrant, avec l'aide d'experts scientifiques (UTD), les effets énergétiques et la viabilité économique d'instruments contraignants. De plus, ces acteurs collaborent ponctuellement avec un producteur privé (Gram S/A) pour expérimenter sur le marché les résultats des recherches en laboratoire (en 1987).
3. Alors qu'au niveau européen les producteurs (CECED) s'opposent avec constance à l'introduction de tout instrument, mais sans succès compte tenu de leurs dissensions internes, l'Association danoise des producteurs et importateurs d'appareils électroménagers (FEHA) accepte rapidement l'introduction d'un étiquetage obligatoire et de normes. Les producteurs danois participent donc dès le départ à la grande

coalition en faveur d'une politique interventionniste d'efficience énergétique.

Notre hypothèse de recherche stipule qu'un instrument est adopté si les (associations de) producteurs ne s'y opposent pas. Elle est donc confirmée pour l'étiquetage obligatoire et pour les normes, aucun conflit majeur et durable n'étant constatable entre les différents groupes d'intérêts danois (cf. tableau 55).

Tableau 55: Coalitions d'acteurs organisés pour le soutien ou l'opposition à l'introduction des instruments au Danemark

position des groupes-cibles et des groupes concernés vis-à-vis des instruments	**coalition de soutien**	**coalition d'opposition**
étiquetage obligatoire (1982)	DVN, OIEA, ORE, FEHA, DEFU, UTD	CECED
normes (1994)	DEFU, NORDEL, UTD, FEHA (dès 1994)	CECED, FEHA (en 1993)

Abréviations des associations de producteurs, de consommateurs, des entreprises électriques et d'écologistes:

1. CECED: Conseil européen de la construction électrodomestique
2. DEFU: Centre de recherche des entreprises électriques danoises
3. DVN: Association danoise des consommateurs
4. FEHA: Association danoise des producteurs et importateurs d'appareils électroménagers
5. NORDEL: Association des entreprises électriques danoises
6. OIEA: Organisation pour une information sur l'énergie atomique
7. ORE: Organisation pour les énergies renouvelables
8. UTD: Université technique du Danemark

5.43 Etats-Unis: la puissante coalition des consommateurs, des écologistes et des entreprises électriques contraint les producteurs à négocier des normes

Aux Etats-Unis, le design des instruments visant à promouvoir l'efficience énergétique est marqué par les conflits qui opposent les producteurs aux consommateurs, aux entreprises électriques et aux groupes écologistes. Dans le cas des normes fédérales, ce conflit est arbitré par les tribunaux, ce qui conduit ensuite à la création d'une grande coalition de tous les groupes d'intérêt. Le tableau 56 recense les prises (et les changements) de position des principaux acteurs lors des processus législatifs, de la procédure judiciaire et de négociations extra-institutionnelles.

Tableau 56: Design des instruments en fonction des activités politiques des producteurs, des consommateurs, des organisations écologistes et des entreprises électriques

instr. au niv. fédéral	**producteurs**	**consom-mateurs**	**organisations écologistes**	**entreprises électriques**
étiquetage volontaire (73)	57 producteurs décident de participer à un système d'étiquetage volontaire afin d'éviter l'introduction d'étiquet. obligatoires (08. 75)	Les cons. soutiennent l'étiquet. vol. (73)		
étiquetage obligatoire (1975)	L'Association des manufacturiers d'appareils ménagers (AMAM) - s'oppose aux étiquettes obligatoires (1974), *- appose les étiquettes EnergyGuide et les utilisent comme argument de vente (dès 1979)* - publie un répertoire du rendement énergétique des modèles (dès 1980) - tente sans succès de remettre en cause EnergyGuide lors des négociations sur les normes (1986-87)	La CFC et les agences étatiques - soutiennent l'introduction d'un étiquet. obligatoire (New York en 1974)	Le Conseil américain pour une économie énergétiquement efficiente (CAEEE) - publie un répertoire des modèles commercialisés les plus efficients du marché (dès 1988)	
valeurs-cibles (1975)	L'AMAM - s'oppose à l'introduction de valeurs-cibles (1974), puis retarde l'élaboration des valeurs-cibles lors des négociations avec l'AFE (1976)			

normes (1978 et 1987)	La majorité des producteurs - s'oppose à l'introduction de normes étatiques (en Californie dès1974) et fédérales (1978) Les producteurs les plus innovateurs - soutiennent les normes qui leur assurent un avantage concurrentiel (1977) L'AMAM - négocie avec le DE les réglementations sur le niveau des normes (1978-80) - soutient la solution du «no-standard standard» du DE (1981-85) *- devient membre de la Coalition pour des normes féd. (86)* - négocie avec les consommateurs et les écologistes une nouvelle base légale pour les normes fédérales primant sur celles étatiques (1986-87) - s'oppose au renforcement des normes (1992) -trouve un accord avec le CDRN sur le renforcement des normes (1994) Philipps, General Electric, Maytag et Carrier - s'opposent à l'accord de 1994 sur le renforcement des normes, - alors que Whirlpool et Fridgidaire le soutiennent (94-95) L'Association nationale des manufacturiers électriques (ANME) - négocie avec le CDRN une base légale pour les amdements aux normes féd. (1988)	L'Union américaine des consommateurs (UCE) - attaque le DE devant la Cour d'Appel de Columbia (1981) - devient membre de la Coalition pour des normes fédérales (1986)	Le Conseil pour la défense des ressources naturelles (CDRN) - attaque le DE devant la Cour d'Appel de Columbia (81) - devient membre de la Coalition pour des normes fédérales (1986) - négocie avec l'AMAM une nouvelle base légale pour des normes fédérales (1986-87) - négocie avec le CDRN une nouvelle base légale pour les premiers amendements aux normes féd. (88) - trouve un accord avec l'AMAM sur un renforcement des normes fédérales (1994) Le CAEEE et la Société Nationale Audubon (SNA) - deviennent membres de la Coalition pour des normes féd. - négocient une base légale pour des normes (86)	Le Conseil des entreprises électriques du Nord-Ouest américain (CENO) - attaque le DE devant la cour d'appel de Columbia (1981) - devient membre de la Coalition pour des normes fédérales (1986) Pacific Gas and Electric (PG&E) et Southern California Edison Company (SCE) - négocient avec le CDRN, le CAEE et l'AMAM un renforcement des normes fédérales (1994)

label de qualité (1992)	L'Association des producteurs d'équipement de bureau et informatique (APEIB) et le Conseil des industries des technologies de l'information (CITI) - soutiennent activement le label «Energy Star» de l'APE en lieu et place d'un étiquetage volontaire ou obligatoire du DE (1994) - conduisent 85% des producteurs d'ordinateurs à signer un mémoire d'entente avec APE		Le CAEEE - soutient le label « Energy Star » de l'APE mais recommande au DE d'introduire en plus un étiquetage obligatoire (1995)	Le CENO - attribue le « Blue Ribbon Award » aux 15% des réfrigérateurs les plus efficients du marché (dès 1986) - publie un répertoire des modèles distingués
acquisition de technologies (1992)	Plus de 500 producteurs et ingénieurs privés - participent à la conception du SERP que remporte Whirlpool devant Fridgidaire (1992)		Le CAEEE, le CDRN et l'Alliance pour les économies d'énergie (AEE) - participent à la conception du SERP (1992)	PG&E - dirige le «Super efficient refrigerator programme» (SERP) (1992)
achats publics (1993)	Les producteurs des équipements bureautiques les plus efficients du marché - bénéficient des achats publics		Le CAEEE - participe au «Energy Efficiency Collaborative»	Les entreprises de la Californie et de New York - participent au «Energy Efficiency Collaborative»

Note: Nous indiquons en italique quand les producteurs passent d'une position de refus à celle d'acceptation d'un instrument.

Les conflits qui opposent les différents groupes d'intérêt, ainsi que leur résolution par des décisions administratives, judiciaires ou des négociations collectives, sont résumés par les huit étapes suivantes:

(1) Afin d'éviter des instruments plus contraignants, les producteurs participent, avec une certaine résistance toutefois, à l'étiquetage volontaire, puis au programme « EnergyGuide »: En juillet 1973, les partisans d'une intervention fédérale visant à promouvoir l'efficience énergétique des ap-

pareils électroménagers proposent d'introduire un système d'étiquetage énergétique. Ils mentionnent explicitement que si cet instrument est appliqué, alors des normes ne sont pas forcément nécessaires, dans un premier temps du moins. Les consommateurs soutiennent activement cette proposition et les producteurs acceptent son principe. La mise en oeuvre de l'étiquetage volontaire s'avère cependant conflictuelle. Alors que les consommateurs souhaitent en mai 1974 que les étiquettes indiquent en dollars les coûts énergétiques des modèles commercialisés, l'Association des Manufacturiers d'Appareils Ménagers (AMAM) s'y oppose. Néanmoins, suite à la menace d'introduire un système d'étiquetage obligatoire, 57 producteurs représentant le 94% du marché déclarent vouloir se plier à ses revendications. Avant même d'attendre les premiers efforts consentis par les producteurs, le Energy Policy Conservation Act impose en décembre 1975 un système d'étiquetage obligatoire et ce, malgré l'opposition de l'industrie privée. Visant toujours à éviter l'introduction de normes contraignantes, l'AMAM élabore avec l'Administration fédérale de l'énergie (AFE) et avec l'Institut national des standards et de la technologie (INST), des procédures officielles de test. Elle négocie ensuite avec la Commission fédérale du commerce les modalités des étiquettes « EnergyGuide ». Finalement, l'AMAM décide de publier un répertoire des appareils qui indique leur rendement énergétique respectif.

(2) Les producteurs s'opposent, sans succès, aux normes de la Californie et aux valeurs-cibles fédérales et tentent de retarder leur mise en oeuvre effective: Participant dès 1975 au processus réglementaire d'édiction des étiquettes « EnergyGuide », l'AMAM s'oppose vivement à tout instrument supplémentaire. Cette stratégie s'avère cependant infructueuse aussi bien en Californie, qui annonce en mai 1974 la prescription de normes, qu'au niveau du Fédéral, qui décide en décembre 1975 de négocier des valeurs-cibles. Ayant été minorisés par les consommateurs et par les organisations écologistes lors du processus législatif, les producteurs tentent dès lors de retarder la mise en oeuvre réglementaire de ces nouveaux instruments. D'une part, ils ne livrent que partiellement et tardivement à la Commission Californienne de l'énergie les statistiques nécessaires à l'évaluation des effets économiques et énergétiques des futures normes de cet Etat. D'autre part, ils démontrent à l'AFE que les efforts entrepris volontairement jusqu'en octobre 1976 ont déjà permis d'exploiter toutes les améliorations techniques du rendement énergétique des appareils. Malgré l'opposition

systématique des producteurs privés, les administrations concernées parviennent à définir des normes étatiques à la fin 1976 et des valeurs-cibles fédérales à la fin 1977.

(3) Une majorité de producteurs s'oppose aux normes fédérales et soutient la solution du « no-standard standard » du Département de l'énergie: Lorsque le gouvernement fédéral décide en 1977 d'édicter à son tour des normes, la grande majorité des manufacturiers manifeste une vive opposition. Néanmoins, certains producteurs soutiennent activement une réglementation fédérale qui primerait juridiquement sur les normes californiennes et sur celles en voie d'élaboration dans d'autres Etats. Ces partisans d'une harmonisation fédérale des prescriptions énergétiques visent à éviter les coûts supplémentaires occasionnés par des procédures de test et de certification divergentes dans les différents Etats. De plus, ces entreprises ont, pour satisfaire aux réglementations californiennes, déjà investi dans la R&D de nouveaux appareils et bénéficient donc d'un avantage comparatif face à leurs concurrents. Vu la polarisation interne des producteurs et, a contrario, le soutien unanime des consommateurs, des écologistes, des entreprises électriques et des Etats, l'adoption du National Energy Policy Conservation Act permet d'ancrer en novembre 1978 le principe de normes fédérales d'efficience énergétique. Chargé de son application réglementaire, le Département de l'énergie négocie directement avec l'AMAM le niveau des futures normes fédérales. La solution de compromis trouvée en octobre 1980 est cependant remise en cause par l'arrivée des Républicains à l'exécutif. Le DE néo-conservateur édicte ainsi la fameuse solution du « no-standard standard », soit l'absence de toute norme fédérale. L'AMAM s'empresse de soutenir cette décision comme la seule viable économiquement. Pour la première fois dans le processus de design des instruments, l'AMAM parvient à créer avec le DE une coalition anti-normes politiquement forte.

(4) La coalition des consommateurs, des écologistes et des entreprises électriques en faveur des normes fédérales obtient gain de cause devant les tribunaux: Face à ce revirement fondamental de situation, l'ancienne coalition législative en faveur de normes fédérales se mobilise à nouveau. L'Union américaine des consommateurs (UCE), le Conseil de défense des ressources naturelles (CDRN), la Commission californienne de l'énergie et le Conseil des entreprises électriques du Nord-Ouest américain poursui-

vent la décision du DE devant la Cour d'Appel de circuit du district de Columbia. Après auditions des parties concernées, AMAM y compris, les juges fédéraux déclarent la solution du « no-standard standard » contraire à la volonté du législateur et imposent à l'administration de réviser sa décision réglementaire. La grande coalition des consommateurs, des écologistes et des entreprises électriques obtient donc gain de cause face à la coalition anti-normes (AMAM et DE).

(5) Les producteurs changent de position et constituent avec les consommateurs, les écologistes et les entreprises électriques, la Coalition pour des normes fédérales: Minorisés une nouvelle fois, les producteurs décident alors de changer de stratégie. Plutôt que de s'opposer de manière conflictuelle à l'introduction de normes fédérales, avec le soutien unique du DE, l'AMAM invite les associations de consommateurs et les groupes écologistes à négocier ensemble le niveau de normes fédérales qui priment juridiquement sur les normes étatiques en vigueur. Une Coalition pour des normes fédérales d'efficience énergétique (Coalition) rassemble dès lors plus de 47 partenaires, dont le DE est cependant exclu. Les négociations débutent en avril 1986 entre l'AMAM, le CDRN, la Société Nationale Audubon (SNA) et le Conseil américain pour une économie énergétiquement efficiente (CAEEE). Des solutions de compromis sont successivement trouvées, principalement entre l'AMAM et le CDRN, pour tous les types d'appareils. Celles-ci sont ensuite introduites dans le projet législatif du National Appliance Energy Conservation Act que le Congrès et le Parlement entérinent en mars 1987. Visant à perpétuer cette approche coopérative, de premiers amendements législatifs sont négociés en 1988 déjà par l'Association nationale des manufacturiers électriques (ANME) et le CDRN. Malgré l'opposition idéologique du DE face à toute nouvelle norme fédérale, la Coalition parvient sans aucun problème à faire adopter et appliquer les accords résultant de ses propres négociations.

(6) *Afin d'éviter l'étiquetage obligatoire des équipements bureautiques que réclament les écologistes, les producteurs soutiennent activement le label « Energy Star »:* Des normes ayant été négociées pour les appareils électroménagers, l'Agence pour la protection de l'environnement vise dès 1992 à influencer le rendement énergétique des équipements bureautiques. A cet effet, elle lance le label de qualité « Energy Star ». Les producteurs participent activement à ce programme peu contraignant. Ils visent par là

à éviter l'introduction d'étiquettes énergétiques obligatoires que le DE pourrait prescrire en vertu du Energy Policy Act d'octobre 1992, ou l'élaboration, par l'Association des producteurs d'équipements informatiques et de bureau (APEIB), d'un système d'étiquetage volontaire. Dans ce but, le Conseil des Industries des technologies de l'information (CITI) constitue avec diverses administrations fédérales et étatiques un Comité sur l'efficience énergétique des équipements bureautiques (CEEEB). Ce dernier soutient le programme « Energy Star » de l'APE, car il représente une alternative efficace à tout système d'étiquetage. Face à cette nouvelle coalition des producteurs et d'acteurs administratifs, seul le CAEEE tente dès avril 1995 de motiver le DE pour qu'il recourt à ses prérogatives réglementaires. Jusqu'ici, cette demande isolée du groupe écologiste demeure cependant sans effet.

(7) Les entreprises les plus innovatrices participent aux programmes d'acquisition de technologies et d'achats publics: Visant à perpétuer l'esprit de partenariat instauré avec les producteurs depuis 1986, les entreprises électriques californiennes (PG&E et SCE), les écologistes (CDRN et CAEEE) et plusieurs administrations étatiques et fédérales conçoivent dès 1990 un programme d'acquisition d'un réfrigérateur super-efficient. La mise en oeuvre de celui-ci en 1992 s'avère un franc succès: plus de 500 producteurs y participent, Whirlpool remportant devant Fridgidaire la prime du vainqueur. Afin de renouveler l'expérience avec cet instrument pour d'autres types d'appareils, diverses administrations étatiques et fédérales, entreprises électriques ainsi que des organisations non-gouvernementales (dont le CAEEE) constituent à la mi-1993 un Consortium pour l'efficience énergétique. De plus, les entreprises les plus innovatrices bénéficient également de la stratégie fédérale d'achats publics. Ayant déjà investi dans le développement et la commercialisation de modèles qui respectent les conditions d'éligibilité au label « Energy Star », elles s'assurent ici de nouvelles parts de marché.

(8) Après de nouveaux conflits entre écologistes et producteurs, un consensus est trouvé sur le renforcement graduel des normes fédérales: Si depuis la création de la Coalition pour des normes fédérales et le lancement de programmes connexes (soit le label de qualité, l'acquisition de technologies et les achats publics), la conception et la mise en oeuvre des instruments se déroulent sur une base de partenariat entre l'Etat et l'indus-

trie privée, il n'en demeure pas moins que de nouveaux conflits éclatent lors des consultations sur le renforcement graduel des normes fédérales. Ces conflits opposent tout d'abord le DE et le CDRN à l'AMAM. Les producteurs notent l'impossibilité technique d'améliorer les rendements énergétiques de leurs appareils, car en plus des prescriptions du DE, ils doivent parallèlement supprimer, pour des raisons environnementales, le recours aux CFC. En avril 1997, un premier compromis est cependant trouvé, pour les réfrigérateurs, entre le DE, l'AMAM, le CDRN, le CAEEE, les autorités californiennes et les entreprises électriques. Cette solution consensuelle s'explique notamment par le fait que les producteurs se confrontent entre eux: alors que Philipps, General Electric, Maytag et Carrier s'opposent à tout renforcement des normes, Whirlpool et Fridgidaire s'y déclarent favorables car ils en retireraient un avantage concurrentiel (directement lié à leurs efforts antérieurs de R&D dans le cadre du programme d'acquisition de technologies datant de 1992). Cette polarisation interne de l'AMAM affaiblit donc son poids au sein de la Coalition pour des normes fédérales face aux autres acteurs qui soutiennent unanimement les nouvelles réglementations du DE.

Nous tirons quatre conclusions de cette analyse empirique du processus et des résultats du design des instruments:

1. Dans un premier temps, l'Association des manufacturiers d'appareils ménagers (AMAM) s'oppose radicalement à l'étiquetage obligatoire, aux valeurs-cibles et aux normes. Pour éviter leur adoption législative, les producteurs participent à un programme d'étiquetage volontaire. Néanmoins, les gouvernements fédéral et étatiques leur imposent ces instruments plus contraignants (entre 1975 et 1978). Ne parvenant pas à bloquer le processus réglementaire de leur mise en oeuvre, malgré le soutien de l'administration républicaine, l'AMAM change de position en 1986. Ce revirement fait directement suite à la décision judiciaire qui remet en cause la solution du « no-standard standard ». Les producteurs reconnaissent alors la nécessité d'harmoniser les normes au niveau fédéral afin d'éviter les coûts induits par des prescriptions divergentes dans les Etats. Au sein de la Coalition pour des normes fédérales, l'AMAM négocie avec les groupes écologistes (CDRN) une solution de compromis. Cette stratégie de coopération permet l'adoption d'une nouvelle base légale pour les normes fédérales (en 1987). Ce

partenariat se prolonge lors des discussions sur le renforcement graduel des normes, grâce notamment à l'impulsion des entreprises les plus innovatrices en matière d'efficience énergétique (soit Whirlpool et Fridgidaire).

2. L'Union des consommateurs (UCE), le Conseil pour la défense des ressources naturelles (CDRN) et le Conseil des entreprises électriques du Nord-Ouest (CENO) forment une très puissante coalition en faveur de normes fédérales. Les actions en justice contre la solution du « no-standard standard » (en 1982), les négociations menées avec les producteurs (dès 1986) et les expertises scientifiques (CAEEE) élaborées sur les effets énergétiques et économiques des instruments, catalysent le design des normes. Les ressources et la concertation sans défaillance des consommateurs, des écologistes et des entreprises électriques constituent assurément le facteur déterminant pour la mise en oeuvre des normes.
3. Si les normes fédérales pour les appareils électroménagers soulèvent un conflit important entre les groupes d'intérêt, les autres instruments s'avèrent par contre consensuels. Les entreprises électriques et les groupes écologistes soutiennent le lancement d'instruments incitatifs, soit l'acquisition de technologies et le label de qualité, et les producteurs les plus innovateurs y participent activement (dès 1992). En ce qui concerne les équipements bureautiques, les associations de producteurs (ANME et APEIB) ont en effet tout intérêt à soutenir ces instruments non-contraignants, afin d'éviter la mise en oeuvre d'un étiquetage obligatoire et/ou de normes.
4. Les associations écologistes, dont le CDRN et le CAEEE en premier lieu, s'engagent avec constance dans toutes les étapes du design des instruments (mise à l'agenda, adoption législative, poursuite judiciaire et application réglementaire). Grâce à leurs ressources et à leur capacité de former des coalitions avec les consommateurs, avec les entreprises électriques, mais aussi avec les Etats, ils maintiennent la pression sur les producteurs pour que ces derniers améliorent sans discontinuité le rendement énergétique de leurs appareils. Cette stratégie tantôt conflictuelle, tantôt consensuelle, s'avère d'autant plus efficace que l'AMAM doit résoudre les dissensions internes qui apparaissent à différentes périodes entre les producteurs innovateurs et ceux affichant un retard technologique.

Notre hypothèse de recherche stipule qu'un instrument est adopté si les (associations de) producteurs ne s'y opposent pas. Elle donc confirmée pour l'étiquetage volontaire, le label de qualité, les achats publics et l'acquisition de technologies, mais infirmée pour l'étiquetage obligatoire, les valeurs-cibles et les normes (cf. tableau 57).

Tableau 57: Coalitions d'acteurs organisés pour le soutien ou l'opposition à l'introduction des instruments aux Etats-Unis

position des groupes-cibles et des groupes concernés vis-à-vis des instruments	**coalition de soutien**	**coalition d'opposition**
étiquetage volontaire (73)	producteurs individuels	
étiquetage obligatoire (1975)	CAEEE et AMAM (dès 1979)	AMAM (jusqu'en 1979)
valeurs-cibles négociées (1975)	AMAM (dès 1976)	AMAM (jusqu'en 1976)
normes (1978)	UCE, CAEEE, CDRN, SNA, CENO, AMAM (dès 1986) et ANME (dès 1988)	AMAM (jusqu'en 1986)
acquisition de technologies (1992)	PG&E/SCE, CAEEE, CDRN, producteurs individuels	
label de qualité (1992)	CAEEE, CENO, APEIB et CITI	
achats publics (1993)	Producteurs individuels	

Abréviations des associations de producteurs, de consommateurs, d'écologistes et des entreprises électriques:

1. AMAM: Association américaine des manufacturiers d'appareils ménagers
2. ANME: Association nationale des manufacturiers électriques
3. APEIB: Association des producteurs d'équipements de bureau et informatiques
4. CAEEE: Conseil américain pour économie énergétiquement efficiente
5. CDRN: Conseil de défense des ressources naturelles
6. CENO: Conseil des entreprises électriques du Nord-Ouest américain
7. CITI: Conseil des industries des technologies de l'information
8. PG&E: Pacific Gas and Electric
9. SCE: Southern California Edison Company
10. SNA: Société Nationale Audubon
11. UCE: Union américaine des consommateurs

5.44 Suède: le rôle pionnier de Electrolux et l'opposition des autres producteurs face à tout instrument contraignant

Le style politique suédois est généralement qualifié de corporatiste, les intérêts privés ayant un accès privilégié (par rapport à d'autres pays) à la phase de formulation des politiques publiques. Afin d'étudier empiriquement si ce constat global s'applique également au design des instruments visant à promouvoir l'efficience énergétique des appareils électroménagers et des équipements bureautiques, le tableau 58 résume les prises de position des différents groupes.

Les activités et les coalitions d'acteurs lors du design des instruments peuvent être interprétées en fonction des quatre étapes suivantes en Suède:

(1) Les producteurs s'opposent à la mise en oeuvre de l'étiquetage obligatoire et bloquent toute mise en oeuvre jusqu'à l'adoption des directives européennes de 1994: La Suède révise en 1976 sa Loi sur le marketing afin d'y introduire le principe d'un étiquetage énergétique. Ce premier instrument est mis en oeuvre dès 1979 par la nouvelle Agence suédoise pour les politiques de consommation (KV). KV reprend les procédures de test élaborées par l'Organisation Internationale de Standardisation (ISO) pour édicter ses réglementations. Elle tente ensuite de négocier avec les producteurs des arrangements sur le contenu et les modalités d'affichage des étiquettes. Les manufacturiers et les importateurs s'avèrent néanmoins peu coopératifs et se limitent à présenter les données relatives à la consommation énergétique de leurs appareils dans les catalogues publicitaires. Les bases légale et réglementaire de l'étiquetage obligatoire stipulent que KV peut, en cas de non-application de l'étiquetage obligatoire, poursuivre les producteurs devant les tribunaux. Malgré l'opposition évidente des manufacturiers vis-à-vis des étiquettes prescrites, l'administration ne recourt jamais à cette résolution judiciaire des conflits. Le programme d'étiquetage de KV ne jouit en effet pas d'un soutien politique suffisant. Dès lors, la mise en oeuvre de cet instrument demeure très lacunaire jusqu'en 1994, date à laquelle de nouvelles directives européennes contraignent la Suède à harmoniser ses étiquettes obligatoires, et surtout leur champ d'application, avec les dispositions de l'Union européenne.

Tableau 58: Design des instruments en Suède en fonction des activités politiques des producteurs, des consommateurs, des organisations écologistes et des entreprises électriques

instruments	**producteurs**	**consommateurs**	**organisat. écologistes**	**entreprises électriques**
étiquetage obligatoire (1976)	Les producteurs individuels - retardent et limitent la mise en oeuvre effective des étiquettes énergétiques de KV (dès 76)	L'Agence suédoise pour les politiques de consommation (KV) - applique les étiquettes obligatoires (dès 1976)		
acquisition de technologie (1988)	Plusieurs producteurs individuels suédois et étrangers (dont l'entreprise danoise Gram SA) - participent au programme suédois d'acquisition d'un réfrigérateur super-efficient qui est remporté par Electrolux (1990)	KV, diverses associations de propriétaires de logements privés et coopératifs, des entreprises immobilières et des compagnies d'assurance - participent en tant que groupe d'achat au programme suédois d'acqu. d'un réfrigérateur super-efficient (1990)		Stockholm energi - participe au programme suédois d'acquisition d'un réfrigérateur super-efficient (dès 1990)
label (1993)	Les producteurs individuels - participent volontairement au programmes de label de qualité de NUTEK, TCO et SSCN (dès 1993)	L'Association suédoise des employés de bureau (TCO) - développe son propre label énergétique (dès 1992) - collabore avec SSCN et NUTEK pour soutenir la comercialisation des équipements bureautiques efficients (dès 1993)	La Société suédoise pour la conservation de la nature (SSCN) - collabore avec TCO et NUTEK pour la vente des équipe. bureautiques effic. (93)	Vattenfall - estime les potentiels d'amélioration de l'efficience énergétique dans le secteur domest. - lance le programme UPPDRAG 2000 (86)

Note: Nous recensons l'Agence suédoise pour les politiques de consommation (KV) comme une « association de consommateurs », bien qu'elle soit une institution administrative. Ce choix se légitime par le fait que KV émerge directement des deux principaux syndicats des ouvriers (LO) et des employés de bureau (TCO) qui la créent pour défendre les intérêts des consommateurs (PESTOFF, 1983)

(2) Les consommateurs et les entreprises électriques participent activement aux programmes d'acquisition de technologies: Adopté en 1988, le premier programme suédois d'acquisition de technologies économes en énergie rassemble par contre un très large consensus. Le lancement de la compétition pour un réfrigérateur super-efficient est possible grâce aux actions concertées de toutes les parties. Sous la direction de l'Administration suédoise de l'énergie (ASE dès 1988), puis de l'Agence suédoise pour le développement technique et industriel (NUTEK dès 1991), KV, diverses associations sectorielles de consommateurs et l'entreprise électrique Stockholm energi constituent un groupe d'achat et formulent les spécifications énergétiques du réfrigérateur à développer. Cette grande coalition de mise en oeuvre promet, outre l'acquisition d'une masse critique d'unités du modèle désigné comme vainqueur, l'octroi d'une subvention aux premiers acheteurs privés. Cette double incitation assure le succès de la compétition à laquelle de nombreuses entreprises privées, y compris étrangères comme par exemple le producteur danois Gram S/A, participent. Electrolux remporte le concours en août 1990 et commercialise un réfrigérateur dont les caractéristiques énergétiques et environnementales dépassent les attentes initiales de l'administration, des consommateurs et des entreprises électriques. Cette première expérience conduit finalement à une véritable transformation des structures du marché pour les réfrigérateurs. Ce succès incite NUTEK, puis le Cabinet et le Parlement, à financer dès 1991 un deuxième volet de programme d'acquisition de technologies. Tous les acteurs concernés soutiennent en effet cette décision.

(3) La quasi-unanimité des producteurs refusent l'introduction de normes: Parallèlement à la poursuite et au renforcement du programme d'acquisition de technologies, NUTEK recommande en 1991 d'introduire des normes d'efficience énergétique. Cet instrument contraignant soulève la vive opposition de la (quasi)unanimité des producteurs. De fait, seul Electrolux soutient un tel instrument. La prescription étatique de conditions énergétiques d'accès au marché suédois lui assurerait un avantage concurrentiel, vu que cette entreprise a déjà investi dans la R&D de modèles plus efficients. Confronté à ce refus catégorique des producteurs, le gouvernement décide sans débat de ne prescrire aucune norme énergétique. Cette position sera cependant remise en cause en septembre 1996

lorsque l'Union européenne adopte une directive sur ce sujet. La Suède devra en effet appliquer des normes dans le futur.

(4) Les producteurs participent volontairement aux labels de qualité énergétique et les associations de consommateurs et d'écologistes appliquent des instruments connexes: Outre l'étiquetage obligatoire et l'acquisition de technologies, NUTEK vise à influencer les achats des modèles les plus efficients du marché par l'introduction d'un label de qualité énergétique. A cet effet, il transfert volontairement en Suède le programme américain « Energy Star » et assure un rôle d'intermédiaire entre les producteurs intéressés et l'Agence américaine pour la protection de l'environnement. Vu le succès de cet instrument volontaire, il forme dans un deuxième temps les distributeurs d'appareils. Cette stratégie s'avère très largement acceptée, qui plus est quand NUTEK décide de collaborer étroitement avec le syndicat des employés de commerce TCO qui introduit en 1995 son propre label pour les équipements bureautiques. Finalement, la Société suédoise de protection de la nature rejoint cette coalition, afin d'appliquer des instruments d'action connexes, comme par exemple une exposition itinérante sur un bureau à consommation énergétique minimale. En un mot, administration, producteurs, consommateurs et écologistes participent tous à la mise en oeuvre des labels de qualité.

Nous tirons quatre conclusions de cette analyse empirique du processus et des résultats du design des instruments:

1. L'Agence suédoise pour les politiques de consommation (KV), qui émerge institutionnellement des principaux syndicats suédois, demeure l'unique organisation à soutenir activement et à appliquer l'étiquetage obligatoire (dès 1976). Confrontée à l'opposition des producteurs, elle doit cependant se limiter à l'exécution réactive des directives européennes en la matière (en 1979, puis en 1994).
2. L'Association suédoise des employés de bureau (TCO), en collaboration avec la Société suédoise pour la conservation de la nature (SSCN), lance en 1995 son propre label de qualité énergétique. Celui-ci reprend les critères du label américain «Energy Star», qui était déjà transféré en Suède par NUTEK (dès 1993). Cette convergence favorise une étroite collaboration entre les consommateurs, les écologistes

et l'administration suédoise. Les producteurs participent quant à eux sur une base volontaire aux différents projets initiés par cette coalition.
3. Les producteurs d'appareils électroménagers s'opposent aux étiquettes obligatoires et aux normes (en 1991). A titre individuel, ils participent par contre aux programmes d'acquisition de technologies lancés dès 1988 par l'ASE, puis repris par NUTEK. Ils soutiennent activement cet instrument incitatif comme solution alternative à toute intervention réglementaire. Dans ce contexte, Electrolux assume un rôle de pionnier vis-à-vis de la R&D en matière d'efficience énergétique.
4. Les entreprises électriques ne soutiennent que marginalement l'étiquetage de KV ainsi que le label de qualité et l'acquisition de technologies gérés par NUTEK. Seule l'entreprise Stockholm energi assume de facto un rôle important lors du premier projet d'acquisition d'un réfrigérateur super-efficient. Les entreprises électriques, dont la société (para)publique Vattenfall, ne sauraient donc être interprétées comme des acteurs centraux du design des instruments.

Notre hypothèse de recherche stipule qu'un instrument est adopté si les (associations de) producteurs ne s'y opposent pas. Elle est donc confirmée pour l'acquisition de technologies et le label de qualité, mais infirmée pour l'étiquetage obligatoire (cf. tableau 59).

Tableau 59: Coalitions d'acteurs organisés pour le soutien ou l'opposition à l'introduction des instruments en Suède

position des groupes-cibles et des groupes concernés vis-à-vis des instruments	**coalition de soutien**	**coalition d'opposition**
étiquetage obligatoire (1976)	KV	producteurs individuels
acquisition de technologies (1990)	KV, associations sectorielles de consommateurs, Stockholm energi, producteurs individuels	
label de qualité (1993)	TCO, SSCN, producteurs individuels	

Abréviations des associations de producteurs, consommateurs, écologistes, électriciens:
1. KV: Agence suédoise des politiques de consommation
2. SSCN: Société suédoise de conservation de la nature
3. TCO: Association suédoise des employés de bureau

5.45 Suisse: le faible pouvoir politique des écologistes (et des consommateurs) face à la coalition des producteurs et des entreprises électriques

Le système politico-administratif suisse offre aux groupes d'intérêt plusieurs accès à l'arène décisionnelle, notamment par les droits de démocratie directe (soit l'initiative et le référendum) et les consultations préparlementaires lors de la procédure législative. Le tableau 60 identifie les acteurs organisés qui, à différents stades du processus de design, influencent le choix des instruments. L'opposition entre les producteurs et les entreprises électriques, d'une part, et les associations écologistes et de consommateurs, d'autre part, s'articule en cinq étapes:

(1) Les producteurs s'opposent aux instruments que les associations écologistes proposent d'introduire dans le premier article constitutionnel: Comme alternative à la Conception globale de l'énergie élaborée par les représentants de l'économie privée, six organisations écologistes développent, sous la direction de la Fondation suisse de l'énergie (FSE), leur propre planification énergétique. Dans ce cadre, elles recommandent en 1978 l'introduction d'un étiquetage obligatoire et de normes. Cette proposition est partiellement reprise par le gouvernement fédéral dans la formulation du premier Article constitutionnel. Les principales associations énergétiques et économiques, soit l'Union suisse du commerce et de l'industrie (Vorort) et l'Union suisse des arts et métiers (USAM), s'opposent catégoriquement à toute intervention fédérale. Une majorité de cantons adopte une position identique, ce qui conduit en février 1983 au refus de l'Article énergétique. Confrontée à ce premier échec, la FSE lance avec 50 organisations écologistes une initiative énergétique qui vise, entre autres, à introduire un étiquetage obligatoire. Cette nouvelle tentative échoue également lors de la votation populaire de septembre 1984.

Tableau 60: Design des instruments en Suisse en fonction des activités politiques des producteurs, des consommateurs, des organisations écologistes et des entreprises électriques

instr. au niv. fédéral	producteurs	consommateurs	organisations écologistes	entreprises électriques
étiquetage volontaire (1990)	L'Union suisse du commerce et de l'industrie (Vorort) et l'Union suisse des arts et métiers (USAM) - s'opposent à tout étiquetage prévu dans les 1er et 2ème art. cst. (1979, 1987) - recommandent de ne retenir dans l'OEn que la déclaration de marchandise volontaire des producteurs (1991) L'Association suisse des fabricants et fournisseurs d'appareils électrodomestiques (FEA) - constitue avec INFEL une banque de données sur la consommation énergétique des appareils (90) - propose de ne retenir dans l'OEn et dans la LEn que la déclaration de marchandise volontaire (91, 94)	La fédération romande des consommatrices (frc), Le Forum suisse des consommatrices (KFCH), la Fondation pour la protection des consommateurs (FPC) et l'Association des consommateurs de la Suisse italienne (ACSI) - recommandent d'introduire dans l'OEn un étiquetage obligatoire (1991) - proposent d'appliquer l'étiquetage aussi aux équipements bureautiques (1991) - négocient avec la FEA des procédures de test (dès 1992) - négocient avec les producteurs individuels des conventions privées sur l'étiquetage volontaire (dès 92)	La Ligue suisse pour la protection de la nature (LSPN), la Fondation suisse pour l'énergie (FSE), la Société suisse pour la protection du milieu vital (SSPMV), la Société suisse pour l'énergie solaire (SSES), la Schweizerische Vereinigung für Volksgesundheit (SVV) et le World Wildlife Fund (WWF) - recommandent, dans leur planification alternative à la CGE, d'introduire un étiquetage obligatoire (1978) Sous la direction de la FSE, 50 organisations écologistes - lancent l' «initative énergétique» qui vise, entre autres, à introduire un étiquet. oblig. (80)	Le Centre d'information sur les applications de l'électricité (INFEL) - constitue avec la FEA une banque de données sur la consommation énergétique des appareils (1990) - s'oppose à la publication d'un répertoire des modèles classés selon leur efficience énergétique (1991) L'Union suisse des centrales électriques (USCE) - recommande de ne retenir dans la LEn que la déclaration volontaire de marchandise (1994)

	- s'oppose à la publication d'un répertoire des modèles classés selon leur efficience (91) *- négocie avec la frc et le KFCH des procédures de test (dès 1992)*	La KFCH - recommande d'introduire dans la LEn un étiquetage obligatoire (1994)	Toutes les associations écologistes - recommandent d'adopter un étiquetage obligatoire dans le 2ème art. cst (1987)	
valeurs-cibles négociées (1990)	Le Vorort et l'USAM - s'opposent à toute valeur-cible ou norme prévue dans les 1er et 2è art.cst. (79/87) la FEA - s'oppose aux valeurs-cibles de l'OEn (1991) - adopte une charte écolog. (91) *- négocie avec la frc et la KFCH un accord sur les valeurs-cibles (92)*	La frc - recommande d'adopter dans l'OEn directement des normes plutôt que des valeurs-cibles négociées (1991) - négocie avec la KFCH et la FEA un accord de principe sur les valeurs-cibles (1992)	La LSP, la FSE, la SSPMV, la SSES, la SVV et le WWF - recommandent d'introduire dans un art. cst. et dans la LEn des normes plutôt que des valeurs-cibles négociées (1978, 1994)	INFEL - met à disposition sa banque de données lors de la définition réglementaire des valeurs-cibles (dès 1992) - s'oppose aux valeurs-cibles et à d'éventuelles normes prévues dans la LEn (1994)
label de qualité (1994)		La frc, la KFCH, la FPC et l'ACSI - publient un répertoire des modèles distingués (dès 94)		
achats publics				

Note: Les positions officielles des différents groupes d'intérêt sont celles émises lors des procédures de consultation officielles sur les 1er et 2ème articles constitutionnels (1979 et 1984), sur l'Ordonnance sur l'énergie (OEn 1991) et sur la Loi sur l'énergie (LEn 1994), ainsi que lors du lancement de l'initiative populaire pour un article énergétique (1984). En outre, le tableau recense des activités prises de manière volontaire, en dehors de tout processus législatif ou réglementaire. Nous indiquons en italique quand les producteurs passent d'une position de refus à celle d'acceptation d'un instrument.

(2) Malgré l'opposition des producteurs, l'acceptation populaire du deuxième article énergétique ancre le principe de l'étiquetage obligatoire et des normes: Suite à l'absence récurante de consensus au sein de la Commission fédérale de l'énergie, ni un étiquetage énergétique, ni des normes, ne peuvent être introduits dans le cadre d'une Loi sur les économies d'électricité ou sur la protection des consommateurs. Ces deux instruments sont néanmoins repris par le gouvernement fédéral dans la deuxième version de l'Article énergétique. Soumis à consultation, ce projet législatif soulève à nouveau l'opposition du Vorort et de l'USAM. Les deux organisations économiques rejettent en effet toujours toute compétence fédérale en matière de politique énergétique. Plus particulièrement encore, les producteurs critiquent l'interventionnisme lié à d'éventuelles étiquettes et normes énergétiques, ainsi que l'inflation législative qui découlerait de leur prescription. La majorité des acteurs favorables à l'introduction du deuxième Article constitutionnel soutiennent au contraire ces deux instruments. Cette position s'avère très largement majoritaire lors du vote populaire de septembre 1990. Dès lors, les producteurs visent à limiter la portée effective de cette nouvelle compétence fédérale.

(3) Les producteurs et les entreprises électriques s'opposent à tout instrument réglementaire contraignant, contre l'avis des consommateurs: Conscient de la réticence de l'économie privée vis-à-vis de l'étiquetage obligatoire et de normes, le Conseil fédéral et le Parlement adoptent, dans l'Arrêté sur l'énergie de décembre 1990, une solution de compromis entre les associations de producteurs et les organisations écologistes et de consommateurs. Dans un premier temps, seuls un étiquetage volontaire et des valeurs-cibles sont négociées; puis, dans un second temps, et si ces instruments s'avèrent inefficaces, des étiquettes obligatoires et des normes sont prescrites. Ce compromis ne semble satisfaire aucune des parties. Lors de la consultation sur l'Ordonnance sur l'énergie qui doit fixer les modalités réglementaires des instruments, l'Association suisse des fabricants et fournisseurs d'appareils électrodomestiques (FEA), le Centre d'information sur les applications de l'électricité (INFEL) et l'USAM soutiennent qu'aucune prescription n'est viable économiquement. La FEA propose de ne retenir que la déclaration de marchandise volontaire déjà en vigueur. Celle-ci peut notamment se référer à la banque de données, élaborée conjointement avec INFEL, sur les différents modèles commercialisés en Suisse. Finalement, les producteurs (FEA et Vorort) s'opposent

explicitement à la publication d'un classement des appareils commercialisés en fonction de leur rendement énergétique respectif. A l'opposé, la fédération romande des consommatrices recommande d'adopter directement des normes. Cette position demeure cependant minoritaire.

(4) Afin d'éviter tout instrument contraignant, les producteurs coopèrent avec l'administration et les consommateurs lors de la mise en oeuvre de l'étiquetage volontaire et des valeurs-cibles, de même qu'ils soutiennent les instruments connexes: En 1991, la FEA adopte une charte écologique dans laquelle elle déclare vouloir collaborer avec l'Office fédéral de l'énergie, les associations de consommateurs et des experts indépendants lors de la définition consensuelle de valeurs-cibles de consommation. Cette collaboration devient effective dès 1992 lors des négociations des procédures de test, des conventions privées sur l'étiquetage et des valeurs-cibles. Outre la frc, les trois autres organisations régionales de consommateurs (KFCH, FPC et ACSI) participent à ces négociations qui se concrétisent en résultats tangibles dès 1993. Les producteurs misent quant à eux également sur d'autres instruments connexes. Ils soutiennent par exemple la vignette de qualité énergétique « E2000 » lancée en 1994 par le Groupe d'action électricité (GAEL) du programme « Energie 2000 ». Finalement, le GAEL, la FEA et INFEL initient conjointement un projet-pilote qui consiste à équiper 50 ménages privés avec les appareils les plus efficients du marché et à démontrer aux consommateurs les bénéfices énergétiques et financiers exploitables grâce à des modèles affichant un haut rendement énergétique. L'approche de partenariat retenue au sein de cette grande coalition (OFEN, GAEL, FEA, INFEL, frc, KFCH, FPC et ASCI) de mise en oeuvre des instruments réglementaires (OEn) et volontaires (conventions privées et vignette « E2000 ») s'inscrit parfaitement dans la stratégie coopérative du programme d'action « Energie 2000 ».

(4) Les producteurs et les entreprises électriques s'opposent à nouveau aux instruments contraignants et incitatifs que recommandent les consommateurs et les écologistes dans le cadre de la Loi sur l'énergie: L'Arrêté sur l'énergie adopté rapidement pour permettre une mise en oeuvre accélérée des premiers instruments de promotion de l'efficience énergétique doit être remplacé dès 1999 par la future Loi sur l'énergie. Lors de la procédure de consultation sur ce nouveau projet législatif, les partenaires défendent des positions diamétralement opposées. Alors que les consom-

mateurs (KFCH) et sept organisations écologistes souhaitent y introduire un étiquetage obligatoire et des instruments incitatifs (par ex. un système de « bonus-malus » ou de certificats), les producteurs (FEA) et les entreprises électriques (dont INFEL et l'Union suisse des centrales électriques) souhaitent au contraire limiter toute intervention fédérale à un étiquetage volontaire et, rejetant même les valeurs-cibles en vigueur, proposent de négocier des conventions sectorielles privées. Vu le succès des instruments déjà appliqués, l'OFEN recommande néanmoins au Conseil fédéral, puis au Parlement, de poursuivre la mise en oeuvre des instruments prévus par l'Arrêté et l'Ordonnance sur l'énergie. Le statu quo devrait ainsi prévaloir dans la future Loi sur l'énergie.

Nous tirons cinq conclusions de cette analyse empirique du processus et des résultats du design des instruments:

1. Les associations écologistes, dont la Fondation suisse pour l'énergie (FSE) en premier lieu, tentent à plusieurs reprises (dès 1978) d'introduire un étiquetage obligatoire et des normes. Elles soutiennent également la mise en oeuvre d'instruments incitatifs (en 1994) en lieu et place de mesures prescriptives. Leurs positions demeurent cependant toujours minoritaires et ce, malgré une concentration des ressources et des actions.
2. Les associations industrielles faîtières (Vorort et USAM) s'opposent radicalement à tout instrument contraignant. Les producteurs d'appareils électroménagers (FEA) suivent une stratégie identique. Toutefois, ils révisent partiellement leur position en 1992, soit après l'adoption de la base légale. Ils acceptent de négocier avec les consommateurs et l'administration fédérale les modalités d'un étiquetage volontaire et de valeurs-cibles car ces instruments représentent une solution de compromis entre l'absence de toute intervention et la prescription réglementaire d'étiquettes et de normes.
3. Une position en tous points similaire à celle des producteurs est observable chez les entreprises électriques (UCSE et INFEL). Ces dernières ne soutiennent que des instruments volontaires. Même après de premières expériences réussies avec les instruments négociés, les entreprises électriques s'opposent à leur prolongation dans la Loi sur l'énergie. Cet acteur forme avec les producteurs une coalition d'opposition aux instruments les plus interventionnistes.

4. Les intérêts des consommateurs ne sont défendus que tardivement dans le processus de design. Les associations privées (frc, KFCH, FPC et ASCI) n'interviennent qu'au niveau réglementaire, les décisions de principe ayant de facto déjà été prises, alors que l'institution administrative en charge du dossier (Bureau de la consommation) demeure largement absente du débat. Faiblement organisés, les consommateurs ne représentent pas un acteur déterminant lors du choix des instruments, ni un partenaire de coalition pour les associations écologistes.
5. L'introduction d'un label de qualité et de recommandations pour les achats publics ne suscite aucune réaction particulière de la part des groupes d'intérêt. Ces instruments sont adoptés sans discussion par l'administration fédérale. Seules les associations de consommateurs assurent un soutien lors de leur mise en oeuvre.

Notre hypothèse de recherche stipule qu'un instrument est adopté si les (associations de) producteurs ne s'y opposent pas. Elle est donc confirmée pour le label de qualité et les achats publics, mais infirmée pour l'étiquetage et les valeurs-cibles négociées (cf. tableau 61).

Tableau 61: Coalitions d'acteurs organisés pour le soutien ou l'opposition à l'introduction des instruments en Suisse

position des groupes-cibles et des groupes concernés vis-à-vis des instruments	coalition de soutien	coalition d'opposition
étiquetage volontaire (1990)	frc, KFCH, FPC, ACSI, LSPN, FSE, SSPMV, SSES, SVV, WWF et FEA (dès 1990)	Vorort, USAM, USCE et FEA (jusqu'en 1990)
valeurs-cibles négociées (1990)	frc, KFCH, ACSI, LSPN, FSE, SSPMV, SSES, SVV, WWF et FEA (dès 1990)	Vorort, USAM, INFEL et FEA (jusqu'en 1990)
label de qualité (1994)	frc, KFCH, FPC et ACSI	
achats publics (1994)		

Abréviations des associations de producteurs, de consommateurs, d'écologistes et des entreprises électriques:

1. ACSI: Association des consommateurs de la Suisse italienne
2. FEA: Association suisse des fabricants et fournisseurs d'appareils électrodomestiques
3. FPC: Fondation pour la protection des consommateurs
4. frc: fédération romande des consommatrices
5. FSE: Fondation suisse de l'énergie
6. INFEL: Centre d'information sur les applications de l'électricité
7. KFCH: Forum suisse des consommatrices
8. LSPN: Ligue suisse de la protection de la nature
9. SSES: Société suisse pour l'énergie solaire
10. SSPMV: Société suisse pour la protection du milieu vital
11. SVV: Schweizerische Vereinigung fèr Volksgesundheit
12. USAM: Union suisse des arts et métiers
13. USCE: Union suisse des centrales électriques
14. Vorort: Union suisse du commerce et de l'industrie
15. WWF: World Wildlife Fund

5.46 comparaison des cinq cas: test de l'hypothèse de travail

Après l'examen de la validité de notre quatrième hypothèse pour chaque cas, nous discutons ci-dessous sa capacité explicative pour l'ensemble des instruments adoptés dans les cinq pays comparés. A titre de synthèse des paragraphes précédents, le tableau 62 présente la somme des résultats du test empirique.

Tableau 62: Test de l'hypothèse sur le rapport entre le pouvoir politique des groupes-cibles et la qualité du ciblage des instruments retenus pour les appareils électroménagers et pour les équipements bureautiques

instruments visant les producteurs comme groupes-cibles	**Canada**	**Dane-mark**	**Etats-Unis**	**Suède**	**Suisse**	**cas vérifiés**
étiquetage volontaire			+		-	1
étiquetage obligatoire	-	+	-	-		1
label de qualité énerg.			+	+	+	3
valeurs-cibles négociées			-		-	0
normes contraignantes	+	+	-			2
achats publics			+		+	2
acquisition de technol.			+	+		2
cas vérifiés	1	2	4	2	2	11

Note:
Nous indiquons par le signe + que l'hypothèse est confirmée et par le signe - que l'hypothèse est infirmée

L'hypothèse selon laquelle le choix des instruments dépend de leur acceptation par les producteurs, qui en sont les groupes-cibles primaires, est confirmée pour 11 instrument, soit près des deux tiers des 18 observations empiriques de notre champ d'analyse. Ce constat suggère cinq commentaires à titre de conclusion provisoire sur notre quatrième hypothèse.

(1) Coalition des consommateurs, des écologistes et des entreprises électriques comme condition nécessaire à l'adoption d'instruments contraignants: L'adoption législative et l'application réglementaire d'instruments contraignants (soit l'étiquetage obligatoire et les normes) ne sont possibles au Canada, au Danemark et aux Etats-Unis que si une grande coalition des consommateurs, des écologistes et des entreprises électriques soutient activement ces prescriptions. En Suède, le faible engagement des associations écologistes et des entreprises électriques conduit de facto à ce que l'étiquetage obligatoire ne soit jamais réellement mis en oeuvre, ni des normes adoptées. En Suisse, la coalition dominante des producteurs et des entreprises électriques, qui fait face aux seules organisations écologistes compte tenu de la faible organisation des consommateurs, parvient à restreindre l'intervention subsidiaire de l'Etat à un étiquetage volontaire et à des valeurs-cibles. Relevons finalement que si une

coalition rassemble effectivement les consommateurs, les écologistes et les entreprises électriques, alors les producteurs tendent à abandonner leur stratégie de conflits avec ces groupes et à négocier des solutions de compromis.

(2) Procédure judiciaire et droits démocratiques lors du choix des instruments: En plus des accès traditionnels à l'arène décisionnelle (soit les consultations et le lobbying lors des procédures législatives), il faut également relever les effets d'autres voies institutionnelles de participation sur le design des instruments. Aux Etats-Unis, les consommateurs, les écologistes et les entreprises électriques poursuivent l'administration fédérale devant les tribunaux et obtiennent gain de cause, ce qui s'avère décisif pour la négociation des normes fédérales. En Suisse, les écologistes lancent une initiative populaire et participent aux campagnes du référendum obligatoire sur le premier article constitutionnel, sans pour autant que cela ne se traduise par l'adoption des instruments qu'ils préconisent. Vu ces deux observations divergentes, il ne semble pas qu'un lien direct puisse être établi entre les possibilités institutionnelles, pour un groupe minoritaire, d'accéder à l'arène décisionnelle et les résultats effectifs du design. Dans ces cas, le choix des instruments dépend en effet de la décision d'acteurs externes au conflit entre les coalitions (soit les juges aux Etats-Unis, le peuple et les cantons en Suisse).

(3) Polarisation interne des producteurs et fenêtre d'opportunité pour le design des instruments: Les associations sectorielles et faîtières de producteurs d'appareils s'avèrent des acteurs très influents lors du design des instruments. Malgré un degré d'organisation élevé et des ressources importantes, ces organisations professionnelles connaissent cependant des dissensions internes à plusieurs reprises. Celles-ci opposent généralement les entreprises les plus innovatrices du marché aux producteurs affichant un retard technologique en matière d'efficience énergétique. En raison de la forte concurrence qui existe sur le marché des appareils et des équipements, la maîtrise d'une technologie économe en énergie par une entreprise lui assure un avantage compétitif certain si l'Etat introduit des normes éliminant de facto certains modèles de ses concurrents directs. De fait, les associations de producteurs américains (AMAM) et européens (CECED) ne parviennent pas toujours à trouver un consensus entre ces deux groupes de manufacturiers. Aux Etats-Unis, Whirlpool et Fridgidaire

soutiennent le renforcement des normes contre l'avis des autres producteurs. Cette polarisation interne de l'AMAM ouvre une fenêtre d'opportunité pour l'Etat qui, soutenu par les consommateurs, les écologistes et les entreprises électriques, prescrit un renforcement des normes fédérales. Au niveau européen, un processus identique est observable. Le CECED ne parvenant pas à trouver un consensus interne sur des valeurs-cibles, l'Union édicte des normes. Finalement, il faut souligner que les dissensions entre les producteurs découlent certainement des structures et de la libre concurrence du marché, mais aussi des politiques antérieures d'efficience énergétique. La mise en oeuvre d'un programme d'acquisition de technologies et la commercialisation, par le vainqueur de celui-ci, d'un appareil super-efficient, assure à cette entreprise une avance dans la R&D et dans l'adaptation de sa chaîne de production. Cet instrument contribue indirectement à diviser les producteurs et à affaiblir le rôle de leurs associations comme partenaires de négociation. Ce phénomène apparaît avec évidence aux Etats-Unis, mais aussi en Suède où Electrolux joue un rôle pionnier dans la R&D et soutient par la suite l'introduction de normes, contre l'avis des autres producteurs[2].

(4) Recours à l'expertise (scientifique) par les associations écologistes et les entreprises électriques: Afin de renforcer leur position politique et d'apporter des arguments sur les effets énergétiques et économiques des normes, les associations écologistes soutiennent financièrement les recherches d'experts (scientifiques). Le Conseil américain pour une économie énergétiquement efficiente aux Etats-Unis, le consultant Marbek au Canada, l'Université technique au Danemark ou les chercheurs scientifiques du Groupe pour des appareils efficients collaborent ainsi avec diverses associations écologistes et entreprises électriques pour démontrer la viabilité économique de normes. Ces expertises se veulent un contrepoids aux statistiques collectées par les producteurs. Assurément, elles offrent un soutien de taille aux administrations nationales lors du processus réglementaire. La Suisse représente une exception à ce processus, dans la

[2] Dans son étude de la politique de lutte contre le trou d'ozone et d'interdiction des CFC, MORISSETTE (1989) démontre des processus identiques. Le fait que le producteur DuPont trouve un substitut aux CFC lui assure un avantage par rapport à d'autres concurrents si l'Etat prescrit une interdiction des CFC. Cette entreprise soutient dès lors une intervention étatique, contre l'avis d'autres producteurs, ce qui accélère l'adoption du protocole de Montréal.

mesure où les producteurs et les entreprises électriques gèrent ensemble une banque de données sur le rendement énergétique des appareils commercialisés, alors que les associations écologistes et de consommateurs ne disposent pas des ressources nécessaires pour élaborer leurs propres statistiques. Par conséquent, le débat politique ne porte jamais sur des estimations chiffrées des effets énergétiques et économiques d'instruments contraignants. Seule la réalisation d'évaluations externes permet de les quantifier, une fois les instruments déjà mis en oeuvre.

(5) Perpétuation des conflits du niveau législatif au niveau réglementaire: Comme déjà démontré pour différents systèmes politico-administratifs[3], les conflits non-résolus au niveau de la programmation se répercute au niveau de la mise en oeuvre. A titre d'exemples, les producteurs s'opposent à l'ancrage légal d'un étiquetage obligatoire en Suède et au Canada et de normes aux Etats-Unis. Défaits dans un premier temps, leur stratégie consiste ensuite à bloquer l'application concrète de ces instruments. Cette stratégie peut s'avérer payante si les consommateurs, les écologistes et les entreprises électriques ne disposent pas des ressources nécessaires pour contrôler la mise en oeuvre effective des instruments qu'ils ont soutenus lors de la procédure législative. Dans le cas opposé, de nouveaux conflits apparaissent, le recours à un arbitrage externe s'avérant parfois nécessaire, comme celui des tribunaux aux Etats-Unis. Une analyse exhaustive du processus et des résultats du design des instruments implique donc toujours la prise en compte des niveaux législatif et réglementaire.

[3] Voir les exemples suisses et leur synthèse proposée par LINDER (1987).

5.5 la comparaison des hypothèses: le test empirique du modèle d'analyse

Dans les paragraphes précédents, nous avons procédé au test empirique de chacune des quatre hypothèses de recherche. Cette première démarche nous a permis de discuter de leur capacité explicative respective. Il s'agit à présent de considérer et d'interpréter simultanément les résultats empiriques obtenus pour toutes les hypothèses. Cette seconde étape constitue donc le test de notre modèle d'analyse global. A titre de synthèse finale, le tableau 63 indique, pour les 18 instruments observés dans les cinq pays comparés, si nos hypothèses de recherche sont confirmées ou infirmées.

Tableau 63: Test du modèle d'analyse sur le design des instruments retenus pour les appareils électroménagers et les équipements bureautiques

instruments retenus dans les « policy design » des cinq pays comparés	H1: connotation idéologique	H2: intensité des ressources	H3: risque d'échec	H4 ciblage des producteurs	nbre hypothèses vérifiées
étiquetage oblig. C	+	-	-	-	1
normes C	-	+	+	+	3
étiquetage oblig. D	+	+	+	+	4
normes D	+	+	+	+	4
étiquetage volont. USA	+	-	-	+	2
étiquetage oblig. USA	+	-	+	-	2
valeurs-cibles USA	-	+	-	-	1
normes USA	+	+	+	-	3
label de qualité USA	+	-	+	+	3
acquisit. techno. USA	-	-	+	+	2
achats publics USA	+	+	-	+	3
étiquetage oblig. S	+	-	+	-	2
acquisition techno. S	+	+	-	+	3
label de qualité S	+	+	+	+	4
étiquetage volont. CH	+	+	-	-	2
valeurs-cibles CH	+	+	-	-	2
label de qualité CH	+	+	+	+	4
achats publics CH	-	+	+	+	3
nbre de cas vérifiés	14	12	11	11	

Note: Nous indiquons par le signe + que l'hypothèse est confirmée et par le signe - que l'hypothèse est infirmée.

Notre modèle d'analyse postule que la prise en compte simultanée des quatre attributs des instruments permet de cerner leur économie politique et les raisons de leur choix. Il suppose également que les décideurs politiques doivent trancher des « trade-off » entre ces attributs lors du design des instruments. Au niveau opérationnel, ces postulats fondamentaux se traduisent par deux implications directes. D'une part, le choix d'un instrument ne peut être expliqué que si une ou plusieurs hypothèses sont vérifiées. En effet, si aucune de nos hypothèses n'était confirmée pour un instrument particulier, alors l'économie politique et le choix de celui-ci devraient nécessairement être interprétés en fonction d'autres dimensions qui n'ont pas été retenues comme explicatives jusqu'ici. D'autre part, notre modèle théorique n'est validé que si les quatre hypothèses ne sont pas confirmées simultanément pour un instrument particulier. Un tel constat suggérerait en effet que le choix de cet instrument ne nécessite aucune résolution de « trade-off » entre ses quatre attributs. Les paragraphes suivants discutent les résultats de notre test empirique par rapport à ces deux conditions de validité globale du modèle théorique.

(1) Exhaustivité des attributs des instruments: Premièrement, pour tous les instruments nous constatons qu'au moins une de nos hypothèses de recherche est vérifiée. Ce constat s'avère d'autant plus important que les quatre hypothèses ont été formulées de manière très restrictive. Notre champ empirique ne comprend donc aucun instrument dont le choix reste inexplicable à l'aide de l'un des quatre attributs retenus comme variables explicatives. Si aucun cas déviant n'est observable, il faut néanmoins souligner que le choix de l'étiquetage obligatoire au Canada (en 1978) et des valeurs-cibles aux Etats-Unis (en 1975) ne dépend que d'un seul attribut. De fait, ces deux instruments soulèvent de nombreux problèmes au niveau de leur mise en oeuvre. La poursuite et le renforcement de l'étiquetage obligatoire au Canada requiert dès lors l'adoption d'une nouvelle base légale (en 1992). Si l'on applique les quatre attributs de notre cadre théorique pour analyser le (re)design de ce « nouvel » instrument, alors on constate que trois hypothèses se vérifient. Quant aux valeurs-cibles adoptées aux Etats-Unis, elles ne sont jamais appliquées, mais sont rapidement remplacées par des normes (en 1978) dont le choix peut être expliqué en fonction de trois hypothèses confirmées. En résumé, les quatre attributs de tout instrument, tels que définis ici, s'avèrent pertinents, sinon suffi-

sants, pour rendre compte de leur économie politique et de leur choix par les décideurs politiques.

(2) Rivalité entre les attributs des instruments: Secondement, notre étude empirique démontre que pour 14 des 18 instruments observés, les quatre hypothèses ne sont pas confirmées simultanément. Quatre cas s'avèrent néanmoins déviants dans la mesure où leur choix ne semble pas impliquer la résolution de « trade-off » entre les quatre attributs: l'étiquetage obligatoire (en 1982) et les normes (en 1994) au Danemark, ainsi que les labels de qualité en Suède (en 1993) et en Suisse (en 1994). Ces instruments sont adoptés et mis en oeuvre tardivement par rapport à leur application antérieure dans d'autres pays. Ils appartiennent donc au répertoire des instruments déjà largement expérimentés sur le plan international et dont le design ne semble plus constituer un enjeu politique de première importance. De plus, il faut également noter que ces quatre cas déviants sont tous observés dans des régimes démocratiques non-majoritaires. En se référant à ces deux conditions, on peut conclure que la rivalité postulée entre les attributs des instruments n'est pas toujours confirmée si le design des instruments est tardif, s'il peut se référer à des expériences antérieures et s'il se base sur une approche consensuelle. Dans une telle situation, le processus de choix des instruments s'approche d'une démarche plus technique (et consensuelle) que politique (et conflictuelle)[1].

Outre ces deux conclusions majeures sur la validité globale de notre modèle théorique, nous apportons les trois commentaires suivants à titre de compléments à notre synthèse:

(3) Aucun attribut comme condition nécessaire (et suffisante): Compte tenu qu'aucune de nos quatre hypothèse n'est confirmée pour l'ensemble des 18 instruments observés, nous pouvons conclure qu'aucun attribut ne constitue une condition nécessaire au choix des instruments. Ce constat tend à se vérifier également, mais dans une moindre mesure, si l'on analyse le processus et les résultats du design pays par pays. Généralement, les choix de différents instruments au sein d'un même pays ne s'expliquent pas

[1] Dans son analyse comparée des politiques énergétique du Danemark, de la Suisse et du Schleswig-Holstein, RIEDER (1997) conclut que le Danemark et la Suisse sont effectivement caractérisée par un sytle politique de type rationnel.

forcément par les mêmes attributs. La préexistence d'une administration spécialisée en Suisse, l'adéquation entre le degré de contrainte des instruments et l'idéologie de la majorité politique en Suède, ou l'ensemble des attributs au Danemark, constituent des exceptions à cette règle. Ces attributs pourraient donc être interprétés, pour chacun de ces pays, comme des conditions nécessaires à l'adoption d'instruments d'intervention (cf. tableau 64). Etant donné que notre champ empirique ne retient que deux ou trois instruments au Danemark, en Suède et en Suisse, aucune conclusion définitive dans ce sens ne saurait être formulée ici. Exception faite du cas du Danemark, les attributs qui pourraient être interprétés comme conditions nécessaire en Suède et en Suisse ne constituent par contre pas des conditions suffisantes (cf. tableau 63)

Tableau 64: Conditions communes lors du design de différents instruments au sein d'un même pays

pays comparés et instruments retenus	H1: connotation idéologique	H2: intensité ressources	H3: risque d'échec	H4 ciblage des producteurs
Canada (étiq. oblig. et normes)				
Danemark (étiq. oblig. et normes)	+	+	+	+
Etats-Unis (tous les instruments)				
Suède (étiq. oblig., acqui. techno., label)	+			
Suisse (étiq. vol., val-cibles, label, acqu. tech)		+		

Note: Nous indiquons par le signe + que l'hypothèse est confirmée pour l'ensemble des instruments adoptés et mis en oeuvre dans un même pays.

Finalement, relevons que le tableau 63 indique clairement qu'aucun attribut ne constitue une condition suffisante pour l'adoption de tous les instruments. Le fait qu'une ou plusieurs conditions nécessaires ne puissent être constatées suggère donc qu'il est pertinent d'étudier, pour chaque instrument et dans chaque pays, l'ensemble des quatre attributs et, plus encore, les relations entre ceux-ci. De plus, ceci démontre que les hypothèses ad hoc proposées par la littérature pour expliquer le choix d'un instrument en fonction d'un et un seul attribut demeurent insatisfaisantes si l'on souhaite élaborer un modèle causal du « policy design ».

(4) Aucune condition commune pour les instruments appartenant à une même catégorie: Dans notre cadre théorique, nous avons formulé le postulat que chaque instrument génère sa propre économie politique. Celle-ci dépend prioritairement du contexte institutionnel de mise en oeuvre, compris dans son sens large (soit l'inertie et les procédures formalisées des institutions administratives, l'héritage des programmes antérieurs, le régime politique, etc.). La question (de contrôle) se pose néanmoins de savoir si le même instrument est adopté dans différents systèmes politico-administratifs en fonction des mêmes critères. A cet effet, le tableau 65 recense les conditions communes à l'adoption d'un instrument particulier dans les cinq pays comparés ici.

Tableau 65: Conditions communes lors du design d'un même instrument dans différents pays

instruments retenus dans les « policy design » des cinq pays comparés	**H1: connotation idéologique**	**H2: intensité ressources**	**H3: risque d'échec**	**H4 ciblage des producteurs**
étiquetage volontaire (USA et CH)	+			
valeurs-cibles (USA et CH)		+		
label de qualité (USA, S et CH)	+		+	+
acquisition de technologies (USA et S)				+
achats publics (USA et CH)		+		+
étiquetage obligatoire (C, D, USA et S)	+			
normes (C, D et USA)		+	+	

Note: Nous indiquons par le signe + que l'hypothèse est vérifiée pour tous les cas où le même instrument est adopté et mis en oeuvre dans différents pays

Une condition commune peut être constatée pour le choix de l'étiquetage volontaire, des valeurs-cibles, des acquisitions de technologies et de l'étiquetage obligatoire, alors que notre analyse empirique en dégage deux pour les achats publics et les normes, et trois pour les labels de qualité. En confrontant cette interprétation par catégorie d'instruments avec les résultats de notre analyse pour tous les instruments, force est cependant de souligner que ces conditions communes ne sont pas suffisantes, dans 15 cas sur 18, pour expliquer le résultat du design. Comme postulé lors de l'élaboration de notre cadre théorique, il n'y a donc aucune similitude évidente (et explicable) entre le choix du même instrument dans différents pays. Ce constat devient encore plus tangible dès que l'on classe les différents instruments en fonction des grandes typologies élaborées par la littérature. Relevons ainsi, à titre d'exemple, que ni le nombre, ni la nature même des conditions communes ne s'avèrent similaires au sein des catégories d'instruments dits informatifs (étiquetage volontaire, label et valeurs-cibles), incitatifs (achats publics et acquisitions de technologies) et prescriptif (étiquetage obligatoire et normes). En conclusion, il n'apparaît donc pas pertinent de développer un cadre théorique du design des instruments qui classe ceux-ci dans de grandes catégories et qui cherche ensuite des facteurs explicatifs du choix d'un instrument appartenant à une catégorie plutôt qu'à une autre. Aucun groupe de conditions communes ne permet en effet d'expliquer le choix des mêmes instruments dans différents pays (cf. tableau 66). L'approche que nous avons retenue ici démontre en effet que le contexte institutionnel du choix des instruments est déterminant et doit être analysé de manière approfondie (pour le même instrument) dans différents systèmes politico-administratifs.

Tableau 66: « Classe d'instruments » dont le design dépend des mêmes variables explicatives (groupe de conditions communes)

instruments retenus dans les « policy design » des pays comparés	**H1: connotation idéologique**	**H2: intensité des ressources**	**H3: risque d'échec**	**H4: ciblage des producteurs**	**nbre hypothèses vérifiées**
étiquet. oblig. et normes D, label de qualité S et CH	+	+	+	+	4
normes USA	+	+	+	-	3
achats publics USA et acquisition de techno. S	+	+	-	+	3
label qualité USA	+	-	+	+	3
normes C et achats pub. CH	-	+	+	+	3
étiquet. vol. et val-cibles CH	+	+	-	-	2
étiquet. oblig. S et USA	+	-	+	-	2
étiquet. vol. USA	+	-	-	+	2
acqui. techn. USA	-	-	+	+	2
étiquet. obligat. C	+	-	-	-	1
valeurs-cibles USA	-	+	-	-	1
nbre cas vérifiés	14	12	11	11	

Notes:
1. Nous indiquons par le signe + que l'hypothèse est confirmée et par le signe - que l'hypothèse est infirmée.
2. Les abréviations des pays comparés sont les suivantes: C = Canada, D = Danemark, USA = Etats-Unis, S = Suède et CH = Suisse.

(5) Facteurs technico-économiques du choix des instruments et différences entre les secteurs des appareils électroménagers et des équipements bureautiques: Jusqu'ici, nous avons analysé les variables explicatives du choix des instruments indépendamment du fait que ceux-ci visent à influencer l'efficience énergétique des appareils électroménagers ou des équipements bureautiques. Il apparaît donc pertinent d'interpréter nos résultats empiriques aussi en fonction des différences observables entre ces deux secteurs. A cet effet, le tableau 67 présente sous une autre forme la synthèse de notre analyse comparée.

Tableau 67: Test des hypothèses en fonction des instruments adoptés pour les appareils électroménagers versus pour les équipements bureautiques

instruments retenus dans les design des cinq pays comparés	H1: connotation idéologique	H2: intensité ressources	H3: risque d'échec	H4 ciblage des producteurs
instruments visant les appareils électroménagers (N = 12)	9/12	7/12	7/12	6/12
instruments visant les équipements bureautiques (N = 6)	5/6	5/6	4/6	5/6

Notes:

1. Nous indiquons dans le tableau le nombre d'instruments pour lesquels l'hypothèse est vérifiée par rapport au nombre total d'instruments adoptés et mis en oeuvre dans chacun des secteurs (par ex. la première cellule indique que notre première hypothèse est confirmée pour 9 des 12 instruments retenus dans le secteur des appareils électroménagers).
2. Les 12 instruments appliqués aux appareils électroménagers sont les suivants: l'étiquetage volontaire aux Etats-Unis et en Suisse, l'étiquetage obligatoire aux Etats-Unis, en Suède, au Canada et au Danemark, les valeurs-cibles aux Etats-Unis, les normes aux Etats-Unis, au Canada et au Danemark, et les acquisitions de technologies aux Etats-Unis et en Suède.
3. Les 6 instruments appliqués aux équipements bureautiques sont les suivants: les labels de qualité aux Etats-Unis, en Suède et en Suisse, les valeurs-cibles en Suisse et les achats publics aux Etats-Unis et en Suisse.

Premièrement, les quatre hypothèses de notre cadre théorique sont plus fréquemment confirmées pour les équipements bureautiques que pour les appareils électroménagers. Deux raisons principales peuvent expliquer cette différence. D'une part, les instruments adoptés et mis en oeuvre dans le secteur commercial le sont toujours postérieurement au design des instruments dans le secteur domestique. Ces expériences servent ainsi directement de base de référence lors du choix des instruments pour les équipements bureautiques. Ce processus de transfert entre deux secteurs d'intervention, mais au sein d'un même pays, s'avère d'autant plus plausible que notre analyse empirique a déjà permis de constater des phénomènes (plus compliqués) de diffusion entre différents pays (H3). De plus, les administrations en charge de l'application des instruments visant à promouvoir l'efficience énergétique préexistent déjà et jouissent des ressources techniques nécessaires (H2). D'autre part, il faut noter que les instruments retenus pour les équipements bureautiques, soit les valeurs-cibles, les labels de qualité et les achats publics, affichent un degré de contrainte inférieur à ceux de l'étiquetage obligatoire et des normes qui sont appliqués aux appareils électroménagers (H1). Ils représentent donc une stratégie d'action peu interventionniste qui ne soulève aucune opposition de la part des producteurs (H4).

Secondement, il faut relever que le choix des instruments est directement influencé par les technologies informatiques et bureautiques elles-mêmes et par leur commercialisation sur un plan international. Comme le démontre le tableau 68, le marché des équipements bureautiques diverge significativement de celui des appareils électroménagers, notamment en ce qui concerne son degré de globalisation, mais aussi la fréquence des innovations technologiques et la durée de vie des équipements.

Tableau 68: Différences entre les technologies et les structures du marché des appareils électroménagers et des équipements bureautiques

Différences entre les secteurs domestique et bureautique	**réfrigérateurs-congélateurs**	**ordinateurs personnels**
marché(s)	nationaux et régionaux (Europe, Amérique du Nord, Asie), car les besoins et les habitudes des consommateurs sont différents	mondial, car les besoins des consommateurs sont identiques
développement technologique	moyen-lent	rapide
durée de vie des modèles	longue (15 ans)	moyenne-courte (5 ans)
recommandation de l'Agence Internationale de l'Energie	harmonisation des instruments (par ex. normes contraignantes) au niveau régional	harmonisation des instruments (par ex. label de qualité) au niveau mondial

Source: Synthèse des arguments de MULLINS Fiona (1996). Demand side efficiency. Energy efficiency standards for traded products, Working Paper 5 «Policies and measures for common action», Paris: OCDE, (p.13)

Compte tenu de la rapidité des développements technologiques sur le marché des équipements bureautiques, aucun instrument contraignant n'y est de facto retenu. L'application d'étiquettes obligatoires et/ou de normes serait en effet trop difficile et trop coûteuse du simple fait que ces dernières devraient être fréquemment réactualisées, afin de toujours refléter l'état de la technique. Les pays comparés adoptent donc des instruments volontaires et incitatifs qui permettent à l'Etat de tenir compte de ces facteurs technologiques. De plus, les instruments adoptés aux Etats-Unis, en Suède et en Suisse sont (quasi)identiques. Cette convergence s'explique par le fait que ces pays sont conscients du très haut degré de globalisation du marché et donc de la nécessité de coordonner leur stratégie d'intervention au niveau international. Le tableau 69 démontre clairement la concentration du marché dans les mains de quelques entreprises multinationales, dont les équipements couvrent les besoins identiques des consommateurs des pays industrialisés.

Tableau 69: Structure de l'offre du marché mondial des équipements bureautiques

Structure du marché mondial	**ordinateurs personnels**	**imprimantes**	**photocopieuses**	**télécopieurs**
Revenus des ventes (en Mio $US) en 1993	466'270	9'800	1'320	440
Parts de marché des producteurs	IBM: 13,6 % Apple: 11 % Compaq: 10 % NEC: 5,7 % Dell: 3,8 %	HP: 22,7 % Panasonic: 17,4 % Epson: 15,3 % Okidata: 9,1 % Apple: 6,7 %	Canon: 29,1 % Sharp: 20,6 % Xerox: 13,4 % Mita: 10,3 % Toshiba: 6,4%	Canon: 18 % HP: 12 % Xerox: 11 % Sharp: 10 % Muratec: 10 %
Parts cumulées des cinq grands producteurs	44,1 %	71,2 %	79,8 %	61%

Source: International Energy Agency (1996). Improving product efficiency through ratings, labels, targets, and regulatory standards, Draft Report on the Energy efficiency standards projetc, Standing Group on long-term cooperation, Paris: OECD (p. 136)

Le marché des appareils électroménagers s'avère au contraire toujours national et/ou régional, notamment en raison des diverses habitudes de consommation que l'on y trouve. A titre d'exemple, le marché nord-américain des réfrigérateurs (et des réfrigérateurs-congélateurs combinés) est contrôlé par cinq grandes compagnies, alors que le marché européen demeure fragmenté, bien qu'une tendance à la consolidation soit observable (cf. tableau 70). Il n'y a par contre pas d'intégration et d'échanges commerciaux importants entre ces deux marchés. Ceci explique pourquoi, dans le domaine des appareils électroménagers, les instruments retenus par différents pays, ainsi que leur date d'adoption et le niveau d'efficience énergétique qu'ils visent à imposer, divergent toujours sensiblement.

Tableau 70: Structure de l'offre des marchés régionaux des appareils de réfrigération

Structure des marchés régionaux en 93	**marché nord-américain**	**marché Europe de l'Ouest**
Parts de marché des producteurs	General Electric: 35 % *Whirlpool: 25 %* *Electrolux: 19 %* Maytag: 12 % Raytheon: 8 %	*Electrolux: 21 %* *Whirlpool: 12 %* Bosh-Siemens: 13,6 % Brandt: 5,5 % Merloni: 5,5 %
Parts cumulées des cinq grands product.	99 %	57,6 %

Source: WAIDE Paul et Benoît LEBOT (1995). Overview of international energy efficiency standards. The case of refrigerators, Unpublished paper, Paris: Agence de l'Environnement et de la maîtrise de l'énergie, (p.7-8)

Pour les appareils électroménagers, un pays (ou alors l'Union européenne) dispose donc d'une marge de manoeuvre certaine pour influencer directement les entreprises qui produisent et commercialisent leurs modèles sur son territoire. Ceci étant dit, il faut néanmoins relever que les principaux producteurs régionaux, soit Whirlpool et Electrolux, s'avèrent les plus innovateurs lors du développement et de la commercialisation d'appareils affichant une haute efficience énergétique. De fait, ce sont eux qui remportent les deux concours d'acquisitions de technologies lancés en Suède, puis aux Etats-Unis.

En résumé, il s'avère pertinent, lors d'une analyse empirique du design des instruments, de se pencher également sur les facteurs technologiques et économiques, dont l'évolution ne dépend pas directement des politiques publiques mises en oeuvre. Le contrôle de ces variables est indispensable si l'on compare différents secteurs d'intervention. Ce dernier constat tend donc à démontrer que l'hypothèse de l'existence d'un style politique national, qui se traduirait directement au niveau des instruments retenus, est fortement remis en cause au niveau empirique. Dès lors, et comme le suggère l'hypothèse rivale sur la prédominance un style politique sectoriel, il s'agit d'analyser en détail l'évolution technologique, le degré d'intégration du marché et la constellation des acteurs au sein d'un secteur particulier.

6 Conclusion

Notre recherche s'inscrit dans l'approche de l'analyse comparée des politiques publiques. Elle analyse le processus et les résultats du design des interventions étatiques. Plus particulièrement, nous abordons la phase de conception et de sélection d'une stratégie d'action, soit le « policy design », sous l'angle du choix des instruments. Ces derniers représentent, avec les objectifs, les institutions administratives de mise en oeuvre, les groupes-cibles visés et les bénéficiaires d'une intervention étatique, un élément constitutif de toute politique publique. De plus, ils en demeurent souvent l'aspect le plus visible pour les acteurs tant publics que privés. En effet, aucune politique publique ne peut être conçue sans recourir à un instrument ou à une combinaison d'instruments. Par conséquent, le choix des instruments constitue souvent le germe de cristallisation pour les conflits d'intérêts qui doivent être arbitrés lors du « policy design ».

Nous formulons la question de recherche suivante: quels sont les instruments retenus par différents pays pour résoudre le même problème politique et quelles sont les raisons de ces choix nationaux? Cette interrogation et la tentative de développer un modèle théorique du « policy design » qui la sous-tend s'avèrent innovatrices pour l'analyse comparée des politiques publiques. Par rapport aux études de mise en oeuvre et aux évaluations des effets des mesures étatiques, la décision de se focaliser sur le choix des instruments, comme le phénomène social à expliquer, implique la définition d'une nouvelle unité d'analyse et d'observation ainsi qu'un renversement de la variable dépendante des théories classiques.

A titre de synthèse de notre recherche, nous discutons dans quelle mesure une analyse comparée du design des instruments contribue effectivement à la compréhension, à l'interprétation et à l'explication du fonctionnement réel des politiques publiques. En fonction de nos résultats empiriques, nous concluons que deux conditions doivent être remplies pour expliquer le choix des instruments. D'une part, il s'agit de considérer conjointement les différents attributs des instruments et les relations qui existent entre ceux-ci, afin de cerner adéquatement leur économie politique. D'autre part, il est indispensable d'appliquer la méthode comparée, en recourant à une interprétation qualitative des éléments du « policy design », pour identifier les différences et les similitudes relatives aux choix d'instruments dans le temps, dans divers secteurs d'intervention et dans plusieurs systèmes politico-administratifs. Finalement, nous soulignons quelques points dont les prochains programmes de recherche devraient traiter prioritairement pour contribuer au développement cumulatif des connaissances scientifiques sur le choix des instruments et, plus généralement, sur le design des politiques publiques.

6.1 les attributs d'un instrument: quatre dimensions d'analyse complémentaires

Notre revue de la littérature sur le « policy design » démontre que la majorité des hypothèses formulées pour expliquer le choix des instruments demeurent ad hoc, monocausales et peu testées empiriquement. Elles postulent soit une évolution quasi naturelle de l'application successive de différents instruments (par ex. en fonction de leur degré de contrainte), soit une influence déterminante d'un seul des autres éléments constitutifs d'une politique publique (par ex. les attributs des décideurs politiques, des acteurs de mise en oeuvre ou des groupes-cibles). Ainsi, les auteurs recensés ici retiennent alternativement les calculs électoraux des partis politiques, le contexte institutionnel ou les perceptions cognitives des décideurs politiques, le pouvoir économique ou la construction sociale des groupes-cibles, les processus d'apprentissage ou d'harmonisation entre différents systèmes politico-administratifs ou encore, un style politique national versus sectoriel, comme facteurs explicatifs du choix des instruments.

Si ces multiples hypothèses rivales abordent chacune un aspect essentiel du choix des instruments, elles ne permettent néanmoins pas d'en considérer en même temps toutes les dimensions. Visant à dépasser cette limite analytique, nous retenons dans notre modèle théorique quatre attributs fondamentaux pour cerner l'économie politique d'un instrument: (1) sa connotation idéologique, définie en fonction de son degré de contrainte et du rôle qu'il accorde au marché et à l'Etat, (2) l'intensité des ressources nécessaires à sa mise en oeuvre, définie en fonction des coûts administratifs à supporter, (3) son risque politique inhérent, défini en fonction de la probabilité d'un échec et d'effets pervers, et (4) la qualité de son ciblage, définie en fonction de la délimitation des groupes-cibles visés et des bénéficiaires de l'action publique. Pris ensemble, ces quatre attributs tiennent explicitement compte des enjeux techniques, politiques et idéologiques inéluctablement liés au choix d'un instrument. La définition de ces quatre attributs permet d'intégrer, dans un même modèle théorique, la majorité des variables indépendantes proposées jusqu'ici par la littérature.

Une hypothèse de recherche est ensuite formulée pour chacun des quatre attributs. Nous postulons ainsi qu'un instrument est adopté (1) si son degré de contrainte est compatible avec l'idéologie partisane de la majorité politique au pouvoir, (2) si une institution administrative spécialisée (dans les questions d'efficience énergétique) préexiste, (3) si un ou plusieurs autres systèmes politico-administratifs l'ont déjà expérimenté avec succès, et (4) si les producteurs, en tant que groupes-cibles visés, ne s'y opposent pas. Notre test empirique démontre que les quatre dimensions d'analyse retenues ici contribuent toutes à l'explication du choix des instruments. En effet, chaque hypothèse est confirmée pour les deux tiers environ de nos 18 observations empiriques. Il s'avère donc pertinent d'analyser parallèlement les quatre attributs plutôt que de se focaliser sur un seul de ceux-ci, comme le suggéraient (implicitement) la majorité des propositions théoriques antérieures en identifiant une seule variable explicative comme déterminante pour le design des instruments. Les principaux enseignements de notre analyse du choix des instruments retenus par le Canada, le Danemark, les Etats-Unis, la Suède et la Suisse pour promouvoir l'efficience énergétique des appareils électroménagers et des équipements bureautiques, nous permettent de tirer les conclusions suivantes sur chacune des hypothèses testées. Soulignons que ces conclusions sont formulées de manière probabiliste (« si, alors »), une généralisation définitive ne pouvant être proposée compte tenu de l'étendue restreinte de notre champ empirique.

6.11 régime démocratique, idéologies partisanes et degré de contrainte des instruments

Le choix des instruments dépend, dans plus de deux cas sur trois, de l'idéologie partisane (pro-Etat versus pro-marché) de la majorité politique au pouvoir. Si celle-ci se situe à gauche de l'échiquier politique, alors les instruments adoptés affichent un degré de contrainte élevé pour les groupes-cibles visés. De plus, si la distance idéologique entre les partis politiques est grande, alors l'idéologie partisane de la majorité politique détermine le choix des instruments (ex: Danemark et Suède). Ces relations se vérifient dans les régimes démocratiques majoritaires et de concordance. Quand bien même une convergence des résultats du design (soit le choix final des instruments) est observable entre différents types de régime démocratique, des divergences sensibles demeurent par contre quant au processus du design. Si le régime est majoritaire, alors celui-ci s'avère conflictuel et conduit à des revirements de situation, y compris au niveau réglementaire (ex. Canada et Etats-Unis). Si le régime est consensuel, alors le processus de design est plus long, mais assure une continuité des stratégies d'intervention (ex: Danemark et Suisse).

L'analyse des relations entre les structures institutionnelles d'un régime démocratique (« polity »), les conflits partisans (« politics ») et les politiques publiques (« policies ») jouit d'une longue tradition en science politique. L'interrogation plus restreinte « Do polity and politics determine policy tools? » que nous traitons ici permet de tirer deux enseignements qui contribuent à ce débat fondamental.

(1) L'hypothèse du « Parties do matter »: Premièrement, le fait observé dans notre champ empirique que la composition partisane de la majorité politique influence le choix des instruments tend à confirmer l'hypothèse sur le poids des partis dans la formulation des politiques publiques. De plus, notre recherche en démontre la pertinence en retenant les instruments d'action comme la variable à expliquer. Elle teste donc l'hypothèse du « Parties do matter » pour une variable dépendante autre que les outputs des politiques publiques, les dépenses publiques ou la performance globale d'un pays qui sont généralement retenus dans les études empiriques antérieures (BLAIS et al. 1993; SCHMIDT 1996).

(2) Processus versus résultats substantiels du design: Deuxièmement, les principales institutions d'un système politique (régime majoritaire versus consensuel, bi- versus multipartite, unitaire versus fédéraliste) influencent sensiblement le déroulement du design, sans pour autant préjuger du choix final de tel ou tel instrument. Ce constat souligne qu'il importe de différencier analytiquement, d'une part, le processus et, d'autre part, les résultats du design des politiques publiques. L'hypothèse générale selon laquelle l'influence partisane est plus importante dans les régimes majoritaires que dans les régimes de concordance n'est pas confirmée pour le

choix final des instruments. Dès lors, il semble adéquat de formuler de nouvelles hypothèses, plus différenciées, sur les liens qui existent entre les structures institutionnelles et la nature du processus de « policy design ». Cette stratégie de recherche implique que l'on traite séparément le rôle des différentes institutions démocratiques, car la typologie élaborée par LIJPHART (1984), par exemple, s'avère trop grossière pour prédire des relations de nature causale entre les règles du jeu (« polity »), le jeu lui-même (« policy design as process ») et les résultats substantiels du choix des instruments (« policy design as output »). L'élaboration d'un modèle théorique de design des instruments et des politiques publiques doit donc s'inspirer, plus largement que nous l'avons fait ici, des enseignements livrés par l'école néo-institutionnaliste, surtout dans son approche historique du rôle des structures constitutionnelles sur les politiques publiques (HALL 1996: 937-942).

6.12 problème politique prioritaire, institutions administratives et coûts de mise en oeuvre des instruments

Le choix des instruments dépend, dans tous les cas, de la préexistence d'une institution administrative qui permet de minimiser les coûts initiaux de mise en oeuvre. Autrement dit, aucun instrument retenu n'implique une étape postérieure, ni même concomitante, de design institutionnel. De plus, dans deux cas sur trois, la structure administrative d'exécution est spécialisée dans la politique publique concernée et dispose déjà des ressources (techniques) nécessaires pour gérer la phase de mise en oeuvre. Deux autres constats tendent à confirmer cette hypothèse sur la volonté politique de contrôler et de limiter les ressources nécessaires à l'application des instruments. Si les coûts administratifs d'un instrument sont élevés, alors son adoption est tardive, des instruments moins coûteux étant adoptés préalablement. Si les décideurs politiques et/ou les acteurs administratifs s'opposent à un instrument, alors ils cherchent à démontrer les coûts administratifs trop élevés que celui-ci induit et/ou à le rendre ineffectif en réduisant significativement les ressources de l'institution en charge de son exécution réglementaire.

Cette interprétation du design des instruments, en fonction des coûts de mise en oeuvre, s'avère cependant trop restrictive. En effet, le choix des institutions d'application des instruments s'opère également en relation directe avec la nature même du problème collectif à résoudre. Si un problème est thématisé par un choc externe au système politico-administratif et défini comme prioritaire au sein de l'agenda politique, alors de nouvelles institutions administratives sont créées et/ou de nouveaux programmes d'action initiés. Ces nouvelles priorités, structures de mise en oeuvre et ressources ouvrent dès lors une « fenêtre d'opportunité politique » pour le design d'instruments dont les coûts de mise en oeuvre apparaissent alors supportables. Cette contingence du design influence sensiblement le choix des instruments. Notons que si différents pays adoptent des instruments identiques, ils opèrent néanmoins ces choix à différentes périodes, légitiment les instruments en fonction de leur contribution à la résolution de problèmes politiques alternatifs et, par conséquent, en délèguent la mise en oeuvre à des institutions administratives spécialisées dans différents domaines (par ex. les politiques commerciale, énergétique ou environnementale).

Nos résultats tendent à confirmer plusieurs propositions théoriques formulées par les tenants d'approches autres que celle du « policy design ». Nous en relevons deux ici.

(1) Choc externe, coalitions d'acteurs et rôle des institutions administratives: Premièrement, le « Advocacy Coalition Framework » développé par SABATIER (1986) postule qu'un choc externe à un système politico-administratif joue un rôle de catalyseur dans le processus d'adoption et de mise en oeuvre des politiques publiques. Concrètement, il peut influencer l'évolution du système de valeurs (« deep core ») propre à une coalition, favoriser la constitution de nouvelles coalitions ou redistribuer du pouvoir entre celles-ci. Ces changements au niveau de la constellation des acteurs et des propositions d'instruments (« policy core ») qu'ils formulent peuvent ensuite se traduire par des changements au niveau du design de la politique publique concernée. Comme le soulignent explicitement SABATIER et JENKINS-SMITH (1993: 220-223), les chocs externes ne déterminent pas linéairement le re-design des politiques publiques. Ils offrent plutôt des opportunités, aux coalitions les plus habiles, pour promouvoir leur stratégie d'intervention. Dans ce sens, nos constats empiriques suggèrent que les ressources et la crédibilité des institutions administratives concernées contribuent à expliquer pourquoi tel instrument est retenu pour résoudre tel problème à telle période. Il apparaît donc indis-

pensable d'analyser quelle structure administrative individuelle appartient à quelle « Advocacy Coalition », ou quel rôle de médiateur (« policy broker ») elle assume entre diverses coalitions lors du design des instruments.

(2) Problème prioritaire et opportunité administrative pour le choix des instruments: Deuxièmement, le modèle de KINGDON (1984) explique l'émergence des politiques publiques par le couplage de trois courants (problèmes, solutions et priorités politiques). Selon ce cadre théorique, plus les instruments proposés par différents acteurs sont directement liés à la résolution d'un problème collectif jugé prioritaire, plus ils ont de chance d'être adoptés comme éléments constitutifs de la politique publique concernée. Ici aussi, KINGDON (1995: 173ss) souligne que l'émergence d'un nouveau problème offre une « window of opportunity » pour le design de nouveaux instruments, sans pour autant assurer que ces derniers soient effectivement adoptés et mis en oeuvre. Le fait qu'un problème soit thématisé ou non à l'agenda politique et qu'un processus de design soit initié ou non, dépend notamment de l'existence d'une structure administrative qui se réapproprie le problème et qui offre une structure institutionnelle et des ressources suffisantes pour la mise en oeuvre des instruments. En effet, parmi tous les instruments qui constituent la « primeval soup », soit le répertoire théorique des moyens d'intervention, seuls ceux dont l'efficacité pour la résolution d'un problème prioritaire et pour lesquels la faisabilité administrative sont démontrées par une institution de mise en oeuvre, sont éventuellement acceptés. En fin de compte, nous soutenons que ce processus de légitimation d'un instrument en fonction des problèmes prioritaires (thématisés par des chocs externes) est un facteur décisif pour expliquer le choix des instruments. Tout modèle théorique du « policy design » doit systématiquement en tenir compte, en plus de tester l'hypothèse plus étroite sur la minimisation des ressources administratives de mise en oeuvre.

6.13 expériences antérieures, processus de transfert et risque politique des instruments

Le choix des instruments dépend, dans près de deux cas sur trois, de processus de transfert d'expériences déjà accumulées dans d'autres secteurs d'intervention et/ou dans d'autres pays. Ceux-ci sont motivés par une volonté de réduire les risques d'échecs et d'effets pervers d'un instrument dont le choix ne serait pas compatible avec les instruments appliqués antérieurement. Deux processus de transfert observés permettent de qualifier plus précisément la nature de cette relation. D'une part, si les économies de deux pays sont interdépendantes et si l'application d'un instrument par l'un de ceux-ci génèrent des externalités négatives dans le marché de l'autre, alors ce dernier est incité à adopter à son tour le même instrument afin d'internaliser ces coûts externes (ex. Etats-Unis et Canada). D'autre part, si les collectivités publiques décentralisées d'un régime fédéraliste assument un rôle de catalyseur dans l'expérimentation d'un instrument, alors l'Etat fédéral est incité à appliquer à son tour cet instrument afin d'harmoniser (le cadre réglementaire de) la politique publique concernée (cf. primauté juridique des instruments adoptés par l'Etat fédéral aux Etats-Unis et au Canada). Outre ces stratégies d'internalisation et d'harmonisation, le transfert des instruments s'explique également, mais dans une moindre mesure, par des phénomènes d'émulation et de coordination au sein d'organisations internationales (par ex. la plate-forme de l'Agence Internationale de l'Energie). Il faut également relever que c'est souvent le couplage de différents processus de transfert qui explique le mieux la convergence des instruments dans plusieurs systèmes politico-administratifs.

Mises en perspective, ces conclusions suggèrent trois commentaires généraux qui visent à élargir notre cadre théorique en relevant la contribution des théories sur la « policy convergence » à l'explication du design des instruments.

(1) Couplage des processus de transfert: Premièrement, la théorie sur la convergence des politiques publiques différencie analytiquement plusieurs mécanismes de transfert d'expériences, aussi qualifiés d'apprentissages collectifs, entre pays, entre secteurs d'intervention et dans le temps. BENNETT (1991 et 1997), par exemple, distingue l'émulation entre les acteurs de différents systèmes politiques, l'harmonisation par des régimes internationaux, la coordination au sein d'organisations internationales, la pénétration d'une arène décisionnelle nationale par des acteurs étrangers ou encore la stratégie réactive d'évitement de coûts externes induits par les instruments déjà appliqués ailleurs. Cette typologie s'avère sans aucun doute très utile d'un point de vue théorique. Cependant, si elle est appliquée de manière stricte et dans le but de différencier le plus de mécanis-

mes de transfert possibles, elle risque d'occulter le fait que c'est souvent plutôt la conjonction de plusieurs processus qui conduit de facto à une convergence des instruments, comme observé dans notre champ empirique.

(2) Idées, médiateurs et légitimation des instruments: Deuxièmement, le transfert d'expériences s'opère inévitablement par l'intermédiaire d'acteurs politiques ou sociaux qui tirent des leçons des expériences antérieures (ROSE, 1991 et 1993). Démontrer les facteurs de convergence implique donc d'identifier ces médiateurs, leur rôle et leur pouvoir effectif lors du processus de design. Par conséquent, l'analyse doit aussi recenser les arguments avancés pour légitimer le choix d'un instrument en fonction des effets induits par son application antérieure dans un autre système politique. Une telle démarche est très ambitieuse si l'on souhaite analyser parallèlement tous les processus de transfert (et leurs combinaisons) possibles. A cette difficulté empirique, il faut en ajouter une autre de nature conceptuelle. En effet, si de nombreuses théories récentes traitent de l'influence des idées sur le « policy design » (par ex. MAJONE, 1989 et 1996; REICH, 1990), elles demeurent encore très évasives quant à l'opérationnalisation des acteurs ou des institutions qui catalysent les processus de valorisation des idées et d'apprentissage collectif. Hormis le concept de « epistemic communities » défini par HAAS (1992), les notions de « médiateurs » qui participent à la re-définition et à la légitimation de nouveaux référentiels des politiques publiques (JOBERT et MULLER, 1987; FAURE et al., 1995), de « policy broker » qui permettent de négocier des compromis entre les systèmes de valeurs de différentes coalitions (SABATIER et JENKINS-SMITH, 1993), ou encore de « policy entrepreneur » qui exploitent des fenêtres d'opportunité pour coupler le courant des solutions innovatrices à ceux des problèmes et des priorités politiques (KINGDON, 1984: 189-190), ne permettent pas, en l'état, de focaliser la recherche empirique sur des variables clairement définies et liées de manière causale aux choix des instruments.

(3) « Laboratoire fédéraliste » et (méta)apprentissage sur le processus de design: Finalement, notre recherche démontre que si des processus de transfert sont observables entre pays, ils le sont également au sein du même système politique fédéraliste. La dynamique propre aux expérimentations d'instruments réalisées dans le cadre d'un « laboratoire fédéraliste »

peut s'avérer essentielle pour catalyser le design des politiques publiques. La question se pose ainsi de savoir dans quelle mesure, un pays fédéraliste tire des leçons non seulement sur les instruments déjà appliqués par un autre pays fédéraliste, mais aussi sur le processus d'application des instruments à un niveau décentralisé, puis d'harmonisation de ceux-ci au niveau fédéral. Ce type de (méta)apprentissage doit aussi être formalisé dans la théorie sur la convergence des politiques publiques et testé empiriquement lors de recherches sur le design des instruments.

6.14 organisation des groupes d'intérêt, pouvoir politique des coalitions et ciblage des instruments

Le choix des instruments dépend, dans près de deux cas sur trois, du degré d'organisation, des ressources, de la capacité à soutenir un conflit et de la position des groupes-cibles directement visés par les instruments (ici les producteurs). Si ces derniers sont organisés et s'opposent à l'introduction d'un instrument et si tous les bénéficiaires de la politique publique (ici les consommateurs, les écologistes et les entreprises électriques) ne parviennent pas à former une grande coalition, défendant des intérêts généraux et à long terme, alors l'instrument n'est pas adopté (par ex. Suisse). Au contraire, si les bénéficiaires sont organisés en une coalition dotée des ressources nécessaires et qui soutient activement l'introduction d'un instrument, alors les producteurs cherchent à négocier un compromis avec cette coalition, ce qui permet ensuite la ratification par l'Etat de cet instrument (par ex. Etats-Unis et Canada). Si des dissensions internes apparaissent parmi les groupes-cibles, par exemple en raison de la concurrence entre producteurs innovateurs et producteurs affichant un retard technologique, alors l'Etat jouit d'une opportunité pour initier un processus de design des instruments et imposer ceux-ci (par ex. Union européenne). L'influence sur le choix des instruments de ces luttes de pouvoir entre les coalitions est également déterminée par des facteurs institutionnels autres que les traditionnelles procédures de consultations et/ou auditions de la phase (pré)parlementaire. Selon les régimes démocratiques, les groupes d'intérêt disposent en effet d'accès plus ou moins directs à l'arène décisionnelle. Le recours au pouvoir judiciaire s'avère ainsi un facteur déterminant lors de l'introduction de normes aux Etats-Unis, alors que les droits de démocratie directe (initiative et référendum) ne permettent pas véritablement de catalyser le processus de design des instruments en

Suisse. Un lien direct ne peut donc être établi entre les opportunités institutionnelles pour un groupe minoritaire d'influencer le processus décisionnel et les résultats effectifs du design. Le nombre, le degré d'organisation et les ressources des partenaires de la coalition minoritaire demeurent déterminants pour expliquer les effets réels des institutions (judiciaire et de démocratie directe) sur le choix des instruments. Ce constat est également confirmé par le fait que les négociations de solution de compromis entre les coalitions se déroulent souvent en dehors des cadres parlementaire et réglementaire, soit à « l'ombre de la hiérarchie » (SCHARPF, 1993: 79) et ce, même dans les régimes majoritaires (par ex. normes aux Etats-Unis).

Depuis les premières thèses pluralistes, l'analyse des intérêts représentés par différents groupes est considérée comme centrale pour expliquer le contenu des politiques publiques et la distribution des coûts et des bénéfices qui en résulte. Nos conclusions sur le choix des instruments, compris comme un des enjeux des conflits entre les acteurs organisés, suggèrent trois commentaires.

(1) Structures institutionnelles et voies d'influence des groupes minoritaires: En fonction des institutions de participation démocratique propres à différents systèmes politiques, l'influence des groupes minoritaires sur le design des instruments diverge sensiblement quant à ses modalités et quant à son effectivité (LINDER 1994:130ss). Dans un système parlementaire « à la Westminster », les différents groupes participent à l'élection d'une majorité parlementaire et gouvernementale dont l'idéologie partisane influence ensuite le degré de contrainte des instruments (par ex. Danemark, Canada et Suède). Dans un système présidentiel, qui prévoit constitutionnellement un partage du pouvoir entre les institutions, les acteurs sociaux les moins bien organisés recourent par contre prioritairement aux instances judiciaires pour défendre leurs intérêts (par ex. Etats-Unis). Dans un système directorial, qui institue des droits de démocratie directe, ces derniers sont utilisés par la coalition d'acteurs minoritaire pour promouvoir les politiques publiques qu'elle soutient (par ex. Suisse). L'observation empirique de ces différentes modalités de participation au choix des instruments souligne la nécessité de formuler des hypothèses relatives à l'influence qu'exercent les institutions constitutionnelles d'un système

politique sur le processus de « policy design » (cf. point 6.11), hypothèses qui font encore largement défaut dans la littérature.

(2) Réfutation de l'hypothèse néo-marxiste: En réaction aux hypothèses pluralistes du « policy design », BAXTER-MOORE (1987:352), WOODSIDE (1986:786) ainsi que SCHNEIDER et INGRAM (1993:339) formulent des hypothèses néo-marxistes pour expliquer le choix des instruments. Ces auteurs postulent que la distribution des coûts et des bénéfices induits par des instruments dépend directement du pouvoir économique et de la construction sociale des groupes-cibles et qu'elle reproduit, voire accentue, les inégalités entre les catégories sociales préexistantes. Notre test empirique permet de réfuter cet argument, du moins dans sa formulation la plus radicale. Deux tendances parallèles contribuent à ce que le design des instruments ne se réduise pas à une redistribution (quasi)déterministe des coûts et bénéfices des politiques publiques. D'une part, les acteurs sociaux les plus faibles, soit les associations de consommateurs et d'écologistes, parviennent effectivement à s'organiser ou à se faire représenter par des « entrepreneurs politiques » (compris ici dans le sens donné par WILSON, 1980:370), par exemple des experts scientifiques, qui défendent leurs intérêts. D'autre part, les acteurs sociaux les mieux organisés, soit les producteurs privés, ne représentent pas un groupe uniforme, mais affichent au contraire des dissensions internes. Les actions collectives de ces deux catégories sociales et le résultat de leurs interactions demeurent ainsi moins prévisibles que postulé par l'approche néo-marxiste. Ce constat suggère non pas d'abandonner une interprétation des inégalités structurelles qui influencent la représentation des intérêts des groupes, mais plutôt de relativiser l'importance de celles-ci sur « la mobilisation des biais » (SCHATTSCHEIDNER, 1960).

(3) Groupes d'intérêt versus « policy networks » et « advocacy coalitions »: Le concept de groupe d'intérêt est à la base de nombreuses théories de science politique, par exemple du pluralisme, du néo-corporatisme, du « triangle de fer », de la « capture » de l'administration par les groupes-cibles, etc. La littérature récente tend cependant à s'en détacher. L'analyse des réseaux d'action publique (« policy networks »), par exemple, postule que les politiques publiques sont élaborées dans un contexte hautement fragmenté, où l'interdépendance des ressources contrôlées par de multiples acteurs privés et publics conduit ces derniers à coordonner leurs ac-

tions de manières horizontale et informelle. De même, le « Advocacy Coalition Framework » suppose que ce ne sont plus intérêts des acteurs qui constituent le facteur premier de mobilisation de l'action collective, mais plutôt un système de valeurs ou de croyances partagées (« belief system »). Cette prise en compte explicite des ressources et des valeurs comme variables explicatives de la constitution des arènes décisionnelles et du design des politiques publiques est sans aucun doute pertinente. Néanmoins, notre analyse empirique démontre que les groupes d'intérêt représentent toujours une unité d'analyse fondamentale pour comprendre et expliquer le choix des instruments. Les organisations sectorielles (ici de consommateurs, de producteurs et d'écologistes) s'avèrent les acteurs principaux du processus du design et forment des coalitions fluctuantes en raison de la convergence ponctuelle de leurs intérêts respectifs. De telles coalitions stratégiques n'apparaissent pas assimilables à des réseaux d'action publique ou à des « advocacy coalitions ». En définitive, l'application de ces deux concepts au niveau micro de l'analyse du choix des instruments ne représente donc pas un palliatif suffisant à l'analyse (plus traditionnelle) des groupes d'intérêt.

6.2 l'économie politique d'un instrument: la prise en compte discriminatoire des attributs

Les résultats de notre analyse empirique démontrent que les quatre attributs des instruments sont autant de dimensions explicatives du design des instruments. Comme chaque hypothèse est confirmée pour environ deux tiers des cas observés, il n'apparaît en effet pas pertinent de supprimer l'une ou l'autre de nos quatre dimensions d'analyse. Au contraire, seule leur prise en compte simultanée permet, comme nous l'avons postulé dans le « noyau dur » de notre modèle théorique, de cerner les différentes facettes de l'économie politique propre à tout instrument. Ce constat établi, il s'agit de discuter les relations qui existent entre nos hypothèses de recherche. A cet effet, nous interprétons le design des instruments comme un processus collectif d'optimisation. Nous postulons que des « trade-off » (ou « rapports exclusifs ») existent entre les différents attributs d'un instrument. Concrètement, cela signifie qu'aucun instrument ne peut cumulativement (1) afficher un degré de contrainte compatible avec l'idéologie partisane de la majorité politique, (2) minimiser les coûts administratifs initiaux de mise en oeuvre, (3) supprimer tout risque d'échec et d'effets pervers et (4) viser parfaitement les groupes-cibles qui causent le problème collectif à résoudre. Le choix d'un instrument s'avère donc toujours discriminatoire vis-à-vis de l'un ou l'autre de ces quatre dimensions. Une comparaison systématique de nos hypothèses permet de tester la validité de ce postulat et, par là, de notre modèle d'analyse. Nous tirons les conclusions suivantes d'une telle démarche.

6.21 l'existence de « rapports exclusifs » entre les attributs

Dans plus de deux cas sur trois, nos quatre hypothèses de recherche ne sont pas confirmées simultanément. Un instrument permet donc de satisfaire les conditions fixées par un, deux, voire trois attributs, mais pas de remplir les conditions posées conjointement par les quatre attributs définis plus haut. Le postulat selon lequel les participants doivent résoudre des « trade-off » lors du design des instruments est donc largement confirmé. Les cas qui infirment ce postulat affichent quant à eux une similitude certaine. Il s'agit d'instruments déjà bien expérimentés et faisant l'objet d'une harmonisation internationale. De plus, ces instruments sont tous adoptés dans des régimes démocratiques non-majoritaires (par ex. Danemark, Suède et Suisse). Si le design des instruments peut se référer à des succès antérieurs, s'inscrit dans une stratégie d'harmonisation et se déroule dans un régime de type consensuel, alors la rivalité entre les attributs des instruments est moins élevée que si le design des instruments est innovateur sur le plan international et se déroule dans un régime de type majoritaire.

6.22 l'évaluation et la pondération des attributs par les acteurs

Il semble acquis que le choix des instruments dépend de l'évaluation et de la pondération des différents attributs par les acteurs. Force est par contre de noter l'absence de régularités empiriques quant à la priorité qui serait accordée systématiquement à tel(s) attribut(s) plutôt qu'à tel(s) autre(s). En effet, nos résultats empiriques ne permettent nullement de dégager des conditions nécessaires pour l'adoption des instruments. Ce constat est valable indépendamment du fait que l'analyse porte sur des catégories d'instruments (par ex. volontaire, incitatif et prescriptif), sur des secteurs d'intervention (par ex. domestique versus commercial) ou sur des pays (par ex. régimes majoritaire versus consensuel, unitaire versus fédéraliste). Deux raisons au moins expliquent cette difficulté à formaliser le processus et les résultats du design. D'une part, les participants au choix des instruments, soit les acteurs politico-administratifs et sociaux, n'évaluent pas de manière identique chacun des quatre attributs. Ces évaluations divergentes dépendent entre autres de l'information à disposition des différents acteurs. Compte tenu de la complexité de la réalité socio-politique et des coûts de collecte et de traitement de l'information, celle-ci demeure toujours imparfaite et aucun acteur ne peut anticiper avec certitude les multiples effets induits par l'adoption et la mise en oeuvre d'un instrument. De plus, l'information relative aux quatre attributs est distribuée de manière asymétrique entre les participants. Ainsi, aucun groupe ne maîtrise une information (même imparfaite) sur toute l'économie politique d'un instrument. D'autre part, les acteurs politico-administratifs et sociaux pondèrent de manière divergente l'importance relative des quatre attributs. Leurs priorités respectives varient notamment en fonction de leurs intérêts particuliers, de leur appartenance institutionnelle, de leurs ressources et de leurs expériences antérieures. Les partis politiques, par exemple, accordent une grande importance à l'adéquation entre son idéologie partisane et le degré de contrainte d'un instrument, alors que les institutions de mise en oeuvre se concentrent sur les ressources de mise en oeuvre, et les groupes d'intérêt, sur la définition des groupes-cibles directement visés par l'instrument. Lors du design des instruments, chaque type d'acteur tend donc à faire valoir des arguments qui se réfèrent à l'attribut qu'il juge prioritaire pour défendre les intérêts qu'il représente. En conclusion, l'imperfection et la distribution asymétrique de l'information sur les attributs, de même que les divergences lors de la pondération des attributs, constituent des contraintes très fortes pour le processus d'optimisation que nous avons postulé. Le choix des instruments représente finalement toujours une solution collectivement satisfaisante (plutôt qu'optimale) qui résulte d'un arbitrage entre les intérêts des acteurs politico-administratifs et sociaux participant au design.

6.23 un postulat partagé par l'approche néo-institutionnaliste

Notre conclusion selon laquelle il est nécessaire d'analyser les « trade-off » existant entre les différents attributs d'un instrument, interprétés ici comme les critères d'évaluation que pondèrent les participants au processus design, est également commune à l'approche néo-institutionnaliste de WEAVER et ROCKMAN (1993). Ces auteurs répondent à la question

« Do institutions matter? » en analysant, dans plusieurs secteurs d'intervention, les capacités de gouvernance propres à différents régimes démocratiques. Cette « government effectiveness », définie par WEAVER et ROCKMAN comme variable dépendante, comprend entre autres les capacités à (1) fixer et maintenir des priorités politiques, (2) contrôler les ressources de mises en oeuvre, (3) adopter des politique publiques innovatrices en cas d'échec des anciennes stratégies d'intervention, ainsi qu'à (4) imposer des coûts aux groupes d'intérêt puissants et à représenter les intérêts minoritaires (pp. 6-7). Sans que ces critères ne soient parfaitement identiques aux quatre attributs des instruments que nous retenons dans notre cadre théorique, on peut néanmoins constater une très forte analogie.

Comme conclusion à leur recherche sur l'influence des institutions sur ces quatre capacités de gouvernance, WEAVER et ROCKMAN (1993:446-453) formulent entre autres les quatre constats suivants. Premièrement, l'influence des institutions sur l'effectivité gouvernementale demeure toujours contingente. Deuxièmement, les arrangements institutionnels créent aussi bien des risques que des opportunités pour l'une ou l'autre des capacités de gouvernance. Troisièmement, celles-ci varient sensiblement entre les différents secteurs d'intervention dans un même régime démocratique. Quatrièmement, il existe des « trade-off » entre les différentes capacités de gouvernance dans le sens où les institutions ne permettent pas de les réaliser toutes simultanément. En poursuivant notre analogie, les conclusions théoriques de notre recherche corroborent donc les enseignements des travaux dirigés par WEAVER et ROCKMAN sur une base empirique bien plus large que la nôtre.

En conclusion, nous soutenons qu'il est pertinent d'élaborer un modèle théorique du « policy design » en retenant le postulat de base sur les « trade-off » existant entre les attributs des instruments, car ces derniers rendent compte des multiples facettes de leur économie politique respective. De plus, la convergence constatée entre notre recherche et celle de WEAVER et ROCKMAN ouvre deux nouvelles voies de recherche. D'une part, la théorie sur le choix des instruments peut intégrer les variables institutionnelles et les hypothèses qui sont proposées pour expliquer les capacités de gouvernance de différents régimes démocratiques. D'autre part, l'analyse néo-institutionnaliste peut retenir les instruments des politiques publiques comme variable dépendante, car ceux-ci rassemblent les principales « fonctions de pilotage » de l'Etat que WEAVER et ROCKMAN identifient en fin de compte comme une catégorie des capacités de gouvernance, à côté des fonctions dites de maintenance et de résolution politique des clivages sociaux (pp. 453-454). Cette double émulation théorique contribue à intégrer l'analyse des politiques publiques et l'approche néo-institutionnaliste, deux courants de recherche demeurant, à notre avis, trop largement séparés à ce jour.

6.3 la méthode comparée centrée sur des cas similaires: un impératif de recherche

La formulation ouverte de notre question d'analyse, l'absence d'une théorie sur le design des instruments déjà formalisée et consolidée empiriquement, le manque de données secondaires sur les stratégies suivies par le Canada, le Danemark, les Etats-Unis, la Suède et la Suisse pour promouvoir l'efficience énergétique des appareils électroménagers et des équipements bureautiques, ainsi que notre volonté explicite d'analyser non seulement les résultats mais aussi les processus du (re)design des instruments, nous a conduit à retenir l'approche comparée centrée sur des cas similaires comme méthode de recherche. Ce choix méthodologique implique le recours aux techniques de l'analyse qualitative afin, d'une part, de comprendre la complexité historique et la singularité des designs observés dans les cinq pays comparés et, d'autre part, d'interpréter l'influence des variables indépendantes sur le choix des instruments en tenant compte du contexte donné par d'autres facteurs. En se basant sur 18 observations empiriques, distribuées dans cinq pays différents et sur une période de plus de vingt ans (1973-1996), notre recherche permet de dégager de premières conclusions théoriques, formulées ci-dessus. De plus, les résultats de nos travaux empiriques démontrent la pertinence de l'approche comparée centrée sur des cas similaires et la nécessité d'élaborer une démarche méthodologique qui combine des comparaisons dans le temps, entre plusieurs pays et entre différents secteurs d'intervention. Finalement, une stratégie de recherche qualitative permet d'interpréter le discours politique et les arguments avancés par les différents participants au design, cette analyse de contenu s'avérant indispensable pour expliquer la conception et la sélection des instruments.

6.31 la combinaison des comparaisons diachronique et synchronique

Pour expliquer le choix des instruments, nous soutenons que la méthode comparée doit être appliquée de sorte à combiner les dimensions diachronique et synchronique. Par là, elle vise à résoudre trois problèmes méthodologiques fondamentaux auxquels se confronte le test empirique d'un modèle théorique du « policy design ».

(1) Re-design des instruments et « embedded cases »: Quel que soit le pays analysé, nous constatons que la stratégie de promotion de l'efficacité énergétique comprend toujours plusieurs instruments (« tools mix »). Cette combinaison d'interventions étatiques se consolide de facto au fil des années, les nouveaux instruments remplaçant ou complétant ceux adoptés antérieurement. Ce processus de re-design se déroule de manière plus ou moins continue, des phases d'activités législatives et réglementaires alternant avec des phases de latence. Compte tenu de cette réalité politico-administrative, certainement observable dans toute politique publique et dans tout pays, il s'avère indispensable de procéder à une comparaison diachronique du design. Seule une analyse temporelle permet de comprendre le choix des instruments en tenant compte des hypothèses sur l'héritage des politiques publiques antérieures et sur les processus d'apprentissage collectif, sur l'évolution des structures administratives de mise en oeuvre en fonction des problèmes prioritaires à résoudre, ainsi que sur les changements de coalitions d'acteurs publics et privés qui soutiennent ou s'opposent à l'introduction d'un instrument. Si le choix d'un instrument, à un moment donné dans un pays déterminé, dépend effectivement des instruments qui sont déjà mis en oeuvre, alors les observations empiriques à expliquer ne peuvent être considérées, d'un point de vue méthodologique, comme indépendantes. Une analyse diachronique vise néanmoins à dépasser les difficultés d'interprétation propres à ces situations dites de « embedded cases » (YIN, 1994:51). Pour ce faire, elle doit définir une longue période d'étude et procéder à une analyse qualitative, plutôt que comparer des données structurelles collectées de manière ponctuelle (par ex. lors des décision législatives) sans contrôler l'évolution dans le temps des facteurs explicatifs. Soulignons ici que plusieurs analystes de politiques publiques insistent également sur la nécessité d'une ap-

plication diachronique de la méthode comparée (cf. par ex. SABATIER et JENKINS-SMITH, 1993: 3-4 et 35).

(2) Transferts d'expériences et « Galton's problem »: Notre hypothèse sur les transferts d'expériences entre pays est confirmée pour environ deux tiers des 18 observations empiriques. Par conséquent, le choix des instruments dans un pays est souvent directement influencé par les processus et les résultats du design dans d'autres pays et/ou dans les collectivités publiques infranationales. Ce constat signifie concrètement qu'un dessin de recherche, élaboré selon les canons de la méthode comparée centrée sur des cas similaires, ne peut considérer les pays comparés comme des cas parfaitement indépendants. Afin de tenir compte de l'éventuelle interdépendance des cas, difficulté méthodologique communément qualifiée de « Galton's problem », toute recherche sur le « policy design » doit formuler une hypothèse sur les mécanismes de transferts des instruments entre différents systèmes politico-administratifs (infranationaux, nationaux et supranationaux) et tester cette dernière dans une perspective synchronique. Cette stratégie vise à interpréter correctement le rôle joué par les variables propres aux différents cas comparés (par ex. régime politique, institutions administratives ou coalitions d'acteurs) ainsi que l'influence des facteurs induits dans un cas par les activités de design propres à un autre cas (par ex: émulation, harmonisation ou coûts externes). Finalement, notons que plusieurs propositions théoriques sur la convergence des politiques publiques offrent des pistes de recherche opérationnelles pour contrôler cette «permeability of boundaries» (ROSE, 1991:460; BENNETT, 1997). Appliquées à la théorie du choix des instruments, celles-ci pourraient s'attacher en premier lieu à expliquer pourquoi on constate empiriquement une convergence au niveau du choix final des instruments, alors que les processus de design semblent toujours diverger sensiblement entre différents régimes démocratiques.

(3) Facteurs technico-économiques et singularités sectorielles: Notre champ empirique compare le choix des instruments retenus pour les appareils électroménagers et pour les équipements bureautiques. Ces deux secteurs se différencient quant à la variance de la variable dépendante (par ex. nombre, date d'adoption et degré de contrainte des instruments) et quant au degré de confirmation empirique de nos hypothèses de recherche. Ces différences intersectorielles s'expliquent notamment par la

structure et le degré d'intégration mondiale du marché, la rapidité du développement des technologies ainsi que la durée de vie des appareils et des équipements. Le design des instruments ne peut donc être interprété en fonction des seules variables institutionnelles nationales (par ex. idéologies partisanes, institutions de mise en oeuvre), mais doit aussi tenir compte de l'arène sectorielle des acteurs concernés et de la perception qu'ont ces derniers des conditions-cadres technico-économiques. Un tel constat implique que, pour véritablement contrôler l'influence de ces dernières, la méthode comparée doit être appliquée non seulement à différents pays, mais aussi à différents secteurs d'intervention. De plus, il serait pertinent de comparer des politiques sectorielles qui se différencient plus catégoriquement que celles retenues dans notre recherche (par ex. politique énergétique versus politique sociale). Elaborer un dessin de recherche qui s'articule selon ces deux dimensions permet de tester les hypothèses rivales relatives à l'influence sur le choix des instruments d'un style politique national versus sectoriel. Ce test empirique pourrait notamment s'inspirer de l'analyse des réseaux d'action publique qui postule l'existence de constellation d'acteurs privés et publics propres à différents secteurs ou problèmes collectifs à résoudre.

6.32 la faisabilité d'une comparaison multiple

La combinaison de comparaisons dans le temps, entre pays et entre secteurs, est nécessaire pour contrôler l'influence des variables explicatives sur le choix des instruments. Si une telle approche méthodologique apparaît légitime d'un point de vue conceptuel, il faut par contre souligner que sa faisabilité, comprise en termes de ressources de recherche, peut poser problème. Le fait de comparer diachroniquement et synchroniquement différents designs tend à augmenter l'étendue du champ empirique, même si le dessin de recherche vise à réduire le nombre de variables indépendantes en retenant des cas similaires. A cela s'ajoute le fait que les études sur le choix des instruments doivent généralement recourir à une analyse qualitative des arguments avancés par les participants au processus de design (DRYZEK, 1997).

Afin de maîtriser les coûts de recherche induits par plusieurs dimensions de comparaisons et par des analyses de contenu du discours politique, les recherches empiriques futures pourraient recourir à la technique des tables de vérité et de l'algèbre booléen proposée par RAGGIN (1987). Celle-ci constitue en effet un moyen terme entre les analyses qualitative et quantitative. Elle permettrait vraisemblablement de dépasser les difficultés auxquelles notre propre recherche s'est confrontée (par ex. test d'une seule hypothèse par attribut) en se tenant à une approche avant tout interprétative, sans pour autant négliger l'étude détaillée des processus de design qu'excluent par définition les techniques statistiques. Sans être la panacée, l'application de l'algèbre booléen faciliterait le test d'un plus grand nombre d'hypothèses, l'identification de conditions nécessaires et suffisantes pour le choix des instruments grâce à un meilleur contrôle des phénomènes de causalités multiple et/ou conjointe, ainsi que l'élaboration de typologies des principaux « trade-off » entre les attributs.

6.4 vers une théorie du design des politiques publiques

Notre recherche adopte l'approche épistémologique de LAKATOS (1970) et, par conséquent, vise un développement cumulatif des connaissances scientifiques. A titre de synthèse de notre chapitre théorique sur l'état de la recherche, sept postulats définissent le « noyau dur » d'un modèle d'analyse du choix des instruments. Celui-ci prétend résumer les enseignements des propositions antérieures. Les quatre hypothèses de travail formulées et testées appartiennent quant à elles à la « ceinture protectrice » de la théorie et assurent un lien entre les postulats et les travaux empiriques. Selon la stratégie de recherche proposée par LAKATOS, il s'agit, après un premier test empirique, de discuter la pertinence des hypothèses et du noyau dur. Les paragraphes précédents exposent en détail nos conclusions à ce sujet. Celles-ci démontrent la validité globale de notre noyau dur, mais soulignent que plusieurs postulats méritent une formulation plus précise (par ex. le postulat No. 6 sur le contexte institutionnel des décideurs politiques).

En portant un regard critique sur notre étude et afin de formuler de nouveaux programmes de recherche qui permettent d'améliorer la capacité explicative et prédictive de notre modèle d'analyse, il apparaît souhaitable que les futurs travaux sur le choix des instruments et le design des politiques publiques visent cinq objectifs prioritaires: (1) différencier analytiquement le processus des résultats substantiels du choix des instruments, définir les variables explicatives pour chacun de ces deux éléments du design et formaliser les relations causales entre ceux-ci; (2) intégrer, aux niveaux du « noyau dur » et des hypothèses de travail, les variables indépendantes proposées par l'approche néo-institutionnaliste pour expliquer le contenu des politiques publiques; (3) traiter le rôle des idées et des médiateurs qui les produisent ou les diffusent au sein de différents systèmes politico-administratifs; (4) formuler plusieurs hypothèses rivales pour chacun des quatre attributs des instruments; et (5) appliquer la méthode comparée pour tester empiriquement, en recourant à une analyse de contenu du discours politique, le re-design des instruments dans le temps, dans différents secteurs d'intervention et dans plusieurs pays. La prise en compte de ces cinq points, qui constituent autant d'interrogations soulevées par notre propre recherche, devrait contribuer au développement d'un modèle théorique du choix des instruments et du design des politiques publiques.

7 Bibliographie

ad chapitre 2

AARON Henry J. (1978). Politics and the professors, Washington: The Brookings Institution.

ALEXANDER Ernest R. (1979). The design of alternatives in organizational contexts. A pilot study, in: Administrative Science Quartely, 24:382-404.

ALEXANDER Ernest R. (1982). Design in the decision-making process, in: Policy Sciences, 14:279-292.

ANDERSON Charles W. (1971) Comparative policy analysis. The design of measures, in: Comparative Politics, 4:117-131.

ATKINSON Michael M. et Marsha A. CHANDLER (1983). Strategies for policy analysis, in: ATKINSON Michael M. et Marsha A. CHANDLER (eds.) (1983). The politics of canadian public policy, Toronto: University of Toronto Press, (pp.3-19).

ATKINSON Michael M. et Robert A. NIGOL (1989). Selecting policy instruments. Neo-institutional and rational choice interpretations of Automobile Insurance in Ontario, in: Canadian Journal of Political Science, 22(1):107-135.

BARI Jean-Paul (1993). Les nouveaux instruments de mise en oeuvre des politiques et espace public. Esquisse d'une problématique, in: Annuaire Suisse de Science Politique, Bern: Paul Haupt Verlag, (pp.295-320).

BAUMHEIMER Ulrike (1993a). Staat-Industrie-Beziehungen bei der Regulierung der Arzneimittelpreise in Frankreich und Deutschland, in: CZADA Roland et Manfred G. SCHMIDT (Hrsg.) (1993). Verhandlungsdemokratie, Interessenvermittlung, Regierbarkeit, Opladen: Westdeutscher Verlag, (pp.215-228).

BAUMHEIMER Ulrike (1993b). Staat-Industrie-Beziehungen und Politikkoordination im Pharmasektor, in: Politische Vierteljahresschrift, 34(3):455-473.

BAXTER-MOORE Nicolas (1987). Policy implementation and the role of the state. A revisited approach to the study of policy instruments, in: JACKSON Robert J. et al. (eds.) (1987). Contemporary canadian politics, Scarborough: Prentice-Hall, (pp.336-355).

BELLAVANCE Michel (1985). Les politiques gouvernementales. Elaboration, gestion et évaluation, Montréal: Les Editions Agence d'Arc.

BENNETT Colin J. (1988a). Regulating the computer. Comparing policy instruments in Europe and the United States, in: European Journal of Political Research, 16:437-466.

BENNETT Colin J. (1988b). Different processes, one result. The convergence of data protection in Europe and the United States, in: Governance. An International Journal of Policy and Administration, 1(4):415-441.

BENNETT Colin J. (1990). The formation of a canadian privacy policy. The art and craft of lesson-drawing, in: Canadian Public Administration, 33(4):551-570.

BENNETT Colin J. (1991) Review article. What is policy convergence and what causes it?, in: British Journal of Political Science, 21:215-233.

BENNETT Colin J. (1992) Regulating privacy. Data protection and public policy in Europe and the United States, Ithaca / London: Cornell University Press.

BENNETT Colin J. et Michael HOWLETT (1992). The lessons of learning. Reconciling theories of policy learning and policy change, in: Policy Sciences, 25:275-294.

BOBROW Davis B. et John S. DRYZEK (1987). Policy analysis by design, Pittsburgh: Pittsburgh University Press.

BOUDON Raymond et François BOURRICAUD (1990). Dictionnaire critique de la sociologie, Paris: Presses Universitaires Françaises, (pp.641-650).

BRESSERS Hans /et Pieter-Jan KLOK (1988). Fundamentals for a theory of policy instruments, in: International Journal of Social Economics, 15(3/4):22-41.

BUSSMANN Werner (1993). Was haben Vollzugsstudien der Verwaltungspraxis gebracht?, in: Annuaire Suisse de Science Politique, Bern: Verlag Paul Haupt, (pp.261-275).

CHICK Martin (ed.) (1990). Governments, industries, and markets. Aspects of Government-Industry relations in the UK, Japan, West germany and the USA since 1945, Brookfield: Edward Elgar Publishing Lt.

COHEN Michael D. et al. (1972). A garbage can model of organizational choice, in: Administrative Science Quartely, 17:1-25.

DELEON Peter (1988). The contextual burdens of policy design, in: Policy Studies Journal, 17(2):297-309.
DELEON Peter (1989). Policy formulation. Where ignorant armies clash by night, WZB-Paper 89-004, Berlin: Wissenschaftzentrum Berlin für Sozialforschung.
DELEON Peter (1990). Participatory policy analysis. Prescriptions and precautions, in: Asian Journal of Public Administration, 12:29-54.
DELEON Peter (1994). Reinventing the policy sciences. Three steps back to the future, in: Policy Sciences, 27:77-95.
DERY David (1984). Problem definition in policy analysis, Lawrence: University of Kansas Press.
DOERN Bruce G. et Seymour V. WILSON (eds.) (1974). Issues in canadian public policy, Toronto: McMillan.
DOERN Bruce G. et Richard W. PHIDD (1992). Canadian Public Policy. Ideas, structure, process, Toronto: Methuen.
DRYZEK John S. (1983). Don't toss coins in the garbage cans. A prologue to policy design, in: Journal of Public Policy, 3(4):345-367.
DRYZEK John S. et Brian RIPLEY (1988). The ambitions of policy design, in: Policy Studies Review, 7(4):705-719.
DUNSIRE A. (1978). Implementation in a bureaucracy, New York: St. Martins Press.
DURNING Dan (1993). Participatory policy analysis in a social service agency. A case study, in: Journal of Policy Analysis and Management, 12:231-257.
ELMORE Richard F. (1980). Backward mapping. Implementation research and policy decisions, in: Political Science Quartely, 94(4):601-611.
ELMORE Richard F. (1987). Instruments and strategy in public policy, in: Policy Studies Review, 7(1):174-186.
FEICK Jürgen et Werner JANN (1988). "Nations matter". Vom Ekletizimus zur Integration in der vergleichenden Policy-Forschung?, in: SCHMIDT Manfred G. (Hrsg.) (1988). Staatstätigkeit. International und historisch vergleichende Analysen, Opladen: Westdeutscher Verlag, (pp.196-220).
FEICK Jürgen (1990). L'analyse comparative des politiques publiques. Un chemin vers l'intégration des résultats, in: Année Sociologique, 40:179-225.

FREEMAN Gary P. (1985). National styles and policy sectors. Explaining structured variation, in: Journal of Public Policy, 5(4):467-496.
FREIBURGHAUS Dieter (1991). Le développement des moyens de l'action étatique, in: MORAND Charles-Albert, (ed.) (1991). L'Etat propulsif. Contribution à l'étude des instruments d'action de l'Etat, Paris: Publisud, (pp.49-63).
GOGGIN Malcolm L. et al. (1990). Implementation theory and practice. Toward a third generation, New York: HarperCollins Pub.
GUBA Egon et Yvonna S. LINCOLN(1989). Fourth generation evaluation, Newbury Park: Sage.
HAAS Peter M. (1992). Introduction. Epistemic communities and international policy coordination, in: International Organization, 46(1):1-35.
HAHN Robert W. (1990a). The political economy of environmental regulation. Towards a unifying framework, in: Public Choice, 64(1):21-47.
HAHN Robert W. (1990b). Instrument choice, political reform and economic welfare, in: Public choice, 67(3):243-256.
HEIDENHEIMER Arnold J. et al. (1990). Comparative public policy, New York: St. Martins Press.
HERITIER Adrienne, (Hrsg.) (1993). Policy-Analyse. Kritik und Neuorientierung, Politische Vierteljahresschrift, Sonderheft 24, Opladen: Westdeutscher Verlag.
HOBERG George (1986). Technology, political structure, and social regulation. A cross-national analysis, in: Comparative Politics, 18(3):357-376.
HOBERG George (1991). Sleeping with an elephant. The american influence on canadian environmental regulation, in: Journal of Public Policy, 2(1):107-132.
HOBERG George (1993). Environmental policy. Alternative styles, in: ATKINSON Michael M. (ed.) (1993). Governing Canada. Institutions and public policy, Toronto: Hartcourt, (pp.307-342).
HOGWOOD Brian W. et Lewis A. GUNN (1984). Policy analysis for the real world, Oxford: Oxford University Press.
HOGWOOD Brian W. et Guy B. PETERS (1985). The pathology of policy, Oxford: Oxford University Press.
HOOD Christopher C. (1983). The tools of government, London: MacMillan.

HOOPE Robert et al. (1987). Implementation research and policy design. Problem tractability, policy theory, and feasibility testing, in: International Review of Administrative Science, 53:581-604.
HOWARD John L. et W.T. STANBURY W.T. (1984). Measuring Leviathan. The size, scope and growth of governments in Canada, in: LERMER George (ed.) (1984). Probing Leviathan. An investigation of government in the economy, Vancouver: The Fraser Institute, (pp.93-110).
HOWARD Christopher (1995). Testing the tools approach. Tax expenditures versus direct expenditures, in: Public Administration Review, 55(5):439-447.
HOWLETT Michael (1991). Policy instruments, policy styles, and policy implementation. National approaches to theories of instrument choice, in: Policy Studies Journal, 19(2):1-21.
HOWLETT Michael (1994). The judicialization of canadian environmental policy 1980-1990. A test of the Canada-United States convergence thesis, in: Canadian Journal of Political Science, 27(1):99-127.
HOWLETT Michael et M. RAMESH (1993). Patterns of policy instrument choice. Policy style, policy learning and the privatization experience, in: Policy Studies Review, 12(1/2):3-24.
HOWLETT Michael et M RAMESH (1995). Studying public policy. Policy cycles and policy subsystems, Toronto: Oxford University Press (pp.80-101 et 153-167)
INGRAHAM Patricia W. (1987). Toward a more systematic consideration of policy design, in: Policy Studies Journal, 15(4):611-628.
INGRAM Helen et Dean MANN (eds.) (1980). Why policies succeed or fail, Beverly Hills / London: Sage Publications.
INGRAM Helen et Anne SCHNEIDER (1990). Improving implementation through framing smarter statutes, in: Journal of Public Policy, 10(1):67-88.
INGRAM Helen et Anne SCHNEIDER (1991). The choice of target populations, in: Administration & Society, 23(3):333-356.
INGRAM Helen et Anne SCHNEIDER (1993). Constructing citizenship. The subtle messages of policy design, in: INGRAM Helen et Steven R. SMITH (eds.) (1993). Public policy for democracy, Washington: The Brookings Institution, (pp.68-94).

JACKSON Robert J. et al. (eds.) (1986). Politics in Canada. Culture, institutions, behaviour and public policy, Scarborough: Prentice-Hall, (pp.590-601).
JANN Werner (1986). Vier Kulturtypen, die alles erklären? Kulturelle und institutionelle Ansätze der neueren amerikanischen Politikwissenschaft, in: Politische Vierteljahresschrift, 4:361-377.
JONES Ch. O. (1970). An introduction to the study of public policy, Belmont: Duxbury Press.
JORDAN Grant et Klaus SCHUBERT (eds.) (1992) Policy networks, European Journal of Political Research, Special Issue 21(1/2), Dodrechts: Kluwer Academic Publishers.
KATZENSTEIN Peter J. (1985). Small states in world markets. Industrial policy in Europe, Ithaca/London: Cornell University Press.
KAUFMANN Franz-Xaver et Bernd ROSEWITZ (1983). Typisierung und Klassifikation politischer Massnahmen, in: MAYNTZ Renate (Hrsg.) (1983). Implementation politischer Programme II, Ansätze zur Theoriebildung, Opladen: Westdeutscher Verlag, (pp.25-49).
KINGDON John W. (1984). Agendas, alternatives and public policies, New York: HarperCollins Publishers.
KÖNIG Klaus et Nicolai DOSE (Hrsg.) (1993). Instrumente und Formen staatlichen Handelns, Verwaltungswissenschaftliche Abhandlungen, Band 2, Köln: Carl Heymanns Verlag.
LANDRY Réjean (1984). La nouvelle analyse institutionnelle, in: Politique. Revue de la Société Québecoise de Science Politique, 6:5-32.
LANDRY Réjean et Paule DUCHESNEAU (1987). L'offre d'interventions gouvernementales aux groupes. Une théorie et une application, in: Revue Canadienne de Science Politique, 20(3):525-552.
LANDRY Réjean (1990). Biases in the supply of public policies to organized interests. Some empirical evidence, in: COLEMAN William D. et G. SKOGSTAD (ed.) (1990). Policy communities and public policy. A structural approach, Toronto: Coop Clark Ptimand Ltd., (pp.312-327).
LANDRY Réjean (1991). Party competetion in Québec. Direct confrontation or selective emphasis? in: THORBURN H.G. (ed.). (1991). Party politics in Canada, Scarborough: Prentice Hall, (pp.401-413).
LANDRY Réjean (1995). La théorie institutionnelle du public choice, Polycopié non publié, Sainte-Foy: Université Laval.

LANDRY Réjean et Marc PESANT (1996). Do policy instruments matter? Evidence from an Canadian Province. Manuscript non publié, Sainte-Foy: Université Laval.

LASSWELL Harold D. (1971). A pre-view of policy sciences, New York: American Elsevier.

LEHMBRUCH Gerhard (1987). Administrative Interessenvermittlung, in: WINDHOFF-HERITIER Adrienne (Hrsg.) (1987). Verwaltung und ihre Umwelt, Opladen: Westdeutscher Verlag, (pp.11-43).

LEHMBRUCH Gerhard (1991). The organization of society, administrative strategies, and policy networks, in: CZADA Roland et Adrienne WINDHOFF-HERITIER (eds.) (1991). Political choice. Institutions, rules, and the limits of rationality, Frankfurt am Main: Campus Verlag, (pp.121-158).

LEMIEUX Vincent (1995). L'étude des politiques publiques. Les acteurs et leur pouvoir. Sainte-Foy: Les Presses de l'Université Laval.

LINDBLOM Charles E. (1959). The science of "muddling through", in: Public Administration Review, 39:517-526.

LINDBLOM Charles E. et David K. COHEN (1979). Usable knowledge. Social science and social problem solving, New Haven: Yale University Press.

LINDER Stephen H. (1988). Managing support for social research and development. Research goals, risk, and policy instruments, in: Journal of Policy Analysis and Management, 7(4):621-642.

LINDER Stephen H. et Guy B. PETERS (1984). From social theory to policy design, in: Journal of Public Policy, 4(3):237-259.

LINDER Stephen H. et Guy B. PETERS (1987). A design perspective on policy implementation. The fallacies of misplaced prescription, in: Policy Studies Review, 6(3):459-475.

LINDER Stephen H. et Guy B. PETERS (1988). The analysis of design or the design of analysis, in: Policy Studies Review, 7(4):738-750.

LINDER Stephen H. et Guy B. PETERS (1989). Instruments of government. Perceptions and contexts, in: Journal of Public Policy, 9(1):35-58.

LINDER Stephen H. et Guy B. PETERS (1990a). The design of instruments for public policy, in: NAGEL Stuart S. (ed.) (1990). Policy theory and policy evaluation. Concepts, knowledge, causes, and norms, New York: Greenwood Press, (pp.103-119).

LINDER Stephen H. et Guy B. PETERS (1990b). Research perspective on the design of public policy. Implementation, formulation, and design, in: PALUMBO Dennis J. / CALISTA Donald J. (ed.) (1990). Implementation and the policy process. Opening the black box, New York: Greenwood Press, (pp.51-66).

LINDER Stephen H. et Guy B. PETERS (1990c). Policy formulation and the challenge of conscious design, in: Evaluation and Program Planning, 13:303-311.

LINDER Wolf (1987). La décision politique en Suisse. Genèse et mise en oeuvre de la législation, Lausanne: Réalités Sociales.

LIPSKY Michael (1980). Street-level bureaucracy, New York: Russell Sage.

LOWI Theodor J. (1966). Distribution, regulation, redistribution. The functions of government, in: RIPLEY Brian (ed.) (1966). Public policies and their politics. Techniques of government control, New York: W.W. Norton, (pp.27-40).

LOWI Theodor J. (1972). Four systems of policy, politics anc choice, in: Public Administration Review, 32(4):298-310.

McDONNELL Lorraine M. et Richard F. ELMORE (1987), Alternative policy instruments, Santa Monica: Center for Policy Research in Education.

MAJONE Giandomenico (1976). Choice among policy instruments for pollution control, in: Policy Analysis, 2(4):589-613.

MAJONE Giandomenico et Aaron WILDAVSKY (1978). Implementation as evolution, in: FREEMAN H.E. (ed) (1978). Policy Studies Annual Review, Vol. 2, Beverly Hills: Sage.

MAY Peter J. (1981). Hints for crafting alternative policies, in: Policy Analysis, 7:227-244.

MAY Peter J. (1991). Reconsidering policy design. Policies and publics, in: Journal of Public Policy, 11(2):187-206.

MAY Peter J. (1992). Policy learning and failure, in: Journal of Public Policy, 12(4):331-354.

MAZMANIAN Daniel et Paul A. SABATIER (1983). Implementation and public policy, Glencoe: Scott Foresman.

MENY Yves et Jean-Claude THOENIG (1989). Politiques publiques, Paris: Presses Universitaires de France.

MILLER Trudi C. (1984). Conclusion. A design science, in: MILLER Trudi C. (ed.) (1984). Public sector performance. A conceptual turning point, Baltimore / London: The Johns Hopkins University Press, (pp.251-268).

MOHR L.B. (1992). Impact analysis for program evaluation, Newbury Park: Sage Publications.

MONNIER Eric (1992). Evaluations de l'action des pouvoirs publics, Paris: Economica.

MORAND Charles-Albert (ed.) (1991a). L'Etat propulsif. Contribution à l'étude des instruments d'action de l'Etat, Paris: Publisud.

MORAND Charles-Albert (ed.) (1991b). Les instruments d'action de l'Etat, Bâle / Francfort-sur-le-Main: Helbing & Lichtenhahn.

OLSON Mancur (1978). Logique de l'action collective, Paris: Presses Universitaires de France. (Traduction française de OLSON Mancur (1966). The logic of collective action. Public goods and the theory of groups, Harward: Harward University Press).

O'TOOLE Laurence J. Jr. (1986). Policy recommandations for multi-actor implementation. An assessment of the field, in: Journal of Public Policy, 6(2):181-210.

O'TOOLE Laurence J. Jr. (1995). Rational choice and policy implementation. Implications for interorganizational network management, in: American Review of Public Administration, 25(1):43-57.

PAL Leslie A. (1992). Public policy analysis. An introduction, Scarborough: Neslon Canada.

PAEHLKE Robert (1990). Regulatory and non-regulatory approaches to environmental protection, in: Canadian Public Administration, 33(1):17-36.

RICHARDSON Jeremy (ed.) (1982). Policy styles in Western Europe: London: George Allen & Unwin.

RIPLEY Brian et G.A. FRANKLIN (1982). Bureaucracy and policy implementation, Homewood: Dorsey Press.

RIST Ray C. (1993). Influencing the policy process with qualitative research, in: DENZIN Norman K. et Yvonna S. LINCOLN (ed.) (1993). Handbook of qualitative research, Thousand Oaks / London / New Delhi: Sage Publications, (pp.545-557).

ROBERTSON David B. (1984). Program implementation versus program design. Which accounts for policy "failure"?, in: Policy Studies Review, 3(3/4):391-405.

ROCHEFORD David A. et Roger W. COBB (1993). Problem definition, agenda access, and policy choice, in: Policy Studies Journal, 21(1):56-71.
ROSE Richard (1991). What is lesson-drawing?, in: Journal of Public Policy, 11(1):3-30.
ROSE Richard (1993). Lesson-drawing in public policy. A guide to learning across time and space, Chatham: Chatham House Publishers.
ROSE Richard et Philipp L. DAVIES (1993). Inheritance in public policy. Change without choice in Britain, New Haven / London: Yale University Press.
ROTHMAYR Christine et al. (1997). Policy instruments. An analytical category revisited, Paper presented at the ECPR Joint Sessions of Workshops, 27th February - 4th March, Bern.
SABATIER Paul A. (1986). Top-down and bottom-up approaches to implementation research. A critical analysis and suggested synthesis, in: Journal of Public Policy, 6(1):21-48.
SABATIER Paul A. (1987). Knowledge, policy oriented learning, and policy change. An advocacy coalition framework, in: Knowledge. Creation, Diffusion, Utilization, 8(4):649-692.
SABATIER Paul A. et Neil PELKEY (1987). Incorporating multiple actors and guidance instruments into models of regulatory policymaking. An advocacy coalition framework, in: Administration & Society, 19(2):236-263.
SABATIER Paul A. (1991). Public policy. Toward better theories of the policy process, in: CROTTY William (ed.) (1991). Comparative politics, policy, and international relations, Evanston: Northwestern University Press, (pp.264-292).
SABATIER Paul A. et H.C. JENKINS (eds.) (1993). Policy change and learning. An advocacy coalition approach, Boulder: Westview Press.
SALAMON Lester M. (1981). Rethinking public management. Third-party government and the changing forms of government action, in: Public Policy, 29(3):257-275.
SALAMON Lester M., (ed.) (1989). Beyond privatization. The tools of government action, Washington: The Urban Institute Press.
SCHARPF Fritz W. (1983). Interessenlage der Adressaten und Spielräume bei Anreizprogrammen, in: MAYNTZ Renate, (Hrsg.) (1983).

Implementation politischer Programme II, Ansätze zur Theoriebildung, Opladen: Westdeutscher Verlag, (pp.99-116).
SCHMIDT Manfred G. (1993). Theorien in der international vergleichenden Staatstätigkeitsforschung, in: Politische Vierteljahresschrift, Sonderheft 24:371-393.
SCHNEIDER Anne et Helen INGRAM (1988). Systematically pinching ideas. A comparative approach to policy design, in: Journal of Public Policy, 8(1):61-80.
SCHNEIDER Anne et Helen INGRAM (1990a). Policy design. Elements, premises, and strategies, in: NAGUEL Stuart S (ed.), 1990, Policy theory and policy evaluation: Concepts, knowledge, causes, and norms, New York: Greenwood Press, (pp.77-101).
SCHNEIDER Anne et Helen INGRAM (1990b). Behavioral assumptions of policy tools, in: Journal of Politics, 52(2):510-529.
SCHNEIDER Anne et Helen INGRAM (1993). Social construction of target populations. Implications for politics and policy, in: American Political Science Review, 87(2):334-347.
SCHUBERT K. (1991). Politikfeldanalyse. Eine Einführung, Opladen: Leske & Budrich.
SHARANSKY Ira (ed.) (1970). Policy analysis in political science, Chicago.
SIMEON Richard (1976). Studying public policy, in: Canadian Journal of Political Science, 9(4):548-580.
SIMON Herbert (1981). A behavioural model of rational choice, in: Quartely Journal of Economics, 69:99-118.
SMITH Martin J. (1993). Pressure, power and policy. State autonomy and policy networks in Britain and the United States, New York: Harvester Wheatsheaf.
STEWART Jenny (1993). Rational choice theory, public policy and the liberal state, in: Policy Sciences, 26:317-330.
STANBURY W.T. (1986). Business-government relations in Canada. Grappling with Leviathan, Toronto: Methuen.
STONE Deborah A. (1988). Policy paradox and political reason, New York: Harper Collins Publishers.
TREBILCOCK Michael J. et al. (1982). The choice of governing instrument, A study prepared for the Economic Council of Canada, Ottawa: Canadian Government Publishing Centre.

TREBILCOCK Michael J. (1994). Can government be reinvented, Law and Economics Working Paper Series Nr.25, Toronto: University of Toronto.
VOGEL David (1986). National styles of regulation. Environmental policy in Great Britain and the United States, Ithaca/London: Cornell University Press.
WAARDEN van Franz (1993). Über die Beständigkeit nationaler Politikstile und Politiknetzwerke. Eine Studie zur Genese ihrer institutionellen Verankerung, in: CZADA Roland et Manfred G. SCMIDT (Hrsg.) (1993). Verhandlungsdemokratie, Interessenvermittlung, Regierbarkeit, Opladen: Westdeutscher Verlag, (pp.191-212).
WEIMER David L. (1992). The craft of policy design. Can it be more than art?, in: Policy Studies Review, 11(3/4):370-388.
WEIMER David L. (1993). The current state of design craft. Borrowing, tinkering, and problem solving, in: Public Administration Review, 53(2):110-120.
WEISS Andrew et Edward WOODHOUSE (1992). Reframing incrementalism. A constructive response to the critics, in: Policy Sciences, 25:255-273.
WEISS Janet A. (1989). The powers of problem definition, in: Policy Sciences, 22:97-122.
WILKS Stephen et Maurice WRIGHT (ed.) (1987). Comparative government-industry relations. Western Europe, the United States, and Japan, Oxford: Clarendon Press.
WINDHOFF-HERITIER Adrienne (1989). Wirksamkeitsbedingungen politischer Instrumente, in: ELLWEIN Thomas et al. (ed.) (1989). Jahrbuch zur Staats- und Verwaltungswissenschaft, Band 3, Baden-Baden: Nomos, (pp.89-118).
WOODSIDE Kenneth (1986). Policy instruments and the study of public policy, in: Canadian Journal of Political Science, 19(4):775-793.

ad chapitre 3

AGENCE INTERNATIONALE DE L'ENERGIE (AIE) (1987). Les économies d'énergie dans les pays de l'AIE, Paris: Organisation de Coopération et de Développement Economiques (OCDE).

AIE (1989). L'utilisation rationnelle de l'électricité, Paris: OCDE.

AIE (1992). L'utilisation rationnelle de l'énergie et de l'environnement, Paris: OCDE.

AIE et AGENCE DE L'ENVIRONNEMENT ET DE LA MAITRISE DE L'ENERGIE (ADEME) (1992). International energy conference on use of efficiency standards in energy policy. Proceedings, Paris: OCDE.

AIE (1994). Politiques énergétiques des pays de l'AIE. Examen 1992, Paris: OCDE.

AIE (1994b). Electricity supply industry. Structure, ownership and regulation in OECD countries, Paris: OCDE.

ANDERSON Victor (1993). Energy efficiency policies, London: Routeledge, (pp.36-44).

ARMINGEON Klaus (1995). Energiepolitik in Europa: Hindernisse umweltpolitischer Reformen, in: PFISTER Christian (ed.) (1995). Das 1950er Syndrom. Der Weg in die Konsumgesellschaft, Bern: Haupt Verlag, (pp.377-389).

BACHMANN Christian et al. (1993). Miniwatt-Report. Rationeller Energieeinsatz in der Informationstechnik und in der Unterhaltungselektronik, Bern: Bundesamt fuer Energiewirtschaft.

BACHMANN Christian et Bernard AEBISCHER (1995). Market pull report. Demand-side measures for the accelerated development of more efficient energy technologies and their market introduction, Swiss examples in an international environment, Bern: Swiss Federal Office for Printing and Material EDMZ.

BRADBROOK Adrian J. (1990). The development of energy efficiency laws for domestic appliances, in: The Adelaide Law Review, 12(3):306-331.

BROWN Ian (ed.) (1991). Editor's introduction, in: Energy Policy. Special issue: Energy efficiency in electricity, 19(3):195-198.

CASEY-McCABE Nancy et Jeffrey P. HARRIS (1995). Energy labeling. A comparison of existing programs, in: ECEEE 1995. Proceedings.

CHARO R. Alta et al. (1986). Overview of legal issues arising in the development of federal and state appliance efficiency standards, in: Columbia Journal of Environmental Law, 11(2):315-353.

DANDRIGE Cyane B. et al. (1994). Energy policies for energy efficiency in office equipment. Case studies from Europe, Japan and USA, in: Energy Policy, 22(9):735-747.

DECANIO Stephen J. (1993). Barriers within firms to energy-efficient investments, in: Energy Policy, 21(6):906-914.

DEWEES D.N. (1979). Energy conservation in home furnaces, in: Energy policy, 7(2):149-162.

DUBIN J. (1986). Will mandatory conservation promote energy efficiency in the selection of household appliances stocks?, in: The Energy Journal, 7:99-118.

FISHER Anthony C. et Michael H. ROTHKOPF (1989). Market failure and energy policy. A rationale for selective conservation, in: Energy Policy, 17(4):397-406.

FLAVIN Christopher et Alan B. DURNING (1988). Building on success. The age of energy efficiency, Worldwatch Paper Nr.82, Washington: Worldwatch Institute.

FLAVIN Christopher et Nicholas LENSSEN (1994). Powering the future. Blueprint for a sustainable electricity industry, Worldwatch Paper Nr.119, Washington: Worldwatch Institute.

GELLER Howard S. (1988). Residential equipment efficiency. A state-of-the-art review, prepared for the Office of Technology Assessment, Washington: American Council for an Energy-Efficient Economy (ACEEE).

GIOVANNINI Bernard et Dominique PAIN (1988). Scientific and technical arguments for the optimal use of energy, Genève: Centre Universitaire d'Etude des Problèmes de l'Energie (CUEPE).

GRUBB Michael (1990). Energy policies and the greenhouse effect. Policy appraisal, Volume 1, Dartmouth: The Royal Institute of International Affairs.

GRUBB Michael et al. (1991). Energy policies and the greenhouse effect. Country studies and technical options, Volume 2, Dartmouth: The Royal Institute of International Affairs.

HAHN Robert W. et Robert N. STAVINS (1994). Economic incentives for environmental protection. Intergrating theory and practice, in: The American Economic Review, 84(2):464-468.

HASSETT Kevin A. et Gilbert E. METCALF (1993). Energy conservation investment. Do consumers discount the future correctly?, in: Energy Policy, 20(6): 710-716.

HOWARTH Richard B. et Bo ANDERSSON (1993). Market barriers to energy efficiency, in: Energy Economics, 15(4):262-272.

HUNTINGTON Hillard et al. (eds.) (1994). Editors'introduction, in: Energy Policy. Special issue: Markets for energy efficiency, 22(10):795-797.

INFRAS (1994). Marktwirtschaftliche Instrumente zur Reduktion des spezifischen Energieverbrauchs von Anlagen, Fahrzeugen und Geräten. Grundlagenstudie. Bern: EDMZ.

JAFFE Adam B. et Robert N. STAVINS (1994a). Energy-efficiency investments and public policy, in: The Energy Journal, 15(2):43-65.

JAFFE Adam B. et Robert N. STAVINS (1994b). The energy-effciciency gap. What does it mean, in: Energy Policy, 22(10):804-810.

JOHANSSON Thomas B. et al. (eds.) (1989). Electricity. Efficient end-use and new generation technologies, and their planning implications, Lund: Lund University Press.

KEMPTON William et Linda L. LAYNE (1994). The consumer's energy analysis environment, in: Energy Policy, 22(10):857-866.

KHAZZOOM J. Daniel (1980). Economic implications of mandated efficiency in standards for household appliances, in: The Energy Journal, 1(4):21-40.

KOOMEY Jonathan G. et Alan H. SANSTAD (1994). Technical evidence for assessing the performance of markets affecting energy efficiency, in: Energy Policy, 22(10):826-832.

LEBOT Benoît et Paul WAIDE (1995). Refrigerators and freezers. Markets characteristics, energy use and standards harmonisation, Draft Report prepared for the International Energy Agency, Valbonne: ADEME.

LEVINE Mark D. et al. (1994). Energy efficiency, market failures, and government policy, Berkeley: Lawrence Berkeley Laboratory.

McINNES Genevieve et Erich UNTERWURZACHER (1991). Electricity end-use efficiency. An assessment of the scope for efficiency gains and policy options, in: Energy Policy, 19(3):208-216.

McMAHON James E. et al. (1995). Office equipment. Market characteristics, energy use, and standards harmonisation, Draft Report prepared for the International Energy Agency, Berkeley: Lawrence Berkeley Laboratory.

MEIER A.K. et J. WHITTIER (1983). Consumer discount rates implied by consumer purchases of energy-efficient refrigerators, in: Energy. The International Journal, 8(12):957-962.

MENANTEAU Philippe et Hervé LEFEBVRE (1995). Policies for spreading efficient technologies in the field of mass market appliances. Stakes and methods, in: ECEEE 1995, Proceedings.

MILLHONE J. (1994). DOE's historical role and future activities, Material presented at the NIST/Green Buildings Conference, February 16, 1994.

NORFORD Les et al. (1989) Electronic office equipment. The impact of market trends and technology on end-use demand for electricity, in: JOHANSSON Thomas B. et al (eds.) (1989). Electricity. Efficient end-use and new generations technologies, and their planning implications, Lund: Lund University Press (pp.427-460).

NORGARD Jorgen S. (1979). Improved efficiency in domestic electricity use, in: Energy Policy, 7(1):43-56.

NORGARD Jorgen S. (1989) Low electricity appliances. Options for the future, in: JOHANSSON Thomas B. et al (eds.) (1989). Electricity. Efficient end-use and new generations technologies, and their planning implications, Lund: Lund University Press (pp.125-172).

ORGANISATION DE COOPERATION ET DE DEVELOPPEMENT ECONOMIQUES (OCDE) (1976). L'étiquetage-énergie. Un moyen d'économiser l'énergie, Rapport du Comité de la Politique à l'égard des Consommateurs, Paris: OCDE.

OT3E Work Group (OT3E) (1994). Energy-efficient office technologies in Europe, Final Report, Bruxelles: Commission of the European Communities.

PAEHLKE Robert (1990). Regulatory and non-regulatory approaches to environmental protection, in: Canadian Public Administration, 33(1):17-36.

PEACH Gil H. et al. (1993). Moving toward market transformation, in: ECEE 1995, Proceedings.

QUELCH John A. (1980). Energy conservation policies for builders' purchases of domestic appliances, in: Energy Policy, 8(2):125-137.

ROMERIO Franco (1994). Energie, économie, environnement. Le cas du secteur de l'électricité en Europe entre passé, présent et future, Genève: Droz.
RUDERMAN Henry et al. (1987). The behavior of the market for energy efficiency in residential appliances including heating and cooling equipment, in: The Energy Journal, 8(1):101-124.
SANSTAD Alan H. et Richard B. HOWARTH (1994). „Normal" markets, market imperfections and energy efficiency, in: Energy Policy, 22(10):811-818.
SCHIPPER Lee et Andrea KETOFF (1983). Home energy use in nine OECD countries 1960-1980, in: Energy Policy, 11(2):131-147.
SCHIPPER Lee et Andrea KETOFF (1985). Residential energy use in the OECD, in: The Energy Journal, 6(4):65-85.
SCHIPPER Lee (1987). Energy conservation policies in OECD. Did they make a difference?, in: Energy Policy, 15(6):538-548.
SCHIPPER Lee et Diane V. HAWK (1989). More efficient household electricity use. An international perspective, Berkeley: Lawrence Berkeley Laboratory.
SCHIPPER Lee et Andrea KETOFF (1989). Energy efficiency. The perils of a plateau, in: Energy Policy, 17(6):538-542.
SCHIPPER Lee et Diane V. HAWK (1991). More efficient household electricity-use. An international perspective, in: Energy Policy, 19(3):244-265.
SCHIPPER Lee et Stephen MEYERS (1991). Improving appliance efficiency in Indonesia, in: Energy Policy, 19(3):578-588.
SCHIPPER Lee et Stephen MEYERS (1992). Energy efficiency and human activity. Past trends, future prospects, Cambridge: Cambridge University Press.
SIOSHANSI Fereidoon P. (1991). The myths and facts of energy efficiency. Survey of implementation issue, in: Energy Policy, 19(3):231-243.
SPRENG Daniel et W. HEDIGER (1987). Energiebedarf der Informationsgesellschaft, Zürich: Verlag der Fachvereine.
SPRENG Daniel (1991). Computers as energy consumers, in: Energy Policy, 19(7):646-653.
STERN Paul C. (1986). Blind spots in policy analysis. What economics doesn't say about energy use, in: Journal of Policy Analysis and Management, 5(2):200-227.

STRICK John C. (1990). The economics of government regulation. Theory and canadian practice, Toronto: Thompson Educational Publishing (pp.3-27).
SUTHERLAND Ronald J. (1991). Market barriers to energy-efficiency investments, in: The Energy Journal, 12(3):15-34.
WILSON Deborah et al. (1989) Policies and programs for promoting energy conservation in the residential sector. Lessons from five OECD countries, Berkeley: Lawrence Berkeley Laboratory.

ad chapitre 4

COLLIER David (1991). The comparative method. Two decades of change, in: RUSTOW D.A. et K.P. ERICKSON (eds) (1991). Comparative political dynamics. Gloabl research perspectives, New York: HarperCollins (pp. 7-31)

DOGAN Mattei et Dominique PELLASSY (1984). How to compare nations. Strategies in comparative politics, Chatham: Chatham House Publishers.

ECKSTEIN Harry (1975). Case studies and theory in political science, in: GREENSTEIN Fred et Nelson W. POLSBY (eds.) (1975). Handbook of political science, Vol.7., Addison-Wesley: Reading, (pp.79-138).

FROGNIER André-Paul (1994). Logiques(s?) de la politique comparée, in: Revue Internationale de Politique Comparée, 1(1):61-90.

GEORGE Alexander L. (1979). Case studies and theory development. The method of structured, focused comparison, in: LAUREN Paul Gordon (ed) (1979). Diplomacy. New approaches in history, theory, and policy, London: The Free Press, (pp. 43-68).

GOGGIN Malcolm L. (1986). The «too few cases/too many variables» problem in implementation research, in: Western Political Quartely, 39:328-347.

HAMMEL Jacques (1989). Pour la méthode de cas. Considérations méthodologiques et perspectives générales, in: Anthropologie et Sociétés, 13(3):59-72.

KRIESI Hanspeter (1994). Les démocraties occidentales. Une approche comparée, Paris: Economica, (chapitre 2).

LIJPHART Arend (1971). Comparative politics and the comparative method, in: American Political Science Review, 65(3):682-693.

LIJPHART Arend (1975). The comparable-cases strategy in comparative research, in: Comparative Political Studies, 8(2):158-177.

MILL John S. (1880). Système de logique, Traduction de la sixième édition anglaise de 1865, Paris: Librairie Germer Baillère et Cie.

MULLINS Fiona (1996). Demand side efficiency. Energy efficiency standards for traded products, Working Paper 5 «Policies and measures for common action», Paris: OCDE.

PRZEWORSKI A. et H. TEUNE (1970). The logic of comparative social inquiry, New York: Wiley-Interscience.

RAGIN Charles C. (1987). The comparative method. Moving beyond qualitative and quantitative strategies, Berkeley: University of California Press.
RAGIN Charles C. (1992). Introduction: Cases of « What is a case? », in: RAGIN Charles C and Howard S. Becker (eds), (1992). What is a case?, Cambridge: Cambridge University Press, (pp. 1-17).
ROSE Richard (1991). Comparing forms of comparative analysis, in: Political Studies, XXXIX:446-462.
SARTORI Giovanni (1970). Concept misformation in comparative politics, in: American Political Science Review, 64(4):1033-1053.
SARTORI Giovanni (1991). Comparing and miscomparing, in: Journal of Theoretical Politics, 3(3):243-257.
SKOCPOL Theda et Margaret SOMERS (1980), The use of comparative history in macrosocial inquiry, in: Comparative Studies in History and Society, 22:174-197.
STAKE Robert E. (1995). The art of case study research, Thousand Oaks: Sage Publications.
WORLD BANK (1993). Energy efficiency and conservation in the developing world. Washington, D.C.: World Bank.
YIN Robert K. (1994). Case study research. Design and methods, second edition, Thousand Oaks: Sage Publications.

ad chapitre 5

ANDERSEN Michael Skou (1996). Denmark, in: JÄNICKE Martin et Helmut

WEIDNER (eds.), National environmental policies. A comparative study of capacity-building, Berlin: Springer (pp. 157-174).

BENNETT Colin J. (1991a). How states utilize evidence foreign evidence, in: Journal of Public Policy, 11:31-54.

BENNETT Colin J. (1991b). Review article: What is policy convergence and what causes it?, in: British Journal of Political Science, 21:215-233.

BENNETT Colin J. (1997). Understanding ripple effects: The cross-national adoption of policy instruments for bureaucratic accountability, in: Governance, 10(3):213-233.

BENNULF Martin et Sören HOLMBERG (1990). The green breakthrough in Sweden, in: Scandinavian Political Studies, 13(2):165-184.

BLAIS André et al. (1993). Do parties make a difference? Parties and the size of government in liberal democracies, in: American Journal of Political Science, 37(1): 40-62.

CHRISTIANSEN Peter Munk (1996). Denmark, in: CHRISTIANSEN Peter Munk (ed.), Governing the environment. Politics, policy, and organization in the Nodric countries, Nord, (pp. 29-102).

FINGER Matthias et Pascal SCIARINI (1990). L'homo politicus à la dérive? Enquête sur le rapport des Suisses à la politique, Lausanne: L.E.P.

GILLJAM Mikael et Henrik OSCARSSON (1996). Mapping the nordic party space, in: Scandinavian Political Studies, 19(1):25-43.

HAAL Peter (1993). Policy paradigms, social learning and the state: The case of economic policy making in Britain, in: Comparative Politics, 25:275-296.

HAAS Peter M. (1992). Introduction. Epistemic communities and international policy coordination, in: International Organization, 46(1):1-35.

HOBERG George (1991). Sleeping with an elephant: The American influence on Canadian environmental regulation, in: Journal of Public Policy, 11:107-132.

JÄNICKE Martin et Helmut WEIDNER (eds.) (1996). National environmental policies. A comparative study of capacity-building, Berlin: Springer.

JOBERT Bruno et Pierre MULLER (1987). L'Etat en action. Politiques publiques et corporatismes, Paris: Presses Universitaires de France.

KINGDON John W. (1984). Agendas, alternatives and public policies, New York: HarperCollins Publishers.

KINGDON John W. (1995). Agendas, alternatives and public policies, New York: HarperCollins Publishers., deuxième édition.

KNOEPFEL Peter et al. (1997). Evaluationsgegenstände und Evaluationskriterien, in: BUSSMANN Werner et al. (1997). Einführung in die Politikevaluation, Basel: Helbing & Lichtenhahn, (pp.78-118)

LANDRY Réjean et al. (1997). What sets the policy agenda? The media agenda or the party agenda? Empirical evidence on the societal agenda, artcile non publié, Sainte-Foy: Université Laval.

LANGE Peter et Hudson MEADWELL (1991). Typologies of democratic systems: From political inputs to political economy, in: WIARDA Howard J. (ed.) (1991). New directions in comparative politics, Boulder: Westview Press, (pp. 82-117).

LIJPHART Arend (1984). Democracies. Patterns of majoritarian and consensus government in twenty-one countries, New Haven and London: Yale University Press.

LINDER Wolf (1987). La décision politique en Suisse. Genèse et mise en oeuvre de la législation. Traduit de l'allemand par Jean-Daniel Delley, Lausanne: Réalités Sociales.

LINDER Stephen H. et Guy B. PETERS (1991). The logic of public policy design: Linking policy actors and plausible instruments, in: Knowledge and Policy: The International Journal of Knowledge Transfer, 4(1and 2): 125-151.

MAJONE Giandomenico (1989). Evidence, argument and persuasion in the policy process, New Haven: Yale University Press.

MAY Peter J. (1992). Policy learning and failure, in: Journal of Public Policy, 12:331-354.

MORRISETTE P.M. (1989). The evolution of policy responses to stratospheric ozone depletion, in: Natural Resources Journal, 29:793-820.

NORTH Douglass C. (1990). Institutions, institutional change and economic performance, Cambridge: Cambridge University Press.

OLSON Mancur (1966). The logic of collective action. Public goods and the theory of groups, Harward: Harward University Press.
PESTOFF V. (1983). Consumer aspects of Swedish enregy policy. In search of consumer organizations, in: KLINGBERG Tage (ed.). (1983). Consumer energy conservation policies and programs in Sweden, CECEP Technical Reports Vol. IX, Berlin: Science Center Berlin, (pp. 95-115)
ROSE Richard (1993). Lesson-drawing in public policy: A guide to learning across space and time, Chatham: Chatham House.
SABATIER Paul A. (1986). Top-down and bottom-up approaches to implementation research: A critical analysis and suggested synthesis, in: Journal of Public Policy, 6(I): 21-48.
SABATIER Paul A. (1987). Knowledge, policy oriented learning, and policy change. An advocacy coalition framework, in: Knowledge. Creation, Diffusion, Utilization, 8(4):649-692.
SCHMIDT Manfred G. (1993). Theorien der international vergleichenden Staatstätigkeitsforschung, in: Politische Viertlejahresschrift, Sonderheft 24: 371-394.
SCHMIDT Manfred G. (1996). When parties matter: A review of the possibilities and limits of partisan influence on public policy, in: European Journal of Political Research, 30:155-183.
SCHNEIDER Anne et Helen INGRAM (1988). Systematically pinching ideas: A comparative approach to policy design, in: Journal of Public Policy, 8:61-80.
SCHNEIDER Anne et Helen INGRAM (1993). Social construction of target populations. Implications for politics and policy, in: American Political Science Review, 87(2):334-347.
TREMBLAY Manon et Marcel R. PELLETIER (1995). Le système parlementaire canadien, Québec: Les Presses de l'Université Laval.
WEIMER David L. (1995). Institutional design: Overview, in: WEIMER David L (ed.) (1995). Institutional design, Boston: Kluwer Academic Publishers, (pp.1-16).
WOLMAN H. (1992). Understanding cross national policy transferts: The case of Britain and the US, in: Governance, 5(1):27-45

ad chapitre 6

BAXTER-MOORE Nicolas (1987). Policy implementation and the role of the state. A revisited approach to the study of policy instruments, in: JACKSON Robert J. et al. (eds.) (1987). Contemporary canadian politics, Scarborough: Prentice-Hall, (pp.336-355).

BENNETT Colin J. (1991) Review article. What is policy convergence and what causes it?, in: British Journal of Political Science, 21:215-233.

BENNETT Colin J. (1997). Understanding ripple effects. The cross-national adoption of policy instruments for bureaucratic accountability, in: Governance, 10(3):213-233.

BLAIS André et al. (1993). Do parties make a difference? Parties and the size of government in liberal democracies, in: American Journal of Political Science, 37(1): 40-62.

DRYZEK John S. (1997). The politics of the earth. Environmental discourses, Oxford: Oxford University Press.

FAURE A. et al. (ed.) (1995). La construction du sens dans les politique publiques. Débats autour de la notion de référentiel, Paris: L'Harmattan.

HALL Peter A. et Rosemary C.R. TALYOR (1996). Review Article. Political science and the three new institutionalisms, in: Political Studies, XLIV(5):936-957.

HAAS P.M. (1992). Introduction: epistemic communities and international policy coordination, in: Special Issue of International Organization, 46(1): 1-35.

JOBERT Bruno et Pierre MULLER (1987). L'Etat en action. Politiques publiques et corporatismes, Paris: Presses Universitaires de France.

KINGDON John W. (1984). Agendas, alternatives and public policies, New York: HarperCollins Publishers.

KINGDON John W. (1995). Agendas, alternatives and public policies, New York: HarperCollins Publishers., deuxième édition.

LAKATOS Imre (1970). Falsification and the methodology of scientific research programmes, in: LAKATOS Imre and Alan MUSGRAVE (ed.) (1970). Criticism and the growth of knowledge, Cambridge: Cambridge University Press, (pp.91-196).

LIJPHART Arend (1984). Democracies. Patterns of majoritarian and consensus government in twenty-one countries, New Haven and London: Yale University Press.
LINDER Wolf (1994). Swiss democracy. Possible solutions to conflict in multicultural societies, New York: St. Martin's Press.
MAJONE Giandomenico (1989). Evidence, argument and persusasion in the policy process, New Haven: Yale University Press.
MAJONE Giandomenico (1996). Public policy and administration: Ideas, interests and institutions, in: GOODIN R.E. et H.D. KLINGEMAN (ed) (1996). A new handbook of political science, Oxford: Oxford University Press, (pp.610-627).
REICH Robert B. (ed) (1990). The power of public ideas, Cambridge: Harward University Press.
ROSE Richard (1991a). Comparing forms of comparative analysis, in: Political StudiesXXXIX: 463-478.
ROSE Richard (1991b). What is lesson-drawing?, in: Journal of Public Policy, 11(1):3-30.
ROSE Richard (1993). Lesson-drawing in public policy. A guide to learning across Time and space, Chatham: Chatham House Publishers.
SABATIER Paul A. (1986). Top-down and bottom-up approaches to implementation research. A critical analysis and suggested synthesis, in: Journal of Public Policy, 6(1):21-48.
SABATIER Paul A. et H.C. JENKINS-SMITH (ed). (1993). Policy change and learning. An advocacy coalition framework, Boulder: Westview Press.
SCHARPF Fritz W. (1993). Positive und negative Koordination in Verhandlunsgsystemen, in: Politische Vierteljahresschrift, Sonderheft 24: 57-83.
SCHATTSCHNEIDER E.E. (1960). The semi-soverreign people, New York: Holt Rinehart.
SCHMIDT Manfred G. (1996). When parties matter: A review of the possibilities and limits of partisan influence on public policy, in: European Journal of Political Research, 30:155-183.
SCHNEIDER Anne et Helen INGRAM (1993). Social construction of target populations. Implications for politics and policy, in: American Political Science Review, 87(2):334-347.

WEAVER Kent R. et Bert A. ROCKMAN (ed.) (1993). Do institutions matter? Government capabilities in the United States and abroad, Washington: The Brookings Institution.
WILSON James Q. (ed.) (1980). The politics of regulation, New York: Basic Books.
WOODSIDE Kenneth (1986). Policy instruments and the study of public policy, in: Canadian Journal of Political Science, 19(4):775-793.
YIN Robert K. (1994). Case study research. Design and methods, second edition, Thousand Oaks: Sage Publications.